U0068477

文化資產、第三勢力及政治人物

陳正茂教授杏壇筆耕集

陳正茂——著

自序

　　約十年前（2009年），承蒙秀威科技股份有限公司老闆宋政坤先生的應允以及摯友蔡登山兄的厚誼高情，為筆者出了一本《敝帚自珍——陳正茂教授論文自選集》，該書出版動機，是自己想為浮生虛度五十，聊作一個紀念。時光飛逝如電，一晃十年又過去了，轉眼間，耳順之年已至，人到六十歲（虛歲），是人生一個非常重要的轉折點。它可以開始稱「壽」，古人說：「六十始做壽」，謂之「下壽」。用現代的生理觀點看，六十歲其實也是人步入「初老期」之始。確實，人到了六十歲，體力精神日衰，如韓愈說的，視茫茫，髮蒼蒼，齒牙動搖，身體機能逐漸走下坡，專注力與耐力已不如往昔，和年輕時期比擬，真是差遠矣！

　　但是，六十歲的人生也有好處，體能雖不復以往，但知人閱世更多，「人情練達皆文章」，觀念思想眼界，心性修身涵養，都會臻於更成熟境界。此外，六十歲更是個尷尬的歲數，於此時期，事業工作或有所成，但又面臨快退休的處境，而後半輩子的生涯規劃也是一大問題。總之，六十歲絕對不是如蘇東坡所言「回首向來蕭瑟處，也無風雨也無晴」的心境；有的，反而是對自己平生之自省，對年華老去之追憶；抑或回首前塵的感嘆，既傷逝者，對未來亦有些許茫然之憂。「棄我去者，昨日之日不可留，亂我心者，今日之日多煩憂」，滄桑歲月，哀樂中年，唉！六十歲真是個分界的門檻啊！

　　對六十歲為何有那麼多的感慨呢？原因是作者已屆六十歲之齡，從風華正茂的歲月執教於杏壇，一瞬間，倏忽已過三十春，生命最精華的時段，都奉獻給了教育工作。當初滿懷要「得天下英才而教之」的抱負理想，在台灣近十餘年來高教環境丕變的衝擊下，

早已使得自己傷痕累累，教育的熱情不在了，莫忘初衷的本心沒有了。有的，只是對台灣高等教育的憂心，對時下大學生學習心態的無力感，對政府高教政策荒腔走板的痛心，對評鑑制度糟蹋師道尊嚴的切膚之痛。

在台灣的高教體制下，大學教師幾乎要有十八般的武藝，教學、研究、輔導都要樣樣全能。所以，大學教師要求要有研究計畫，最好是政府科技部的案件，每年要有論文發表，最好還要發表在SCI、SSCI等級的刊物；要勞作教育、社區服務、帶班輔導學生、備課及教學評量；在「少子化」的衝擊下，國內私立大專院校的老師更要幫忙招生，往往忙到疲憊不堪，還要深怕飯碗不保，這就是目前此刻台灣高等教育的「畸形」生態。

坦白說，輯結於本書的十篇論文，就是過去十年間為配合評鑑制度的筆耕結果，不知是喜是悲，裡頭有筆者近三十年來學術研究路向三部曲（從少年中國學會──中國青年黨──香港第三勢力運動）的最新成果介紹（筆者近年來對香港第三勢力運動研究著力甚深）；也有筆者於觀光系任教後，以台灣最珍貴的文化資產歌仔戲、布袋戲、京劇為探討對象，重新思考其與現階段觀光產業結合的問題。而民國人物之研究，長期以來也是筆者研究興趣之所在。是以，顧孟餘、吳國楨、蔣渭川和《現代週刊》幾篇論文，即為此際之研究成果。

十年前說自己的論文是《敝帚自珍》，現在還是如此，雖是壓力下所為，但還是「十年辛苦不尋常」的心路歷程之印記，尤其在自己將近退休之際，能出版此拙著，內心還是非常快慰的。何故？畢竟在研究環境欠佳的情況下，十年來，筆者仍能筆耕不輟，雖非「十年磨一劍」的名山之作，但至少是自己的研究成績，所以還是有著「敝帚自珍」的心情寫照。再一次感謝登山兄的玉成，讓拙著能出版問世，更感激秀威科技股份有限公司，十餘年來為筆者出了

十本書，在出版業不好經營的今日，政坤兄的魄力，登山兄的遠見，著實是令筆者十分佩服的。

陳正茂　謹序於士林

2018年11月1日

目次
CONTENTS

319 | 附錄

上篇

文化資產篇

文化資產與觀光產業之研究
──以台灣布袋戲為例

一、前言

　　自2008年7月起，政府宣布開放三通直航，兩岸人民來往愈趨頻繁，無論是從事探親、工作、觀光或學術交流等活動，均逐年再創新高。其中尤以來台旅遊，在陸客開放「自由行」後，人數更是節節攀升，相當熱絡。由於中國大陸經濟的快速成長，中國旅客在國際間的消費能力亦令人咋舌，備受國際矚目，而大陸來台觀光客，更是來台旅遊人數的最大宗。有鑒於此，在迎接陸客來台觀光之際，主管觀光事務的政府單位及民間旅遊業者，應如何佈局陸客來台所帶來之商機，以及提升其競爭力，實為影響台灣觀光產業之重要課題。

　　基本上，現在觀光客的旅遊心態，已由過去「到此一遊」的走馬看花式，轉為要求有品質的重點深度旅遊，而此深度旅遊，很大的一部分，是藉由各地方的文化資產來呈現。台灣歷史雖短，但文化資產卻很豐富，尤其是台灣「國粹」的代表──歌仔戲與布袋戲，更是「台灣意象」的象徵。是以本文即以布袋戲為例，探討台灣布袋戲南北兩大天王李天祿與黃海岱的卓越成就及其貢獻和影響。

　　布袋戲是台灣的國粹，過去學界已有不少研究成果，不論是專書或博、碩士論文，都取得不錯的成績。在研究「五洲園」黃海岱的通論文章中，較著者有：民間田野調查專家江武昌的〈五洲江山代有人才出──台灣布袋戲王黃海岱〉；和其〈台灣布袋戲簡

史〉。另吳佩的〈一家四代扛一口布袋——黃海岱布袋戲家族〉；
紀慧玲之〈台灣布袋戲的百年傳奇——黃俊雄家族〉；以及翁瑜敏
所寫的〈偶戲傳家一世紀——黃海岱和他的布袋戲家族〉；蔡文婷
撰〈掌上風雲一世紀——布袋戲通天教主黃海岱〉；羅詩城的〈布
袋戲一代宗師——黃海岱掌上見乾坤〉等，都是研究黃海岱家族布
袋戲史，不可或缺的參考文章。

　　至於探討另一位布袋戲傳奇人物李天祿部分，較具代表性的
論著有：周昭翡的〈掌中乾坤大，人生亦宛然——布袋戲大師李天
祿〉；李宗慈之〈李天祿的布袋戲生涯〉；陳文芬在李天祿逝世後
於《中國時報》發表的〈李天祿辭世，走過九十載戲夢人生〉；以
及曾郁雯訪問李天祿時所寫的〈把傳統留下來——掌中戲大師李天
祿〉；和台北市文化局為撰寫《台北人物誌》，委由李秀美書寫的
〈掌中闖功名——布袋戲藝師李天祿〉等鴻文。

　　總結過去研究成果，在專著方面，由教育部為保留傳統藝術，
特別出版的《布袋戲李天祿藝師口述劇本集》；以及記者曾郁雯專
訪李天祿數回合後，整理付梓的《戲夢人生——李天祿回憶錄》，
後者由李天祿口述而成，可說對李天祿的布袋戲藝術成就，提供最
權威的第一手資料。黃海岱仙逝後，其忘年交邱坤良教授亦深情寫
出《真情活歷史——布袋戲王黃海岱》一書，高度肯定黃海岱家族
對台灣布袋戲的卓越貢獻。在通論性探討台灣布袋戲著作方面，當
首推呂理政與陳龍廷二氏，呂理政的《布袋戲筆記》，是以田野調
查方式，對台灣各地方布袋戲做深刻及洞察之理解。而陳龍廷之
《台灣布袋戲發展史》，係其博士論文改寫而成，其對台灣布袋戲
之全面且深入之調查，堪稱研究台灣布袋戲史之扛鼎之作。

　　此外，在傳奇布袋戲大師黃海岱仙逝後，其接棒人二兒子黃
俊雄接受採訪口述而成的〈我心目中的「師父」——亦師亦父文化
百歲人〉，《掌中巨匠——黃海岱的藝術》；及黃俊雄等著的《掌

上風雲一世紀──黃海岱的布袋戲生涯》等書，也為吾人提供近距離和第一手的權威資料，是研究黃海岱布袋戲成就的必備參考著作。在布袋戲研究論文部分，有江武昌之〈虎尾五洲園掌中劇團之流播與變遷〉，收錄於《國際偶戲學術研討會論文集》。林鋒雄的《布袋戲「新興閣鍾任壁」技藝保存計畫報告書》和陳龍廷探討〈戲園、掌中班與老唱片：南投布袋戲的生態〉，刊載在《南投傳統藝術研討會論文集》；另謝德錫之〈台灣閣派布袋戲的承傳與發展〉，是由宜蘭傳統藝術中心委託的計畫報告書，這些都是後學研究者必讀的重要論文。而中國文化大學藝術研究所，詹惠登的《古典布袋戲演出形式之研究》，則是對台灣古典布袋戲較全面論述分析的碩士論文，亦頗值得一閱。

在上述諸多前人研究的基礎上，本文論述之重點有三：1.略敘布袋戲在台灣發展之歷史及演變，及其在台灣文化上之重要象徵意涵。2.以台灣布袋戲百年史上，最具傳奇性的兩位人物黃海岱和李天祿為例，述說其生平重大成就；及其在布袋戲表演形式與傳承上之貢獻。3.以觀光產業之視角，探討布袋戲這項文化資產，在當今觀光產業蓬勃發展之際，如何與其結合，進而達到成為台灣文化觀光產業不可或缺之重要資源。

二、常民文化──布袋戲在台灣之演進

台灣早期布袋戲，其起源是來自於兩百多年前的泉州、漳州、潮州等地，此係台灣的移民潮，大多來自上述三地的人口結構有關。台灣早期布袋戲的演出方式，大多沿襲自原鄉，但隨著來台日久，經過長時間演變後，自然加入台灣本地一些新元素在裡頭，所以若從「起源論」言，台灣布袋戲當然來自於中國，但就文化生態的觀點來看，經過主客觀環境的變化，台灣布袋戲的內容與形式，

已發生相當明顯的改變與差異。[1]故客觀說：台灣布袋戲雖傳承於大陸，但改變自台灣，是在這樣的一條歷史脈絡裡發展的。

　　基本上，布袋戲不斷推陳出新的表演形式與創作，展現的已是台灣獨特的文化形態，以及濃厚本土色彩的藝術形象與觀賞品味，且整個的表演風格和內涵，已大大有別於中國內陸。至於說到台灣布袋戲的承傳系統，若從歷史淵源來看，最早可分為南管與潮調兩種。後來又加入所謂的北管布袋戲，則是受到子弟戲曲館的盛行所致，是稍晚才出現的土生土長的承傳系統。（台灣民間通稱的「北管」，搭配舞台表演時正式的稱呼叫「亂彈」，係指地方戲的聲腔不純之意）。

　　而這三種布袋戲流派，都與台灣各地布袋戲講究師承有密切關係，幾乎掌中班的主要承傳系統，都是由此演變出來的。經由這樣不同角度的觀察，我們將可以很清楚看到，布袋戲在台灣的演變歷程，以及整個社會時代的氛圍。其實，任何戲劇的發展，都不可能脫離其生存的土地，當年從大陸移植到台灣的戲曲相當多，但只有少數戲曲能於台灣開花結果，其中尤以布袋戲的表現最為亮眼。揆其原因，均與台灣的經濟發展和市集聚落，有著非常密切的關係。換言之，即與都市的休閒生活及市民的經濟消費能力有關。[2]

　　清代台灣繁榮重要的城鎮，都是台灣物產及貿易行商的集散地，當時所謂的「一府二鹿三艋舺」，指的就是台南府城、彰化鹿港與台北萬華這三個聚落城市。而台灣布袋戲的發展，也是以上述三個城鎮為主要的傳播地。台南、鹿港、艋舺等地，本是臨近河口之處，台灣開港後，更是眾多「郊商」的聚集地。[3]當時的台南三郊、鹿港泉郊、台北三郊等，都是名聞遐邇的大郊商。這些郊商不

1　陳龍廷，《台灣布袋戲發展史》（台北：前衛版，2012年7月初版），頁17。
2　江武昌，〈台灣布袋戲簡史〉，《民俗曲藝》第67、68期（1990年），頁88－126。
3　卓克華，《清代台灣的商戰集團》（台北：臺原版，1999年1月1版），頁16－17。

僅經商營利，對文化事業的傳播贊助也很熱心，他們直接或間接地將中國的地方戲曲引進台灣，尤其對布袋戲的推廣更是居功至偉。

而台灣民眾在文化展演的消費能力，亦是促成布袋戲在台灣的落地生根和蓬勃發展的主因；也因此吸引大批優秀的大陸戲班及表演者，紛紛渡海來台成立掌中劇團，此舉，更加速布袋戲在台灣的茁壯成長。茲以台北地區為例，說明其發展梗概：台北地區的布袋戲發展，最早以新莊為中心，其後才漸次移至艋舺，新莊以前的布袋戲班，最有名者包括「小西園」許天扶、「小世界」許來助、「小花園」高文波、「錦上花樓」王定、「錦花樓」黃添丁、「新興樓」邱樹、「新福軒」簡塗等。[4]這紙名單，幾乎囊括北台灣掌中戲班的菁英，且當時都已經改為北管後場的表演，而它們當中師徒傳承關係很明顯，如「小花園」高文波拜師「小世界」許來助，邱樹師承「錦上花樓」王定。

基本上，這些劇團的表演，在日治後期為新莊地區，帶來豐厚收入。據《台灣日日新報》記載：「台灣布袋戲，盛於新莊。新莊老大市街，自乘合車通行而後，商界愈益不振。獨布袋戲收入一途，年統計之得五、六萬圓之正資，自他方流入，宛然若華僑由海外送金於本國者，其裨益於地方繁榮，正自不少。」[5]然從台北城市聚落的發展來看，隨著新莊河道的日淺，新崛起的艋舺迅速取代新莊，成為台北的政治經濟中心，也成為當時最負盛名的南管布袋戲之大本營。

在南館布袋戲中有兩位傳奇人物童全與陳婆，童全（1854－1932）外號「鬍鬚全」，雖不識字但記性好，聲音宏亮，操弄偶戲技術一流。據早期研究布袋戲甚有成就的文學家吳逸生記載：「光看他問案時那副動作，對於兩造，時而怒目而視，時而好語相

4　黃得時，〈新莊街の歷史と文化〉，《民俗台灣》24期（1943年），頁46。
5　《台灣日日新報》（1933年7月6日）。

慰，時而沈思推理，手中那把摺扇搖來晃去，有板有眼，的確夠你瞧了。看他演那個推車的，動作的優美自然，在布袋戲中實難得一睹。」[6]另一布袋戲大師陳婆，其成就相較於童全，可說不遑多讓。陳婆，泉州人，因為麻臉，外號「貓婆」。陳婆是讀書人出身，擅長南管布袋戲，演出文辭優雅，出口成章，其對布袋戲最大貢獻是傳承一批以後台灣的布袋戲大師，如「小西園」的許天扶，其師父林金水；和「亦宛然」李天祿父親許夢冬，都是陳婆的拜門徒弟。[7]

　　台灣布袋戲在日本時代最為蓬勃發展，此與日本政府對台灣民間文化的態度有關，除1940年代的「皇民化時期」外，基本上，貫穿整個日治時代，日本政府對台灣的民間戲劇，無論是歌仔戲或布袋戲，都採取一種相對包容的態度，尤其對曲館活動更是鼓勵，也因此使得北管亂彈音樂非常盛行，一些原本非北管後場音樂系統的掌中劇團，也紛紛加入這一流行趨勢。[8]戰後，對台灣布袋戲最大變化的轉折點，為「228事件」後所帶來之巨變。當時政治氛圍恐怖肅殺，風聲鶴唳，由於實施「戒嚴」，嚴禁民間廟會等活動，深怕人潮眾多就會「非法集會」，使得原來靠廟會酬神活動演出的布袋戲，其表演空間受到嚴重擠壓，不得不從搭野台演出的外台戲，轉入戲院內演出，如此乃促成台灣布袋戲「內台戲」的崛起，以及陸續成立專門表演布袋戲的商業劇場戲院。[9]當時赫赫有名的此班戲院如雲林斗六世界戲院、雲林虎尾戲院、嘉義文化戲院、大光明戲院、彰化八卦山戲院、豐原光華戲院等。

6　吳逸生，〈一代藝人──翩翩全〉，《台北文獻》（直）33期（1975年），頁101－102。

7　呂理政，《布袋戲筆記》（台北：台灣風物雜誌社，1991年出版），頁88。

8　陳龍廷，《台灣布袋戲發展史》，同註1，頁59。

9　呂理政，〈台灣布袋戲的傳統與展望〉，張炎憲主編，《歷史文化與台灣》4（台北：台灣風物雜誌社，1996年3月初版），頁25。

三、布袋戲之類別與表演特色

　　嚴格說來，台灣布袋戲的類別有南管布袋戲、北管布袋戲、潮調布袋戲與外江布袋戲四大類。南管與北管是台灣兩大傳統戲曲音樂，是台灣傳統戲曲不可或缺之要素。所謂的南管戲，廣義指的是在中國南方語系地區流傳之劇種；而現今在台灣流傳的南管戲，則係專指閩南語系中以南管所演唱的戲劇。南管布袋戲的劇本均為文戲，內容則以男女情愛為主，無武打動作；唱腔部分使用南管，曲詞和說白均以泉州方言為主，伴奏自然也是以泉州管弦音樂為主，風格優雅纏綿。此外，南管戲的表演型式，如「進三步，退三步，三步到台前」；「舉手到目眉，分手到肚臍，指手到鼻尖，拱手到下顎」等動作，基本上是受到傀儡戲的影響。[10]

　　台灣的南管由閩南傳入，最初流行於澎湖、嘉義、鹿港等地。後來台灣各地陸續設館學南管，並特地從唐山聘請藝師來台傳授唱曲及器樂演奏。日治時期台灣的南管戲逐漸改良，加入大量武戲內容，唸白也開始以本地方言發聲，而成為演唱的「九甲戲」、「白字戲」的戲班。[11]不過南管布袋戲在台灣似乎維持沒有幾年的好光景，主因除了南管後場樂師凋零外，最主要的是，不合乎台灣人「愛熱鬧」的口味。在文化生態的影響下，台灣人較推崇「亂彈戲」，於是乎，不論是林金水、盧水土或許天扶，都競相將布袋戲改為北管，象徵台灣北管布袋戲的到來。

　　北管戲又稱「亂彈戲」，與南管一樣是台灣民間最盛行的劇

10　詹惠登，《古典布袋戲演出形式之研究》（台北：中國文化大學藝術研究所碩士論文，1979年）。
11　廖瑞銘，〈南管戲〉，《台灣文化事典》（台北：國立台灣師範大學人文教育研究中心出版，2004年12月初版），頁527。

種。廣義言，北管係指流行於中國北方的戲劇；南管則為中國南方
戲劇在台灣保存之部分。北管內容包含甚廣，如崑腔、吹腔、梆子
腔、皮黃及一些民間小戲、雜曲等，這也是清初花部腔調戲曲的
特色，而花部戲曲因為包含有京腔、秦腔、弋陽腔、梆子腔、羅羅
腔、二黃腔等種類繁多的腔調，所以也稱之為「亂彈」。[12]至於北
管於何時傳入台灣，可能在乾、嘉時期，此時花部戲曲正盛行，所
以很有可能隨著移民潮渡海來台。當時傳入台灣的亂彈戲，除了保
留花部原型外，也帶來了皮黃系統的漢劇和徽調，它們也都成了台
灣亂彈戲的一部分。一般而言，台灣的亂彈戲有福路與西皮兩大系
統，依傳入的先後作區分。福路屬於老梆子腔戲路，被稱為舊路，
主要樂器為殼子弦（椰胡），信奉西秦王爺；西皮（皮黃）為新
路，樂器為吊鬼仔（京胡），信奉田都元帥。台灣有句俗諺：「吃
肉吃三層，看戲看亂彈」，可見亂彈在台灣受歡迎程度於一般。

　　清領台時，亂彈戲已是台灣最普遍的劇種，不但職業劇團林
立，業餘劇團也相當多，甚至連布袋戲、傀儡戲也用亂彈作後場音
樂，而演員、樂師很多亦是亂彈子弟，當時台灣中北部的天師正乙
派，不僅深習亂彈，其科儀中亦使用了不少亂彈戲的關目排場。日
治時期，台灣亂彈戲已十分風行，全台各地都曾發生子弟團分類對
抗的情形，各劇團之間競爭非常激烈。[13]

　　至於北管戲的音樂，它是屬於較熱鬧喧雜的音樂，所以曾被
片面地界定為迎神賽會或喪葬之鼓吹樂，確實，若以音樂系統言，
舉凡迎神賽會或喪葬的陣頭式鼓吹、道教及釋教儀式後場樂；甚至
歌仔戲、布袋戲之後場樂等，都以北管音樂演奏為主。當時的北管
布袋戲已經成為流行的演出形式，早期台灣有句俗諺：「食肉食三

---

12 廖瑞銘，〈亂彈戲〉，《台灣文化事典》，同上註，頁843。
13 邱坤良，《舊劇與新劇：日治時期台灣戲劇之研究（1895－1945）》（台北：自立
　　晚報社文化出版部，1992年），頁151－160。

層，看戲看亂彈」這句話的意思是：上等的肉類，要五花肉才好吃；看戲，就要看樂聲昂揚激越的北管亂彈戲才會熱鬧精彩。[14]總之，北管布袋戲以其鑼鼓喧天的熱鬧氣氛，較能貼近台灣人的口味，故深受台灣人喜愛。戰後，台灣的北管布袋戲，分別以李天祿及黃海岱兩大布袋戲天王為代表。

潮調布袋戲在台灣歷史亦相當久遠，至遲在清嘉慶年間就已經在台灣落地生根了。在台灣的地方戲曲生態中，潮調曲館並不普遍，潮調布袋戲一開始大多傾向家族傳承方式為之。潮調布袋戲也是以北管音樂為主，所謂「北管好暗頭，潮調好暝尾」，意指潮調音樂節奏輕緩，悠揚悅耳，文辭婉約，適合在夜深人靜時細細品味。潮調布袋戲流行於台灣中南部，雲林斗六、西螺，彰化員林、埔心，台南麻豆、新營等，都是潮調布袋戲的發展重鎮，著名戲班有竹山「鳳萊閣」陳君輝，集集「永興閣」張仁智，西螺「新興閣」鍾任祥，「福興閣」柯瑞福，彰化員林「新平閣」詹其達等。[15]

潮調戲曲風格，在台灣流行並不廣泛，潮調門徒出師後，後場音樂也是採用北管演出，僅保留少數自己的潮調音樂，由此可見，潮調布袋戲雖是台灣布袋戲的四大類別之一，但並非台灣布袋戲的主流。至於「外江布袋戲」，是戰後「亦宛然」的李天祿，將北管西皮系統（西皮派的戲曲音樂，其實是比較接近京戲）仿京戲的後場與戲齣，轉換為布袋戲的表演，而號稱為「外江布袋戲」。[16]

除南北管布袋戲外，台灣布袋戲中還有所謂的武戲，此類武

---

[14] 石光生，《鍾任壁布袋戲的傳承與技藝》（台北：行政院文化建設委員會文化資產總管理處籌備處，民國98年12月初版），頁35。

[15] 謝德錫，〈台灣閣派布袋戲的承傳與發展〉，（傳統藝術中心委託計畫報告書，1998年）。

[16] 李天祿，《布袋戲李天祿藝師口述劇本集》第一冊（台北：教育部，1995年），頁53。

戲脫胎於武館文化。武館在台灣開發史上，有其重要的社會功能，清代台灣「械鬥」盛行，農村子弟為保衛家園，利用閒暇時學習拳術、陣法等技藝。布袋戲主演結合這樣的民間文化，進一步孕育出純粹以武打取勝的布袋戲，此即所謂的「武戲」。武戲演出時以刀、槍、籐牌為主，當中魁楚以台南關廟黃添泉的「玉泉閣」和西螺鍾任壁、鍾任祥的「新興閣」為代表。[17]此外，布袋戲類別中，還有一種敘事戲，其表演特色是以音樂抒情的美感為主，木偶的表演純粹只是搭配的次要角色，這種表演也符合一般戲劇界所稱的「三分前場，七分後場」的戲碼，南投陳俊然的「新世界掌中班」，是開台灣敘事布袋戲的先河，其演出的後場配樂，堪稱一絕。陳俊然出版後場配樂的唱片，可說是從日治時代到戰後台灣民間樂師對後場音樂改革的時代里程碑。[18]

　　值得一提的是，戰後台灣的布袋戲，有一段時間很流行「劍俠戲」，這種表演不是光憑故事就足夠，還必須搭配舞台來「變景」，演出時常會設計一座「機關樓」或「活動機關」，由「變景師──電光手」來操控特效功能。如此千變萬化的技巧，不僅增加布袋戲的可看性，也將布袋戲的表演層次，提升到更高的層級。若從舞台劇場概念或舞台技術發展來看，台灣的布袋戲演出可區分為傳統戲與金光戲兩類。傳統布袋戲指的是民間俗稱「彩樓」的木雕小戲台，唯表面上它們雖採用傳統的彩樓，但實際上舞台設計的觀念，卻是另有創新，不全然因襲傳統。與傳統布袋戲大異其趣的是金光戲，其演出最大之特色，是由一連串布景組合式的布袋戲舞台，一律稱做「金光戲」。[19]

[17] 黃順仁，〈談關廟玉泉閣：敬悼一代宗師黃添泉〉，《民俗曲藝》36期（1985年），頁62－71。

[18] 陳龍廷，〈戲園、掌中班與老唱片：南投布袋戲的生態〉，《南投傳統藝術研討會論文集》（宜蘭：國立傳統藝術中心出版，2005年），頁242－256。

[19] 林勃仲、劉還月合著，《變遷中的台閩戲曲與文化》，（台北：臺原版，1990年10

　　除表演舞台布景的變化外，布袋戲也從傳統戲曲吸收不少養分，為配合劇本內容的演出，布袋戲也會針對劇中特殊角色配與適當戲曲音樂。早其布袋戲師傅如黃海岱、黃俊雄父子等，都會親自操刀演唱，後來則逐漸將曲牌交由後場師傅演唱或者歌手助唱，以便在這段時間內，主演者得以暫時休息。當時布袋戲音樂多由日本東洋歌曲改編，歌手也大半是布袋戲班出身，如本名劉麗真之西卿，即是由黃俊雄掌中戲班出身，最後下嫁給黃俊雄。[20]至於表演場地也有分，基本上，布袋戲在戲園商業劇場中演出者稱之為內台戲，而在酬神祭祀劇場的演出叫做外台戲，或民戲、民間戲、棚腳戲、野台戲等稱呼。一般而言，布袋戲的演出時間，分為日戲和夜戲，日戲有兩場，因觀眾群年紀較大，故演出戲碼以古冊戲為主。夜戲為一場，以其觀眾較多年輕人，所以劇團通常會安排自行創作的戲劇以增加其精彩度。

　　總而言之，若從表演技法及內容言，台灣布袋戲所呈現的美學內涵有二：一種是以音樂抒情的美感為主的布袋戲，木偶的表演純粹只是搭配的音樂，故事並不是最重要的，這種審美態度與西洋的歌劇相似。另一種是以欣賞故事情節為主，觀眾的注意力都集中在懸疑的情節，木偶的表演是為了描述曲折離奇的故事，音樂變成陪襯或烘托氣氛的角色，這樣的審美態度與台灣民間的「講古」類似。[21]

四、李天祿「亦宛然」的布袋戲人生

　　綜觀近百年來台灣著名的布袋戲大師，許天扶、許王（新莊

月1版），頁49—50。

20　戴獨行，〈布袋戲捧紅了歌星西卿〉，《聯合報》（民國60年8月25日）。
21　陳龍廷，《台灣布袋戲發展史》，同註1，頁77—78。

小西園）、鍾任祥（西螺新興閣）、鄭一雄（寶五洲）、廖英啟（進興閣）、黃海岱（虎尾五洲園）、李天祿（大稻埕亦宛然）、黃添泉（關廟玉泉閣）、鄭全明（林邊全樂閣）、陳俊然（南投新世界）等，都是布袋戲界引領風騷的代表性人物。台灣布袋戲系統，大體分成「閣」、「園」兩派，閣派好武戲，園派好文戲，「園」、「閣」相鬥戲；或「南有黃海岱、北有李天祿」兩大派別。[22]李天祿與黃海岱，長期以來，被譽為台灣布袋戲界南北兩大天王，現即以這兩位天王的布袋戲傳奇，簡介其生平事蹟，並從彼輩對布袋戲的貢獻，來探討其藝術成就。

李天祿，台北人，生於1910年，7歲入「同文齋」習漢文，後讀台北市第二公學，奠定國學初基。10歲從父學藝，師承一代布袋戲宗師陳婆傳統。13歲在父親「華陽台」劇團任副手，磨鍊出一身好本事，為以後事業打下堅實基本功。1931年，李天祿因私淑「宛若真」盧水土的平劇叫腔，將自己籌組的劇團取名為「亦宛然掌中劇團」，隱含亦宛然若真之義，為其戲劇人生踏出關鍵一步。[23]

台灣光復後，睽違已久的大陸京劇又帶至台灣，李天祿初見這種特殊唱腔和身段之京劇，十分感興趣，便大量汲取京劇精華，改進其布袋戲的表演元素，如引進京劇的鑼鼓唱腔、身段，帶領布袋戲至另一領域，人稱「外江布袋戲」，其本人亦以「外江派」的演技精湛而聞名。當時他的布袋戲劇團可是風靡北台，與「小西園」、「宛若真」並列為台北市三大名班。[24]

李天祿雖已打響名號，但為求戲劇的突破，他還特別跑到上海

[22] 林鋒雄，《布袋戲「新興閣鍾任壁」技藝保存計畫報告書》（台北：中國文化大學藝術研究所出版，1999年）。
[23] 李秀美，〈掌中闖功名——布袋戲藝師李天祿〉，《台北人物誌》第參冊（台北：台北市政府新聞處發行，民國89年11月），頁172。
[24] 陳文芬，〈李天祿辭世，走過九十載戲夢人生〉，《中國時報》（民國87年8月15日11版）。

去觀摩學習，1947年返台後，改編了〈清宮三百年〉、〈少林寺〉為布袋戲上演，轟動全台，間接也催化傳統布袋戲之質變。爾後布袋戲的面貌隨時代潮流一再改變，呈現不同的風貌，豐富了台灣人的生活。總計從1945－1955的十年間，是「亦宛然」劇團的全盛時期，時因「宛若真」劇團後繼無人而解散，李天祿的「亦宛然」遂與「小西園」並稱台北城的「龍虎籠」平分天下。[25]

　　李天祿除以婉約細膩的演技馳名外，更開風氣之先，1974年起，他先後收法籍班任旅、尹曉菁、陸佩玉為弟子，開收外國學生來台學習布袋戲之先河，並將台灣布袋戲推向國際表演舞台，賦予布袋戲從事文化交流之使命。1978年，李天祿因年事已高，體力漸衰，宣佈封箱退隱。可喜的是，在其法籍弟子班任旅的積極引薦下，李應法國文化部之邀赴法教學，開啟晚年傳奇的一生，也留下「師渡徒，徒渡師」的一段佳話。[26]

　　1984年起，李天祿帶領「亦宛然」團員無怨無悔的付出，在薪傳工作上更是成績斐然。李天祿不吝傳授技藝於國內外個人及團體，如板橋莒光國小之「微宛然」、法國班任旅之「小宛然」等。另外也在士林平等國小、格致國中、文化大學等校，傳授布袋戲技藝及傳習推廣，讓布袋戲在學校紮根，成果均受各界肯定，而在長期耕耘下，弟子亦遍佈海內外，真可謂桃李滿天下。為使台灣傳統文化精華的布袋戲能永續發展，憑其毅力和使命感，李天祿在萬般艱難的情況下，於1997年籌建全台第一座布袋戲專業館「李天祿布袋戲文物館」，進行布袋戲文物保存、相關資料蒐集、人才培育等傳統布袋戲推廣基礎工作，該布袋戲文物館未幾即對外開放參觀，

25　李宗慈，〈李天祿的布袋戲生涯〉，《中央月刊》第24卷第6期（民國80年6月）。
26　周昭翡，〈掌中乾坤大，人生亦宛然——布袋戲大師李天祿〉，《中央日報》（民國86年11月19日18版——中央副刊）。

唯文物館的擴充尚未臻完備，是令其憂心之處。[27]

　　1998年，一代大師李天祿逝世，劇團演出及營運，跳脫家族式經營，由第三代弟子負責執行，而眾弟子們亦能體察李天祿薪傳的苦心，努力奮發不辱師門，各個均能獨當一面，成為國內少數年輕一代，有完整能力演出布袋戲的一群，為台灣傳統布袋戲留下傳承火種。近二十年來，「亦宛然」劇團先後出國巡迴表演二十餘次，足跡遍佈四大洲，堪稱台灣最佳的文化藝術大使，透過文化表演交流，將台灣國粹布袋戲推展至世界各地。[28]

　　綜觀李天祿豐富的一生，創「外江流派」，引導布袋戲內發性的質變，將台灣布袋戲推向國際舞台且大放異彩。難能可貴的是，他以身作則力挽狂瀾的拯救傳統布袋戲在時代洪流中的微絲命脈，並加以發揚光大介紹於世界各地。他以一介平民，創下極不平凡的文化偉業，為台灣布袋戲傳承的繼往開來，立下無可搖撼的歷史豐碑。

五、「五洲園」通天教主的黃海岱

　　黃海岱，1901年12月25日生，祖籍福建詔安，世居雲林西螺，父黃馬（北管傀儡戲師傅，師承蘇總，人稱馬師），1911年，黃海岱至西螺詹厝崙私塾習漢文，勤讀歷史古書及章回小說，奠定日後能親自編演戲目之遠因。1914年，在父親黃馬的「錦春園」戲班當二手學徒（助手），為充實戲曲涵養，兼亦向西螺北管名師蔡慶及王滿源的「錦城齋」習北管樂，奠定深厚的戲曲基礎，練就布袋戲基本功夫「五全」。（所謂「五全」係指：吹嗩吶、打鑼鼓鈔、拉

---

[27] 曾郁雯，〈把傳統留下來──掌中戲大師李天祿〉，《交流》21期（民國84年5月）。

[28] 曾郁雯，《戲夢人生──李天祿回憶錄》（台北：遠流版，民國80年）。

胡琴、唱北曲、演布袋戲;又言文武戲——演技、唱唸——曲、口白、吹——簫、笛、嗩吶、打——鑼、鼓、拉——弦、琴等五種技藝全能),人稱「萬靈師」,自此一生均以「錦城齋」子弟自居。[29]

　　1917年,黃海岱升為「頭手」,已可獨當一面,遂開始與父親分團演出,而在布袋戲中演唱北管戲曲,堪稱其獨門絕活,其後暫時離開父親戲班,至雲林各地「練戲膽」。1925年,因父親生病,黃海岱開始接掌「錦春園」戲班。1929年,以「錦春」諧音有「撿剩」之意,將戲團改名為「五洲園」,寓「揚名五洲」之意,正式開班授徒。1932年,因黃海岱的口碑,虎尾「五洲園」的「海岱師」已和關廟「先仔師」黃添泉、麻豆「田師」胡金柱、「西螺祥」鍾任祥、關廟「崇師」盧崇義同享「台灣布袋戲五大柱」之美名(一岱、二祥、三先、四田、五崇),而黃海岱是以「公案戲」和「好文詞」聞名。[30]

　　1937年,中日戰爭爆發,布袋戲演出受到極大限制,且因無法進口戲偶(以前均從福建進口),黃海岱乃說服彰化佛具店老闆徐祈森兼做布袋戲偶,從而間接促成「台灣第一木偶雕刻師:阿三師」的聲名,至今海岱後人仍與阿三師後代維持良好合作關係。1942年,日本在台推動「皇民化政策」,黃海岱雖申請加入「台灣演劇協會」,但因演出傳統劇遭吊銷劇照而無法演出。1945年8月,日本戰敗投降,二戰結束,台灣光復,民間一切風俗文化復原,五洲園戲路應接不暇,黃海岱開始廣收門徒以增加演出人才。[31]

29　黃俊雄口述,廖俊龍整理,〈我心目中的「師父」——亦師亦父文化百歲人〉,《掌中巨匠——黃海岱的藝術》(台北:正因文化,2003年4月)。

30　蔡文婷,〈掌上風雲一世紀——布袋戲通天教主黃海岱〉,《台灣光華雜誌》27卷9期(2002年9月)。

31　羅詩城,〈布袋戲一代宗師——黃海岱掌上見乾坤〉,《遠見雜誌》198期(2002年

　　1946年，長子黃俊卿正式分團成立五洲園掌中班第二團，黃俊雄隨團司鼓及助演，新港鄭一雄正式拜師黃海岱學藝。1947年，「228」事件後，政府不准民間外台戲的演出，布袋戲受到牽連，只能偷偷往內台戲院演出，此無心插柳之舉，對台灣布袋戲產生革命性的影響，它直接造成連台本戲以及傳統布袋戲走向金光布袋戲的發展；以及戲台、偶戲大小的變革。1951年，黃海岱愛徒鄭一雄出師回到嘉義新港組成「寶五洲掌中班」，而更早出師組團的廖萬水亦以「省五洲」為名，此後出師徒弟組團掛上「五洲」團姓成為慣例。長子黃俊卿以《清宮三百年秘史》布袋戲盛名於台中一帶，並逐漸發展出金光布袋戲的雛型；次子黃俊雄亦分出「五洲園三團」，而門徒的旁支分團亦陸續成立。當年在雲林嘉義一帶能與五洲園分庭抗禮的，僅有西螺鍾任祥的「新興閣掌中班」，鍾任祥亦以戲好、徒眾和五洲園均勢，而五洲園更勝一籌。[32]

　　1957年，黃俊雄「五洲園第三團」演出發生爆炸，引起火災，劇照被吊銷，重新申請劇團登記執照，改名為「真五洲掌中劇團」，引發五洲園名稱之紛爭，乃出現「正五洲」、「真正五洲」團名以示「真」、「假」之風波。1958年，黃俊雄的「真五洲劇團」與「寶偉影業公司」合拍台灣第一部布袋戲電影《西遊記》，這也是全球第一部布袋戲黑白電影，曾參加法國坎城及威尼斯影展。布袋戲電影《西遊記》並以進口唱片音樂配樂，亦帶動布袋戲後場音樂革命性的新發展，同業紛紛跟進。此後，五洲園逐漸成為第二代子弟擅場的時代，黃海岱亦漸退居幕後。[33]

　　1960年代，灌錄布袋戲唱片開始蔚為風潮，五洲園系下亦出版

　　12月）。

[32]　翁瑜敏，〈偶戲傳家一世紀──黃海岱和他的布袋戲家族〉，《經典雜誌》20期（2000年3月）。

[33]　徐志誠、江武昌整理，〈黃海岱大事年表〉，收錄於黃俊雄等著，《掌上風雲一世紀──黃海岱的布袋戲生涯》（台北：INK版，2007年3月初版），頁227－228。

眾多布袋戲唱片，尤以黃俊雄最多。及至1970年代以後，布袋戲界對五洲園第二、三代，開始有所謂「上五虎」、「下五虎」之稱，這是以當時布袋戲界的票房賣座而論。所謂「上五虎：五洲二團黃俊卿、真五洲黃俊雄、寶五洲鄭一雄、新五洲胡新德、省五洲廖萬水。下五虎：輝五洲廖昆章（黃俊雄徒）、洲小桃源孫正明（鄭一雄徒）、正五洲呂明國（黃俊雄徒）、五洲第四黃俊郎、第一樓林瓊珽（黃俊卿徒）」。1970年，黃海岱所創人物史豔文及《雲州大儒俠》，由黃俊雄於台視演出583集，創下電視史上97%的瘋狂超高收視率紀錄，成為家喻戶曉的戲碼，自此電視布袋戲的時代展開，三家電視台紛紛開播布袋戲節目。[34]

1974年，因電視布袋戲節目內之打歌、食品和藥品、商品廣告的「置入性行銷」情形嚴重，且布袋戲劇情也引發新聞負面報導，而布袋戲的高收視率也對政府當時推行的國語政策有不利的影響，在政府的干預下，三家電視台以「妨害農工正常作息」為名，全面禁播電視布袋戲。1980年，華視午間閩南語連續劇開播《黃海岱的故事》，是第一齣以布袋戲藝人生涯為劇情的電視劇節目，唯因當時畢竟是台語連續劇式微時期，又是午間播出，故沒有引起太大的注意。1982年，電視布袋戲復播，五洲園第三代黃強華、黃文澤、黃文耀以及洪連生（黃俊雄徒）陸續投入電視布袋戲行列。[35]

1983年，黃海岱應邀參加行政院文建會舉辦的第二屆「民間劇場」演出，此為其首次參與官方主辦之文化活動。1984年，黃海岱應邀參加文建會主辦「中華民國第一屆亞太偶戲觀摩展」及第三屆「民間劇場」的演出，而當年民間劇場活動節目是以布袋戲各名家為主，在台灣文化團體掀起一股探討布袋戲的熱潮。唯黃俊雄演出

---

[34] 江武昌，〈五洲江山代有人才出──台灣布袋戲王黃海岱〉，《新活水雜誌》（2006年7月）。

[35] 紀慧玲，〈台灣布袋戲的百年傳奇──黃俊雄家族〉，《傳藝》63期（2006年4月）。

的創新型布袋戲仍不為文化學術所肯定，批評撻伐之聲不絕於耳。1986年，獲教育部頒發「民族藝術戲劇類薪傳獎」。1988年，「八八」大壽，邱坤良譽黃海岱為台灣布袋戲王。1991年，邱坤良教授於國立藝術學院戲劇系開設「傀儡劇」課程，敦聘黃海岱、林讚成、許福能擔任藝術教師。4月起，由雲林縣同鄉會策劃，《聯合報》出資主辦「慶祝聯合報創刊四十週年：史豔文重現江湖」演出活動，黃海岱領著五洲園掌中劇團在全台二十餘縣市演出三十餘場「史豔文」布袋戲。[36]

　　1993年10月，文建會聘請黃海岱率五洲園掌中劇團至美國紐約中華文化中心演出，前後十天，是黃海岱五洲園掌中劇團首次出國公演。1995年赴法國演出，同年夏，參加文建會主辦，邱坤良教授執行策劃的「台北國際偶戲節」演出。自法返國後，文建會提出「重要民族藝師保存與傳習計畫」，選定黃海岱等五人為重點保存人選。是年年底，因黃海岱支持省長宋楚瑜，激怒反對黨的支持者而抵制其「霹靂布袋戲錄影帶」，讓其損失慘重。唯此事也讓黃家興起要有自己的播放頻道，就在有線電視台開放登記時，霹靂電視台於焉成立，以錄影帶和霹靂電視布袋戲，展開了新的電視布袋戲的黃金時代，也開啟了台灣布袋戲另一新紀元。[37]

　　2000年，黃海岱一百歲，獲頒行政院文化獎。2002年，獲國家文化藝術基金會頒發「國家文藝獎」。10月，由國立台北藝術大學校長邱坤良頒授「戲劇學榮譽博士」學位，此事，不但是台灣傳統戲劇界第一人；也是全世界獲頒榮譽博士學位最高齡者。同時，台北藝術大學亦舉辦一場「黃海岱藝術研討會」。霹靂衛星電視台也

---

[36]　邱坤良，《真情活歷史——布袋戲王黃海岱》（台北：INK版，2007年3月初版），頁38。

[37]　吳佩，〈一家四代扛一口布袋——黃海岱布袋戲家族〉，《表演藝術》52、53期（1997年3、4月）。

以黃海岱為主題的紀錄片《掌中風雲一世紀回憶錄》於霹靂衛星電視台首播。2006年，行政院新聞局舉辦「票選台灣意象」活動，布袋戲被選為代表「台灣意象」。2007年，Discovery頻道和行政院新聞局合作的紀錄片「台灣人物誌第二集」，將介紹包括黃海岱在內的台灣六位名人。1月2日，國立傳統藝術中心與雲林縣文化局舉辦「民族藝師黃海岱107歲慶生會」，雲林縣議會並通過將當天訂為雲林布袋戲日。2月11日，黃海岱於虎尾家中安詳辭世，享壽107歲。[38]

六、黃海岱的布袋戲風格與特色

　　細究「五洲園」黃海岱的布袋戲風格及特色有以下七點：1.「五音分明」，各種角色獨特的聲音區分清晰，而透過角色所創造的音色，往往令人印象深刻。2.五洲園派在戲劇表演中，偏好穿插「謎猜」、「對聯」等文字趣味遊戲的情節段落，形成一種文言、白話交錯的風格。如最有特色的「四唸白」（定場詩），「詩書宜廣讀，今古事多知；富貴皆有命，榮華自有時。」、「大將生來性高強，在家做事累爹娘；今日三聲來思想，未知何日轉歸鄉。」、「長安雖好，不適久居；成人者少，敗人者多。」、「奉旨把守重任，不敢稍細非輕；南北提防準備，不日惹動軍兵。」、「休添心上火，只作耳邊風。」、「孤貧百歲不死，富貴三十早亡。」、「富貴貧賤莫相欺，你騎駿馬我騎驢；回頭又看推車僕，比上不足下有餘。」、「情當怨家結連理，想思蛋餅來止飢；卜知他人能此做，待晚無嫁更便宜。」、「嘴吃黃蓮總不甜，苦在心頭誰得知。」、「悶魚長江水，滾滾不停流，雨滴芭蕉葉，點點在心

---

[38] 徐志誠、江武昌整理，〈黃海岱大事年表〉，收錄於黃俊雄等著，《掌上風雲一世紀——黃海岱的布袋戲生涯》（台北：INK版，2007年3月初版），頁236－237。

頭。」、「米鹽水酒醬醋柴,七者具在別人家;不得不愁愁不得,依然踏雪尋破缸。」、「我君一去心不安,未知何日回家山;親像連針吞長線,刺妾腸腹割心肝。」、「一妹不如二奶嬌,三寸金蓮四寸腰;買的五六七錢粉,粧得八九十分妖。」等,充滿哲理與人生況味。[39]

　　3.黃海岱的表演有很濃的「即興風格」,使看似千篇一律的劇情活絡起來,在戲劇界稱這種表演方式為「做活戲」。4.口白相當口語化,且與時俱進,不時加入新語彙,給觀眾的整體觀感相當新鮮靈活;操偶技藝高超,變化萬千。所謂的一舉,二拇,三才合一,四(賜)五(我)操弄乾坤。5.後期霹靂布袋戲的轉變,已由口頭表演邁入劇本文學,變革與影響已相當大。6.創作戲齣眾多且劇中人物突出,如大家耳熟能詳的史豔文、怪老子、天生散人、六合、冷霜子、哈麥二齒、劉三、苦海女神龍、藏鏡人、女暴君、小金剛、黑白郎君、網中人、荒野金刀獨眼龍、刀鎖金太極、素還真、一頁書等等,每個角色皆栩栩如生,令人印象深刻。[40]

　　而經由五洲園創作成名之戲齣更是不勝枚舉,如〈玉神童大鬧百魔教〉、〈文中俠血戰乾坤山〉、〈武林奇俠〉、〈白俠胭脂虎〉、〈儒俠奇傳〉、〈怪影雙頭鶯〉、〈神馬客大戰九龍教〉、〈奇俠怪老人〉、〈怪俠追風客〉、〈血染金邪島〉、〈青史英雄傳〉、〈神行俠血濺陷空島〉、〈七雄傳〉、〈雙夜流星月〉、〈七海神童〉、〈荒山劍俠〉、〈神行俠血戰骷髏幫〉、〈天山十八俠〉、〈過江龍血戰蝴蝶派〉、〈聖俠血染金邪島〉、〈五虎星血染武家坡〉、〈神行俠血戰沖門島〉、〈飛劍明珠傳〉、〈血沖奇人國〉、〈五龍十八俠〉、〈神州三俠傳〉、〈明清八義傳〉、

[39]　石光生,《鍾任壁布袋戲的傳承與技藝》,同註14,頁201-202。
[40]　江武昌,〈虎尾五洲園掌中劇團之流播與變遷〉,《國際偶戲學術研討會論文集》(雲林:雲林縣立文化中心,1999年6月)。

〈龍虎劍〉、〈六合定干戈〉、〈六合七真傳〉、〈六合大忍俠〉、〈六合九流傳〉、〈六合神劍傳〉、〈六合大戰七才子〉、〈六合傳〉、〈雲州大儒俠史豔文〉、〈白馬風雲傳〉、〈賣唱生走風塵〉、〈達摩鐵金剛〉、〈達摩金剛榜〉、〈一代琴王和平傳〉、〈儒俠小顏回〉、〈劉伯溫現面大開殺〉等等，計有上百部之多，堪稱台灣布袋戲之最。[41]

7.傳承弟子遍及南台灣，勢力龐大且影響深遠。布袋戲在台灣中南部，以雲林、台南兩地最盛。在諸家名輩中，最具影響力的，仍屬虎尾「五洲園」的黃海岱。自台灣光復迄今，布袋戲界中，擁有戲班最多，派系力量最強的當屬「五洲園」集團，黃海岱是該集團的開派宗師。超過半個世紀，黃海岱老先生，隨緣傳徒，故門生弟子遍全台，派下戲班亦遍及台灣各地，鼎盛時期，號稱全台有三百多班，超過台灣布袋戲之半，成為布袋戲界最大之流派。黃海岱兒子黃俊卿、黃俊雄、黃俊郎等，自小就傳習布袋戲，同為戲界俊彥，其中，尤以次子黃俊雄，繼承衣缽最為有名。[42]

「五洲園」布袋戲，現已傳承至第三代，由黃文澤領軍，引進現代高科技的聲光技巧，將布袋戲的視覺效果，提昇到另一境界，刀光劍影，輔以電腦特效，將布袋戲震撼張力，擴展到無限。黃文澤在第四台製作一系列的「霹靂布袋戲」，轟動至今一枝獨秀，又利用影帶宣傳，使布袋戲的影響無遠弗屆。「五洲園」派下還有一位大師洪連生，其擅長演出戲目及形式，是相當典型的金光戲，在劇場結構、場次安排及音樂的應用，仍有其傳統獨到的功力。黃海岱派下另一出色弟子，是「寶五洲」的鄭一雄，他的戲路剛猛，擅長老生、大花等威猛角色，演來雄渾凌厲，動人心魄，吸引了大批的戲迷，曾為台南風頭最盛的名班。其後，他又製作布袋戲廣播

[41] （陳龍廷，《台灣布袋戲發展史》，同註1，頁157－159、175－197。

[42] 紀國章，〈一生一世布袋戲〉，《世界地理雜誌》190期（1988年6月）。

劇，演他的名戲「南北風雲仇」，前後風行二十餘年。[43]

七、結論──從文化觀光視角看台灣布袋戲的前景與未來

　　藉由李天祿與黃海岱在台灣布袋戲界的努力經營，使得布袋戲成為台灣家喻戶曉的地方戲劇，也是台灣文化真正的國粹，台灣布袋戲因有黃海岱和李天祿的發揚傳統技藝，使得布袋戲終能薪火相傳下來，成為讓台灣人至今引以為傲，「只此一家，別無分店」的傳統文化民俗。然此一傳統戲劇，因受到現代社會生活型態的改變，以及各種聲光電腦多媒體的衝擊，正隨著時光流逝而成為過往陳跡。尤其是年輕一代不肯學習傳統技藝，使得傳承出現斷層現象，這是目前台灣各類戲曲、戲劇最大的危機與隱憂，倘情況再惡化，很多的文化資產可能因此而失傳。

　　針對此一情況的改善之道，可以由戲台上傳承布袋戲來著手，因為布袋戲的傳承，不是用講授或手藝的指導即可達成，必須長年在演出的戲班中琢磨技巧心領神會，才有可能培養出優秀藝師。因此，建議有關單位考慮在民族藝師之外，指定尚有在演出的布袋戲劇團，配合民族藝師之傳承計畫，讓藝生有機會在不斷的演出中，體會傳統戲曲的精華，其實這正是傳統學徒的傳習方法，也是布袋戲傳習最有可能成功的方式。

　　不僅如此，為迎合潮流時尚，傳統布袋戲逐漸失去其精髓。往昔傳統的布袋戲，一直是文人雅士寄情消遣的一項民間藝術，其劇本大多取材於民間故事或神話傳說，演出內容多為忠孝節義之典範，具有「寓教於樂」的社會教化功能。其間的起伏波折，也正如「戲如人生、人生如戲」的況味，惜現今的布袋戲，已失去往日那

---

[43]　紀慧玲，〈台灣布袋戲的百年傳奇──黃俊雄家族〉，同註35。

分雅樸的風味，在無情歲月的淘洗之下，台灣布袋戲的明天將走向何方？實在值得吾人低頭深思。[44]

平情說來，布袋戲雖來自於中國，但時間一久，早與台灣風土結合，而具有台灣特色。布袋戲的劇本，早期多出自於中國的歷史典故與文獻傳說，但當布袋戲「台灣化」後，即新作不斷湧現，在劇團競爭、觀眾要求與時代變遷的衝擊下，作品推陳出新，屢有佳作。劍俠戲、金光戲（金剛戲）、歷史戲等表演類型的變化，不只與電視媒體結合，更申請電視台專有頻道（霹靂電視台），開創出新的展演藝術。這些改變脫離了傳統農業社會內台戲或野台戲的演戲型態，進入現代社會與現代人的生活空間，使得布袋戲成了台灣意象的具體代表之一。

行政院新聞局曾舉辦「尋找台灣意象」活動，票選結果，在78萬多人的投票者中，布袋戲以（130,266）13萬多票拔得頭籌，其次才是玉山、台北101、台灣美食和櫻花鉤吻鮭。以表演藝術項來看，布袋戲獲得總票數的24.95%，也遠遠超過雲門舞集的2.1%和歌仔戲的1.83%，成為名副其實的台灣意象之代表。[45]但我們也憂心忡忡，傳統戲劇在現代潮流的衝擊下，為求生存及永續發展，往往為迎合觀眾所需而作出轉型與蛻變，除與傳媒結合外，更甚者，在力求精緻化下，逐漸脫離布袋戲的基本原素「本土化」與「草根性」，這是布袋戲失去生命力的開始。

當傳統戲院沒落，觀眾流失，技藝傳承斷層時，布袋戲如何因應此一劇變。唯有年輕人繼續投入創作，新作品源源不絕，演藝者精益求精，不斷更新，結合現代藝術技巧，創作更好的戲劇美學，才有可能重拾布袋戲的活力與生命力。是以，文化唯有不斷創新，

---

[44] 〈掌中戲薪火傳——布袋戲〉，黃金財，《台灣鄉土之旅——百年台灣風土民情小百科》（台北：時報版，2000年12月初版），頁181。
[45] 陳龍廷，《台灣布袋戲發展史》，同註1，頁1。

才能超越傳統，成為活生生的庶民文化，與民眾在一起。布袋戲是要成為博物館懷舊的對象，還是蛻變新生，維持強大的韌性與生命力，這是值得所有關心台灣文化的人士，認真嚴肅去思考的一個課題。[46]

　　個人認為，欲求傳統戲劇復興，不論歌仔戲或布袋戲，有一途徑可以嘗試為之，即與觀光旅遊業結合，發展有台灣特色的「文化觀光」布袋戲。近年來，國人開始重視台灣文化資產的維護，這是一正確可喜的現象，不少民間業者積極投入布袋戲或歌仔戲文物的收藏，此舉當然值得鼓勵。但問題是，戲是用演的，不是收藏在博物館的，若不經過藝師的表演，充其量只是一堆沒有生命的木偶。所以，我們要重視的是，藝師掌中舞出精湛的戲，需要保存的是，在戲台上演出的布袋戲，而非博物館裡頭珍藏的布袋戲。

　　當然，我們不是說博物館的珍藏不重要，我們只是希望中央或地方政府，即便要設立博物館或文物館的同時，一定要考量建立一個可以演出和觀賞的劇場或舞台，模仿國外旅遊必看的節目秀，如到澳門必看「太陽劇團」、至巴黎必定觀賞「紅磨坊」、赴紐約會到百老匯欣賞節目一樣，來到台灣觀光，也一定會到黃海岱或李天祿偶戲館參觀表演。如此，不僅可以讓台灣布袋戲「國粹」發揚光大，也可以使布袋戲能永續生存，否則空有「台灣意象」代表，恐仍難挽回布袋戲沒落式微的命運。

　　另外，以創新來保存傳統布袋戲也不失為一條可行之徑，從布袋戲的發展歷程來看，特別是將布袋戲放在台灣社會發展的脈絡中來看，僅僅默守布袋戲的傳統與陳規顯然是不行的，多元的統合發展才是王道。所以，布袋戲界自己也要力圖振作，以知識性的觀點，鼓勵知識份子的參與，藉以探索布袋戲從傳統到創新的途徑。

---

[46] 陳正茂、陳善珮，《文化觀光：台灣文化資產》（台北：五南版，2013年12月初版），頁225－226。

譬如建立實驗偶戲,思考偶戲的合流,新劇場、兒童劇、諷刺劇等創作新徑,都是藝術創新的突破。

　　此外,布袋戲可以結合多媒體的創作,其表演藝術呈現方式,也要相當豐富多元,尤其是文化創意產業(creative industry)的觀點,更可以為人們提供不同的視野。另外,表演場合亦須多樣化,如傳統劇場、廣播、錄音、電視、電影等,均可嘗試為之;且劇場技術亦應與時俱進,與社會脈動和觀眾需求相結合。總之,台灣布袋戲是否有明天,端視布袋戲劇團、戲院和觀眾三者間的互動關係,來決定布袋戲的前景與未來。

文化資產與觀光產業之研究
──以台灣歌仔戲為例

一、前言

　　自2008年7月起，政府宣布開放三通直航，兩岸人民來往愈趨頻繁，無論是從事探親、工作、觀光或學術交流等活動，均逐年屢創新高。其中尤以在陸客開放「自由行」後，人數更是節節攀升，相當熱絡。由於大陸經濟的快速成長，中國遊客在國際間的消費能力備受矚目，而陸客也成為來台旅遊人數的最大宗。有鑒於此，在迎接陸客來台觀光之際，主管觀光事務的政府單位及民間旅遊業者，應如何佈局陸客來台所帶來之商機，以及提升競爭力，實為影響台灣觀光產業之重要課題。基本上，現在觀光客的旅遊心態，已由過去走馬看花式的「到此一遊」，轉為要求有品質的重點深度旅遊，而此深度旅遊，很大的一部分，是藉由各地方的文化資產來呈現。台灣歷史雖短，但文化資產卻很豐富，尤其是台灣「國粹」的代表──歌仔戲，更是「台灣意象」的表徵之一。

　　歌仔戲是台灣的國粹，過去學界已有不少的研究成果，不論是專書或博、碩士論文，都有很好的成績。在研究論文中，較著者有楊馥菱的博士論文〈臺閩歌仔戲之比較研究〉；另外，黃秀錦的〈台灣歌仔戲劇團結構與經營之研究〉；劉南芳之〈由拱樂社看台灣歌仔戲的發展與轉型〉；以及林素春所寫的〈宜蘭本地歌仔之研究〉；黃雅蓉撰〈野台歌仔戲演出風格之研究〉；施如芳的〈歌仔戲電影研究〉，邱秋惠的〈野台歌仔戲演員與觀眾的交流〉；孫惠梅的〈台灣歌仔戲劇團經營之研究──以宜蘭縣職業歌仔戲團為

例〉；蔡欣欣的〈九〇年代台灣歌仔戲表演藝術之探討〉；林鶴宜的〈台北地區野台歌仔戲之劇團經營與演出活動〉等等，都是研究歌仔戲史，不可或缺的參考文章。

至於探討歌仔戲傳奇人物部分，最具代表性的論著有：林美璱的〈歌仔戲皇帝楊麗花〉；楊馥菱的〈楊麗花及其歌仔戲藝術之研究〉、〈楊麗花歌仔戲之角色運用──兼論歌仔戲演員妝扮的幾個問題〉；以及台視為捧楊麗花，於民國71年，特別出版的〈楊麗花──她的傳奇演藝生涯〉；以及邱婷所寫的〈明華園──台灣戲劇世家〉；和黃秀錦為孫翠鳳量身打造，所撰寫的《祖師爺的女兒──孫翠鳳的故事》等，最具代表性。

在專著方面，最早有呂訴上的《台灣電影戲劇史》；以及黃石鈞、陳志亮整理付梓的《台灣歌仔戲薌劇音樂》；林勃仲、劉還月合著的《變遷中的台閩戲曲與文化》，以及台大教授曾永義的《台灣歌仔戲之發展與變遷》，曾之專著，可說是研究歌仔戲的權威之作。另邱坤良之《舊劇與新劇：日治時期台灣戲劇之研究（1895－1945）》一書，全面探討台灣戲劇，從舊劇到新劇的演變過程，其中亦提及歌仔戲的蛻變與轉型。在歌仔戲唱曲部分，有歌仔戲研究專家楊馥菱的〈也談台灣歌仔戲「哭調」之緣起〉；而最詳盡的莫過於徐麗紗所撰之《台灣歌仔戲唱曲來源的分類研究》，堪稱是全盤探討台灣歌仔戲在「唱曲」方面的扛鼎之作。

至於較通俗之著作方面，楊馥菱之《台灣歌仔戲史》，全面對台灣歌仔戲做深入淺出之論述，可提供研究台灣歌仔戲史之最佳入門首選。而陳耕、曾學文的《百年坎坷歌仔戲》；大陸廈門台灣藝術研究所編之《歌仔戲資料匯編》；林鶴宜的《台灣歌仔戲》；行政院文建會在1996－1999四年間，接連舉辦歌仔戲研討會所集結成的《海峽兩岸歌仔戲學術研討會論文集》、《海峽兩岸歌仔戲創作研討會論文集》、《台灣新加坡歌仔戲的發展與交流研討論文集》

等等之全盤通俗之作；與相關歌仔戲資料之整理，都有其可觀和貢獻之處。

在田野調查方面，有宜蘭縣文化中心委託林鋒雄主持的《台灣戲劇中心研究規劃報告書》、徐亞湘負責之《桃園縣傳統戲曲與音樂錄影保存及調查研究計劃報告書》、陳進傳調查之《宜蘭縣傳統藝術資源調查報告書》；以及曾永義教授的《閩台戲曲關係之調查研究計劃》、蔡文婷等著的《弦歌不輟——台灣戲曲故事》等，均對台灣幾個重要歌仔戲劇團，做了相當全面及深入的調查。

此外，早期作家王禎和訪問歌仔戲前輩導演陳聰明口述而成的〈歌仔戲仍是尚未定型的地方戲〉，王順隆撰稿的〈台灣歌仔戲的形成年代及創始者的問題〉，張文義寫〈尋找老歌仔戲的故鄉〉，劉南芳之〈都馬班來台始末〉，劉春曙的〈閩台車鼓辨析——歌仔戲形成三要素〉，以及劉秀庭的期刊論文〈本地歌仔演藝初探：兼述歌仔戲的初期發展與影響〉；蔡秀女撰述之〈光復後的電影歌仔戲〉等諸多文章，或親訪歌仔戲導演，或研究歌仔戲形成之年代及創始，或尋根歌仔戲的原鄉，或探討歌仔戲最重要之元素「都馬調」；以及與歌仔戲淵源甚深的「車鼓陣」。總之，上述諸文都有其可觀之處，也都是後學研究者必讀的重要資料。

因此，在前人研究的基礎上，本文內容論述重點有三：1.略敘歌仔戲在台灣發展之歷史及演變，及其在台灣文化上之重要象徵意涵。2.以台灣歌仔戲百年史上，最具傳奇性的兩位人物楊麗花與孫翠鳳為例，敘說其重大成就外，亦著墨其在歌仔戲之表演形式和傳承之貢獻。3.從觀光產業視角，探討歌仔戲這項台灣最具代表性之文化資產，在當今觀光產業蓬勃發展之際，如何與其結合，進而達到成為台灣文化觀光產業不可或缺之重要資源。

二、常民文化——歌仔戲在台灣之源起與演變

一般人咸信，流行於台灣社會的諸多戲曲，很多都來自於移民原鄉的大陸內地，尤其是閩粵地區。但據學者指出，歌仔戲卻是唯一源於台灣本土的傳統戲劇。[1]《台灣省通志》記載：「民國初年，有員山結頭份人歌仔助者，不詳其姓，以善歌得名。暇時常以山歌，佐以大殼絃，自拉自唱，以自遣興。所唱歌詞，每節四句，每句七字，句腳押韻，而不相聯，雖與普通山歌無異，但是引吭長歌，別有韻味，是即為七字調也。後，歌仔助將山歌改編為有劇情之歌詞，傳授門下，試為演出，博得佳評，遂有人出而組織劇團，名之曰：『歌仔戲』。」[2]

另外，在《宜蘭縣志》也有類似的記載：「歌仔戲原係宜蘭地方一種民謠曲調，距今六十年前，有員山結頭份人名阿助者，傳者忘其姓氏，阿助幼好樂曲，每日農作之餘，輒提大殼絃，自彈自唱，深得鄰人讚賞。好事者勸其把民謠演變為戲劇，初僅一、二人穿便服分扮男女，演唱時以大殼絃、月琴、簫、笛等伴奏，並有對白，當時號稱『歌仔戲』。」[3]從此，大家都認定宜蘭員山結頭份是台灣歌仔戲的發源地，而歌仔助似乎也成了台灣歌仔戲的創始人。

唯按照任何戲劇發展的模式看來，其實一種戲劇的醞釀與形成，都不大可能是以一人之力而完成的，它們應該都是集體創作累積的結果，歌仔戲自不例外。根據調查，在歌仔助之前，已經有貓

---

[1]　林鋒雄，〈試談歌仔戲在台灣地區的文化地位〉，見張炎憲主編，《歷史文化與台灣》（4）（台北縣：台灣風物雜誌社出版，1996年3月初版），頁212。

[2]　李汝和主修，《台灣省通志》（台北：台灣省文獻委員會，1971年6月出版），頁15。

[3]　宜蘭縣文獻委員會，《宜蘭縣誌合訂本（壹）》（宜蘭：宜蘭縣政府，1996年12月重刊），頁35。

仔源、陳高犁等人，與歌仔助同時期，也有林莊泰、陳阿如、楊順枝、簡四勾和鱸鰻帥等人。[4]所以我們可以客觀的說，歌仔戲的原鄉為宜蘭，它是經由歌仔助等藝師的改良，而逐漸形成且發揚光大的，它是台灣移墾社會的產物，也是台灣最具代表性的本土文化。

歌仔戲是結合台灣各種戲曲及音樂為一體的表演藝術，「歌仔戲在發展過程中，吸收北管、南管、九甲戲和民間歌謠等音樂曲調，引進京劇的鑼鼓點和武打動作，使用北管曲牌、服飾、妝扮和福州戲的軟體彩繪布景，並援用各劇種的戲碼、身段、道具、樂器，發展成一種兼容並蓄內容豐富的新劇種。」[5]由上可知，歌仔戲最初僅是鄉土歌舞形成的地方小戲，後由地方小戲汲取其他大戲的優點而發展成為大戲。[6]

所謂「歌仔」，就是地方上的歌謠，而其舞，乃指「踏」的部分，即所謂的「車鼓」。經由「歌仔」音樂與「車鼓」身段的結合，發展為歌仔陣與落地掃，並於宜蘭地區日益茁壯。據研究者言，歌仔戲是將福建泉、漳地區流行的採茶、錦歌等歌謠，佐以台灣的民間小調唱腔，再加入傳統的演出形式，以閩南話演出的一種古裝歌劇。「錦歌」是流行於漳州一帶的民間小調，是以七字或五字為一句，每四句組成一段的一種民歌，由於是用方言俚語唱的，極為通俗易懂，因此廣為流行，台灣歌仔戲即由閩南的錦歌演變而來。[7]

其實，所謂的「錦歌」，就是我們一般認知的「歌仔」，早期民間藝人多賣藝走唱「歌仔」，也有人稱之為「乞食歌仔」。台

---

[4]　林素春，〈宜蘭本地歌仔之研究〉（台北：中國文化大學藝術研究所戲劇組碩士論文，1994年6月），頁28。

[5]　林茂賢，《動靜皆美──歌仔戲的認識與欣賞》（台北：國立台灣藝術教育館，1995年6月），頁3。

[6]　林茂賢編撰，《福爾摩沙之美──台灣傳統戲劇風華》（台中：行政院文化建設委員會中部辦公室出版，民國89年3月1版），頁75。

[7]　邱坤良，《中國傳統戲曲音樂》（台北：遠流版，1981年11月初版），頁85。

灣移民多來自漳、泉，這種「歌仔」即隨移民傳入台灣。[8]歌仔傳
入台灣後，所唱的「歌仔冊」，亦一併由閩南帶進台灣來，清代廈
門地區唱歌仔的風氣已很盛行，當時如文德堂等眾多書局，都以經
營「歌仔冊」維生。歌仔冊的內容，大多是民眾耳熟能詳的故事，
如〈陳三哥〉、〈英台歌〉、〈陳世美不讓前妻〉、〈王昭君冷
宮全歌〉等；另有簡單情節故事的民歌，如〈過番歌〉、〈底反〉
等。[9]這些來自閩南的歌仔冊，即為台灣早期歌仔戲說唱的唱本，
由於歌詞通俗易懂，深獲台灣人喜愛，它們對於歌仔戲的形成，有
非常重大的貢獻和意義。如早期歌仔戲的兩大劇目〈山伯英台〉和
〈陳三五娘〉，即源自於歌仔冊唱本，而〈雪梅教子〉、〈孟姜
女〉、〈白蛇傳〉等劇目，同樣也是脫胎於歌仔唱本。[10]

　　歌仔戲構成的重要元素，除歌仔外，歌仔戲的身段「車鼓」，
更是不可或缺的部分。「車鼓」屬於歌舞小戲，盛行於福建民間，
後隨移民播遷來台。歌仔戲之「歌仔」，最初只是坐唱形式，並沒
有人物的妝扮與身段動作，不合乎「演員合歌舞以代言演故事」的
基本條件，因此不是所謂的真正戲曲表演。直到歌仔戲採用了車
鼓戲的場面與身段和動作後，歌仔戲的雛型才算大體具備，它們
於迎神賽會或廣場空地即興演出，稱之為「落地掃」。[11]車鼓戲又
稱「車鼓弄」或「弄車鼓」，一般是由丑、旦合歌舞以代言演出調
笑逗趣的故事，屬於二人小戲。[12]當車鼓出現在民間陣頭遊行行列

8　楊馥菱，《台灣歌仔戲史》（台中：晨星出版社發行，2004年11月2刷），頁35。
9　羅時芳，〈近百年廈門「歌仔」的發展情況〉，收錄於《閩台民間藝術散論》（廈門：鷺江出版，1991年），頁298－299。
10　曾學文，〈歌仔戲傳統劇目與閩南歌仔曲目的關係〉，收錄於《海峽兩岸歌仔戲學術研討會》（台北：行政院文建會出版，1996年），頁12－13。
11　楊馥菱，《台灣歌仔戲史》，同註8，頁39。
12　〈車鼓戲〉，收錄於林初乾、莊萬壽、陳憲明、張瑞津、溫振華總編輯，《台灣文化事典》（台北：國立台灣師範大學人文教育研究中心出版，2004年12月初版），頁424。

中，就形成我們所熟悉的「車鼓陣」。

　　車鼓戲是車鼓藝人作戲劇妝扮，配合身段在舞台空間的一種表演，演出劇目泰半為大家所熟悉的〈桃花過渡〉、〈五更鼓〉、〈點燈紅〉、〈番婆弄〉等。車鼓戲的丑角扮相以滑稽逗趣為原則，手執「敲仔」當敲擊樂器之用；旦角扮相則以妖媚為主，左手拿手帕，右手拿摺扇，演出方式為丑、旦且歌且舞、相互對答，至於動作皆相當簡單，丑、旦兩人動作通常是互為相反，丑前旦退一前一後互為搭配，整個演出型態仍屬於「踏謠」的表演階段。[13]

　　受到車鼓戲表演風格的影響，「歌仔」也由單純的坐唱，而為迎神行列作歌仔陣的沿街表演，到達定點後即作「落地掃」的演出，由此可見歌仔陣的「落地掃」與車鼓戲必定有非常密切的關係。據研究台灣歌仔戲史的楊馥菱談到：「車鼓陣與歌仔陣的表演幾乎是相容並行，而歌仔陣、醜扮落地掃的表演又與車鼓陣、車鼓戲近乎同轍。而唯一不同之處，恐怕就在於曲調音樂，也就是在主要的曲調『歌仔』的唱念上。」[14]「落地掃歌仔陣」可說是歌仔戲的原型，「歌仔」在宜蘭發展成為「本地歌仔」後，又模仿車鼓戲的表演型態，演出滑稽詼諧的民間故事，隨神轎遊行，稱為「歌仔陣」。「落地掃歌仔陣」是屬於歌舞小戲的表演，演出地點多在廟埕空地即席演出，或隨遊行陣頭行進至廟口廣場，簡單的以四支竹竿圍出表演區就可表演。落地掃演出之劇目僅有〈山伯英台〉、〈什細記〉、〈呂蒙正〉、〈陳三五娘〉等四齣。演員以丑、旦為主，多半不著戲服，也無繁雜身段，甚至於表演者多非職業演員。表演內容簡易，曲調音樂簡單，通常以一首或少數曲調重複進行，

---

[13]　楊馥菱，《台灣歌仔戲史》，同註8，頁41－43。
[14]　楊馥菱，〈有關台灣車鼓戲之幾點考察〉，「兩岸小戲大展暨學術會議」（台北：國立台灣大學發表，2000年12月）。

明顯看來，其趣味性遠高於藝術水準的要求。[15]

　　因為原本以坐唱形式演唱的「歌仔」，在結合車鼓身段動作後，簡單的敘事性音樂便不敷使用，必需要有所變革，「七字調」、「大調」、「雜念仔」等戲曲唱腔，即由此應運而生，而這也就成為爾後歌仔戲的基本表演形式。[16]換言之，歌仔戲是在吸收「車鼓陣」的藝術形式，以滑稽調弄的舞蹈身段輔助演唱，變成了「歌仔陣」，迄於清末，歌仔陣在台灣大為流行，且從平地逐漸搬到舞台上表演，觀看群眾甚為踴躍。

　　如前所述，台灣歌仔戲的原鄉是宜蘭，歌仔戲之所以會誕生於宜蘭，與宜蘭的移民有很大的關係。基本上，宜蘭移民以來自漳州人居多，在移民過程中，漳州人將原鄉的「歌仔」也帶至宜蘭，且廣為傳唱。當時流行於台灣各地的「車鼓戲」，以用南管或閩南歌謠來演唱，但在宜蘭卻被改用「歌仔」來演唱，逐漸形成只有宜蘭地區特有的「本地歌仔」（老歌仔戲）藝術。[17]「本地歌仔」因其表演內容豐富，相當有味道，因此頗受觀眾喜愛，並很快傳開，最終發展成為大戲。[18]

　　本地歌仔戲不僅參考了車鼓戲的表演，在音樂上也以歌仔為基礎，吸收老白字戲和車鼓戲的俚語歌謠，如「七字調」、「雜唸」等曲調，來表達戲劇情境，讓歌仔戲能參照各戲精華，逐漸產生蛻變。[19]日治初期，歌仔戲又更上一層，它又學習了「四平戲」及「亂彈戲」的服裝與身段，從而更豐富了表演的內容與形式，最終

[15] 楊馥菱，《台灣歌仔戲史》，同上註，頁44－45。）
[16] 徐麗紗，《台灣歌仔戲唱曲來源的分類研究》（台北：學藝出版社出版，1992年6月初版），頁104。
[17] 林素春，〈宜蘭本地歌仔之研究〉，同註4，頁7。
[18] 劉秀庭，〈本地歌仔演藝初探──兼述歌仔戲的初期發展與影響〉，《復興劇藝學刊》第21期（1997年10月），頁23－33。
[19] 徐麗紗，〈落地掃小戲時期〉，見其著，《台灣歌仔戲唱曲來源的分類研究》，同註16，頁21－26。

風行成為地方大戲。[20]歌仔戲形成「野台歌仔戲」大戲後，除逐漸向城市發展外，為增加表演的豐富性，壯大演出內容，其演出劇目也多了起來，而演員為了補唱腔之不足，乃紛紛吸收其他戲曲之腔調，如〈留傘調〉、〈送哥調〉、〈串調子〉、〈青春調〉、〈月月按〉、〈三月三〉、〈腔仔調〉、〈慢頭〉、〈五開花〉、〈牽君手上〉等，都是車鼓戲、亂彈戲、高甲戲、梨園戲等之樂曲。[21]

《台灣省通誌》曾有如下之記載：「民國十二年以前，各歌仔戲班所吸收的演員，大部分是亂彈戲、九甲戲的班底，當時有『日唱南管，夜唱歌仔戲』或『日唱歌仔，夜唱北管』的現象，此時所演的歌仔戲全屬文戲。」[22]這是1923年以前的情形，到了1923年以後，歌仔戲又兼容並蓄向京劇汲取台步身段與鑼鼓點；向福州戲班學習布景和連台本戲，萃取各家精華，不斷成熟進步。期間，歌仔戲班還請這些京班、福州班的演員指導武戲，從而使得歌仔戲開始有了武戲劇目，未幾即成為台灣民間最受歡迎的鄉土戲劇。關於當時歌仔戲流行之程度，1926年6月27日《台灣日日新報》有如下之記載：

「近來思想複雜，習尚不辨雅俗，言動多趨卑鄙。觀于歌仔戲之流行可知。去歲以來，此樣歌仔戲，勢如雨後筍，層出不窮。聞某菊部改良一班，某鄉村新學一團，及製造工場，亦藉此以籠絡工人。乘佳辰月夕，則登台試演，廣邀觀玩，不惜其精神誤用反多獎賞之。有心世道者。每隱憂及之。」[23]從有心世道者的憂心，可以想見當年歌仔戲在台灣流行之一斑。而這樣的演戲文化，也成為民

20　楊馥菱，《台灣歌仔戲史》，同註8，頁65。
21　陳耕、曾學文合著，《歌仔戲史》（北京，光明日報出版社出版，1997年3月），頁75－76。
22　杜學知等纂修、廖漢臣整修，〈學藝志‧藝術篇〉第一章戲劇，《台灣省通誌》卷六（南投：台灣省文獻委員會，1971年）。
23　〈桃園禁演歌仔戲〉，《台灣日日新報》第9392號（1926年6月27日）。

間糾紛罰戲謝罪的方式之一。1927年4月2日《台南新報》即有一篇
報導：「前報霓生社女優班主周生夫婦唆使惡漢橫暴。誤毆邱浩等
二、三觀客。致惹街民公債責其於媽祖廟前演戲一檯以為謝罪，並
賠償損害品及醫療料等，始為息事。」[24]從要求「演戲賠罪」之事
可以看出，發展成大戲的歌仔戲，以野台形式演出，深受民眾喜愛
的程度。

三、台灣歌仔戲的進程四重奏
──由內台歌仔戲迄於現代劇場

　　談起歌仔戲在台灣演進之歷史，可追溯自百餘年前，基本上，
台灣歌仔戲源於清末，日治時期逐漸茁壯發展，國府遷台後開始轉
型蛻變，期間曾一度遭受打壓而沉寂；迄於20世紀80年代，因威權
體制崩解，台灣本土意識高漲，為歌仔戲的蓬勃帶來新契機。由於
外在環境的改變與政治社會的影響，台灣歌仔戲不僅重獲再生，也
產生了新類型。[25]

　　有清一代長期的統治台灣，台灣成為中國的俗民社會，日本
殖民統治以後，因著社會階級的分化，除統治者外，被殖民的台灣
人之間，階級逐漸有平等化的趨向。在此之前，台灣承襲清朝之社
會階層，仍具有濃厚的封建性質，例如歌仔戲團的演員和樂師常被
視為賤民，社會地位極低，直到1920年代的「大正民主」時期，因
文化啟蒙運動的展開，台灣社會開始步入現代化，民智漸開，人
們較能以理性眼光看待演戲工作者，歌仔戲的社會地位逐漸受到重
視。[26]

[24] 〈朴子通信・女優賠罪〉，《台南新報》第9037號（1927年4月2日）。
[25] 楊馥菱，《台灣歌仔戲史》，同註8，頁23。
[26] 陳紹馨，《台灣的人口變遷與社會變遷》（台北：聯經版，1992年第四次印行），

　　1920年代，台灣的政經社會在朝向現代化之際，在此之前，原本依附於農閒之暇的歌仔說唱，發展成為民間廟會遊街繞境的「歌仔陣」。日治初期形成「本地歌仔」，到20年代已發展成「野台歌仔戲」的大戲過渡。在整個社會氛圍改變後，歌仔戲亦逐漸走向精緻化及商業化，職業劇團紛紛成立，一個以賣票方式維持劇團營運的「內台歌仔戲」的時代於焉來臨。而大都會的環境，亦給了歌仔戲良好的發展空間，促進了歌仔戲第一次黃金時代的到來。迄於日本治台末期的「皇民化運動」，台灣歌仔戲因遭受到政治力的蠻橫干預，統治當局宣布禁演，歌仔戲的盛況才歸於沉寂。[27]

　　1945年，台灣光復後，沉寂已久的歌仔戲如久旱逢甘霖般，又再度冒出蓬勃的生命力，全台歌仔戲班紛紛成立，並進入戲院演出，觀眾人山人海，迎來了歌仔戲的第二波黃金時期。[28]1949年，國府遷台後，實施土地改革及經濟發展計劃，使得台灣社會快速邁入工業化，而台灣社會由農業轉型為工業後，連帶著也改變了人民的生活、消費與娛樂習慣。50年代收音機逐漸普遍，廣播電台看好歌仔戲的廣大觀眾群，於1954年，台灣開始有了「廣播歌仔戲」。而歌仔戲業者對於新興媒體亦抱持高度興趣，除與電台合作外，也跨足電影，拍攝起「電影歌仔戲」來。60年代，電視進入家庭，歌仔戲更是獨具慧眼，早早與電視台媒合，錄製「電視歌仔戲」，從此歌仔戲更是深入台灣各個家庭，不僅締造歌仔戲的第三度黃金時代，其影響力更是無遠弗屆。[29]

　　7、80年代，台灣在遭受一連串的外交挫敗後，國府於國際間

頁127、頁522－523。

[27]　楊馥菱，《台灣歌仔戲史》，同註8，頁25－26。

[28]　蘇桂枝，《國家政策下京劇歌仔戲之發展》（台北：文史哲出版社出版，民國92年12月初版），頁103。根據1958年台灣省教育廳的公佈，當時全台歌仔戲團數量為235團。林勃仲、劉還月，《變遷中的台閩戲曲與文化》（台北：台原出版社，1990年），頁103。

[29]　楊馥菱，《台灣歌仔戲史》，同上註，頁26－27。

的處境日益孤立，於此之際，台灣人開始深刻思索自己國家的前途與自我文化認同，本土意識逐漸高漲。1973年，林懷民創立「雲門舞集」，1976年，「鄉土文學論戰」爆發，雲門首先引進西方劇場的演出制度與技術，用布幕構成基本舞台環境等劇場觀念，從而改變台灣的劇場文化。[30]於此西方新思潮的衝擊下，本土歌仔戲亦趁勢而起，朝精緻化戲路前進。1982年，政府為推動文化資產之維護與民族藝術之弘揚，連續幾年舉辦「民間劇場」的演出，其中歌仔戲所帶來的熱潮，及萬人空巷的情景，令人振奮和印象深刻。[31]此外，歌仔戲也開始進入現代劇場，登上國家藝術殿堂演出，結合現代劇場的科技，歌仔戲的精緻藝術終於轉型成功和完成。現依此演變進程略敘如下：

1.紅遍全台的內台歌仔戲

歌仔戲的藝術表演形式有了長足進步後，1925年以後，開始進軍都市戲館演出，成為所謂的「內台歌仔戲」，並發展神速，全台各地內台歌仔戲團紛紛成立。歌仔戲進入內台演出後，以其語言上的優勢，加上劇情角色的多變；以及舞台調度的豐富等，對歌仔戲的進步與影響是無庸置疑的，而觀眾亦報以熱烈的迴響。1926年2月8日，《台南新報》提到：「台南大舞台假演歌仔戲以來，連續四個月，每日夜座席幾滿，可謂盛矣。」[32]內台歌仔戲風行後，使得來自中國的京劇票房，受到嚴重影響，於是京劇便與歌仔戲同台演出，「日演京劇，夜演歌仔戲」成為當時普遍的模式，也是一種饒有趣味的現象。

---

[30] 林懷民，《高處眼亮──林懷民舞蹈歲月告白》（台北：遠流版，2010年10月初版），頁16—17。

[31] 1982年之「民間劇場」委託邱坤良教授策劃製作，1983－1986年的「民間劇場」則由曾永義教授負責。

[32] 〈藝界消息〉，《台南新報》第8619號第6版（1926年2月8日）。

　　歌仔戲走入內台後，各項藝術內涵亦相對提升，音樂也隨之要求更豐，歌仔戲的重要元素「哭調」即興起於此時。「哭調」的產生與1920年代歌仔戲的走入戲館演出有關，當時歌仔戲開始有女演員的演出。[33]由於女姓聲音的柔美悽愴，直接造就哀怨吟詠特質「哭調」的產生，與之對應的是歌仔戲的劇本，不得不增加許多文戲或愛情戲的演出。這種纏綿悱惻悲歡離合的劇碼，大受女性觀眾的青睞，藉由劇情內容，更多的女性產生自我認同和自我意識，對於提高女權運動，歌仔戲「無心插柳」多少是有點貢獻的。[34]

　　1940年代，太平洋戰爭爆發後，日本在台灣雷厲風行推動「皇民化政策」，歌仔戲的演出遭受到嚴重的影響，當時歌仔戲在戲院演出時，日本警察即坐在舞台旁臨場監督，察看演出內容是否與申報劇目吻合，大凡演出傳統戲被日本警察查獲，就難逃被勒令解散的命運。彼時台灣只有少數僅存的歌仔戲班能夠演出，而且還是演些不倫不類的日本戲，如此一來，不但歌仔戲演出遭到箝制，而且樣板的演出，只能宣揚日本皇民思想，如此氛圍，不僅歌仔戲快速沒落，台灣人也不想看那變調的歌仔戲了。[35]

　　1945年台灣光復後，擁有旺盛生命力的歌仔戲再度復活，並以驚人的聲勢風靡全台，而台灣人看戲風潮也十分熱烈。[36]從1949至1956年台語片興起前，全台歌仔戲班估計有五百團，委實非常可觀。當時歌仔戲的演出以內台為主，演出方式千變萬化，立體化、

---

[33]　歷來哭調被視為是日本殖民政府禁止歌仔戲演出，台灣民眾故意「以哭當歌」，來宣洩對日本殖民政府的不滿。陳豔秋，〈譜出台灣女性堅貞純情嬌媚的旋律：訪作曲家陳秋霖〉，《台灣文藝》第85期（1983年11月），頁195－201。

[34]　楊馥菱，〈也談台灣歌仔戲【哭調】之緣起〉（高雄：「民俗與文學學術研討會」：1998年11月15－16日）。

[35]　楊馥菱，《台灣歌仔戲史》，同註8，頁97。

[36]　曾任台視歌仔戲導演的陳聰明，在民國38年時已是歌仔戲演員，他在接受訪問時即回憶道：「民國38年前後是歌仔戲的黃金時期，當時約有三百多團在全省各地上演。」王禎和，〈歌仔戲仍是尚未定型的地方戲──訪問陳聰明導演〉，《台灣電視週刊》第742期（1976年12月）。

機關化的變景，除了有各式軟景外，還有種種的機關布景，乃至鋼索吊人等噱頭都有，令觀眾看了歎為觀止。[37]也因此戲院一票難求，買不到票的觀眾，常在每天下午快散戲時，待戲院大門一開衝入「看戲尾」，聊過戲癮，形成一有趣畫面。[38]戲團在戲院演出是有固定的檔期，通常是以十天為一檔期，但也有因為演出大受歡迎，而一再連演個不停。「明華園」團長陳明吉曾回憶當年盛況：「光復後歌仔戲恢復演出，民眾因睽違已久甚是懷念。明華園曾應邀到台南府城『龍館』戲院演出……連演五十二天才下戲。……真是十足風光熱鬧。」[39]

　　就在歌仔戲的顛峰時刻，「都馬劇團」的來台表演，為發展已然有瓶頸現象的歌仔戲，又注入了新元素。歌仔戲研究學者楊馥菱即提到：「都馬劇團在台灣長年的演出，對歌仔戲也產生了幾點影響：首先是「都馬調」（即邵江海等人所創的「雜碎調」和「改良調」）日益盛行，豐富了歌仔戲的音樂；其次是都馬班向越劇學習古裝妝扮，取代了傳統的京劇路線。1954年，「都馬劇團」開拍台灣第一支歌仔戲電影〈六才子西廂記〉，雖然票房口碑不是很成功，但卻開啟了電影歌仔戲的時代。[40]於此同時，政府也開始重視歌仔戲，於是掀起一波歌仔戲改良運動。1950年12月「台灣歌仔戲改進會」舉行座談，決定歌仔戲將以新型劇本及導演形式出現，1951年政府公布歌仔戲改良原則，基本上以配合國策，各劇團應加

---

[37] 以雲林麥寮「拱樂社」為例，當時「該社舞台上之設備最值得注意，有立體之布景與逼真活動走景，一般通稱的機關變景，使觀眾恍如置身電影戲院，所看到的盡是實景。且電光配置、映照得宜，增加演劇效果不小。」〈劇團介紹欄〉，《台灣地方戲劇月刊》第1卷第2期（民國41年9月），頁15。

[38] 林美容，〈聽歌仔的心路歷程〉，見其著，《台灣文化與歷史的重構》（台北：前衛版，1996年8月初版），頁259－260。

[39] 陳國嘉，〈明華園經營策略之探討〉，收錄於《海峽兩岸歌仔戲學術研討會論文集》（台北：文建會出版，1996年6月）。

[40] 楊馥菱，《台灣歌仔戲史》，同註8，頁102。

強革新組織，籌設歌仔戲促進會等為主旨。1952年正式成立「台灣省地方戲劇協進會」，同年開始實施每年一次的地方戲劇比賽。

　　基本上，政府開始重視歌仔戲劇本的內涵，有意改進「作活戲」的習性，立意雖好，但其真正目的，在於將歌仔戲納入文化宣傳的行列，倡導所謂「民族藝術是文化的利器」，進而引導歌仔戲走向反共抗俄的政令宣導，政治色彩相當濃厚，但仍不足以改變歌仔戲的演出生態，官方大力推動歌仔戲的改良，但畢竟不敵民間自由演出的風氣，「自由」終究還是最重要的表演土壤。[41]

2.廣播與電影歌仔戲的時代

　　內台歌仔戲的蓬勃景象，一直持續到電視歌仔戲開播才逐漸沒落，在此之前，其實內台歌仔戲已先受到廣播歌仔戲的挑戰。歌仔戲走入廣播界，大概在1954－1955年間，當時台灣收聽收音機廣播已十分普遍，這與內台歌仔戲已無市場有很大的關係。廣播歌仔戲剛開始要先作內台錄音，再由電台播放，但因有時音效不佳，便改由電台自行成立廣播歌仔戲團，直接在錄音間邊唱邊錄。[42]1960年代，是廣播歌仔戲的黃金年代，當時較著名的團有民生電台的「金龍歌劇團」、民本電台的「九龍歌劇團」以及正聲的「天馬歌劇團」。其中，1962年成立的「天馬歌劇團」更是將廣播歌仔戲推到最高潮，後來名揚台灣的歌仔戲皇帝楊麗花，早期即是該團的成員。[43]除楊麗花外，廖瓊枝、王金櫻、翠娥等，也都是唱電台歌仔戲起家的。由於廣播歌仔戲的盛行，以往的曲調已不夠用，不得已只有轉向吸收流行歌曲，拿流行歌曲中具有起承轉合的七言四句型來唱，這些參考國、台語流行歌曲或自編新創曲調，不僅豐富了廣

[41] 呂訴上，《台灣電影戲劇史》（台北：銀華出版社出版，1961年），頁269－281。
[42] 楊馥菱，《台灣歌仔戲史》，同註8，頁118。
[43] 林美璱，《歌仔戲皇帝——楊麗花》（台北：時報版，2007年9月初版），頁98。

播歌仔戲的內涵，也為歌仔戲添加了許多新的生命，當時歌仔戲演員均稱這種曲風為「新調」或「變調」。[44]

廣播歌仔戲走下坡後，在電視歌仔戲還未大行其道前，還有一過渡階段，此即電影歌仔戲的時代。1955年，「都馬劇團」拍攝台灣第一支電影歌仔戲〈六才子西廂記〉，6月23日該片在萬華大戲院首映，由於克難完成，諸多技術問題無法解決，再加上燈光不足，畫面模糊，影像和聲音搭配不良等缺失，使得觀眾大失所望，造成「都馬劇團」的巨大損失。[45]〈六才子西廂記〉雖然失敗，但不減台灣民眾對電影歌仔戲的期盼與熱情，陳澄三與何基明導演，以「拱樂社」為班底開拍〈薛平貴與王寶釧〉，有鑒於〈六才子西廂記〉的前車之鑑，為追求品質，不論外景、前製、後製作業，都慢工出細活，盡量要求盡善盡美。1956年1月，該片放映造成觀眾人山人海大爆滿的景象，兼以宣傳得宜，成功營造出氣勢，應觀眾需求，還接二連三的拍攝續集、三集，掀起一股拍攝電影歌仔戲的熱潮。[46]有鑒於〈薛平貴與王寶釧〉的成功，許多歌仔戲班也紛紛拍起電影歌仔戲，1955－1959年是電影歌仔戲的黃金時期，但也因為一窩蜂的跟拍，資金短缺、粗製濫造的片子不少，造成電影歌仔戲觀眾的快速流失，很多戲班因為無法負荷成本而倒閉解散，電影歌仔戲雖然風光一時，但終究走入歷史。

3.曾經輝煌的電視歌仔戲

台灣進入電視時代始於1962年，是年10月，台視首先開播電視歌仔戲，推出由廖瓊枝飾演白素真，何鳳珠扮演小青的〈雷峰

---

[44] 楊馥菱，《台灣歌仔戲史》，同註8，頁120－121。

[45] 蔡秀女，〈光復後的電影歌仔戲〉，《民俗曲藝》第46期（1987年）。又見劉南芳，〈都馬班來台始末〉一文中，對丁順謙先生的訪談。《漢學研究》第8卷第1期（民國79年6月）。

[46] 楊馥菱，《台灣歌仔戲史》，同註8，頁123－124。

塔〉。[47]其後，台視又推出〈山伯英台〉、〈乾隆皇與香妃〉等歌
仔戲節目。當時電視歌仔戲採「實況錄製」的作業方式，只不過將
舞台搬移到室內的攝影棚，演員必須配合播映的字幕當場演出。不
過由於在草創階段，兼以彼時電視並不普遍，所以開播後仍不敵廣
播歌仔戲。其後，隨著電視的逐漸普及，電視歌仔戲前景看好，台
視見有利潤市場，便開始闢不同時段演出歌仔戲，也吸引如「正聲
天馬歌劇團」、「聯通廣播歌劇團」、「金鳳凰廣播劇團」等原本
是廣播歌仔戲團，轉進電視歌仔戲團的演出。

　　電視歌仔戲到楊麗花演出〈雷峰塔〉後，聲勢達到最頂點，楊
出身於宜蘭，未進入電視歌仔戲前，曾是「宜春園歌劇團」和「天
馬歌劇團」演員，她是從內台、廣播、電視歌仔戲一路走來，憑其
天份與獨特魅力，俊美的扮相和優異的唱做，成為歌仔戲皇帝，享
譽全台歷久不衰。[48]1969年中視開播，歌仔戲進入競爭期，為和台
視抗衡，中視首推以連續劇的方式播出歌仔戲。「中視歌劇團」推
出由柳青與王金櫻主演〈三笑姻緣〉當先鋒，除與楊麗花的台視拼
陣外，最大贏家是全台觀眾，又多一台電視歌仔戲選擇的機會。

　　1971年華視成立，見電視歌仔戲正夯，也馬上加入競爭行列，
而三台歌仔戲也逐漸三分天下，各自擁有自己的收視群。但不久，
因黃俊雄布袋戲的強力挑戰，讓歌仔戲觀眾流失不少。[49]為挽回
頹勢，網羅三台歌仔戲菁英，1972年夏天成立了「台視聯合歌劇

---

[47]　王明山，〈談談歌仔戲的連台好戲——雷峰塔〉，《電視週刊》第5期（1962年10
　　　月）。

[48]　何貽謀，《台灣電視風雲錄》（台北：商務版，2002年1月初版），頁61－66。楊
　　　馥菱，《楊麗花及其歌仔戲藝術之研究》（台中：東海大學中文研究所碩士論文，
　　　1997年）。

[49]　當時布袋戲風靡的程度，簡直到不可思議的地步，當時報紙曾報導：「播放布袋戲
　　　節目以來，給鄉下觀眾帶來一陣熱潮，尤其學生們更是入迷，每逢有布袋戲節目
　　　時，大家無心上課，等不得放學，就奔向有電視機的人家去。」筆者當年正值讀小
　　　學五、六年級，確實自己也有過這樣的經驗。〈從電視布袋戲荒誕的劇情說起〉，
　　　《台灣日報》第6版（民國59年5月10日）。

團」，包括楊麗花、柳青、葉青、小明明四大天王；及許秀年、王金櫻、青蓉、林美照、黃香蓮、高玉珊、翠娥、洪秀玉等大咖。從此三國歸一統，三家電視台只剩台視有歌仔戲節目。聯合後的電視歌仔戲首推〈七俠五義〉，由楊麗花演展昭，葉青飾演白玉堂，播出後立即一砲而紅，大受觀眾歡迎，也將電視歌仔戲推至顛峰狀態。[50]

　　於是台視乘勝追擊，又推出〈薛仁貴征東〉、〈西漢演義〉、〈萬花樓〉、〈隋唐演義〉、〈楊家將〉、〈三國演義〉、〈孟麗君〉、〈忠孝節義〉、〈大漢英雄傳〉、〈洛神〉、〈陸文龍〉、〈趙匡胤〉等一系列歌仔戲。其中，〈西漢演義〉和〈忠孝節義〉都創下播出百集以上的佳績，顯見當時電視歌仔戲受歡迎的程度，那也是電視歌仔戲最風光的美好時光。[51]可是這種聯合只維持短暫時間，由於天王間的暗中較勁，不能精誠合作；加上新聞局對閩南語節目的設限，使得電視歌仔戲有每況愈下的趨勢，「台視聯合歌劇團」被迫於1977年宣布解散，電視歌仔戲也進入寒冬期。

　　1979年，電視歌仔戲又再度重出江湖，首先是楊麗花在台視推出〈俠影秋霜〉、〈蓮花鐵三郎〉、〈青山綠水情〉等三部歌仔戲，獲得觀眾熱烈回應，播出時段且從中午移至晚間，顯見電視歌仔戲對收視觀眾有信心。另一歌仔戲天王葉青則轉戰華視，並於1982年成立「神仙歌仔戲團」，一連推出〈瀟湘夜雨〉、〈霸橋煙柳〉、〈岳飛〉等膾炙人口好戲，為電視歌仔戲再創高峰。而原本在華視的小明明，不得不離開華視到中視去發展，但成效不如預期。而華視午間空檔就由離開台視自立門戶的李如麟所獨佔，所推出的〈龍鳳姻緣〉、〈嘉慶君遊台灣〉、〈浪子李三〉等，造成午間時段的高收視率，華視成了電視歌仔戲的最大贏家。

---

[50]　何貽謀，《台灣電視風雲錄》，同註46，頁119－121。

[51]　林美璠，《歌仔戲皇帝——楊麗花》，同註41，頁144－145。

　　相對於台視、華視，中視的歌仔戲節目顯的欲振乏力，為與其他兩台爭雄，先是請「明華園歌劇團」擔綱，唯「明華園」以野台戲為主，志不在電視，直到1988年，中視聘請「河洛歌劇團」，其歌仔戲才稍有起色。「河洛」為中視推出〈漢宮怨〉、〈正德皇帝遊江南〉、〈江南四才子〉、〈大漢春秋〉等歌仔戲，吸引不少觀眾收看。其後，黃香蓮繼「河洛」入主中視，亦演出〈羅通掃北〉、〈大唐風雲錄〉、〈逍遙公子〉等戲碼，收視效果也不錯。[52]

　　1994年，楊麗花所主演的〈洛神〉，創下歌仔戲諸多紀錄，包括遠赴國外出景、號稱最浩大的戰爭場面、力邀港星馮寶寶演正旦，且首次於晚間八點檔黃金時段播出，在在均創下收視高潮。[53]1997年，楊麗花再推出〈紅塵奇英〉，自己已退居幕後，擔任製作人，而由弟子陳亞蘭擔綱演出。葉青則自1992年起，開始強調重質不重量的歌仔戲演出，1992年〈玉樓春〉的「金蓮舞」排場；以及1994年與孫翠鳳合作的〈皇甫少華與孟麗君〉，都是歌仔戲的新嘗試，因此廣受好評。[54]

　　總之，有了電視傳媒後，歌仔戲更是利用此傳播利器，新編劇本，推陳出新，曾經有其走紅輝煌歲月，惜在媒體開放與多元化的影響下，電視歌仔戲已不若往昔風光；兼以閩南語連續劇及本土劇的興起後，電視歌仔戲的經營更加困難。一些歌仔戲演員甚至轉行到閩南語劇和本土劇演出，1997年後，三台已很少製作電視歌仔戲，2000年公視的〈洛神〉，及2001年民視的〈鳳冠夢〉；和葉青於公視演出的〈秦淮煙雨〉等，可說是電視歌仔戲結束前的絕響之

---

[52]　林茂賢編撰，《福爾摩沙之美：台灣傳統戲劇風華》，同註6，頁90。

[53]　林美璱，《歌仔戲皇帝──楊麗花》，同註41，頁254－256。

[54]　林茂賢，〈台灣的電視歌仔戲〉，《靜宜人文學報》第8期（台中：靜宜大學文學院，1996年7月），頁36。

作，想來令人不勝唏噓。

4.邁向精緻的現代劇場歌仔戲

　　1970年代對台灣而言，是個詭譎多變的時代，台灣在遭遇一連串國際外交挫敗後，島內要求改革的呼聲日益高漲，不僅如此，文化認同的危機，也帶來傳統改革的浪潮。1973年，「雲門舞集」創團，引進西方的劇場演出制度。1979年，「雅音小集」的成立，首創於國父紀念館演出〈白蛇與許仙〉，開啟台灣傳統戲曲進入國家藝術殿堂演出之先聲，此舉不但激起藝文界人士的關心與注意，也影響了歌仔戲的轉型與發展。[55]1981年，楊麗花在國父紀念館演出〈漁孃〉歌仔戲，即是受到「雅音」之影響。〈漁孃〉的演出，後來被視為是歌仔戲邁入現代劇場的開始。

　　1983年，「明華園歌劇團」參與「國家文藝季」，從傳統野台戲登上國父紀念館，演出〈濟公活佛〉，頗獲觀眾好評。1984年，「新和興歌仔戲團」也以〈白蛇傳〉和〈媽祖傳〉在國父紀念館演出，觀眾依舊報以熱烈的掌聲。基本上，在野台跨向現代劇場，「明華園」和「新和興」都致力於歌仔戲的突破，例如對情節之構設，相當重視敘事手法，以豐富的想像力，顛覆歌仔戲既定之形象和概念，肆意嘲弄人情世態，突顯鮮活人性等，都頗獲學術藝文界肯定。但天下事就是「物極必反」，在「明華園」縱橫劇壇多年後，一股反思的聲音漸起，歌仔戲是否應該回歸傳統風貌說法再度引起劇壇討論。1989年，廖瓊枝成立「薪傳歌仔戲團」，先後推出〈寒月〉、〈王魁負桂英〉、〈黑姑娘〉、〈三個願望〉等戲碼，細膩唱腔與做工的表演特色，與「明華園」的瑰麗炫奇和熱鬧風

55　有關「雅音小集」創新京劇之相關研究，學者王安祈有相當完整的論述，見其著〈文化變遷中台灣京劇發展的脈絡〉，收錄於《傳統戲曲的現代表現》（台北：里仁書局出版，1996年）。

格，恰成明顯對比。

　　而由劉鐘元領軍的「河洛歌仔戲團」亦不落人後，1991年起，連續兩年以〈曲判記〉和〈天鵝宴〉，進入國家戲劇院演出，也引起很大的轟動。至此，現代劇場歌仔戲，有別於野台戲，逐漸受到官方、學者與藝人的高度重視。事實上，上述三個歌仔戲團，其差異鮮明的表演風格，也正是台灣現代劇場歌仔戲不同的發展面向。1991－2000年，可說是台灣現代劇場歌仔戲的成熟期，無論在劇本主題、音樂燈光、舞台布景以及演員之表演，都達到前所未有的高度，將歌仔戲的藝術內涵發揮到極致。而在現代劇場歌仔戲當紅之際，昔日電視歌仔戲天王楊麗花、葉青、黃香蓮等，亦寶刀未老躍躍欲試，楊於1991、1995及2000年，分別推出〈呂布與貂蟬〉、〈雙槍陸文龍〉、〈梁山伯與祝英台〉三戲，於國家戲劇院演出。葉青則以〈冉冉紅塵〉再現高潮，黃香蓮是〈鄭元和與李亞仙〉、〈前世今生蝴蝶夢〉、〈新寶蓮燈〉、〈三笑姻緣〉等贏得口碑。總之，不論老幹新枝，在現代劇場歌仔戲盛行之際，她們都為台灣歌仔戲的精緻化，貢獻心力良多。

　　值得一提的是，1992年成立的「蘭陽戲劇團」，有別於上述大卡司的豪華亮麗場面，而是改走肩負歌仔戲藝術保存與薪傳之使命，所演劇目雖多數以傳統戲碼居多，但因長駐宜蘭，以開創民間商機和拓展觀光產業為主。2002年，該團亦力求轉型，聘請著名小說家黃春明為其量身打造，推出一系列〈杜子春〉、〈愛吃糖的皇帝〉、〈小李子不是大騙子〉等精彩好戲，老少咸宜，為歌仔戲注入一股活力。[56]

　　1993年3月10－12日，台大教授曾永義在《聯合報》副刊，針對現代劇場歌仔戲，提出「精緻歌仔戲」的幾點看法，包括：深刻

---

[56]　楊馥菱，《台灣歌仔戲史》，同註8，頁182－216。

不俗的主題思想、明快緊湊的情節安排、醒目可觀之排場、妙趣橫
生的口語、豐富多元之音樂曲調和技藝精湛的演員等六大訴求。[57]
以此檢視這三十餘年來之現代劇場歌仔戲，不可諱言，其進步確實
是有目共睹的。總之，歌仔戲從演員為中心的表演體制，到走向以
劇本為基底，導演為中心，演員為依歸的結合方式，提煉出歌仔戲
精緻的藝術品味，而目前的現代劇場歌仔戲，即朝此方向邁進。[58]

四、歌仔戲的表演藝術與結構

　　歌仔戲是一種屬於歌劇類型的表演藝術，身段和唱腔是其中非
常重要的構成元素，所謂「有聲皆歌，無動不舞」正是歌仔戲的表
演特色。歌仔戲的表演特色在其唱腔與音樂，在故事情節上，主要
以歌謠及唱腔來陳述，其發聲方法使用「本嗓」，唱詞則是閩南語
白話，親切通俗易懂，鮮有詞藻華麗的文詞。此外，歌仔戲中亦經
常會出現台灣俚語俗諺，以及句尾押韻的「四唸白」，充分展現台
灣話語的俗諺之美。另外，身段更是歌仔戲的另一欣賞重點，將日
常生活中的動作轉化為戲劇演出，均需經美化與象徵，再以另一種
藝術形式表現之，民間即將此身段稱之為「腳步手路」。[59]

　　歌仔戲之演出因受限於舞台空間，演員必須在有限的空間內呈
現劇情，且還要講求戲劇的美感，所以身段做表更顯重要。以「捲
珠簾」這項身段為例，通常由花旦表演，因昔日簾幕以竹製成，所
以必須用捲的，其象徵動作為「踏左腳蹲下，雙手放低平，大拇
指、食指、中指共同往上捲動」，其後還要以手於簾幕兩端做打結

---

[57] 曾永義，〈台灣歌仔戲之近況及其因應之道〉，《聯合報》（民國82年3月10－12
　　 日）。
[58] 楊馥菱，《台灣歌仔戲史》，同註8，頁177。
[59] 林茂賢編撰，《福爾摩沙之美：台灣傳統戲劇風華》，同註6，頁77－78。

的動作。[60]而首次演出的演員出場，需要正衣冠「跳台」亮相，使觀眾能清楚了解演員於劇中之造型扮相，且要親自報姓名與身世，讓觀眾知道其在劇中的背景和角色，然後再簡明扼要地說明劇情綱要，之後才能進行演出，這是歌仔戲相當有意思的地方。歌仔戲的講求身段源於車鼓戲，其中如主角的展扇花、駛目箭（送秋波）；丑角的閹雞行（半蹲行進），以及演員出場的「踩四角」走方位，都與車鼓戲相同。[61]後來歌仔戲又吸收北管戲、南管戲與京戲的一些動作，逐步完成完整的舞台動作。

　　至於歌仔戲的戲劇結構，有劇本、腳色、服裝、道具等要素。以前歌仔戲演員，因缺乏受教機會，故教育水平較低，是以在演出前，通常先由先生講解劇情大綱，分場段落、分派角色，然後上台。上台後，演員可以根據劇情自由發揮，較結構嚴謹的劇本活潑許多，深受演員與觀眾喜愛。目前台灣仍有諸多野台歌仔戲，堅持不採用劇本演出，僅少數大型劇團使用劇本。在演員方面，以前歌仔戲就是由小生、小旦和小丑三種角色組成的「三小戲」，後來又從北管戲引進大花臉，才形成所謂生、旦、淨、丑四種角色。

　　「生」即戲中的男性角色，有文生、武生之分，而依劇中角色年齡，又有小生、老生之別。「旦」是戲中女性角色，同樣依年齡有小旦與老旦，且依性質則有正旦和花旦，其中正旦就是京劇中的青衣，因常演悲劇角色，因此又稱為「苦旦」，這也是歌仔戲特有的角色。小生、小旦的表演，非常重視眉目傳情的眼神，因此台灣俗諺有所謂的「小生小旦，目尾牽電線」的趣談。「丑角」係劇中的甘草人物，在歌仔戲中分為三花和老婆。男丑叫「三花」，女丑稱「老婆」，如王婆、媒婆都是屬於劇中「三八型」的女性角色。

---

[60]　吳成瑤、邱寶珠、許美智、鄭英珠等著，《台灣戲劇館專輯》（宜蘭：宜蘭縣立文化中心，1993年5月初版），頁62。

[61]　林茂賢，《動靜皆美──歌仔戲的認識與欣賞》，同註5，頁5。

老婆與京劇中的彩旦相類似,通常由男性反串,以增加戲劇趣味和效果。丑角的任務為搞笑,因此在舞台上,丑角可以突破時空限制,任意說話製造笑料。由於丑角演出是「犧牲色相」,台灣俗諺中的「上台小,落台大」,意謂丑角在台上任人打罵嘲弄,下台後為彌補其委屈,大家對他要多加忍讓。

在服裝上,歌仔戲的戲服與其他劇種,其實並沒有太大的差別,戲服主要以角色身分和性別作區分,無須因劇中朝代不同而分類。換言之,在歌仔戲中,演漢代和清代的戲碼,演員所穿的戲服,可能是一樣的。歌仔戲在「落地掃」後,戲服逐漸講究,由於受到京劇和大陸「都馬班」的影響,汲取各劇種菁華;兼亦受到時代和環境之因素,歌仔戲的戲服開始大量使用亮片,因服裝華麗可增加舞台戲劇效果,現代劇場時代後的歌仔戲戲服,更是朝亮麗、豐富、多元方向發展。[62]

歌仔戲在妝扮方面則頗為費時,演員在演出前,依角色要化妝抹粉,通常都是濃妝艷抹以突顯其五官,誇大色彩使遠距離觀眾亦能看清演員扮相及表情。以造型言,旦角及青衣要貼頭片,這是受到京劇的影響。但因歌仔戲較貼近本土社會,晚近歌仔戲已改成不貼頭片,不梳大頭,而是以髮髻造型亮相,小生則綁水紗,後來又演變成戴頭套,猶如古裝之造型。[63]在以前野台戲的時代,基本上戲服色系較樸實,充滿野趣。電視歌仔戲中期的神仙劇,因是科幻劇,所以服裝變化萬千,各種如蓬裙、大圓裙、金蔥布、水轉等都有,「葉青歌仔戲團」即為一例。[64]而「楊麗花歌仔戲團」則以亮片和繡花著名。

---

[62] 林茂賢編撰,《福爾摩沙之美:台灣傳統戲劇風華》,同註6,頁78-81。
[63] 明華園雜誌社,〈歌仔戲服裝淺談〉(上),《明華園》86年4月號(台北:明華園雜誌社,1997年4月)第8版。
[64] 明華園雜誌社,〈歌仔戲服裝淺談〉(上),同上註。

　　音樂是歌仔戲相當重要的元素，一般可分為曲調的分類、運用及後場等方面。歌仔戲的原始曲調來自漳州的「歌仔」，後由歌仔逐步演變改編成「七字仔」、「大調」和「雜唸仔」等曲調。其後，歌仔戲又吸收其他劇種的曲調和民間歌謠，使其音樂更加豐富。例如歌仔戲中的「吟詩調」是源自於九甲戲、「梆仔腔」則學習北管戲、「送哥調」與「留傘調」脫胎於車鼓戲、「紹興調」來自紹興戲；還有如「三步珠淚」、「秋夜曲」、「思想起」和「農村曲」等係引自於民謠。[65]另外，歌仔戲在發展過程中，亦創作許多新曲調，此種新編曲調，有的是歌仔戲班自行創作，如「文和歌劇團」的「文和調」，「南光歌劇團」的「南光調」，「寶島歌劇團」的「寶島調」等；但也有是因劇情需求而創作，如「茶花女」、「狀元樓」、「深宮怨」等等，都屬於後面一類。

　　基本上，歌仔戲曲調的運用，並無固定模式，通常依劇情安排而安插曲調，但以「七字」和「都馬調」居多，「七字」和「都馬」常使用於一般敘述性場合，長篇則常用節奏輕快的「雜唸仔」，其他曲調則視劇情而定。譬如歡愉情境用「狀元樓」；哀怨用「望鄉調」；激動憤怒唱「藏調仔」；遊樂賞景誦「青春嶺」；串場用「百家春」；部分若祝壽、謝幕、打鬥等用廣東音樂。值得一提的是，歌仔戲的哭調，哭調有兩種，一種是地方哭調，有「宜蘭哭」、「彰化哭」、「台南哭」、「艋舺哭」等多種；另一種是節奏哀怨緩慢的哭調，如「七字哭」、「白水仙」、「破窯調」、「都馬哭」、「嘆煙花」等曲調。此外，尚有「陰調」、「吟詩調」、「走路調」、「江湖調」、「卜卦調」、「乞丐調」等等，不一而足，大體都依其不同劇情或人物角色，而有其專門曲調。[66]

65　林茂賢，《動靜皆美──歌仔戲的認識與欣賞》，同註5，頁10。
66　張炫文，《台灣歌仔戲音樂》（台北：百科文化事業股份有限公司，1982年9月初版），頁72。

　　在歌仔戲的唱腔中，有獨唱、對唱及齊唱三種，獨唱是一人單獨唱完一首樂曲，於歌仔戲中最常見；對唱是對答式歌唱，由演員一前一後以歌唱對答；齊唱是由兩人以上，齊唱同一樂曲，但因為歌仔戲演唱依靠口傳，同一樂曲，每個人所唱的音高及節奏並不相同。在後場方面，歌仔戲與其他劇種一樣，分為文平（文場）和武平（武場）。文場是絲竹雅樂，包含椰胡、大廣絃、笛子、月琴、簫、嗩吶等樂器；武場打擊樂器則有單皮鼓、堂鼓、梆子、鑼、鈔、搖板等樂器。目前有些歌仔戲團甚至增加笙、中阮、琵琶、南胡等國樂；有的還加上大提琴、電子琴、爵士鼓、電吉他、薩克斯風等樂器，這無外乎是為了增強歌仔戲的音樂效果。[67]後場人員編制甚為簡單，一般大約是四、五人，武場為鑼鈔手和打鼓手各一人，文場也是一人兼奏數種樂器。大型劇團後場則有二、三十人，不過為節省成本，這種排場並不多見。

五、台灣歌仔戲的一代奇葩——楊麗花其人其事

　　假如我們對台灣中老一輩的人，問他們：台灣歌仔戲的代表人物為何人時？相信絕大多數的人都會說是：「楊麗花」。確實，楊麗花這位當代歌仔戲傳奇人物，對台灣人而言，她就是歌仔戲，歌仔戲就是楊麗花。楊麗花所領軍的歌仔戲團，其團員包括：小鳳仙、許秀年、陳亞蘭、李如麟、紀麗如、潘麗麗、青蓉、洪秀玉等，均為台灣歌仔戲界的一時之選。

　　其實，楊麗花歌仔戲之所以能名揚台灣，也是受電視傳媒之助。1966年楊麗花首次參與電視歌仔戲演出，從此，持續在台視演出歌仔戲近四十年，迄今為止，已推出一百多齣戲碼。楊麗花歌仔

---

[67] 林茂賢，《動靜皆美——歌仔戲的認識與欣賞》，同註5，頁11。

戲最大特色是，演出內容多變，不拘泥單一戲路，所以許多膾炙人口的作品，至今仍令人印象深刻，如1979年，楊麗花改走「新潮武俠路線」，接連推出〈俠影秋霜〉、〈蓮花鐵三郎〉、〈青山綠水情〉等，因內容清新，造成觀眾熱烈迴響。[68]

　　1944年，楊麗花出生於歌仔戲的原鄉宜蘭，4歲時即第一次隨母登台，6歲與父親學唱「七字調」，7歲跟母親同台演出「安安趕雞」，落落大方毫不怯場，「小安安」名聲不脛而走。1955年，因執意學戲，乃加入「新光興」歌仔戲班，與京劇師傅王小山學武藝，允文允武的楊麗花，戲台上的俐落翻滾跳打、舞槍弄棍的一身好本事，都是當年王小山師傅為她紮下的基本功，真是「台上一分鐘，台下十年功」，楊麗花對於嚴師，總是流露難忘之情。而母親教導每天清晨「哈」古井練笑功，也讓楊麗花練就一身渾厚流暢的唱腔。1958年，楊麗花演出「孫臏下山」的少年孫臏，初試啼聲即一鳴驚人。1960年，首挑大樑主演「陸文龍」，就贏得滿堂采，觀眾如雷的掌聲，更奠定其舞台小生的地位。

　　1961年，參加「賽金寶歌劇團」，為赴菲律賓公演而加緊練習，1963年，公演大獲成功，自菲律賓載譽歸國。1965年，楊麗花加入「天馬歌仔戲團」，開啟其廣播歌仔戲之路，當時每天分兩個時段共四小時播出歌仔戲，把歌仔戲優美的曲調，透過收音機傳送到大街小巷，山邊海港，聽眾可邊工作邊聽戲，一舉數得，剎那間，台灣掀起一波廣播歌仔戲的狂潮，這樣的庶民文化，流傳快速，連帶的也讓楊麗花迅速走紅。

　　1966年，是楊麗花歌仔戲生涯的轉振點，因為她在台視演出電視歌仔戲「精忠報國」岳飛一角色，扮相俊美大受歡迎而受到各方矚目。其後，台視隆重與其簽約，從此展開與台視長達四十餘年

的合作關係。是年7月，其飾演「王寶釧」中之薛平貴，唱腔演技風靡觀眾，電視歌仔戲紅小生之名聲無人能及，全省可謂「花迷」滿天下，此後又有「雷峰塔」、「狀元及第」等戲碼演出。1967年，跨足電影，演出「碧玉簪」、「雙珠記」、「雨」、「回來安平港」等台語片，另有國語片電影「我恨月常圓」，由她和關山主演；而電視歌仔戲則有「鎖麟囊」等十四部。

　　1968年，首度登台演出「蝴蝶盅」舞台歌仔戲，而電視歌仔戲每年都有十部以上的演出。1969年，楊麗花擔任「台視歌仔戲團」團長一職，其後數年，不論是拍攝國、台語電影；還是舞台歌仔戲的表演，及電視歌仔戲、慈善義演等活動，楊麗花無不全力以赴，賣力演出。1971年，台灣電視步入彩色世代，楊麗花主演第一齣彩色歌仔戲「相思曲」，往後數年間，她還陸陸續續演出「情恨天」、「再生緣」、「碧血情天」、「三千金」、「忠孝節義」等膾炙人口歌仔戲。

　　演了二十餘年的歌仔戲，到了1975年，楊麗花累了，她逐漸淡出電視歌仔戲的演出，也開始認真思索歌仔戲的轉型與改革。1976年，帶團到新加坡公演「孟麗君」，因演出精湛，檔期一延再延。1977年，「台視聯合歌仔戲團」解散，台灣電視歌仔戲進入沉寂階段。1979年，台視推出由楊麗花、狄珊、陳聰明這嶄新鐵三角組合的第一支歌仔戲「俠影秋霜」，播出後所向披靡。接著又趁勢製作「蓮花鐵三郎」，也創下收視紅盤，不僅收視高，收視群也回流了，楊麗花成了台視的「鎮台之寶」。1980年，全台巡迴公演歌仔戲「唐伯虎點秋香」，演出百餘場，很多地方都出現一票難求的盛況。1981年，是楊麗花歌仔戲生涯豐收的一年，首先是台視將「台視歌仔戲團」更名為「台視楊麗花歌仔戲團」，一般簡稱「楊麗花歌仔戲團」。該年7月，第一期歌仔戲班團員開訓，薪傳工作於焉展開。

　　1981年2月，楊麗花開啟歌仔戲登上國家藝術殿堂的先河，受

邀在國父紀念館公演「漁孃」劇碼，把歌仔戲表演藝術推上新的高峰，再度提升歌仔戲的文化層次。1982年，歌仔戲演員班結訓，結業作為「雙燕歸來」，日後得意門生有潘麗麗、紀麗如、陳亞蘭等人，其中陳亞蘭更是楊麗花的真傳弟子。此後數年，楊麗花又演出「西江月」、「萬花樓」、「梁山伯與祝英台」、「韓信」、「薛剛」、「狂花飄雲夢」等電視歌仔戲；兼亦多次出國美、日、馬、新、菲等國公演，僕僕風塵，為推展歌仔戲於國際不遺餘力。1988年，楊麗花更以〈王文英與竹蘆馬〉，榮獲金鐘獎的戲劇節目「傳統戲曲連續獎」，為台灣本土歌仔戲，贏得第一座金鐘獎。1993年，由楊麗花擔綱主演的〈洛神〉，首開八點檔方言節目之先河。1996年，她又以單元劇方式，演出〈四季紅〉，將劇情以四個單元，進行幽默詼諧的演出，深受觀眾喜愛。2003年，楊麗花將之前的〈王文英與竹蘆馬〉重新製作，推出以優美唱腔、寫實佈景取勝的〈君臣情深〉，頗受佳評。

　　除上述傲人成就外，1980年代以後，楊麗花也努力提升歌仔戲，使其朝精緻化路線發展。1981年應「新象國際藝術節」之邀，在國父紀念館演出〈漁孃〉一戲，佳評如潮，也是歌仔戲首次進入現代劇場演出，開歌仔戲於國家藝術殿堂表演之先聲。1991年，楊麗花又在國家劇院主演〈呂布與貂蟬〉；1995年演出〈雙槍陸文龍〉；2000年演〈梁山伯與祝英台〉，可說是其近四十年來，歌仔戲生涯的告別秀；2007年，楊麗花為兩廳院二十週年紀念，特別演出「丹心救主」大戲，這可說是其告別歌仔戲的「安可秀」。總之，回顧近四十年來，台灣歌仔戲的歷史，「楊麗花歌仔戲劇團」無疑有其一定的歷史地位。[69]

　　總結楊麗花及其劇團之貢獻，據楊馥菱的研究，可歸納為：

---

[69]　林美璱，〈大事件年表〉，《歌仔戲皇帝──楊麗花》，同註42，頁316－319。

（1）、創新電視歌仔戲的表演風格。（2）、演唱曲調廣為流傳，豐富歌仔戲曲調。（3）、嘗試讓歌仔戲結合新科技媒體。（4）、推廣台灣歌仔戲於世界。（5）、傳承培育歌仔戲藝術。[70]誠哉斯言，此五點，的確恰如其分的道出楊麗花的貢獻，及其劇團在台灣歌仔戲史上的地位。

六、「明華園」歌仔戲團孫翠鳳的耀眼成就

在台灣歌仔戲劇團中，「明華園」是個頗具傳奇色彩的劇團。它是一個以家族成員為骨幹，而發跡的劇團，創辦人陳明吉先生，育有七子一女，現今擔綱演出生、旦、丑角色者，皆為其第二代子女。其他兒媳子女，有的負責行政經營，有的專管服裝佈景及道具製作，有的對外接洽，有的兼演武生、老生等。由於家族式兄弟姒娌間，分工合作緊密結合，加上對外吸收很多學員，使得「明華園」成了今天，國內最具知名度的歌仔戲團。[71]

從1929年草創至今，「明華園」歷經千辛萬苦才立穩腳跟，期間曾幾度面臨改組及解散的危機，但憑著陳明吉團長的堅持與毅力，終能挺住難關熬了過來，充分展現該團堅韌的生命力。「明華園」一度默默無聞，但也曾連續三年獲得地方戲曲比賽冠軍。但該團真正嶄露頭角，得到各方注意的是1982年，當年的地方戲劇比賽，由於評審名單加進一批年輕學者，在大膽創新求變的氛圍下，以往的模範樣板劇團，幾乎全部名落孫山，而「明華園」則以衝突

---

[70] 楊馥菱，《楊麗花及其歌仔戲藝術之研究》，同註46。楊馥菱，〈楊麗花歌仔戲團〉，收錄於林㳬乾、莊萬壽、陳憲明、張瑞津、溫振華總編輯，《台灣文化事典》，同註12，頁883－884。

[71] 邱婷，《明華園──台灣戲劇世家》（台北：獨家出版社，1996年），頁4。廖瑞銘，〈明華園歌仔戲團〉，收錄於林㳬乾、莊萬壽、陳憲明、張瑞津、溫振華總編輯，《台灣文化事典》，同註12，頁444－445。

性強的新劇本及緊湊的表演脫穎而出。賽後，新舊裁判還在報刊論戰，召開記者會說明，此舉，反而更為「明華園」打響知名度。

　　基本上，「明華園」的崛起，除了實力外，也加上幾分運氣，當時台灣民間正興起一股股民俗熱潮，「明華園」在當時已看出傳統野台戲侷限，乃虛心求教，邀請學者專家對歌仔戲的轉型求變提出建言，在各方學者大力肯定下，1983年，繼楊麗花之後，「明華園」初試啼聲，在國父紀念館演出，打下以後美好江山。誠如觀察者王嵩山指出「他們不僅有企圖心，也是有備而來的」。「明華園」從野台到內台的演出，看起來是更上一層樓，但其實它們的付出不是一般人所能想像的。舉例而言，一次大公演，雖然國家劇院提供上百萬的製作費，但「明華園」花的更多，像「紅塵菩提」就投資三百萬在硬體上，全新的道具、服裝、佈景給人煥然一新的感覺。而在軟體方面，進入現代劇場，劇情也必須跟上時代精彩緊湊，才能滿足觀眾的需求。

　　「明華園」老闆陳勝福還有一個遠大的目標，目標是全台灣319個鄉鎮，他說：「投資是必要的，也是值得的，我們的目標要放得遠，也放得大。」希望有朝一日，「明華園」能全台演透透，319個鄉鎮都能巡迴演出。所謂「作戲呆，看戲憨」，前者是演戲的投入，後者是看戲的瘋狂。陳勝福認為越是偏鄉，越能展現歌仔戲的魅力；而歌仔戲除了作為一種娛樂，其實更能因其親和的本土性，發揮教育的功能。

　　「明華園」頭家陳勝福很有生意頭腦，也很能掌握社會脈動，他認為社會太複雜了，歌仔戲的戲碼不能老是教忠教孝、才子佳人，歌仔戲其實可以用反諷暗示等方式來呈現題材，畢竟人性還有更多可以表現的。例如在「濟公活佛」這齣戲中，「明華園」的表演刻意對人性提出了質疑，劇中狐精為了人間情愛，捨去千年修煉功夫，剝下毛皮為聘禮，無奈人間道長卻苦苦相逼，於是濟公活佛

唱出「禽獸有情比人可貴，人若無情畜牲不如」，反諷意味十足。「楚漢相爭」新戲中，也是以同情項羽為主，演他性情真情至愛的一面，無奈時不我予，反而敗給陰險狡詐的劉邦。

　　為因應社會的變遷和觀眾之需求，「明華園」的演出也開始創新突破，它一改傳統以歌仔調為主的唱腔，而以念白為主，尤其重視丑角功能，以其能帶動全場的滑稽效果。「明華園」又汲取電影的分場技巧，使劇情高潮迭起生動緊湊。而演員戲服之華麗、舞台聲光效果之佳，燈光佈景多變快速、排場之豪華壯盛，都是「明華園」演戲之特色，這種過於現代化、「金光化」的演出，多少失了傳統歌仔戲的味道，也是其倍受矚目及引人非議的地方。

　　基本上，「明華園」最大的特點是其經營方式，整個戲團由一個三代同堂的家族在共同經營，所以說它是家族企業亦不為過。舉凡從演出、佈景、道具製作、編導乃至宣傳等，均能一以貫之作業，無需假借外人之手。「明華園」可說是，傳統表演團隊，因應市場變遷，順利轉型成功的例子。其所編排演出之戲，有一傳統與現代結合的特徵，即有著傳統戲曲表演之精髓，又有著現代戲劇編導之巧思，並大膽採用現代的劇場技術。

　　從這個角度觀之，「明華園」是一個傳統家族劇團，也是現代企業化團體。「明華園」是國內第一個被邀進入國父紀念館演出的民間歌仔戲團；也是第一個代表地方戲曲在國家劇院獻演；更光榮的是，代表地主國台灣，參加「1993年台北世界戲劇展」，並擔任壓軸大戲。這些年「明華園」將表演舞台伸入國際，曾在新加坡、東京、馬尼拉、美、加和法國巴黎等地表演，甚獲好評，尤其「明華園」之當家台柱孫翠鳳，更儼然已成為台灣歌仔戲的最佳代表人物。[72]

---

[72] 蔡文婷，〈野台戲新江山——小西園、明華園登堂入室〉，見蔡文婷等著，《弦歌不輟——台灣戲曲故事》（台北：光華畫報雜誌社出版，民國93年1月初版），頁38－54。

　　孫翠鳳北士商畢業後，原本是個台北快樂的上班族，但24歲那年，她嫁給了「明華園」的陳勝福，從此人生發生了重大改變。為學歌仔戲，孫翠鳳發憤學台語，在其努力認真頑強的心理和態度之下，終於突破語言障礙與身體極限，成為「明華園」的當家小生，後來更以優異的演技，跨足電影、電視，成為歌仔戲及影視雙棲全能藝人。

　　1981年，是「明華園」發展關鍵的一年，是年，「明華園」贏得全省地方戲劇比賽的總冠軍。隔年，在台北藝文界的極力推薦下，文建會邀「明華園」參加文藝季，到國家級劇院──國父紀念館演出「濟公活佛」。而孫翠鳳也由「插花客串」演員，到1986年成為劇團台柱，箇中甘苦，實不足為外人道也。孫翠鳳不僅痛下苦功，學藝有成，更以其人生歷練來豐富表演情感。1986年，於台北藝術季演出歌仔戲「劉全進瓜」，首度擔任女主角，為其歌仔戲生涯的重大轉折。1988年，在國家劇院推出新戲「紅塵菩提」，其後又應文建會邀，參加「優良劇團下鄉巡迴演出」。1989年應邀參加台北市傳統藝術季，於社教館演出「財神下凡」、「真命天子」等新戲；後來亦參與教育部主辦的「大專院校巡迴公演」；另外，也響應國泰企業發起的「深入鄉鎮，回饋社會」活動，在全省各文化中心巡迴演出歌仔戲。

　　1990年，亞運在中國北京舉行，並同時舉辦「亞運藝術節」，「明華園」代表台灣赴北京參加，演出「濟公活佛」，整個北京戲劇界給予高度肯定。大陸劇評家曲六乙說，「濟公活佛」劇情結構緊密完整，運用現代劇場技術精緻而獨特，在傳統中加入創新，「明華園」的整體效果表現，已經超出大陸的嘗試。劇作家吳祖光則非常吃驚，「濟公活佛」可以用喜劇手法表現悲劇題材；另一劇作家喬羽也特別讚許「明華園」陳勝國的編導實力，認為劇情緊湊，幽默感十足。而其他如戲劇名伶魏喜圭；劇評家周桓等，也

都給予高度的肯定和稱讚。[73]「明華園」首度出國演出，就為國爭光，一砲而紅，成功的向大陸展示台灣傳統戲曲的成就。

1992年，孫翠鳳更進一步於國家劇院演出「逐鹿天下」新戲，獲得國家文化總會的頒獎，肯定其對推展歌仔戲的貢獻。其後，又有「李靖斬龍」、「界牌關傳說」等戲碼推出。1994年，對孫翠鳳言，是個榮耀的一年，當年除了演出「薛丁山傳奇」、「鴛鴦槍」外，最主要是親赴法國巴黎圓環劇場演出歌仔戲，為百年以來，台灣歌仔戲首度登上歐洲舞台。事後，團長陳勝福不無得意的說，法國之行，「明華園」讓巴黎人知道台灣還有一種「通俗劇」，跟大陸京劇是不一樣的，它的生命力旺盛，雅俗共賞，它叫做「歌仔戲」。[74]1995年，為推展歌仔戲，孫翠鳳更是風塵僕僕巡迴日本東京、大阪、福岡、廣島、名古屋、橫須賀等六大城市演出，每到一地都造成相當轟動。1996年，演出「燕雲十六州」，並榮獲「十大傑出青年」；隔年亦獲得紐約華僑藝術協會頒予的「亞洲最傑出藝人獎」殊榮。1999年，演出新戲「武松打虎」。

透過出國公演的機會，將歌仔戲藝術推展至全世界，使歐美、日本、東南亞和中國大陸等地，能充分了解台灣傳統藝術之美。但是孫翠鳳最念茲在茲的事，還是歌仔戲的薪傳工作，如何將歌仔戲文化散播出去。孫認為，不是人們不喜歡歌仔戲，而是沒有接觸的機會，在「明華園」戲劇學校尚未成立前，她願意跑遍全台灣去做薪傳的工作。首先，在游錫堃縣長邀請下，第一站到歌仔戲的原鄉宜蘭吳沙國中，去帶領孩子學戲。兩年在吳沙國中薪傳之工作，讓孫翠鳳累積很多教學經驗，對其後她在台北師院、藝術大學、文化大學等大專院校的教學，都大有裨益。也因孫翠鳳的努力，投入

[73] 黃秀錦，《祖師爺的女兒──孫翠鳳的故事》（台北：時報版，2000年11月初版），頁189－190。
[74] 黃秀錦，《祖師爺的女兒──孫翠鳳的故事》，同上註，頁194。

薪傳工作的貢獻，讓她先後得到文化總會、國民黨文工會的表揚，1996年更榮獲「十大傑出青年」殊榮，獲得李登輝總統的褒揚。

　　除了在專業歌仔戲努力打拼外，孫翠鳳亦跨足影視舞台等領域，1983－1995年，她曾在中視、華視演出「父子情深」、「千里姻緣路」、「一見情」、「鐵膽英豪」；以及和葉青合作的「皇甫少華與孟麗君」等電視歌仔戲。其後也擔任女主角演出「施公奇案」、「大姊當家」、「女巡案」、「雨中鳥」等電視連續劇。期間，她亦擔任節目主持人、電影「我的一票選總統」女主角；「大地勇士」、「人肉戰車」、「女學生與機關槍」、「金水嬸」、「桂花巷」等電影客串演出，及蘭陵劇坊「戲螞蟻」擔綱女主角。1991年凌波告別演出「梁山伯與祝英台」黃梅調舞台劇，孫飾演祝英台一角色。綜觀孫翠鳳的傲人成就，可謂集歌仔戲、舞台、影視雙棲、主持等各領域之大成，堪稱是位多才多藝的全方位藝人。[75]

七、結論——酷愛看戲的台灣文化與歌仔戲的未來

　　當年來自閩、粵的「羅漢腳」，到台灣這塊新天地時，拋妻棄子，離鄉背井，其生活的孤寂艱辛可想而知。唯一能消解鄉愁的，便是從故鄉帶來的歌謠戲曲，聽聽故鄉的歌，看看故鄉的戲，成了這些「唐山客」心靈最大的安慰與享受。也因此，代代相傳，養成台灣人愛看戲、愛演戲的傳統。

　　有關台灣人愛看戲的習性，可謂淵源久遠，在《台灣省通志》引《台灣外記》一書中，提到荷蘭時代之通事何斌「家中又造下兩座戲台；又使人入內地，買二班官音戲童及戲箱戲服，若遇朋友

---

[75] 本節主要參考黃秀錦，〈孫翠鳳年表〉，黃秀錦，《祖師爺的女兒——孫翠鳳的故事》，同上註，頁283－285。

到家，備酒食看戲或小唱觀玩。」[76]《諸羅縣志》〈風俗志〉即說到：「家有喜，鄉有期會，有公禁，無不先以戲者；蓋習尚既然。又婦女所好，有平時慳吝不捨一文，而演戲則傾囊以助者。」；又云：「演戲，不問畫夜，附近村莊婦女輒駕車往觀，三、五群坐車中，環臺之左右。有至自數十里者，不豔飾不登車，其夫親為之駕。」[77]上述記載，道出台灣人愛看戲之狂熱，已到如當今「追星族」的地步，婦女猶為甚者，要到丈夫親自駕車，送其往觀的情況，想來不禁令人莞爾。《台灣縣志》亦載「俗尚演劇，凡寺廟佛誕，擇數人以主其事，名曰『頭家』，斂金於境內，演戲以慶，鄉間亦然。」[78]台灣縣即今台南縣、市一帶，是最早漢移民定居之地，其民間風俗特別愛好演戲和觀戲，不管城裡或農村，都一樣熱心演戲之事，而且每次演出都是由幾位「頭家」輪流收錢，並聯戲團演出，已成慣例。

台灣民間的戲劇演出大致可分為節日娛樂和祭神，雖然緣由不同，但能大家聚在一塊，欣賞故鄉風味的各種戲劇，亦是人生一大享受。節日演戲大致在除夕、春節、元宵、中元、中秋等時節演出，有些村社，每到除夕有演出「避債戲」的習俗，演出時債主不可以去向債務人催債，否則會引起公憤。另外，在元宵節也有扮戲觀慶的習俗。中元普渡的盂蘭會更是重頭戲，一般而言，「頭家」或廟住會請藝人演戲到七月底，俗稱「壓醮尾」。8月15日中秋節，更是要歡慶，除祭報當地土地神一定要演戲外，還有「山橋野店，歌吹相聞」的「社戲」。[79]

---

[76] 《台灣省通志》，卷六〈學藝志——藝術篇〉，同註22，頁1。

[77] 周鍾瑄，〈風俗志〉，《諸羅縣志》第二冊——台灣文獻叢刊第141種（台北：台灣銀行經濟研究室編印，民國51年12月出版），頁147、149。

[78] 陳文達，《台灣縣志》；轉引自胡友鳴、馬欣來合著，《台灣文化》（台北：洪葉文化事業有限公司發行，2001年1月初版），頁244。

[79] 高拱乾，《台灣府志》第三冊——台灣文獻叢刊第65種（台北：台灣銀行經濟研究室編印，民國49年2月出版），頁192。

　　年節外，敬天求神等宗教祭祀也常以戲劇儀式演出，這是台
灣移民有趣的心理，認為神靈同己一樣愛看戲劇，好像聽了戲後才
能心滿意足的去保佑移民們。《台灣府志》曾記載：「二月二日，
各街社里逐戶斂錢宰牲演戲，賽當境土神；名曰『春祈福』。」
春天以「演戲」給土地公過生日，討他歡喜，帶來吉祥如意。「中
秋，祀當境土神。蓋古者祭祀之禮，與二月二日同，春祈而秋報
也。」[80]春天演戲取悅土地公，中秋時節答謝土地公，仍是以演戲
方式為之。由此可見，戲劇在台灣這塊土地的重要性，漢移民透
過演戲與台灣土地的緊密結合，形成塑造台灣人形象的特殊常民
文化。

　　台灣人愛看戲，什麼戲都有人看，《安平縣雜記》〈風俗現
況〉有云：「酬神戲傀儡班。喜慶、普渡唱官音班、四平班、福
路班、七子班、掌中班、老戲、影戲、車鼓戲、採茶唱、藝旦唱等
戲。」[81]台灣人愛看那麼多類型的戲，對於歌仔戲那就更情有獨鍾
了。基本上，台灣的歌仔戲有本地歌仔戲、野台歌仔戲、電視歌仔
戲和現代劇場歌仔戲等四大類型。本地歌仔戲現僅在宜蘭地區還有
傳習，至於電視歌仔戲因抵擋不住流行文化的衝擊，幾乎已走入歷
史。至於野台歌仔戲雖然生命力十足，但存演於民間也已乏人問
津，只有現代劇場歌仔戲，因力求突破，朝精緻化路線去走；兼以
透過媒體力量的傳播，現仍一枝獨秀且碩果僅存。

　　重點是，不管歌仔戲是沒落式微，還是逆境求新求變，迎合
大環境與觀眾的需求才是王道。在媒體開放的今天，面對陸劇、韓
劇、本土台語片以及其他洋片的衝擊，歌仔戲如何突破重圍，個人
以為有幾點可以思考：

---

[80]　高拱乾，《台灣府志》第三冊——台灣文獻叢刊第65種，同上註，頁191－192。
[81]　〈風俗現況〉，《安平縣雜記》——台灣文獻叢刊第52種（台北：台灣銀行經濟研
　　究室編印，民國48年8月出版），頁15。

1. 政府應該輔導補助歌仔戲團的經營，透過篩選機制，去蕪存菁，留下來的給予經費補助，使其無後顧之憂，而能全心全意去追求更高品質的歌仔戲。

2. 政府對發展台灣「國粹」歌仔戲，宜作紮根的工作，要從基礎教育培養歌仔戲人才，而不是到高等教育，才聊備一格有個歌仔戲學習的科系，這是絕對不夠的。為了歌仔戲不要青黃不接，人才養成刻不容緩，否則台灣歌仔戲將有斷層的危機。

3. 政府應該多提供歌仔戲演出的平台與機會，雖然說，民主時代，一切自由化，政府也儘量不干預媒體，但歌仔戲的發展，關係台灣文化資產的傳承與存續，絕對不可等閒視之。是以政府應該某種程度介入媒體，指定或調撥時段，供歌仔戲常態性演出，如此不僅可恢復過去電視歌仔戲的榮光；也可逐步找回失去的歌仔戲迷。

4. 展望歌仔戲的未來，還是要朝向「傳統化」和「精緻化」發展，歌仔戲必須回歸到「歌劇」的原始屬性，讓唱腔重新取代對白，演唱技巧也要精進，運用豐富的曲調以加強歌仔戲的音樂性。

5. 舞台身段亦須美化，回復歌仔戲注重身段的傳統本質，才能展現歌仔戲的戲劇之美。[82]

6. 在精緻方面，劇本要能感人，劇情宜合理，結構嚴謹節奏緊湊，能帶來戲劇張力。

7. 繼續發揮歌仔戲過去優良傳統，融合其他劇種長處，如身段、武打、曲調及劇目等；劇團方面也要跟上時代潮流，在燈光、音響、佈景及舞台設計等，求新求變，以迎合觀眾之

---

[82] 林茂賢，《動靜皆美──歌仔戲的認識與欣賞》，同註59，頁14。

口味。

總之，歌仔戲是唯一源起於台灣的劇種，它有其獨特的風格，其演出因能貼近台灣這塊土地，所以過去深受台灣人民的喜愛，但自從電視歌仔戲沒落後，歌仔戲的未來，實令吾人感到忡忡。歌仔戲研究者林鋒雄在〈試談歌仔戲在台灣地區的文化地位〉一文中，對歌仔戲在台灣後期的演變，深有所感的說到：「特別是最近十年間（按：指民國72－82年）的歌仔戲，完全在歷史宮廷劇，以及神話劇中打轉，沒有辦法再深層表現我們的共同經驗，這是歌仔戲的危機。能否再深刻表達不同族群間的生活經驗，是歌仔戲能否浴火重生與重獲生命力所真正要面對的課題。假如一個劇種不能表現觀眾經驗中的世界，這個劇種一定會被淘汰，不是用任何感情可以取代的。」[83] 確實如此，觀乎後來台灣歌仔戲的快速式微，除「明華園」等少數劇團還在苦撐外，昔日歌仔戲的黃金歲月已然逝去，如何重振歌仔戲的過去榮景，或許轉型與文化觀光產業相結合，這是一條值得思考及可以嘗試為之的路向。

---

[83] 林鋒雄，〈試談歌仔戲在台灣地區的文化地位〉，見張炎憲主編，《歷史文化與台灣》（4），同註1，頁219。

文化資產與觀光產業之研究
──以台灣京劇為例

一、前言

自2008年7月起，政府正式宣布開放三通直航後，兩岸人民來往愈趨頻繁，無論是從事探親、工作、觀光或學術交流等活動，都逐年屢創新高。其中尤以在陸客開放「自由行」後，來台人數更是節節攀升，相當熱絡。由於大陸經濟的快速成長，中國遊客在國際間的消費能力亦備受矚目，而陸客也成為來台旅遊人數最多的國家（2016年民進黨執政後，此情況已有改變）。有鑑於此，在迎接陸客來台觀光之際，主管觀光事務的政府單位及民間旅遊業者，應如何佈局陸客來台所帶來之商機；以及提升旅遊品質和競爭力，實為影響台灣觀光產業之重要課題。

基本上，現在觀光客的旅遊心態，已由過去走馬看花式的「到此一遊」，轉為要求有品質的重點深度旅遊，而此深度旅遊，很大的一部分，是藉由各地方的文化資產來呈現。台灣歷史雖短，但文化資產卻頗豐富，尤其是台灣的戲劇，不僅內容豐富且繽紛多元，除台灣的「國粹」歌仔戲與布袋戲外，更有傀儡戲、高甲戲、皮影戲、四平戲等；尤其是頗具「中國意象」表徵的京劇，從清領到日治迄於戰後，因特殊之時代背景，使其在台灣劇壇，曾經有過輝煌燦爛之歲月。

京劇在台灣，是最具「中國意象」的劇種，過去學界已有不少的研究成果，不論是專書或博、碩士論文，都有很好的成績。譬如，與戲曲藝術或史料相關的專門著作，王士儀的《戲劇論文集

——議題與爭議》；在反映戲曲與環境的論述上，王安祈的《傳統戲曲與現代表現》二書，都有精闢的分析與探討。在專書方面，早期有呂訴上的《台灣電影戲劇史》，該書是最早論及台灣電影與戲劇的基本入門之作，書中列有〈台灣平劇史〉、〈台灣光復後由大陸來台的各種各類戲曲史〉等章節，對日治時期來台的上海京班有所著墨；而許丙丁的〈台南地方戲劇（三）〉，也曾言及當時上海京班在台南的演出情形。當然提到日治時期，中國京班在台演出情況，研究最深入者，當推徐亞湘的《日治時期中國戲班在台灣》一書，此書係其博士論文改寫而成，重點在詳論日治時期，中國京劇戲班在台灣之表演，並分析其對爾後台灣京劇發展之帶動，以及對台灣地方戲曲的深遠影響。另邱坤良所撰的《日治時期台灣戲劇之研究——舊劇與新劇（1895－1945）》一書，於論述台灣京劇時，也提到來台京班的活動情形及台灣民眾的反應。而溫秋菊之《台灣平劇發展之研究》，後易名為《台灣京劇史》，亦以當年來台的上海京班為其論述重點。

　　至於通論性的著作，除溫秋菊的《台灣京劇史》外，王安祈之《傳統與創新的迴旋之路——台灣京劇五十年》與毛家華的《京劇二百年史話》二書，堪稱是對京劇源流、歷史演變以及在台發展過程的代表之作。其中，毛著的《京劇二百年史話》，除介紹京劇變遷之歷史外，亦簡述自清末民初以降，中國和台灣具代表性的知名京劇演員之生平梗概，為一淺顯易懂之作。另外，由宜蘭「傳統藝術中心」出版的《台灣京劇五十年》，厚厚兩巨冊，詳述京劇在台灣半世紀的演變與傳承。而大陸馬少波主編的《中國京劇發展史》和蘇移所寫的《京劇二百年概觀》，亦皆內容詳實豐富，有其可參考之處。

　　此外，在京劇內容的介紹上，于瑛麗、張耀笛、趙之碩等三人合著的《中國傳統京劇服裝道具》一書，對京劇演員及角色扮演

的服裝道具，有非常詳細之考究與敘述。而吳同賓之《京劇知識手冊》，係泛論京劇的初學之書，同性質著作尚有嚴明編著的《京劇藝術入門》；及國立台灣藝術教育館所出版的《國劇的認識與欣賞》一書。中國大陸則有李克總策劃，周曉孟、沈智主編的《國人必知的2300個京劇常識》，更是如同「百科全書式」的引路之書，分門別類，非常易於查閱。對京劇藝術的評論，邱坤良的《台灣劇場與文化變遷》一書，多方面的探討文化政策對於戲曲發展的影響，對於政策與戲曲的互動關係，提供多元良好的思考方向。大陸知名作家余秋雨的《中國戲劇文化史述》，對中國傳統京劇之優缺點，亦有專業深刻的剖析。另外，朱棟霖、王文英合撰的《戲劇美學》專書，於京劇的美學呈現，也有深入的探討。

關於京劇議題的研究論文，較著者有：蘇桂枝的博士論文〈國家政策下京劇歌仔戲之發展〉，該論文是以京劇和歌仔戲作比較，探究國家政策對此二劇種的影響及其後之消長情況。高小仙的〈從三民主義文化建設論我國文藝發展——以1950年——1990年我國國劇發展為實例〉，高度肯定以三民主義精神作文化建設的基礎，有助於國劇之發展，其中匯集了諸多軍中劇隊發展及培植人才資料，是研究戰後至當代，台灣京劇發展的重要參考資料之一。

另周慧玲的〈「國劇」、「國家主義」與「文化政策」〉論文，係以國劇流變說明其與國家主義論述的契合，引申國府藉國劇之發展，來強化其代表中華文化傳統道統之合法地位。鍾寶善出版的《公營京劇團隊之回顧與展望——經由國立國光劇團之設置與營運藝文政策與京劇團隊之走向》，是以台灣京劇團隊龍頭國光京劇團作個案探討，其論文採實務性探討，研究其藝文政策，有其前瞻性的看法。劉先昌的碩士論文《論軍中劇隊在台灣京劇史上的影響——以陸光國劇隊為析論範圍》，則是以陸光國劇隊為案例，深入探討軍中劇隊對台灣京劇史的深遠影響。外籍人士則有Nancy A.

Guy所撰的〈台灣所謂「國劇」的京劇〉，主要敘述國府以重視國劇作為對中共文革的諷刺，其觀點並無特殊之處，與一般國人的看法無異。

　　綜上所述，在前人研究的基礎上，本論文的論述重點有三：1.略敘京劇之源流、內容、發展與演變。2.敘述京劇在台灣發展之歷史，及其對台灣戲曲所產生之影響。3.討論京劇在台灣已然沒落的今天，其式微之因何在？及如何振衰起蔽之道。4.提出建議，在當今觀光產業蓬勃發展之際，探討京劇如何與之結合，並進而達到成為台灣文化觀光產業不可或缺之重要資源。

二、梨園春秋──京劇的名稱、源起與發展

　　京劇亦稱「平劇」，其前身為徽劇。「道光年間，漢調進京，被二黃吸收，形成徽漢二腔合流。光緒、宣統年間，北京皮黃班接踵去上海，因京班所唱皮黃與同出一源、來自安徽的皮黃不同，而且更為動聽，遂稱之為『京調』，以示區別。」[1]其後，京班掌握上海梨園，京皮黃改稱「京戲」；皮黃戲正式成為新劇種後，乃稱為「京劇」，亦即以皮黃為主，輔之以吹腔、崑腔、撥子及南鑼等多聲腔的完整體系。1928年，國民革命軍北伐成功後，北京易名為北平，京劇也隨之改為「平劇」；1949年中共建國後，北平復改回北京，京劇又恢復原名。[2]

　　近百年來，京劇風靡於中國各地，在發展演變過程中，各地稱京劇名稱亦有多種，如「皮黃戲」、「二黃」、「京調」、「京

---

[1]　轉引自溫秋菊，《台灣平劇發展之研究》（台北：學藝出版社，1994年6月初版），頁181。

[2]　《中國大百科全書·戲曲·曲藝〈京劇〉》（北京：中國大百科全書出版社出版發行，1988年9月第2版），頁158。

戲」、「平劇」、「國劇」等均屬之。政府播遷來台後，京劇在台灣又形成另一種發展，台灣習慣將京劇叫做「平劇」、「國劇」或「外江戲」、「正音」等稱呼。[3]說起京劇之發展，須溯源至清初，乾、嘉之世，正逢大清帝國由盛轉衰之際，亦是中國近世戲劇發展拉開大幕的時候，起源於民間的地方戲曲，正開始蓬勃發展。當乾隆盛世，宮廷流行崑、弋大戲時，被統稱為花部或亂彈的各地戲曲，如梆子、皮黃等也逐漸興起，在本地商業幫會的支持下，以各大城市的會館為據點，隨著商業活動四處流傳。[4]基本上，這些地方戲曲，比起崑曲更有鮮活的生命力與包容力，其戲劇形式採較活潑自由的「板腔體」，曲詞用較生活化的「詩讚體」，並融合崑曲及其他民歌小曲的藝術特色，以嶄新的風貌呈現。其後，安徽、湖北的亂彈（當時稱為徽調與漢調）藝人先後到北京表演，又不斷吸收各種戲曲精華，逐漸提升其藝術層次，形成皮黃戲，也就是後來的京劇（平劇）的表演體系。[5]同治以後，京劇不僅流行於京師舞台，也流傳於天津、上海等地，成為近世中國最具代表性的劇種。所謂「輾轉流傳，競相仿傚，即蘇州、揚州向習崑腔，近有厭

---

[3]   齊如山，〈京劇之變遷〉，見《齊如山回憶錄》（遼寧：遼寧教育出版社出版，2005年10月1版），頁237。

[4]   周明泰，〈清昇平署存檔事例漫抄〉，轉引自唐文標，《中國古代戲劇史初稿》（台北：聯經版，民國74年5月第2次印行），頁118。

[5]   「徽班進京確實與京劇形成有直接關係，但其時尚無「京劇」之名。經過五、六十年的演變，京劇才正式產生。徽班以慶壽名義入京，但並非至御前表演，內廷演戲例有南府承應，民間戲班入都參加萬壽盛典，只能在西直門外，臨時所搭的戲台演出。但由於徽班本身有著豐富優美的聲腔曲調，再加上生動感人的表演，同時又擁有題材廣泛、通俗易懂的劇目，不數年間，即在北京劇壇取得優越的地位。嘉慶3年（1798），朝廷再次頒發亂彈、梆子、弦索、秦腔等戲禁演，此一禁令雖影響甚大，但對徽班的殺傷力並不大。揆其因乃徽班本來在「崑曲」方面就有很多人才，不演花部，轉演崑曲更好，當時徽班中有漢劇演員余三勝，他是老生行當的奠基人。之前北京劇壇是旦角的天下，余三勝後則為老生為主的新天下。」蔣星煜，〈歐陽予倩研究戲曲聲腔的成就〉，蘇關鑫編，《歐陽予倩研究資料》（北京：中國戲劇出版社出版，1989年1月1版），頁385。

舊喜新，以亂彈為新奇可喜，轉將素習崑劇拋棄。」[6]

　　由上可知，京劇的勃興，主要還是在晚清的咸、同、光三朝，這又與朝廷帝后的酷愛與鼎力支持有關。當時清廷國勢已衰，列強侵略欺凌紛至，然朝廷的演劇活動仍不稍歇。舉例言之，當英法聯軍攻打北京（1860），咸豐帝倉皇逃奔熱河行宮之時，仍傳旨「昇平署」員工趕赴行宮，接著又挑選民間藝人到熱河當差承應。而咸豐帝妃慈禧，更是京劇發展的最大功臣，慈禧在晚清掌權近四十年，宮中演劇從不間斷，在耳濡目染之下，同治、光緒二帝也都熱愛此道。光緒34年（1908）慈禧逝世時，宮中有習藝太監組成的班底，擔任「內廷供奉」的民籍教習達89人，幾乎網羅了當時北京最傑出的京劇演員。[7]

　　當然，除高層掌權者的倡導與酷愛外，近代京劇的急遽發展，也與都市商業經濟的繁榮發展有關。清中葉後，中國各城市工商業在列強控制下，發展出空前的繁榮，作為市民主要休閒場所的茶館，是戲劇表演的主要平台。當時茶館京劇可是名角輩出，各擅勝場。據張肖傖的《菊部叢譚》言：「幾於生旦淨丑，色色如春筍怒出。」而私人堂會的京劇演出亦甚頻繁，成為當時權貴商紳的重要社交與娛樂活動。在大清帝國一步步走向滅亡之際，以京劇為代表的戲劇，正呈現空前的蓬勃發展，這與現實社會顯得極不諧和。[8]

　　總之，京劇之所以於有清一代獨霸劇壇，歸納其因有四：其一、京劇由民間進入宮廷，經過皇家不遺餘力的倡導支持，其本身也力求精進變化氣質，綜合各種腔調之所長，成為一種極精美的曲調，新腔一出，技壓各腔，漸成君臨天下之勢。其二、京劇人才輩

[6]　〈蘇州老郎廟碑〉，轉引自林秋臨，〈清季社會與戲劇改革運動〉，《歷史月刊》第11期（民國77年12月1日），頁50－51。
[7]　Colin P. Mackerras著，馬德程譯，《清代京劇百年史》（台北：中國文化大學出版部印行，民國78年8月出版），頁179。
[8]　郭富民，《插圖中國話劇史》（山東：濟南出版社出版，2003年8月1版），頁10。

出，康、乾盛世，宮中已有南府藝人千人之多，其後又從民間戲班選調藝人當差，知名藝人為求青睞，銳意進取，努力創新技藝，於是產生一批出類拔萃的人才，如程長庚.譚鑫培等，他們的技藝，風靡了上自皇親貴冑，下至市井小民，誠所謂至使至尊動容，侯王交納，公卿論友，天下之美幾若蔽於是焉。其三、京劇劇本格調高雅，宮廷上演劇本，多為文人所寫，這些文士喜與藝人交往，文人藝術修養高，善製新腔，對京劇的推進助力不少。其四、宮中演戲，服裝道具樂器等均極考究，特別是戲衣，繡工上乘，堪稱藝術極品，至於戲中刀槍劍戟，打造精良，其美觀猶勝真品。[9]

三、京劇的內容和表演藝術及其戲劇結構

1.京劇的裝扮、服裝與道具

　　廣義的裝扮，包括演員面部的化妝與戲裝穿著，通稱戲裝或叫「行頭」，京劇稱為「扮戲」；狹義的裝扮係專指老生、武生、淨臉，俊扮的稱為「抹彩」，淨腳、花臉，小花臉又稱「勾臉」。[10]通常在演戲時，京劇演員都以濃妝艷抹亮相，如此方能使遠處的觀眾看清演員的五官和表情，舞台燈光之強弱也是一門學問，燈光強時，胭脂眉眼必須化的濃些，以避免讓遠處觀眾無法看清；此外，在燈光彩色顯著時，則臉色就不能化的過濃。[11]京劇角色的化妝，也極盡美化之能事，它不僅要表現人物的性別、身分、年齡、性格和職業特點外，還要富有獨特的民族風格，以誇張美化的手法，突出人物的精神面貌並予以褒貶。不同的腳角行當有不同的化妝方

---

[9]　毛家華，《京劇二百年史話》（台北：行政院文化建設委員會出版。民國84年5月出版）。頁10。

[10]　孟瑤：《中國戲曲史》（第三冊）（台北：文星版，民國54年4月初版），頁501。

[11]　林茂賢編撰，《福爾摩沙之美——台灣傳統戲劇風華》（台中：行政院文化建設委員會中部辦公室出版，民國89年3月出版），頁93－94。

式，例如生、旦角色化妝，只要略施粉彩即可，因此稱為「素面」
或「潔面」；而把塗面畫臉譜的稱為「花面」。中國戲曲的傳統精
神，喜歡朝「類型」方面發展，無論角色的安排，衣著的規定，莫
不希望在演員一出場時，即讓觀眾能夠一目瞭然其身分與性格，臉
譜的目的，也不外乎這一點。[12]

　　大體上，京劇演員裝扮都自己打理，當然大牌演員會有專人
侍候。一般而言，臉部化妝主要考量個人臉型，並無一定成規。例
如旦腳貼片子、畫眉毛、眼睛等，均可依演員臉型特色加以調整，
諸如臉型大者，應將片子往前貼；臉型較小的，則須將片子往後貼
等等（旦腳、青衣貼頭片，為京劇舞台上之創作）。另外，在服裝
上，京劇是非常講究的，京劇的戲衣，五光十色，極有特點。清朝
的宮廷戲服，很多是用明代織繡品改製的，不僅有歷史價值，且為
極珍貴之藝術品。戲劇服裝，基本上是以明代服裝為基礎，再參酌
唐、宋、元、清四朝的服制加以創造的，京劇對於服裝的穿戴，非
常講究規範與制度，所謂「寧穿破，不穿錯」即為此意。[13]

　　至於在道具上，那可是一門大學問，京劇的演出也如同其他傳
統戲劇一樣，因為受制於舞台空間，所以無法呈現戲台上之實物，
必須以象徵性的道具，配合演員的身段動作來表現。所以京劇的表
演形式，觀眾要有其豐富的想像力，如此始能欣賞演員身段動作所
隱含的意思。舉例言之，以戲台的道具桌子為例，其含義端視桌面
擺何物品而定，如放印信代表公案桌、如置文房四寶則是書桌；桌
子除代表實物外，也可以象徵閣樓、城堡、橋樑、岸邊等等，不一

---

[12]　孟瑤：《中國戲曲史》（第三冊），同註10。臉譜的由來，歷史悠久，唐代已有塗
　　　面的記載，宋代的面部化妝已有潔面、花面兩種類型，南戲和北戲把潔面化妝用之
　　　於末、生、旦，把花面化妝用之於副淨、丑，不過宋、金雜劇的花面樣式還很簡
　　　單，不像現在臉譜的譜式繁多，皮黃興起之後，劇目日增，臉譜也隨之進步而更多
　　　樣化。王國維，〈古劇腳色考──塗面考〉，轉引自高戈平著，《國劇臉譜藝術》
　　　（台北：書泉出版社出版，2003年9月二版），頁3－5。
[13]　嚴明編著，《京劇藝術入門》（台北：業強出版社，1994年10月初版），頁62。

而足。[14]

　　總的說來，即在京劇的劇場中，舞台道具是各有其不同的象徵意義，道具本身所代表的實物，是隨劇情的需要而改變，桌子不僅代表桌子，它同時也可以象徵山丘、天庭、屋頂等。換言之，道具所代表的含義是因應劇情的指涉而變化的。京劇當中最為觀眾所熟悉的道具，莫過於交通工具了，例如演員若手持船槳，身段左右搖擺，此動作即表示伐船過渡；若演員執鞭跨馬，那就是馬上馳騁，但假如演員只是執鞭，那馬鞭還是代表馬鞭而已，所以京劇的舞台道具，是隨演員之身段而賦予不同的意義。總之，京劇的舞台道具所代表的意義，乃依演員身段、動作而賦予，道具可隨角色不同或場合變化而象徵不同之實物，因此道具成為提供演員表演的輔助工具，觀眾有此認知，才能發揮想像力，體會道具在劇情中的隱含意義。[15]

　　除舞台道具外，其他道具如刀槍把子類有：戟、劍、鎚、象鼻刀、開門刀、雙手刀、單刀、腰刀、戒刀、單槍、雙槍、大槍、小樣槍、白樣槍、荷苞槍、寶劍、雙股劍等。「砌末」指舞台機關佈景與各種道具之總稱，如車旗、馬鞭、大帳子、小帳子、令旗、月華旗、門槍旗、素傘、紅羅傘、黃羅傘、方纛、聖旨、燭台、酒壺及文房四寶等，種類相當繁多。[16]

2.京劇的腔調和音樂

　　談起京劇的腔調，宜先從「西皮」、「二黃」入手，西皮、二

---

[14] 劉慧芬。《古今戲臺藝術語戲曲表演美學》（台北：文史哲出版社印行，民國90年4月初版），頁71－84。

[15] 韓幼德，《戲曲表演美學探索》（台北：丹青圖書公司出版，民國76年7月初版），頁42。

[16] 于瑛麗、張耀茹、趙之碩，《中國傳統京劇服裝道具》（台北：淑馨出版社，1992年1月初版），頁2、78。

黃是兩種戲曲的腔調，合稱「皮黃」，乃是京劇的代名詞。西皮起
源於秦腔，清朝初年，秦腔經湖北襄陽傳到武漢一帶，與當地民間
曲調結合演變而成。湖北人稱唱詞為「皮」，因而稱陝西傳來的腔
調為「西皮」，也有稱「襄陽腔」的。西皮有倒板、慢板、原板、
快板、散板等曲調。多用來表現慷慨激昂，或是活潑愉快的情感。
至於「二黃」，也是在清初，由「吹腔」、「高撥子」在徽班中演
變而成。曲調包括倒板、慢板、原板、垛板、散板等，多數用來表
現淒涼憂鬱的情感。西皮是漢調的主要腔調，二黃是徽調的主要腔
調，這兩者合流演變而成京劇在各地的流傳。所以，「皮黃」有時
也專指京劇而言。[17]

　　又「花部」腔調中的「二黃」，雖被禁唱，但窮則變、變則
通，一些演員就設法將其改頭換面，將「二黃」旋律加以變化，在
伴奏上，改胡琴為笛子，結果演出效果更好。朝廷的禁令，意外促
使「花部」諸腔更往前邁進一步。道光7年（1827），宣宗以儉約
自命，降詔「南府民籍學生全數退出，仍回原籍。」又將南府改為
「昇平署」，縮小規模，大量裁退藝人。這些遭退藝人回到民間，
為生存依然重操舊業，但卻把宮中演出的精華、規模格局以及劇
本帶至民間戲班，如此無心插柳，反而加速了皮黃戲「京化」的步
伐，促進了京劇之成熟。[18]

　　至於說到京劇的音樂，京劇的後場分文、武場。文場的音樂
為管絃樂器，主要有京胡（胡琴）、京二胡、月琴、絃子（小三
絃）、笛、笙、嗩吶、海笛子（小喇叭）等；武場則以打擊樂器為
主，像鼓板、大鑼、小鑼和鐃鈸皆屬之，其中鼓板更是京劇樂器之

17　蔣星煜，〈歐陽予倩研究戲曲聲腔的成就〉，蘇關鑫編，《歐陽予倩研究資料》，
　　同註5，頁379－385。
18　馬少坡等主編，《中國京劇發展史》（台北：商鼎文化出版，1991年8月初版），頁
　　21。

靈魂,它具有全盤指揮之作用。[19]而在京劇的曲調上,主要也是以西皮、二黃為主,另外也有吹腔、崑曲、高撥子及地方小調摻雜其中。西皮唱腔多激揚,二黃唱腔則趨低沉,二者伴奏樂器以胡琴為主;崑曲和吹腔,笛子為其重要伴奏。另外如「打花鼓」、「探家親」、「小放牛」等地方小調,也是以笛子和嗩吶為主要伴奏樂器。[20]

另外,值得一提的還有京劇的曲牌,即曲調名稱,俗稱「牌子」,「曲牌各有固定的名稱、句數、句格,以及曲調方面的板格式、板數、調高等,格律相當嚴謹。」[21]句格尚包括長短不等的句數,字音的平仄等。如「點絳唇」、「風入松」、「將軍令」等。還有一種係部分曲牌無唱詞,或不用原來之唱詞,如「水龍吟」、「柳搖金」等,它們僅以其曲調作為樂器演奏的吹打曲牌,可自由反復,也可中途停止;此外,也有只唸不唱的干牌子。[22]

總之,京劇建立了以皮黃為主調的聲腔體系,在徽班未入京前,北京劇壇是崑、弋兩聲腔的天下,但自徽班進京後,帶來了新劇目、新聲腔,形式已略有改變。接著湖北漢戲也進京,把皮黃融於徽班之中,形成徽、漢合流的局面。這時舞台上處於諸腔競奏的時刻,除皮黃外,還兼有崑腔、吹腔、撥子、南鑼等地方戲曲腔調。當時有所謂「班是徽班,調曰漢調」的說法。即不同劇種在一起演戲,各自使用自己的聲腔曲調,缺少風格之統一及和諧感,後經京劇吸收當時北京所流行的各地方戲曲聲腔,分別主從加以改造,使其諧調一致,從而形成以皮黃為主,附之以崑腔、吹腔、撥

---

[19] 吳同賓,《京劇知識手冊》(天津:天津教育出版社,1995年10月初版),頁144-145。

[20] 吳同賓,《京劇知識手冊》,同上註,頁149。

[21] 王靜芝,〈國劇的唱腔、板排和聲韻〉,《國劇的認識與欣賞》(台北:國立台灣藝術教育館,1994年6月),頁42、47。

[22] 吳同賓,《京劇知識手冊》,同註19,頁149。

子、南鑼等一多聲腔之完整統一體系。除建立聲腔外，京劇更要求唱法的豐富與美化，京劇除保有徽戲原有的曲調優美外，又吸收了京、秦、崑曲的各調優點，使曲調更為抑揚婉轉，流暢動聽。[23]

3.京劇的表演藝術

齊如山於〈談平劇〉文中曾言：「平劇（即京劇）有三種要素，一是扮演故事，二是有歌唱，三是有舞蹈。」[24]換言之，即京劇的表演，主要是以「唱、唸、做、打」，所謂的「四功」串聯組合成的表演形式。現分別簡述如下：

唱功：唱功表演於京劇中最為重要，唱功講求各種發音技巧，無論是四聲（陰陽上去）還是五音（喉牙舌唇齒）；甚至分尖團（舌尖舌面）及上口（某些詞用湖廣、中州字聲），都要求面面俱到、樣樣精通。京劇演員即透過這種規範化的行腔、用氣、吐字、共鳴及潤腔等技巧，表達劇中人物豐富而複雜之情感。

唸功：指的是演員的對白、獨白或是旁白等方面的功夫。唸又有分韻白、京白和方言白等，韻白近乎吟誦，注重聲音的高低起伏與抑揚頓挫；京白採北京字音，講究其清晰流利；方言白則模仿山西、山東及蘇杭等地的語言，以表現劇中人物之地域性特徵。[25]

做功：則係演員之身段與表情，在京劇中，如「水袖藝術」、「髯口功夫」、「耍翎子功夫」及「手眼身步法功夫」等，都是京劇演唱之基本功。水袖藝術如擺袖表示瀟灑自如，揮袖則示讓人離開；髯口功夫為擺弄長鬚之動作，通常用於老生，有表現人物情感性格之功能。至於翎子，是指京劇人物中，頭冠上所插的那兩根雉尾，可顯示地位身分，如繞翎舉動則表示憤怒或決斷，很有戲劇張

---

[23] 嚴明編著，《京劇藝術入門》，同註13，頁2－7。
[24] 齊如山，《北平懷舊》（遼寧：遼寧教育出版社出版，2006年11月1版），頁230。
[25] 嚴明編著，《京劇藝術入門》，同註13，頁31－32。

力。手眼身步,是代表其每一動作,在京劇表演中都各有其意思,如擺手,明顯就是代表阻止或罷了的意思。

打功:指的是京劇藝術中的武打功夫,京劇中有大量的武打劇目,如「四傑村」、「花蝴蝶」、「趴臘廟」等,都有非常多的武打戲碼。京劇中的武打,具有戲劇化及舞台化的特點,不同於民間的武術或雜技,常用的兵器有刀、槍、劍、戟、斧、鋮、鉤等,演員精湛的演技,配上相關之兵器,常令觀眾看的目不轉睛大聲叫好。[26]

「四功」的表演,具體落實到演出之角色,就有其「規範化」與「程式化」的嚴格要求。京劇的行當繼承了中國戲曲的悠久傳統,但也有些歸併及改變。崑曲分為生、旦、淨、丑四大行當,這四者又各有分支。京劇形成之初,生有老生、小生,只是將老生、小生各分文、武兩類。此外,又細分唱功老生、做工老生。小生又有翎子生(一般側重武工,但與以武打為主的武小生又有不同)、扇子生、窮生等。旦行崑曲中分得很細,京劇則歸併為青衣、花旦、刀馬旦、武旦、老旦等。

淨行則有大花臉、二花臉和三花臉,大花臉多半是銅錘,即所謂的「黑頭」;有些行家則把三花臉歸入丑行。丑行分為文丑、武丑,文丑又稱方巾丑(或稱大丑)、茶衣丑(小丑)等。武丑亦稱開口跳,或稱三花臉。此外還有丑婆子,專演婦人,亦稱彩丑、丑旦。由於不斷的舞台實踐,京劇在表演上不得不要求規範化和程式化,一方面為遷就觀眾欣賞習慣,同時也便於演員在戲班之間的流動,如果沒有規範化,演員就不可能改搭其他戲班演出了。

至於表演的程式化,由來已久,京劇是程式化的表演藝術,譬如台上的一桌二椅,演員的上下場,動作方面例如開門、關門、上

---

[26] 嚴明編著,《京劇藝術入門》,同上註,頁20、32─37、40、45。

樓、下樓、上馬、下馬、上船、下船等，都有一定的程式，把這些
程式定型、規範化，觀眾一看就懂，無需加以說明。規範化的優點
在於概括虛擬，提高其美感程度，它是技藝的高度結合，不是任何
人所創造發明的，它是歷代伶人長期從事藝術創造的結晶，京劇在
這方面集其大成，且得到豐富的發展。[27]

4.京劇的戲劇結構

　　京劇腳色強調分類，此即所謂的「行當」。易言之，就是按照
劇中人物之性別、年齡、身分、地位、性格與氣質來劃分。[28]透過
舞台人物所屬行當化妝、表演、服飾及聲音等特點，表現此一人物
的一般共性，有助於觀眾對劇情的了解與掌握。[29]京劇的腳色，通
常粗分為生、旦、淨、丑四種。生又有老生、小生及武生等，如細
分之，老生有文、武老生；又有唱功老生和做功老生之分。旦分的
更多，如青衣、花旦、武旦、刀馬旦、苦旦、彩旦及老旦等。淨行
按唱、唸、做、打，分銅錘（黑頭、正淨或重唱）、架子花臉（副
淨或重做）及武淨等。如依腳色於劇中之重要性分，有大花臉及二
花臉；丑行則分文丑與武丑，文丑又分方巾丑（大丑）和茶衣丑
（小丑）等，武丑亦稱「開口跳」，此外尚有丑旦、丑婆等。[30]

　　在服飾方面，傳統京劇服裝，戲衣類主要有蟒、帔（婦女披
在肩背上的衣飾）、開氅（氅：用鳥羽做的裘或外套）、官衣、褶
子、宮衣、八掛衣、鶴氅、法衣、靠、箭衣、馬褂、豹衣褲、戰衣
裙、龍套衣、茶衣、裙襖褲及彩褲等。盔頭類則有冠、盔、帽、

---

[27] 予倩，〈戲劇改革之理論與實際〉，《戲劇》第1卷第1期（民國18年5月25日）。
[28] 國劇中有「七行七科」，凡粉墨登場演戲者均為「行」，幕後工作人員為「科」，而七行即生、旦、淨、丑、流、武行及上下手。王元富，《國劇藝術輯論》（台北：黎明版，1987年5月再版），頁29。
[29] 吳同賓，《京劇知識手冊》，同註19，頁111。
[30] 嚴明編著，《京劇藝術入門》，同註13，頁22。

巾、箍和面牌等其他盔飾。髯口即是鬍鬚，依顏色、形狀之異而用
於不同的腳色，如陰陽髯為一邊黑一邊白的滿鬚，常於戲劇中扮演
判官的腳色用之，象徵判官斷案要黑白分明之意。鞋靴類有分厚
底、薄底靴兩類，在舞台上鞋底之所以加厚，主要目的在增加演員
高度，便於搭配寬大、誇張的戲服，至於薄底靴子，是以扮演行動
輕快演員量身打造。[31]

臉譜是中國傳統戲曲中，用各種顏色在演員臉部所勾畫出的特
殊譜式圖案，用以表明人物身分、背景與性格特徵，以求達到豐富
舞台美術色彩，強化演出效果。京劇的臉部化妝，包括描眉、畫眼
等，藝術特點是用極誇張與程式化的手法表現，例如線條與色彩勾
勒都非常清晰濃厚，不論生或旦行，均以紅、白及黑三色為基本色
系。[32]京劇臉譜之來源，除生活本身外，大部分是從評書和小說演
義裡而來，臉譜通常根據某種性格、性情或某種特殊類型人物，以
決定其色彩。如紅色臉譜代表忠烈義勇，黑色臉譜則表示正直剛烈
或魯莽勇猛；黃色臉譜常以殘暴凶狠腳色出之，藍色或綠色臉譜泰
半象徵粗暴、剛烈或暴躁之人物。水粉大白臉表陰險奸詐；油白色
或表剛愎自用、亦代表陰險毒辣之腳色。[33]

四、日治時期京劇對台灣戲劇之影響

清康熙23年（1684），台灣正式納入大清版圖，隨後，來自
閩粵的大批漢人亦開始移墾台灣，在他們拓墾台灣的同時，為解鄉
愁，也將其原鄉的戲劇帶進台灣，而成為民眾生活的一部分。這樣

[31] 于瑛麗、張耀茹、趙之碩，《中國傳統京劇服裝道具》，同註16，頁1－2、58。
[32] 吳同賓，《京劇知識手冊》，同註19，頁260。
[33] 吳同賓，《京劇知識手冊》，同上註，頁266－267。齊如山，〈臉譜〉，《北平懷舊》，同註24，頁249－253。

一種以「原鄉戲劇」移入、流傳的演劇形式，縱貫整個有清一代，並沒有太大的改變，此不僅為當時台灣民眾閒暇時的主要娛樂，也是民俗節令、寺廟祭祀、婚喪喜慶不可或缺的儀式。[34]

　　台灣京劇出現歷史不長，其開始獻藝台灣，一般咸認為光緒11年（1885），巡撫劉銘傳壽誕，曾自大陸招來一京班演出，但未對外公開，僅在府衙內招待地方士紳及官宦。因唱白均為京腔，觀者不免陌生，興致因而不高，壽誕過後，京班亦隨即回內地。[35]又據連雅堂《雅言》一書記載，光緒17年（1891），時任布政使司的唐景崧為母做壽，特招上海班來演京調，此為台灣目前可考最早之京劇演出記錄。[36]不管是劉銘傳還是唐景崧最早引上海京劇來台演出，總之，在清朝統治台灣的最後幾年，京劇已有來台演出之紀錄為一不爭之事實。由於京劇完整的表演形式、豐富的演出劇目、整齊的演員陣容，皆與台灣傳統民間劇種形成鮮明對比，深得官商士紳的喜愛，此亦造成以後酒樓藝妲由南管改唱京調的主因。但因這些演出，觀賞者多屬士紳階級的小眾，京劇對此時的台灣影響仍有限。[37]

　　當然，台灣正式有京劇演出，還是在有了戲院之後才開始的。日治初期，日本人為安撫台灣人，對台灣舊俗採取較寬容尊重的態度，並未加以干涉太多，使得台灣傳統戲劇，仍能保留原來的演出模式持續發展。此時大量中國戲班渡海來台的商業演出，進而對台

34　邱坤良，《日治時期台灣戲劇之研究（1895－1945）》（台北：自立版，1994年7月1版2刷），頁1。
35　早在劉銘傳任台灣巡撫時，即有上海演員來台演出的紀錄，當時福州徽班「老祥陞班」應劉銘傳之招渡台演出，除了原班徽戲演員之外，另「益之上海戲子數名」，這是目前可考上海演員來台演出的嚆矢。〈菊部陽秋〉，《漢文台灣日日新報》第2499號（明治39年（1906）8月28日）。
36　連橫，《雅言》（台北：台灣銀行經濟研究室編印，民國48年3月出版），台灣文獻叢刊第166種，頁35。
37　徐亞湘，《日治時期中國戲班在台灣》（台北：南天版，2005年4月初版2刷），頁11。

灣傳統地方戲劇帶來重大影響。[38]1895年（按：日治以後紀元，以西元為主），日本領台後，首任總督樺山資紀，將「東瀛書院」改做文武官員娛樂場所，命名為「淡水館」，但並未普及於民眾。1897年後，才開始有日人經營的「浪花座」、「台北座」、「十字館」、「榮座」等戲館逐一出現。[39]但因這些戲館多在城內，不便城外民眾觀賞，於是總督府又要求在大稻埕建一戲館，名為「淡水戲館」，凡是本地或外來的劇團，都可在「淡水戲館」上演。[40]該戲館於1915年後，由辜顯榮購買經營，改名為「新舞台」，積極引進福州、上海等地京班來台演出。[41]

「淡水戲館」在日人經營期間，曾由「得勝茶園」聘來京都「鴻福班」來台演出〈李陵碑〉、〈楊香武三盜九龍杯〉、〈雪梅弔孝〉等大戲，票價不斐，但觀眾仍反應熱烈。[42]至於辜顯榮經營的「新舞台」，也曾於1916年，重金禮聘上海京班「上天仙」來台公演，演出〈天堂州〉、〈精忠傳〉、〈賣絨花〉、〈孟姜女〉、〈忠孝雙全〉、〈八仙飄海〉等劇目，離台前，尚有演員王春華、趙福奎、石炳奎等三人留台，投入戲劇行當。[43]其後，「新舞台」

[38] 徐亞湘，《日治時期中國戲班在台灣》，同上註，頁1。
[39] 《台灣日日新報》（明治43年（1910年）9月22日）。
[40] 「淡水戲館」為台灣商人在1910年與日人合資在大稻埕所建造，該戲館專演支那戲劇（京劇）。葉龍彥，《台灣老戲院》（台北：遠足文化出版，民國93年2月1版），頁18-19。
[41] 「新舞台可說是日治時期台灣私人劇場的代表，1997年，辜顯榮的後代成立辜公亮文教基金會，在台北市信義特區蓋了一座新式劇場，也取名為「新舞台」，成為台灣第一個民營的專業劇場。」《台灣文化事典》（台北：國立台灣師範大學人文教育研究中心出版，2004年12月初版），頁866-867。呂訴上，《台灣電影戲劇史》（台北：銀華出版社出版，民國50年6月），頁196。邱坤良，《舊劇與新劇：日治時期台灣戲劇之研究（1895-1945）》，同註34，頁74-77。
[42] 鴻福班亦稱鴻福京班或京都鴻福班，《台灣日日新報》第5533號（大正四年（1915）11月21日）。
[43] 日治時期，台灣的京劇團演出幾乎全來自上海，這些上海京劇團在台之表演，多半僅作短期演出。1913年8月，已有大陸京班來台演出，但有確切名稱者，是1915年的「鴻福班」。當時，台灣最有名之士紳辜顯榮酷愛京劇，在其成立「新舞台」後，

復邀約北京「天勝京班」、「復勝班」、「三慶京班」、「德勝京班」；以及上海「餘慶」、「如意女班」等戲班，先後來台演出，「新舞台」可說一枝獨秀稱霸台灣劇壇。[44]直到1924年，大稻埕第二家戲館「永樂座」開幕，因內部設備新穎，京劇演出中心才逐漸由「新舞台」轉移至「永樂座」，「永樂座」的成立，不僅結束了「新舞台」的獨霸局面，也開啟了京劇在台灣演出的黃金時代。[45]

　　「永樂座」開幕，首邀「樂勝京班」來台演出〈三搜臥龍崗〉、〈狸貓換太子〉等大戲，在台連演四個多月，創下前所未有的佳績。不久，永樂戲院又聘請台南的「全寶興」科班北上獻藝，「全寶興」是台灣自辦的科班，是自己訓練出來的人才，第一次在永樂上演，自然意義非凡，這是台灣京劇史上值得一記的事。[46]繼永樂戲院之後，台南也出現「台南大舞台」；斗六也成立「斗六座」戲院；台北萬華也有「艋舺戲院」，這些戲院都是演京班戲的。唯從此以後，京劇開始在台灣逐漸走下坡，這是因為經濟不景氣及面臨電影和歌仔戲興起的挑戰所致。且京劇因需請外班來演，費用浩大，票價稍高，也不無影響。1925年以後，京劇演出已寥寥可數，此現象一直持續到1937年，中日戰爭的全面爆發，上海及各地的京劇中斷來台，京劇在台灣幾乎形同絕跡。[47]

　　綜論日治時期的京劇，台灣民間稱京戲（京劇）以「外江」一詞概括，台人筆下則稱上海京班為清戲、申班、申江正戲、正音戲、上海班、支那班、支那官音、滬戲、華戲等等不一而足。其來

又從上海重金禮聘許多京劇班來台演出，這些眾多戲班中，以「鳳儀京班」和「天蟾大京班」最為赫赫有名。毛家華《京劇二百年史話》，同註9，頁115。

44　徐亞湘，《日治時期中國戲班在台灣》，同註37，頁74－75。

45　〈台北通信‧永樂座落成詳況〉，《台南新報》第7899號（大正13年（1924）2月19日）。

46　林衡道，〈永樂座──走入歷史的戲院〉，《聯合報》（民國84年2月18日）。

47　溫秋菊，《台灣平劇發展之研究》，同註1，頁215－216。

台演出時間集中於1908－1936年間，期間計有近四十團的上海京班渡台演出，是所有來台演出不同劇種的中國戲班中，團數最多者。豐富的演出劇目，靠的是整齊的演員陣容來完成，當時上海各流派的京劇表演藝術，如梅（蘭芳）派青衣、黃（月山）派、蓋（叫天）派武生、譚（鑫培）派、汪（笑儂）派、麒（麟童）派老生等，亦隨上海京班的來台演出而呈現在台人面前。[48]

當時京班來台演出，多有布景畫師隨行，以備排演新戲需臨時畫製新布景所需。當時台灣媒體即報導，京劇在台演出之所以成功：「演戲之布景，將以實其事也。譬如演水門，若無佈置個金山寺，決海水，則場面平坦，貼幾個戲子，何足雅觀，助人興致也。今者京戲能識此意，特於布景一事，十分致力，為向來諸戲所曾未有，故能聳動一時，日夜滿園也。」[49]從此開始，來台京班莫不競演這種在寫實布景的基礎上，加上種種活動機關以製造離奇舞台效果的戲齣，特別有利這些藝術表現的連台本戲於是在台灣蔚為風潮。這些活動機關布景的運用所造成擬真的舞台效果，場景轉換的迅速多變，都讓觀眾嘖嘖稱奇。為了滿足商業劇場觀眾求新求變的觀劇口味，來台各班無不在布景機關的設計製作上挖空心思、推陳出新，以確保其高上座率。[50]

除絢麗的布景舞台裝飾外，京劇在燈光與幻術的表現上，亦堪稱一絕。自光緒8年（1882）由上海最早引進電燈後，各京劇戲園立即採用，使得舞台照明與燈光變化大為改觀。[51]而台灣自1909年第一座專演中國戲劇的劇場「淡水戲館」落成以降，每個劇場的照明也都使用新式的電燈設備，這也為來台的京劇「五色電光」等燈

[48] 蘇移，《京劇二百年概觀》（北京：燕山出版社，1989年5月初版），頁97。
[49] 〈戲界月旦〉，《台南新報》（大正12年（1923）2月18日），第7533號。
[50] 徐亞湘，《日治時期中國戲班在台灣》，同註37，頁188。
[51] 《中國戲曲志・上海卷》（北京：中國ISBN中心，1996年），頁468。

光效果的使用提供了準備。五色電光其實是一種電燈轉盤，上面裝有不同色紙的數個透光孔，一起動開關就會有不同顏色的燈光輪流出現，給觀眾一種視覺上的刺激，對場景氛圍也起著一定程度的烘托作用。幻術手法則是於演出連台本戲時，與機關布景搭配使用，主要是用於神怪、武俠、偵探等戲，以製造緊張、神奇的戲劇效果，多為魔術師所設計創造。[52]

日治時期，台北、台南都是當時京劇演出的重鎮，京劇愛好者不少，欣賞的人口也很多；尤其地方士紳亦多是京劇的支持者與愛好者，如辜顯榮、陳天來、板橋林家者，當時酒樓藝妲間都流行演唱京劇，票房皆佳。上海京班、福州戲班、潮州戲班等豐富的演出劇目，呈現在台人面前後，隨即成為台灣本地戲劇藝人仿傚的對象並加以移植，而改唱歌仔戲及採茶戲的曲調；另一方面上海京班及福州戲班留台藝人，於歌仔戲、採茶戲班的搭演、排戲、傳藝之後，使得許多京劇劇目，亦逐漸為歌仔戲及採茶戲所吸收，擴大了自身的劇目內容，尤其在連台本戲、時事戲及宮闈戲等部分。在角色分工及功能上，歌仔戲也受京劇影響，而開始發生變化。[53]

總之，京劇為台灣戲界所帶來嚴謹的程式化動作、整套的身段表演、排場、龍套等，尤其在歌仔戲及採茶戲，在它們形成初期之有武戲，京劇及其留台演員是功不可沒的。當時許多上海京班和

---

[52] 徐亞湘，《日治時期中國戲班在台灣》，同註37，頁189。

[53] 日治時代，台灣的傳統戲劇，大都是廟會野台演出的社戲形式，如亂彈戲、四平戲、高甲戲、七子戲、採茶戲、歌仔戲等。上述劇種雖然蓬勃發展，但藝術形式尚未完全成熟。直到來台表演的京劇，以其整齊的演出陣容、精湛的表演藝術、新穎的舞台美術觀念、豐富的劇目、完整的行當等藝術特色，迅速引起台灣民眾的注意。台灣民眾進入戲園觀賞京劇，首先是與過去觀劇經驗作一比較，而產生新的戲劇審美要求，這種氛圍的形成與凝聚，對台灣傳統戲劇的影響非常大。尤其對歌仔戲的影響最明顯，歌仔戲即因向京劇學得很多唱腔、身段，於戰後迅即由地方小戲蔚為大戲。徐亞湘，《日治時期中國戲班在台灣》，同上註，頁197－198。曾永義，《台灣歌仔戲的發展與變遷》（台北：聯經版，1993年），頁55－56。黃心穎，《台灣的客家戲》（台北：台灣書店，1998年），頁35。

福州戲班的演員留在台灣發展，有的應邀到地方戲班、業餘音樂團或藝妲間擔任教席，有的則於地方戲班搭班演出。從這些來台中國戲班在台灣的演出經驗和留台演員與台灣戲班長期的交流與互動之中，不僅豐富了台灣傳統戲劇的藝術內容，同時也促進了本土京班與京調票房的興起，對往後台灣傳統戲劇的發展，更是有全面而深遠的影響。[54]

此外，京劇服裝和化妝亦為歌仔戲所模仿、借用。所以說，中國的京劇對台灣戲劇的影響是全面且深遠的，此一情況至今仍是。[55]且日治時期的台灣傳統戲劇，可說是由民間的鄉野廟會演出與城鎮的劇場商業演出平行發展所構成，這其中，當時來台的京劇扮演了相當重要的角色，因為它不僅帶動台灣城市劇場演出的風潮；也大大提升台灣人的戲劇審美層次。[56]

整體而言，日治時期京劇的來台表演，不僅與台灣戲劇交流，也對台灣戲劇的發展，帶來重大深遠的影響，在內容形式上，它豐富了台灣傳統戲劇漸漸演變為現今之樣貌。換言之，台灣傳統戲劇發展至今所顯現的本土特色，一定程度上是反映在京劇的影響之上的。誠如研究者徐亞湘教授所評論的，「日治時期的台灣戲劇史，乃是依循著廟會野台戲演出與劇場商業演出兩條路徑平行發展，而當時至少有十二個劇種、超過六十個中國戲班的渡台演出，他們正是後者的主要構成部分，台灣之有商業劇場的發展與特有審美習慣的形成，他們功不可沒，今日的本土戲劇面貌，也多有當時他們深

---

[54] 1924年，台北大稻埕永樂座（永樂戲院）成立，大陸的「樂勝京班」及廣東的「宜人園」與台灣第一個京劇班「全寶興」，都在永樂戲院盛大演出。1925年，因上海發生「五卅慘案」，中日關係頓時惡化，上海京班無法來台，部分滯留台灣的京劇演員轉為歌仔戲團指導老師，旋因日人禁演歌仔戲與抗戰爆發，京班在台灣幾乎銷聲匿跡。溫秋菊，《台灣平劇發展之研究》，同註1，頁215－216。

[55] 陳耕、曾學文，《百年坎坷歌仔戲》（台北：幼獅版，1995年），頁58。

[56] 徐亞湘，《日治時期中國戲班在台灣》，同註37，頁233。

刻的內化痕跡。」[57]

五、戰後京劇在台灣之發展

1.戰後京劇團的分批來台

　　1945年，台灣光復後，第一個組團來台演出的，是客家人的「宜人京班」，該班於1946年1月4日至11日，在台北市中山堂演出〈三國誌〉、〈封神榜〉、〈狸貓換太子〉等劇。期滿後移至永樂戲院再演，演畢離台。那時，大陸民間劇團來台，約可分為前後兩批，第一批集中於1946－1947年間，主要的劇團和演員，幾乎全都來自上海，著名角色有徐鴻培、李如春、姜小樓、馬繼良、曹畹秋、張翼鵬、韓雲峰、劉玉麟、何毓如等，由於當時電影上映尚未普及，故京劇演出，還是一項頗具號召力的娛樂，在台灣演出也很造成轟動。[58]

　　1948年後，又陸續有好幾批大陸京劇來台，第一批是「顧正秋劇團」，演員陣容最堅強，旦角有顧正秋、張正芬、梁正瑩、于玉蘭。老生有胡少安、李金棠。武生則有趙君麟；小生為儲金鵬，丑角係周金福、于金驊等人，他們經常在永樂戲院演出。[59]第二批為「戴綺霞劇團」，著名演員除戴綺霞外，尚有畹霞、徐鴻培、于占元、蘇盛軾、曹俊麟、張世春、季素春等，演出地點以新民戲院為主。[60]第三批為「中國國劇團」，由王振祖領軍，卡司也很強，如言少朋、張慧鳴、金鳴玉、李桐春、李環春、李鳳翔、熊寶森、王

[57]　徐亞湘，《日治時期中國戲班在台灣》，同上註，自序。

[58]　毛家華，《京劇二百年史話》，同註9，頁115－116。

[59]　顧正秋，《休戀逝水──顧正秋回憶錄》（台北：時報版，1997年10月出版），頁288。王安祈，《台灣京劇五十年》（宜蘭：國立傳統藝術中心，2002年6月初版），頁32－40。

[60]　邱聲鳴，〈舞台生涯八十年──菊壇皇后戴綺霞的粉墨春秋〉，《傳記文學》第95卷第5期（民國98年11月），頁9。

永春、陸錦春、沈連生、景正飛、吳德貴、牟金鐸、郭鴻田、周長華、唐鳳樓、吳戀森等人，俱一時之選。[61]

此三劇團，當以「顧正秋劇團」在台灣知名度最響亮，「顧劇團」於1948年底來台，原是應「永樂戲院」劉正明經理之邀，作為期一個月的公演，但因觀眾反應熱烈，臨時續約延長；兼以適值國內剿共戡亂失利，劇團無法回滬，遂在「永樂」演出五年（1948年冬－1953年夏）。「顧劇團」在台灣之所以重要，是因為該劇團剛好填補了軍中劇團成立前之空窗期，成為聯繫中國京劇與台灣菊壇間的橋樑。顧正秋出身上海戲劇學校，師承梅蘭芳，並曾得張君秋、黃桂秋等名家親授，她的「海派」來歷，頗為符合台灣早期社會對於京劇的偏好。

而正宗「京派」的表演內涵，又是「京劇藝術全方位高品質的展示」。在「永樂」五年期間，顧氏這種包括集梅（蘭芳）派、程（硯秋）派、荀（慧生）派、張（君秋）派之代表劇目與流派藝術；以及黃桂秋之唱腔特色等，都整體融入顧氏的行腔轉調與演藝風格中。這種凸顯且行全才的優質展演，更強化其作為台灣京劇奠基者的地位。[62]檢視「顧劇團」對台灣京劇之貢獻有二：一則其在台演出最久，從1949起到1953年夏，方告解散；二則其演藝精湛，唱做俱佳，能戲很多；兼有本省聞人許丙、陳清汾等人捧場，所以能一枝獨秀，其他劇團難望其項背。唯幾年下來，雖說賣座尚好，但演出劇目已臻飽和，實無法再創新突破；且演出場地僅在台北一地，市場有限，兼以電影日漸風行，最後終因觀眾銳減而解散。[63]「顧劇團」解散後，永樂戲院雖仍有零星京劇演出，但大多不能持久。而中山北路的環球戲院和南陽街的大華戲院，也偶爾會有京劇

---

[61] 毛家華，《京劇二百年史話》，同註9，頁115。

[62] 林初乾、莊萬壽、溫振華等總編輯，《台灣文化事典》，同註41，頁1086－1087。

[63] 顧正秋，《休戀逝水──顧正秋回憶錄》，同註59，頁348。

演出，唯仍屬臨時性質，亦未能長期上演。

　　1969年，台北市峨嵋街有一個模仿過去上海遊樂場設置的「今日世界」，內有一個「麒麟廳」，由周麟崑負責的「麒麟劇團」在「麒麟廳」專演京劇，每天日夜兩場，日場演老戲，夜場以連台本戲為主，演出了一段相當長的時間，雖未能帶動京劇的起死回生，但可說是京劇在台演出的迴光返照，在「麒麟廳」最後另作他用，該劇團也隨之解體。此後，在台灣已沒有一個專門演出京劇的民間職業劇團及演出場地了。[64]

2.特殊現象的軍中劇團

　　既然民間沒有專演京劇的劇團，也無演出京劇場地的情況下，此一維持和發揚京劇傳承的重責大任，非常特殊的，居然由國軍來撐持。基本上，三軍劇團的成立，是台灣京劇發展史上一個非常奇特的現象。[65]1949年，國府遷台，當時有不少京劇名伶也隨政府避秦來台，後來這些名角即成為發展台灣京劇的主幹。且在「顧劇團」解散後，大部分的演員也投向軍中，因此，軍中劇隊的陣容更趨壯大。[66]從京劇在台的組團情形和任務看來，不難看出其自抵台

[64] 林茂賢編撰，《福爾摩沙之美——台灣傳統戲劇風華》同註11，頁96。

[65] 宋代軍中即有「樂營」之設。例如王棠的《知新錄》云：「考送教坊外，又有鈞容直、雲韶班二樂。……鈞容直，軍樂也。在軍中善樂者，初各引龍直，以備行幸騎導。」；《東京夢華錄》也云：「教坊鈞容直，每遇旬休按樂，亦許人觀看。」唐文標說到，這裡的遇旬休按樂時，許人觀看，老百姓因此得與國家樂隊共同觀摩了。樂指什麼呢？可能不淨是「音樂」，而是百戲的通稱。唐文標，《中國古代戲劇史初稿》，同註4，頁133。

[66] 京劇團於光復後，1945年首先組團公演者有台灣客家人組成的「宜人京班」，1946年由大陸來台公演的「新國風劇團」、陸軍95師官兵所屬的「振軍劇團」；1948年也有由大陸前來而滯留台灣的「顧劇團」、「戴綺霞劇團」、「中國劇團」、「正義劇團」、「勞山劇團」等民間劇團，還有飛虎等十數個軍中劇隊，劇團的總數其實不多，但發展條件較其他戲曲還算好的。戲曲學者王安祈教授斷言：「京劇是來自大陸的軍中官兵們主要的娛樂，軍中劇隊即在『軍中康樂隊』的基礎之上，經由一些高級將領的推動而逐步成立。」王安祈，《傳統戲曲的現代表現》（台北：里仁版，1996年），頁194。

始,即有可能已受政府津貼補助。

當時各軍種幾乎都成立了自己的劇團,如傘兵有「飛虎劇團」、「百韜劇團」、「勞山劇團」等。而「大宛劇隊」、「干城劇隊」(中部)及「龍吟劇隊」(南部)也非常活躍。1950年,著名的「大鵬國劇隊」,即是由空軍所組成,由於其規模健全,對日後台灣京劇的發展,有相當大的影響。海軍亦不落人後,1954年,亦跟著成立「海光國劇隊」;陸軍則在1958年,「陸光國劇隊」也隨之創立;而聯勤總部也於1961年,組織「明駝國劇隊」,於是三軍軍總和聯勤,都有了屬於自己的國劇隊。[67]茲將彼時各劇團之簡介表列如下:

劇團名稱	隸屬軍種	成立時間	主要演員	備註
大鵬國劇隊	空軍	1950年5月	哈元章、馬榮祥、孫元彬、熊寶森、姜少平、孫元坡、戴綺霞、趙玉菁、馬元亮等。	原名「空軍大鵬劇團」,由原屬於空軍的「霄漢劇團」和傘兵部隊的「飛虎劇團」合併而成。該隊自己訓練人才,使「大鵬」成為陣容最堅強的劇隊,經常奉命出國表演,宣揚國粹文化,敦睦邦誼。
海光國劇隊	海軍	1954年	胡少安、王質彬、常醒非、孫福志、劉玉麟、高德松、陳美麟、趙原、李環春等。	該隊亦仿「大鵬」,自己訓練培育人才,陣容也不容小覷。
陸光國劇隊	陸軍	1958年9月	周正榮、楊傳英、張大鵬、張正芬、李環春、張義鵬、馬維勝、吳劍虹、夏玉珊等。	該隊除從陸軍所屬的劇團中徵求人才外,也大量羅致民間京劇演員。
明駝國劇隊	聯勤總部	1961年	曹曾禧、秦慧芬、王雪崑、牟金鐸、王鳴詠、于金驊、馬驪珠等。	該隊演員陣容亦不錯,但流動性高為其缺點;兼亦沒有附設訓練班,所以專演老戲,難出新戲,票房上受到相當影響。

[67] 溫秋菊,《台灣平劇發展之研究》,同註1,頁217-218。

大宛國劇隊	屬於國軍軍團級的藝工單位	1958年7月	李桐春、王福勝、王少洲、周慧如、張慧鳴、金鳴玉、陳寶亮、李義利、陳慧樓、岳春榮、王秀峰等。	它是由「百韜」、「虎嘯」、「凱聲」三個軍中劇團合併而成。
龍吟國劇隊	－	1954年	謝景莘、朱殿卿、沈復嘉、佟世忠、李宗原、唐復雄、馬驪珠、童復蘭等。	該隊是以業餘的「烽煜國劇隊」為基幹，另外也網羅若干民間京劇好手所組成。唯該劇團因僻處南部地區，故較少作公開營業性演出，主要活動以勞軍為主。
干城國劇隊	陸軍裝甲兵種	1953年	徐蓮芝、周麟崑、徐春生、張學武、張義奎、曲復敏、葛復中、唐復美、曹復永、蕭復山、林萍等。	該隊成立於台中，它是由原來的「七七劇團」和「雄風劇團」合併組成。最初名稱是「軍聲劇團」，1960年併入裝甲兵的「三三劇團」，後更名為「預光軍訓隊」，到1964年才改為「干城國劇隊」。[68]

　　由於京劇隸屬於軍中者多，國防部總政治作戰部乃成立了「振興國劇研究發展委員會」，陸軍總部也有「國劇研究發展委員會」的設立，空軍則有「大鵬劇校編纂委員會」等。政府方面陸續成立的還有1963年「國劇欣賞演出委員會」，由教育部「藝術教育活動指導會報」遴聘國劇界25人組成。此外，1964年成立之「中華國劇研究會」和1972年創立的「中華國劇協會」，其宗旨及目的不外乎為加強推行中華文化復興運動，弘揚國粹藝術。1974年成立的「國劇劇本整理委員會」，更不諱言是務期主題意識能符合三民主義之立國精神，發揚傳統民族文化，而該會的主任委員由教育部長兼任，顯見官方主導的色彩很濃。[69]

---

[68]　毛家華《京劇二百年史話》，同註9，頁116－117。
[69]　蘇桂枝，《國家政策下京劇歌仔戲之發展》（台北：文史哲出版社出版，民國92年12月初版），頁109－110。

　　除軍中京劇團外，以學校為骨幹的則有「戲專國劇團」，該團
前身為「國立復興國劇團」，成立於1963年，現為「台灣戲曲專科
學校」之附屬單位。團員陣容以復興劇校為主幹，知名團員有：趙
復芬、葉復潤、曹復永、曲復敏、齊復強等資深京劇演員；青壯的
後起之秀有朱傳敏、朱民玲、趙揚強、丁揚士、夏禕、郭敏芳、莫
中元、楊莉娟等，各個都能獨當一面，挑樑演出。他們一面繼承古
典，發揚傳統戲曲；另方面則積極創新，結合現代劇場概念，創編
諸多反映現代精神的新作品。

　　該劇團曾經多次代表國家出國展演，足跡遍及歐、亞、美、澳
等地，推動文化交流、宣慰僑胞等外交使命；於國內演出，更兼顧
藝術展演、社區推廣、校園示範講演等多重文教功能，對培養戲曲
觀眾、厚植戲曲生存命脈、對戲曲傳承與宣揚之社教任務，不遺餘
力功不可沒。[70]

　　另外，於1995年7月成立的「國光劇團」，表現成績也很亮
眼，該團成員集合原三軍劇團菁英，同時合併原海軍陸戰隊「飛馬
豫劇隊」為附屬劇團，是個以京劇為主，豫劇為輔的綜合性劇團。
該團演出目標兼顧「傳統與創新」，一方面保存經典劇目，同時針
對傳統老戲進行整編，使其符合現代劇場精神與觀眾的欣賞取向；
另方面以年度新編劇，展現京劇回歸文教體系後，戲曲現代化的創
作成果。知名優秀演員有：孫麗虹、陳美蘭、劉海苑、李光玉、朱
安麗、汪勝光、劉琢瑜、陳青河、劉稀榮、戴立吾、李佳麒等。劇
團肩負文化傳承使命，雖成立僅二十二年，但全力推展京、豫劇，
對台灣菊壇貢獻良多，居功至偉。[71]

　　較「國光劇團」稍晚，於1997年又成立一新的京劇團「台北新

[70] 鍾幸玲編輯，《戲專風華：國立台灣戲曲專科學校參年專輯》（台北：國立台灣戲曲專科學校，2002年6月出版），頁21－23。
[71] 邱慧玲、林娟妃編輯，《國光七年》（台北：國光劇團，2002年），頁8－10。

劇團」，由李寶春任團長，以「新舞台」為據點，定期公演。李寶春是京劇名家李少春之子，自幼習藝，繼承乃父表演風格，專攻文武老生。1980年代末自美返台，與和信集團辜振甫創辦的「辜公亮文教基金會」合作，演出父親的代表作「野豬林」、「打金磚」等戲。1992年「辜公亮文教基金會」成立京劇小組，邀請李寶春等多位京劇名演員合作，連續推出多檔精緻京劇，最後終於催生出「台北新劇團」。

　　該劇團最大的特色，是台灣京劇與中國京劇的深度交流、實質合作。深度交流係透過排練、合演而得以落實；實質合作則在於幾乎每一檔戲，都會邀請一兩位大陸重量級演員來台主演。換言之，台北新劇團之成就，相當程度是建立在「兩岸交流」的基礎之上的，在傳統戲曲式微的年代，台北新劇團以純粹民間劇團的經營模式，能和「國光」、「復興」兩個公立京劇團鼎足而三，可說相當不易，這也是企業界支持藝術活動成功之案例。[72]

3.培育新生代的戲劇學校

　　為培養傳承新人，各軍種劇團還附設戲劇實驗學校，為京劇在台灣的演出及發展，春風化雨貢獻心力不遺餘力，它們的薪傳做法迥異於台灣其他的傳統戲劇，這是一個非常饒富趣味的情況。[73]現逐一介紹如下：

1. 大鵬戲劇職業學校：1955年9月創辦，由空軍大鵬劇團招收幼年班7人，分別是：張富椿、馬九齡、陳良俠、楊丹麗、嚴莉華、鈕方雨、古愛蓮；另外加徐露1人，此「幼年班」可謂開台灣公開招募京劇人才之先聲。1959年，奉國防部核准，「大鵬國劇訓練班」正式招第5期學生，共錄取51人。

[72] 王安祈，《台灣京劇五十年》，同註59，頁137－139。
[73] 溫秋菊，《台灣平劇發展之研究》，同註1，頁217－218。

1963年7月，教育部同意訓練班改制為「大鵬戲劇補習學校」繼續招生。該校師資陣容堅強，除授皮黃技藝外，也教普通學科。實習主任為哈元章，教師有章遏雲、白玉薇、周銘新、張鳴福、蘇盛軾、馬榮祥、張元彬、孫元坡、馬元亮等。該校後來培養徐露、鈕方雨、嚴莉華、嚴蘭靜、邵佩瑜、朱繼平、郭小莊、張安平、高蕙蘭、古愛蓮等國內京劇界的後起之秀，在台灣京劇界，均有舉足輕重的地位。[74]

2. 國立復興劇藝實驗學校：1957年3月，名票王振祖在政府及各界的贊助支持下，於北投成立「私立復興戲劇學校」，王自任校長，第1期招生120人。該校學雜費用全免，學制分初、高兩級，六年畢業，實習一年。教師有周金福、張鳴福、丁春榮、牟金鐸、陳金勝、王鳴詠、曹駿麟、馬永祿、韓金聲、李宗原、李慧岩、張伯玉、馬慶琳、張永和、秦德海、戴綺霞、馬驪珠、秦慧芬、陸景春、張慧鳴等人。1959年，國防部將所屬的國光戲院租給該校，作為固定演出場所。1968年元月，該校改制為「國立復興戲劇實驗學校」，校址亦由北投遷至內湖。該校後來較具知名度的京劇藝人有葉復潤、曲復敏（擅演老旦）、崔復芝、吳興國、鍾傳幸、唐文華、章復年、王復蓉、趙復芬、閻興玉、夏興盈、徐中菲、李中芳、白傳鶯、朱傳敏、張復建、曹復永等人。

3. 陸光戲劇職業學校：初名為「陸光幼年班」，於1963年10月成立，隸屬於「陸軍總部藝工大隊」，1967年學校遷至木柵。該校也採公開招生，學制為六年畢業，實習一年，共七年。教師除「陸光劇隊」的周正榮、楊傳英、穆成桐、李環

---

[74] 劉慧芬，〈論富連成的京劇教育對台灣京劇人才培育的價值與影響〉《2011跨越與實踐：戲曲表演藝術學術研討會論文集》（台北：文津出版社出版，2011年6月初版），頁84。

春外，另聘請秦慧芬、白玉薇、孫元坡、馬元亮、周金福、朱世友等名師。該校畢業的傑出京劇人才有胡陸蕙、吳陸君、潘陸琴、李陸齡、林陸霞、朱陸豪、劉陸勖、劉陸嫻、汪勝光等。

4.海光戲劇職業學校：1969年成立，學制與「大鵬」同，由楊殿勤任校長，畢業學員較著者有：魏海敏、劉海苑、沈海蓉、呂海琴、張海娟、王海波等。上述三個軍中劇校，於1985年7月15日合併為「國光戲劇職業學校」，直屬國防部，由藝工總隊長兼校長。[75]

5.台灣戲曲專科學校：成立於1999年，係合併重組原有戲曲教育單位「國立復興劇藝實驗學校」與「國立國光藝術戲劇學校」兩校而成，為台灣戲曲教育史上第一所採十年一貫制的專科學府。目前該校設有京劇科（含豫劇）、歌仔戲科、客家戲科、傳統音樂等科，並附有國劇團、綜藝團等單位。養成教育自國小五年級始，歷經國中三年、高中三年及專科兩年，成為國內頗為特殊的十年一貫制學程，積極培養傳統戲曲人才。而校方附屬之「國劇團」和「綜藝團」，更是任重道遠，每年多達數百場的展演，對規劃各類社區藝文推廣、中外文化交流等活動、傳統戲曲教育的推廣與研究，均成效卓著社會口碑甚佳。[76]

此外，不屬於養成教育的還有「國立台灣藝術專科學校」和私立中國文化大學「國劇科」。國立藝專成立於1955年，創辦時即設有國劇科，由梁秀娟負責，為台灣京劇教育首次納入正規體系，但至1959年又因故停辦，共辦四期，畢業學生為60人，較出名的有沈灝、李居安、宋丹昂、馬渝驤等人。該校於1982年，於夜間部增

[75] 毛家華《京劇二百年史話》，同註9，頁119－120。
[76] 鍾幸玲編輯，《戲專風華：國立台灣戲曲專科學校參年專輯》，同註70，頁4－6。

設「國劇組」，專門甄選「大鵬」、「陸光」、「海光」等劇校歷年畢業生，予以進一步深造教育。[77]至於中國文化大學，早在其為「文化學院」時代，即已在戲劇系中特設國劇組，按大學學制，四年畢業，授予學士學位。

4.七〇年代以後迄今的台灣劇運

1970年代，隨著國府在國際間的外交挫敗，台灣的國際關係發生劇變，也激起國人開始反思台灣的地位與文化。國府在國際間的政治合法性遭到質疑，逼使國府不得不正視其為代表中華文化的合法性傳承，以減低政治合法性遭質疑的窘境。[78]於此氛圍下，國府當局開始重新尋找傳統文化的精髓，各種傳統文化與戲曲音樂，再度受到重視，京劇因而成為許多傳統戲劇汲取養分的源頭之一。[79]文化大學教授俞大綱不但呼籲大家重視京劇，對台灣本地其他傳統劇種與音樂，也相當重視，此一期間，由於俞大綱之影響，郭小莊的「雅音小集」於焉誕生。[80]

1980年代，由於政治、社會的變遷，觀眾欣賞選向的多樣化，使得京劇在台灣的發展與演出，面臨很大的困境與瓶頸。兩岸的開放與文化交流，對台灣本地京劇劇團帶來重大衝擊，年輕世代不願意從事傳統戲劇演出，使得京劇命運如同歌仔戲一樣，快速走向沒落式微一途。如軍中劇團在國軍文藝活動中心的演出愈來愈少；於國家戲劇廳演出檔期也越來越短。[81]

檢視台灣傳統戲劇沒落的現象，包括京劇在內，其主因：不外

---

[77] 毛家華《京劇二百年史話》，同註9，頁120。

[78] 蘇桂枝，《國家政策下京劇歌仔戲之發展》，同註69，頁151－152。

[79] 張光濤委員（國民黨）質詢陳奇祿主委，《立法院公報──委員會紀錄》第75卷第25期，頁157。

[80] 編輯部，〈如何讓國劇年輕起來──訪雅音小集負責人郭小莊〉，《聯合月刊》第8期（1982年3月），頁66。

[81] 林茂賢編撰，《福爾摩沙之美──台灣傳統戲劇風華》，同註11，頁97。

乎觀眾群的快速流失，以及演員缺乏，人才斷層後繼無人，且更未培養編導、舞台技術及後場音樂等人才，政府對劇運的推動工作，也不夠積極所致。1999年7月，國光藝校、復興劇校合併改制為台灣戲曲專科學校，期待該校能成為一所培育台灣傳統戲劇人才的一流學府。此外，促使現有戲劇學校與民間劇團積極交流、合作、落實台灣傳統戲劇精緻化，培養傳統戲劇欣賞人口，將是挽救台灣傳統戲劇的當務之急，否則，此等珍貴之傳統戲劇藝術將有可能失傳消失的一天。

　　另外，隨著兩岸文化交流的頻繁，或許也是重振傳統戲劇的管道之一，自1992年開放大陸表演團體來台演出，迄今為止，已有超過百團以上的大陸戲班來台獻藝；而台灣的戲劇團體登陸演出也所在多有，此兩岸戲劇之交流，除相互切磋劇藝外，其交流層面的廣度與深度更勝於以往。平情說來，一部台灣戲劇史的建構，是無法忽略對岸戲劇交流的探討，尤其是日治時期和戰後的台灣戲曲發展，無論在劇目、表演、舞台等形式，在在受到中國京劇的影響，而成為現今之面貌；亦即台灣戲曲發展至今所顯現的本土特色，乃是在一定程度上反映在當初受到中國京劇影響之上的。[82]

六、結論：與文化觀光相結合——京劇在台灣的檢討

　　已故文建會主委陳奇祿曾言：「文化是應該保存在我們的日常生活裡，精緻文化應予普及化，而常民文化應予精緻化。」[83]誠哉斯言，作為台灣文化資產之一的京劇，也應該朝此「精緻化」、「普及化」的目標努力精進與轉型。不可諱言，傳統戲劇在台灣的

---

[82]　徐亞湘，《日治時期中國戲班在台灣》，同註37，頁226－232。

[83]　陳奇祿，〈文化資產的保存與維護〉，《台灣光復四十年專輯——文化建設篇，教育文化的發展與展望》（台中市：台灣省政府新聞處，1985年），頁254。

沒落,包含京劇亦如此,就是與基層民眾的生活脫節。戲劇往往不單只是表演藝術,而是社群的信仰系統和集體文化行為,是與民眾生活息息相關的社會活動。過去台灣傳統戲劇,隨著社會環境的變遷和民眾生活的變化,分別呈現不同的風貌與時代特色,展現旺盛的生命力和包容性。但到了今日,傳統戲劇在快速變遷的台灣社會中,觀眾已不斷流失,如何重現其魅力,成為重要的課題。

基本上,戲劇的演出通常具有強烈的現實意義與地域色彩,它經常隨著社會環境與民眾生活變遷,而呈現不同的風貌;尤其在今日,傳媒發展瞬息萬變,人口的移動、價值觀的多元化,不同類型、相異文化背景的表演交流越來越頻繁。於此氛圍下,戲劇的未來,包含京劇在內,不但不是封閉保守,相反的,應該是更開放與更貼近社會潮流脈動的。筆者個人非常認同戲劇研究者邱坤良教授的一段評論:「所謂台灣戲劇者,不是以它使用的語言或演出內容作為檢視標準,而是看它能否與台灣社會文化及民眾生活產生密切互動。換言之,能夠在台灣本土落地生根的劇團,源自何處──中國、日本、西方或台灣本土;也不管它所表演的情節是聖經故事、本土傳說或中國英雄傳奇,皆能視為本土劇團;他們所表演的戲劇不管其類型如何,皆能稱為台灣戲劇。」[84]

我們知道,戲劇的演出,是由演員團體以演出方式進行的藝術創造過程和觀眾集體產生的欣賞過程兩部分所組成的。一齣完整戲劇的演出,不單單靠演員的表演,還得靠觀眾的參與才算完成,二者無法孤立看待。尤其觀眾常常間接地影響並制約戲劇創作的過程,所以戲劇分析逐漸從過去「作者中心」、「文本中心」、「演員中心」;轉移至「觀眾」也列為另一中心的位置上來。京劇於戰後來台,將其自身的藝術特色呈現於台人面前,試探著台灣人的藝

---

[84] 邱坤良,〈台灣戲劇史的傳播網絡〉,《歷史月刊》第158期(民國90年3月5日),頁29。

術品味，而台灣人在過去既有的傳統戲劇基礎上，接受新的藝術刺激後，又會產生一種交流後新的審美趣味，此舉亦使得京劇來台後，必須在藝術表現上有所調適，以因應台灣人的需求，於是就形成了一種藝術創作上的反饋流程。[85]所以，在談及京劇來台後，這近七十年的演變歷程，特別需要加進觀眾反應這個部分，這主要是從觀眾對京劇內容、形式、愛好等角度切入，才能比較看出京劇表演的完整面向。

　　1949年以後，大陸京劇及各地方戲劇在台灣雖有不同程度的發展，但基本上都與民間社會隔絕，不但脫離了其在中國的成長環境，也無法融入台灣社會，以與本地文化傳統結合，迥異於日治時期的大陸各劇種，能在台灣扮演多種社會文化功能，並成為台灣戲劇的一種，兩者差距何其遙遠。[86]為了使京劇能跟上台灣新的時代，適應台灣人的審美要求，它就必須要進行現代化的變革，也就是所謂「戲改」的工作。京劇的現代化、台灣化的問題是多方面的，但最重要的標誌，還是京劇表演如何與現代生活相契合，這是一個古老的傳統戲劇，為了維繫生存、提高表演生活能力、延續長久藝術生命，最終必需面對及解決的問題。總之，京劇要革新發展，迎合時代潮流是必然的趨勢，戲曲要能反映今天新的生活，才能深植人心，為大眾所喜愛，也才有其立足點。此即余秋雨所說的「還戲於民」的工作，京劇的興衰，關鍵在於觀眾的多寡，我們常說的「戲劇危機」，也是因為觀眾銳減所致。[87]

　　在京劇與現代庶民生活艱難對接的此刻，個人以為，現階段京

---

[85]　劉禎，〈民間戲劇：中國戲劇史的另一面──20世紀中國戲劇史學的一種批判研究〉，《兩岸戲曲回顧與展望研討會論文集》卷一（台北：國立傳統藝術中心籌備處出版，民國89年1月出版），頁269。

[86]　邱坤良，《日治時期台灣戲劇之研究──舊劇與新劇（1895－1945）》，同註34，頁362。

[87]　余秋雨，《中國戲劇文化史述》（湖南：人民出版社，1985年10月1版），頁252。

劇在台灣之發展，有幾條路可以嘗試走走看：

1. 加強劇目建設：創作出更多、更好的，具有台灣特色和時代精神的精品劇目。在資訊無國界的今天，我們可以參考世界各國好的戲曲，加以觀摩借鏡，進而豐富台灣京劇的內容，但在借鑒的過程中，我們要保有自己的特色，不可失去自我的主體性，否則即為失敗。

2. 在戲曲文化方面：要改變京劇的性格，使其由前一時期大眾娛樂在現今的殘存，轉型為當代新興的精緻藝術。要改變京劇觀眾的結構，除傳統戲迷外，吸引藝文界人士和青年知識分子欣賞京劇。此外，在京劇的審美觀部分也宜作調整，由傳統的注重「四功五法」，轉而要求劇作整體的質量。[88]

3. 普及深化戲曲教育：大力培植人才，尤其要側重高、精、尖人才的養成，台灣只有幾間戲曲學校是不夠的，我們要在各縣市普設戲曲中學，至少每個縣市要有一兩間，不一定只是培養京劇人才，而是可以依劇種分頭發展，如宜蘭可設歌仔戲學校、雲林可置布袋戲學校，台北以京劇為主等。此外，如編劇、導演、音樂、舞蹈、行政管理、理論研究、教師師資等相關人才的培訓，也是刻不容緩的當務之急。總之，無論理論也好，藝術實踐也好，若沒有頂尖優秀的人才，戲曲要現代化，包括京劇也是如此，都不可能深化、發展和完成。

4. 京劇的庶民化與大眾化：加強京劇與人民的聯繫，還戲於民，是京劇發展的生命線，是走出困境的最終道路。至於如何做法，首先是積極扶植民間職業劇團，幫助其深入基層，政府機關及民間財團可以給予適當的補助，例如辜振甫的台泥集團，其對京劇的支持與贊助，就是一個很好的成功例

---

[88] 柳天依，《郭小莊雅音繚繞》（台北：台視文化公司，1998年出版），頁192。

子。以京劇表現現代題材，似乎比較困難，但是，只要認真地遵循戲曲藝術特有的規律，精心製作，依然能大放光彩。

5.與文化觀光產業作結合：自上個世紀90年代以降，台灣旅遊業的新趨勢，是與世界其他先進國家同步，開始朝向「文化觀光」（Cultural Tourism）之潮流邁進。為滿足旅客對於觀光的各種需求，文化觀光足以作為這樣的一個代表——包括靜態的風景名勝、動態的文化性活動、含有文化特質的生活方式等。因此，世界觀光潮流已然走向於文化觀光，也唯有蘊含於觀光中的文化，才能形成一強而有力的觀光吸引力。[89]

基本上，觀光是一種對他國、他地的人文觀察，其中包括文化、制度、風俗習慣、國情、產業結構、社會型態、宗教信仰、民俗節慶等，其作用在增廣見聞、豐富知識及提高素質等。而上述所言的文化等項目，其實都可以歸類在「文化觀光」的範疇內，何謂「文化觀光」？Richard說：「文化觀光包含歷史遺跡（過去的手工藝）和藝術觀光（當代的文化產物）。」[90]主要目的是享受一些具有文化觀光的因素，這些元素包含音樂、戲劇表演、文獻及影片放映。[91]McIntosh言：「文化觀光是一種有趣的特殊旅行形式，基本上藉由文化的形式去吸引或激勵人們旅遊。」[92]

「聯合國教科文組織」認為：「文化觀光為一種與文化環境，包括景觀、視覺和表演藝術和其他特殊地區生活型態、價值傳統、

[89] 高鵬翔編著，《文化觀光》（台北市：鼎茂圖書出版，民國99年1月1版），頁154。

[90] Richard, G. (2001) "The development of cultural tourism in Europe", in Richard, G. (ed.) Cultural attractions and European tourism, Wallingford: CABI, pp3-29.

[91] 參閱Britain Tourism Association. (BTA)

[92] 參閱McIntosh, Robert W.and Goeldner, Charles R. (1990). Tourism principles, practices, philosophies, sixth edition. John Wiley and Son. New York.

事件活動和其他具創造和文化交流的過程的一種旅遊活動。」[93]
「世界觀光組織」則將文化觀光區分為廣義與狹義兩種解釋，狹義
指的是「個人為特定的文化動機，像是遊學團、表演藝術或文化旅
遊、嘉年華會或古蹟遺址等而從事觀光的行為。」廣義係言「文化
觀光包含所有人們的活動，它為了去滿足人類對多樣性的需求，並
試圖藉由新知識、經驗與體驗中深化個人的文化素養。」[94]

　　綜合上述解釋，吾人可以對文化觀光下個最基本的陳述：文化
觀光為區域外來的觀光客，被歷史遺跡或藝術表演所呈現全部或部
分的歷史的、藝術的、美感的、知識的、科學的、情感的、心理的
或生活的不同形式的活動與經驗等這些面向的東西所感動。[95]

　　文化觀光的類型，大致可分為文化遺產觀光、事件型文化觀
光、學習型文化觀光、宗教文化觀光與生活型態文化觀光五大類
型。其中學習型的文化觀光，通常是指那些從事表演藝術與視覺藝
術饗宴等活動類型的觀光。[96]所以，京劇表演應該歸屬於此類，保
存戲曲的傳統文化，使京劇藝術能完整地延續下去，使其成為一個
活的「文物戲劇」。且藉由與文化觀光的緊密結合，將此世上獨一
無二的戲劇美學，中國的國粹；或已傳承至台灣的國粹發揚光大。

　　所以，誠摯的建議政府，不論是布袋戲、歌仔戲或京劇等台灣
最重要的傳統戲劇，保存國粹此其時矣！只要政府有決心，拿的出
具體的辦法：如改革現行戲劇體制，定期作示範、鑑賞性演出，包
括外地巡演。有計劃地錄製演出錄影，經常在電視台播放，如霹靂

---

[93] National Assembly of States Arts Agencies, http://www.nasaa-arts.org/artworks/cultour. shtml; Estonina,Latvian and Lithuanian National Commissions for UNESCO, Baltic cultural Tourism Policy Paper, UNESCO, 2001-2003, p.12.

[94] 高鵬翔編著，《文化觀光》，同註89，頁158。

[95] Cultural Tourism and Museums, LORD, http://www.lord.ca/publications/articles/cul-tourism-koera.html; Stebbins (1996), http://www.sccs.swarthmore.edu/users/00/ckennedl/definition.html

[96] 高鵬翔編著，《文化觀光》，同註89，頁159－164、頁162。

布袋戲一樣。創作、排練新劇目，舉辦戲曲會演或比賽，但賽事不宜過多。可以建立一個實驗性的劇團，主要進行改革實驗與創作新劇目。與觀光旅遊業合作，甚至提供經費贊助，積極推動文化觀光產業，將欣賞觀看布袋戲、歌仔戲、京劇等，列為國內外遊客，旅遊台灣必遊的行程之一部分，而相關的配套辦法，是政府文化部每年編列預算，提供各縣市地方政府，興建表演平台等硬體設施，讓台灣的戲劇展演在質與量的部分都能有所提升。相信在上述多管齊下的改革措施，對挽回瀕臨沒落的台灣傳統戲劇，當有振衰起敝、起死回生的作用。

中篇

第三勢力篇

另一條道路
──左舜生與香港第三勢力運動

一、前言：中國第三勢力運動發展史略

近年來，國人對「第三勢力」一詞並不陌生，此為受傳媒影響所致，但對「第三勢力」之認知，可能僅限於國、民兩黨外的其他較具實力之黨派，如親民黨、台聯等等，對於過去「第三勢力」之瞭解，恐怕知之甚少。其實，過去「第三勢力」運動，不論在中國或其後在香港，都頗具影響力，因此，國、共兩黨都曾積極爭取之。[1]

基本上，中國的第三勢力運動，可分為兩個階段，前一階段為大陸時期的在野黨派與「民盟」第三方面之政治勢力；後一階段則為五〇年代，以香港為大本營的第三勢力運動。前一階段的第三勢力運動，時間可追溯至上世紀二〇年代末，彼時國民黨北伐統一中國，開始實施「黨外無黨」的一黨專政，為反對國民黨的一黨專政，一些主張民主自由的有志之士，開始紛紛組織政黨與之抗衡。首先為1923年12月，曾琦、李璜、何魯之等人在法國巴黎成立的中國青年黨，繼則1930年鄧演達的第三黨，和1934年張君勱的國家社會黨；其後又有所謂的三派：即梁漱溟的鄉村建設派、黃炎培的職業教育社與沈鈞儒的救國會。[2]

---

[1] 紀亞光、秦立海、裴萃著，《戰後中國政黨與政治研究》（天津：人民出版社，2009年11月1版），頁193。

[2] 聞黎明著，《第三種力量與抗戰時期的中國政治》（上海：上海書店出版，2004年10月1版），頁143。

　　上述諸黨派均標榜為國、共之外的第三股政治勢力，也都有其政治主張與理想，雖言為第三勢力，然實力薄弱，尚不足以對抗國民黨。1937年，抗戰爆發，時代變局，為這些第三勢力黨派的生存發展提供了契機。[3]為營造朝野團結，共赴國難的氛圍，國民黨主動釋出善意，改善與在野黨派之關係，然亦為第三勢力黨派，尋得一有利發展的機會，即支持國府抗戰，但以取得國府承認合法存在為條件。[4]1938年，青年黨領袖左舜生與國社黨領導人張君勱和國民黨總裁蔣介石交換信函，就是在此情況下，兩黨才正式取得合法承認的地位。[5]

　　各小黨派雖與國民黨關係有所改善，但其努力追求民主政治的目標並未改變。是以即便國家處於抗戰的艱困時刻，它們仍希望在抗戰中推進民主憲政，這使得中間黨派與共產黨的政治主張相契合，從而營造雙方相互援引合作之機。[6]尤其大家在爭民主、自由、憲政理念一致下，在四〇年代初期，國民黨專制獨裁又逐漸趨強之際，終於使得這些原本各自為政，甚至政治立場相去甚遠的小黨派，捐棄成見，共組「中國民主政團同盟」，即日後之「民主同盟」。[7]

<hr>

[3]　1937年8月中旬，「8‧13」抗戰伊始，國府在國防最高會議下，設立「國防參議會」，設立該會之因，張群是如此說明的：「我們知道在國難期間，本黨同志，自應負絕對責任，但黨外的人，願來共同負責的，我們自允許其參加，這一條就是把各黨派的有力分子，集中於此會議中，共策國是。」，〈中國國民黨中央執行委員會政治委員會第51次會議速紀錄〉，國民黨黨史會藏。轉引自劉維開，〈戰時黨派合作的開端──國防參議會研究〉（未刊稿）。
[4]　周淑真，《中國青年黨在大陸和台灣》（北京：中國人民大學出版社出版，1993年11月1版），頁154。
[5]　左宏禹編，《抗戰建國中之中國青年黨》（成都：國魂書店，民國28年4月出版），頁13－14。又見陳正茂編著，《左舜生年譜》（台北：國史館印行，民國87年12月出版），頁129。
[6]　陳正茂，〈抗戰中推進民主──青年黨與抗戰時期的民主憲政運動〉，《抗戰勝利與台灣光復六十週年紀念學術討論會論文集》（台北：中國國民黨黨史館、中正文教基金會主辦，2005年10月29、30日），頁378－387。
[7]　〈中國民主政團同盟的成立宣言〉，中國民主同盟中央文史資料委員會編，《中國

　　「民盟」成員來自於「三黨三派」，內部有左右派之分，有親共如救國會者，也有堅決擁護國府，政治立場極右之青年黨者。其雖較缺乏群眾基礎，但因網羅一批學者名流，擁有清望和高知名度，故實力仍不容小覷。[8]戰後國、共劍拔弩張的時代，「民盟」即以「第三方面」調和者的身分，穿梭於國、共兩黨高層間，為和平建國努力奔走，最終雖以調解失敗收場，但卻引起國際間對中國這股標榜自由民主為理想之政治團體的注意，其中尤以美國為最。[9]當時負責調停國、共衝突的美國特使馬歇爾（George C. Marshall,1880-1959.），即曾有寄望中國前途於這批自由主義知識份子之論，馬帥此語隱然已為五〇年代，美國以香港為大本營，積極扶持中國第三勢力運動留下伏筆。[10]

　　四〇年代在中國的第三勢力運動，終因「民盟」分裂及親共，遭國府以非法政治團體取締而宣告瓦解。[11]然1949年，在國、共內戰劇變，大陸淪陷，國府遷台的風雨飄搖之際，又使得第三勢力有了生存發展的希望，此即五〇年代香港的第三勢力運動。當時這股力量，在美國和桂系李宗仁的支持下，雲集香江一隅，首揭反國、共兩黨大旗，標榜反共、反蔣，堅持民主自由的第三勢力主張，在

民主同盟歷史文獻1941－1949》（北京：文史資料出版社出版，1983年4月1版），頁10－11。

8　姜平，《中國民主黨派史》（武漢：武漢大學出版社出版，1987年8月1版），頁162。

9　蔣勻田，《中國近代史轉捩點》（香港：友聯出版社出版，1976年11月初版）一書，對「第三方面」調停國、共經過，有非常詳實的記載。

10　馬歇爾對中國前途寄望於自由民主人士，期望甚殷。1946年12月21日，馬歇爾即言：「解決中國的問題，只有把所有少數黨結合成一個愛國、有組織的自由黨，致力於和平，民主的政府與人民的權力。他遺憾目前少數黨派的自私的領導，造成組成一個真正自由黨的障礙」。12月23日，馬歇爾又說：「中國的希望在於需要組織前進分子為一愛國黨，摧毀反動份子對政府的控制和政府中封建主義的心理」。在馬歇爾使華期間，這類言論甚多。王成勉編著，《馬歇爾使華調處日誌（1945年11月－1947年1月）》（台北：國史館印行，民國81年5月出版），頁179－187。

11　〈國民黨政府宣布民盟為非法團體〉（1947年10月27日），中國民主同盟中央文史資料委員會編，《中國民主同盟歷史文獻1941－1949》，同註7，頁355－360。

香港曾盛極一時,喧騰不已。[12]

　　基本上,五〇年代的第三勢力運動,是美蘇冷戰結構下的一環,它背後有美國援助;也有反蔣勢力副總統李宗仁等之奧援,故有其錯綜複雜的國內外背景因素存在。當時第三勢力的要角有張發奎、顧孟餘、左舜生、李璜、張君勱、張國燾、許崇智、伍憲子、李微塵、童冠賢、邱昌渭、謝澄平、羅夢冊、董時進、許冠三、王厚生、司馬璐、孫寶剛、孫寶毅等。這些人分屬民、青兩黨,部分為國民黨及桂系政治人物。他們在美國金錢支助下,先後成立了「自由民主大同盟」、「自由民主戰鬥同盟」等組織,並創辦報章雜誌來宣傳其理念。[13]

　　其後因「韓戰」爆發,國際局勢丕變,使國府當局所在的台灣,成為美國在西太平洋圍堵共產主義不可或缺的一環。由於台灣是美國在東亞的重要戰略要地,使得美國不得不改善與台灣國府的關係,蔣介石政權重獲美國的支持,而先前美國暗中支持的第三勢力運動,也因美台關係的轉好而趨黯淡,最終風流雲散矣![14]

二、左舜生參與第三勢力運動之經緯

　　有關於左舜生參與第三勢力運動之經過,我們可從兩個面向來觀察,一是左親身參與的第三勢力政治團體,如「中國民主反共同盟」、「中國自由民主戰鬥同盟」、「中國民主反共聯盟」等,在

---

[12] 陳正茂,〈簡述五〇年代香港「第三勢力」運動〉,《傳記文學》第71卷第5期(民國86年11月),頁65-66。
[13] 陳正茂,〈五〇年代香港第三勢力運動史料之介紹與略評〉,陳正茂編著,《五〇年代香港第三勢力運動史料蒐秘》(台北:秀威版,2011年5月1版),頁4-5。
[14] 程思遠,《我的回憶》(北京:華藝出版社,1994年12月1版),頁234。又見陳正茂,〈「第三勢力運動」史料述評——以《自由陣線》週刊為例〉,陳正茂著,《傳記與思想:青年黨領袖群像》(台北縣:新文京開發出版股份有限公司出版,民國93年12月出版),頁146。

這方面，左確實有參加，也躋身高層，但其實影響並不大。另一為言論鼓吹方面，在這方面，左的影響力就舉足輕重了，左以其過去辦報、辦雜誌之能手，於五○年代在香港，辦出兩個第三勢力運動最具代表性的刊物──《自由陣線》與《聯合評論》，尤其是《聯合評論》，可說是左一手支撐主導的。

　　檢視五○年代在香港參與第三勢力運動的成員，雖然包含國民黨、青年黨、民社黨及無黨無派等政治人物，但真正做出一點成績；且較有為者，仍屬青年黨的何魯之、左舜生和謝澄平諸人。[15]1949年夏，李宗仁在廣州時，以「代總統」名義，曾發給青年黨、民社黨各兩萬銀元，作為疏散經費。[16]青年黨即利用這筆錢，在香港創辦《自由陣線》，由左主持。唯該刊不久即面臨財務困難，曾向台灣當局請求補助並獲應允，後因該刊批台言論轉趨激烈而作罷。[17]

　　《自由陣線》外，另一五○年代香港第三勢力運動之代表刊物，還有《聯合評論》，此二刊物，均以左和謝澄平為主導，這當中，左更具關鍵爭議的角色。左是青年黨中與蔣及國民黨關係最深者，曾任職國民黨中央政治學校，戰後且出任行憲後聯合政府的農

---

[15] 程思遠曾說：「張君勱也配批評李德公，德公是救過他的恩人，德公出國時，民社、青年兩黨各送二萬大洋，青年黨拿來辦個《自由陣線》，現在愈辦愈好，民社黨拿來辦個《再生》，老早錢就花光，又函美國向德公要求接濟，德公未理，張君勱居然因所求不遂，就批評起人來了，有什麼價值？真是好笑！」焦大耶（朱淵明），〈「第三勢力」全本演義：第三百六十一行買賣〉，陳正茂編著，《五○年代香港第三勢力運動史料蒐秘》，同註13，頁154。

[16] 〈雷震日記〉（1950年3月17日），傅正主編，《雷震全集》（32）（台北：桂冠版，1989年5月初版），頁63。程思遠說李宗仁在廣州的時候，以代總統名義發給青年黨、民社黨各三萬元。對應上註，顯見二萬大洋或三萬元，程思遠自己也不大清楚。程思遠，《政海秘辛》（香港：南粵出版社，1988年1月1版），頁236。

[17] 〈雷震日記〉（1950年3月17日）記載「冷彭立委來訪，對《自由陣線》情形說得很多，李德公曾多撥二萬銀元與民、青兩黨，民社黨則恢復《再生》，青年黨就辦這個《自由陣線》，款領到為金子，當在廣州提港紙，到港又購金子，致大受損失，謂前途很難維持。」，傅正主編，《雷震全集》（32），同註16，頁63－64。

林部長，深受蔣之禮遇。[18]避秦香江後，左參與第三勢力運動，殊出國府當局意料之外，國府為爭取海外民主自由人士，曾特派與在野勢力關係不錯的雷震，於五〇年代初專程赴港疏通，從而為我們提供自《雷震日記》（以下簡稱《雷日記》）中，知曉不少當年海外民主自由人士，參與第三勢力運動之梗概。[19]

本文旨在探討左於五〇年代參加香港第三勢力運動之經緯，重點除敘述其參與的第三勢力組織外，更重要的是，經由左當年編輯負責的第三勢力刊物中，如《自由陣線》、《自由人》、《聯合評論》等，深入了解左之政治主張及理念，從而為我們提供彼時海外民主自由人士，何以反共又反蔣的初衷之所在。

1.從「自由陣線」集團到「中國民主反共同盟」

五〇年代初期，美國為對抗共產主義在亞洲的擴張，是積極採取雙管齊下的策略以為因應，「韓戰」爆發後，美國與國府重修舊好，除外交承認中華民國外，軍援、經援也源源而來，希望強化台灣對抗中共的實力；另方面，在中央情報局的主導下，美國也以香港為大本營，透過金援，扶持既反共又反蔣的第三勢力團體。美國此舉，除反共因素外，顯然對台灣的蔣介石政權，仍存有戒心。[20]

就在美國的「金錢」攻勢下，當時困居香江，經濟非常拮据的一些過去在中國略具知名度與影響力的政治人物，成為美國物色網羅的對象。而彼輩為得到美援，也積極配合，希望得到美國的

[18] 陳正茂，〈左舜生傳〉，《國史擬傳》第六輯（台北：國史館編印，民國85年6月初版），頁12－13。
[19] 〈雷震日記〉（1950年4月8日、5月10日、6月10日、6月16日、8月11日），傅正主編，《雷震全集》（32），同註16，頁80、103、123、127、163。
[20] 基本上，第三勢力及以後「戰盟」的經費，均係由美國中央情報局資助，代表哈德門由該局駐東京麥克阿瑟總部之分局支付。汪仲弘註釋，〈台北舊書攤上發現的「總統府秘書長箋函稿」（2）〉，《傳記文學》第71卷第4期（民國86年10月），頁46。

青睞。當時這些人的身分，約可分為四類：（1）國民黨軍政界人
物：如張發奎、顧孟餘、許崇智等；（2）民、青在野黨領袖：如
左舜生、李璜、何魯之、張君勱、伍憲子、李微塵等；（3）民意
代表或失意政客：如童冠賢、黃宇人、王孟鄰、邵鏡人（CC派人
物）；張國燾、宣鐵吾等；（4）知識份子和桂系人物：如黃如今
（前東北大學校長）、張純明（前清華大學教授）、王季高（前北
平市教育局局長）；黃旭初、程思遠（後二者為「桂系」代表）
等。[21]

其實在美援未到前，1949年前後，香港已有若干第三勢力團
體。[22]其中較具知名度的，當推青年黨左舜生、謝澄平等創辦的
《自由陣線》集團。[23]初期，《自由陣線》週刊因經費短絀，好幾
次已在斷炊邊緣，左於是不得不向台灣的國府當局要求補助。[24]但

[21] 程思遠，《政海秘辛》（香港：南粵出版社出版，1988年1月1版），頁234-235。
李璜將當時南下香港的流亡人士分為四類，即平民與學生、工商界熟人、文化界人
士、軍政界人物。李璜，《學鈍室回憶錄》下卷（香港：明報月刊社出版，1982年
元月初版），頁721-723。胡志偉則分的更細，胡將其分為七類：（1）、失意政
客：如張君勱、彭昭賢、王正廷、李璜、左舜生、謝澄平等。（2）、落魄軍人：
如張發奎、許崇智、劉震寰、上官雲相、陳濟棠、金典戎等。（3）、桂系委員：
如黃旭初、童冠賢、張任民、韋贄唐等。（4）、中共叛徒：如張國燾、龔楚等。
（5）、漢奸：陳中孚、趙桂章、趙正平等。（6）、知識份子：如顧孟餘、丁文
淵、黃如今、張純明、李微塵、易君左、趙滋蕃等。（7）、知識青年：如胡越、
徐東濱、陳濯生、許冠三等。胡志偉：〈「自由中國抵抗運動」的開場與收場〉，
《傳記文學》第93卷第6期（民國97年12月），頁48-49。
[22] 焦大耶言：「當1949年冬季至1950年春季之交，是這運動最蓬勃而又最混沌的時
期。當時左一個座談會，右一個小組會，有十人八人一堆的，也有十幾二十人一起
的，有的約期會談，並無固定形式，有的則商擬名稱，起草綱領，儼然要有正式組
織，據一般估量，類似此種組合，達一百以上；傳說美國領事館曾有調查，則為
七十餘個，當較可靠。」焦大耶，〈「第三勢力」全本演義：第三百六十一行買
賣〉，陳正茂編著，《五〇年代香港第三勢力運動史料蒐秘》，同註13，頁103。
[23] 陳正茂，〈第三勢力運動與《自由陣線》的初試啼聲──謝澄平〉，陳正茂著，
《逝去的虹影──現代人物述評》（台北：秀威版，2011年12月1版），頁204-
207。
[24]〈雷震日記〉（1950年4月8日）言：「左舜生托其姪幹忱及周賞（寶）三帶信來，
兩君上月底來臺，請求三事：（一）左舜生國大代表之津貼希望能發給；（二）
左、周兩君過去國大津貼希望補發；（三）希望政府補助《自由陣線》。」，傅正

左的一手要錢，一手又為文批評台灣當局，令國府相當不悅，最後終止補助且禁止《自由陣線》銷台。關於此事始末，《雷日記》為我們提供了第一手資料，1950年2月28日，雷訪港時，曾拜會《自由陣線》另一主將謝澄平，據謝告訴雷，當時在《自由陣線》上批評台灣之文章，均係左所寫，不過，謝強調他們並不反對台灣，只是對台灣不准他們的刊物入台銷售一事，深致不滿。[25]

　　而對於左參加第三勢力事，台灣當局也有應對方法——即嚴密注意但不用太在意，時國民黨《香港時報》社長許孝炎告訴雷，對第三勢力事，總統府祕書長王世杰提出三點辦法：第一、不必重視；第二、加強西南執行部去做打散工作；第三、在華盛頓運用，最少使其不反對台灣，並捧左舜生，但不說聯合。[26]王世杰特別點出左，顯見國民黨對左的重視，而主張吹捧左，係對左名士習性之了解。王何以認為左可以爭取，除緣於左過去與國民黨和蔣的淵源外，主要是左在之前寫了一封信給雷震，信上說到：「最近仍有美國人在此間正式接洽，有許多人頗起勁，看來也許真要搞出一點什麼東西，但一切內容我全不知曉，一到緊要關頭，我便必須保持我獨來獨往的精神，絕不願聽受任何人的支配。」[27]

　　其後，左再度致函雷說到：張、顧等之第三勢力，近日進行頗遲緩，擬約得百人，開往目的地始正式組織，曾轉託幼椿約弟再談，弟已婉辭謝之，以不甚感興趣也。[28]左於信中所言「一切內容

主編，《雷震全集》（32），同註16，頁80。

[25]　〈雷震日記〉（1951年2月28日），傅正主編，《雷震全集》（33）（台北：桂冠版，1989年8月初版），頁55。

[26]　〈雷震日記〉（1951年5月29日），傅正主編，《雷震全集》（33），同上註，頁103。

[27]　〈左舜生致雷震〉（1951年5月8日），傅正主編，《雷震祕藏書信選》（台北：桂冠版，1990年9月初版），頁133-134。

[28]　〈左舜生致雷震〉（1951年7月2日），傅正主編，《雷震祕藏書信選》，同上註，頁142。

我全不知曉」及「弟已婉辭謝之，以不甚感興趣也」等語，並非實言，對照先前許孝炎對雷所言，和王世杰所提之辦法，皆可證明左是當時在港第三勢力的要角之一。

對左的不實之言，雷又頻頻請示，國府為此頗為不屑和不悅。王世杰告訴雷，《自由陣線》對台批評甚壞，而雷又代左申請入境證，是否可以中止，來台或與左有不利。雷答以入境證已寄去，可函告左請其對《自由陣線》加以約束，如不可能應該退出，以免為人負責，雷即以此意致函左。另外，雷在台曾見陳啟天，陳將左之信見示，內有對《自由陣線》不能負責之言，他個人擁護蔣與國府，蔣復職後，他有一文稱讚此事，唯該誌未予以登載，今後他不用該誌一文，不寫一字等語。其後，蔣偉之又告訴雷，該刊現捧何魯之為首腦，俾對外可以號召，與左已有了出入，該刊現為謝澄平、史澤之、周寶三等三人主持。[29]

由於左的兩面手法，既參加第三勢力運動，對台又矢口否認；致雷信中一再為《自由陣線》要求政府補助經費，後又說對《自由陣線》不加聞問。對左之反覆行徑，王特別寫信給雷說：「杰對左先生信，不擬表示任何意見。如兄打算覆信，似乎可以說：政府應該多聽逆耳之言，這是極忠實的忠告。同時，在香港的朋友也須了解此間的心情；住在香港罵政府，是不容易得到此間一般人的聽聞或同情的。左先生的行止，兄似不必再提意見，未審以為如何？」[30]換言之，國府是不再撥經費支持《自由陣線》了。

就在《自由陣線》面臨停刊之際，「及時雨」出現了，時美國巡迴大使傑塞普（Philip Jessup）正在香港，謝澄平透過管道與傑

29　〈雷震日記〉（1950年8月11日），傅正主編，《雷震全集》（32），同註16，頁163-164。

30　〈王世杰致雷震〉（1951年8月21日），傅正主編，《雷震秘藏書信選》，同註27，頁159。

塞普見面時，知其曾任哥大教授，遂以曾留學哥倫比亞大學，執弟子之禮甚恭而獲傑氏好感，傑氏答應以亞洲基金會名義，給予每月兩萬美元的補助。關於此事經緯，當年亦參與第三勢力運動的張葆恩，於謝澄平逝世後的追悼文章，曾詳實的敘述其來龍去脈。

張說：「一日，澄平於過海輪中巧遇盧廣聲，盧告訴澄平傑塞普已到香港，可透過尤金見傑氏。澄平即將此事就商於何魯之，何氏贊成其積極採取行動。澄平隨即到美國駐香港領事館求見尤金，但出來接見的是S君，從1950年元月起，澄平與S君多次見面，最後敲定以《自由陣線》周刊和美方合作，先從文化方面做起，建立重點，由文化運動，發展到政治運動，再進而及於軍事的運動，形成第三勢力的整體架構，以達成反共復國的使命。」[31]

就在左、謝的「自由陣線」集團開始欲以文化運動，大肆宣揚第三勢力理論之際，實際從事第三勢力運動的政治組織也隨之展開，此即許崇智所成立的「中國民主反共同盟」。[32]事緣於1950年，前廣州嶺南大學校長香雅各（Dr.James McCure Henry）於解職過港赴美時，會晤了昔時廣東軍政領袖張發奎。晤談中，香雅各積極鼓勵張發奎出面領導反共游擊戰爭，並暗示倘張願意出面，美國將會予以支持。[33]張亦認為：「有主義、有聲望的人應該建立一個新的祕密團體，形成一種新的力量；為了未來的工作，應該訓練年輕人。」而關於此一團體成員，張提到可網羅顧孟餘、童冠賢、張國燾、李璜、李微塵、伍憲子，香雅各則提到張君勱和許崇智。香謂待其回到美國後，可能會接觸某些人，如事情有所進展，將會寫

---

[31]　張葆恩，〈大時代的悲劇人物（上）──悼念謝澄平老哥〉，《全民半月刊》14卷7期（民國81年10月25日），頁29-31。

[32]　關玲玲著，《許崇智與民國政局》（台北：大安出版社，1991年3月1版），頁176。

[33]　金典戎，〈最初在香港搞第三勢力內幕〉，《春秋》（香港版）第175期（1964年），頁2－4。

信給你們。[34]

　　1951年初，果然有三位美國人帶香雅各的信至香港，其中二人，一人名為哈德曼（Hartmaun）；另一人為柯克（Cooke），他們聲明渠非代表美國政府，而是代表美國民眾前來協助中國發展第三勢力。[35]逢此難得機會，許崇智表現的極為積極，許逐一聯絡了童冠賢、彭昭賢、張國燾、宣鐵吾、上官雲相、胡宗澤、梁寒操、方覺慧、張任民、伍憲子、伍藻池、王厚生、金侯城、顧孟餘、王正廷、任援道、鄧錦章、趙立武及左等人，發起組織了「中國民主反共同盟」。[36]

　　該盟曾煞有其事的發表了十二條〈政治綱領〉，其重要內容如下：1.維護國家領土與主權的完整；2.實行自主的外交，絕對反對一面倒；3擁護聯合國的人權法案；4.保障人民應有的一切自由；5.修定適合國情之基本大法；6.主張全民政治，反對所謂人民與國民的差別；7.各政黨地位平等，反對一黨專政；8.軍隊國家化，任何政黨不得憑藉武力為奪取政權的工具；9.土地改革力求公允，自耕農已分得的土地，予以保障，但確因勤儉起家的地主，所受之損失，應酌予補償；10.全國所有公地荒地與無人耕種之地，於戰後分給反共有功的士兵，並資助其墾殖；11.保障私人合法財產；12.本現代科學與民主精神，反對煽動階級仇恨之學說，發揚東方文化之仁義傳統精義，以貢獻世界人類，達到世界永久和平。[37]綜

---

[34] 楊天石，〈五○年代在香港和北美的第三種力量──讀張發奎檔案之一〉，楊天石，《抗戰與戰後中國》（北京：中國人民大學出版社，2007年7月1版），頁630－631。張發奎口述，鄭義翻譯／校註，《蔣介石與我──張發奎上將回憶錄》（香港：文化藝術出版社出版，2008年5月1版），頁479－483。

[35] 〈對顧張等醞釀第三勢力近況報告〉，（中國國民黨中央改造委員會第150次會議紀錄，附件，1951年6月7日），黨史會藏。

[36] 〈許崇智領導「中國民主反共同盟」發展現況〉，《總裁批簽》，台（40）（改密室字第0083號，1951年2月23日），黨史會藏。〈「民主反共同盟」集會情形〉，見《總裁批簽》，台（40）（改密室字第0124號，1951年3月23日），黨史會藏。

[37] 〈抄錄「民主反共同盟」組織章程及政治綱領〉，見《總裁批簽》，台（40）改密

觀十二條〈政治綱領〉，洋洋灑灑，針對性強，裡頭除批評國、共兩黨外，值得一提的是，對土地改革議題也多有著墨，算是〈政治綱領〉中，較有特色的地方。

　　「中國民主反共同盟」成立後，開始對外招兵買馬，當時張發奎與顧孟餘的「中國自由民主戰鬥同盟」（以下簡稱「戰盟」）亦正在緊鑼密鼓的進行中，許為不便太明顯突出與其對抗之印象，給予外界鬧「雙胞」分裂的觀感，乃在謝澄平的建議下，將名稱改為「中國民主反共同盟促進會」，底下設主席一人，類似召集人性質，由許擔任，主席下設秘書長，以總其成，地位至關重要，初擬委任青年黨元老何魯之，何氏不肯，許又希望謝澄平出任，謝以不便正式露面婉辭，最後一度找上梁寒操，梁亦裹足不前，最後由留學英國的徐慶譽出線。上層職務安排後，接著是負責組織的重要人選，預計設有「聯絡組」，推年高德劭的方覺慧擔任，左舜生則掌「政治組」，後左力辭方改派伍憲子。「軍事組」擬由桂系的夏威充任，「僑務組」是關恕人負責，「宣傳組」委由謝澄平，許崇智尚兼任「財務組」。[38]

　　從上述名單安排看來，左在該盟中是有其重要分量的，無怪乎！雷震於五〇年代初訪港時，談到許崇智已組織「中國反共民主同盟」（全稱應為「中國民主反共同盟」），參加者有彭昭賢、梁寒操、方覺慧、上官雲相、宣鐵吾與左等人。[39]為求了解實際情況，雷隔天迅即訪問左，雙方晤談甚久，雷詢問有關「民主反共同盟」事，左坦承自己已參加，並透露民社黨的伍藻池與王厚生也參加。另外，左還批評張發奎，認為張有錢，怕事不敢參加。有意思

室字第0113號，1951年3月14日，黨史會藏。
[38] 焦大耶（朱淵明）著，〈「第三勢力」全本演義，第三百六十一行買賣〉，陳正茂編著，《五〇年代香港第三勢力運動史料蒐秘》，同註13，頁207。
[39] 〈雷震日記〉（1951年1月31日），傅正主編，《雷震全集》（33），同註25，頁23。

的是,左居然認為許有革命性,台灣對許應該要有誠意,只來邀請似乎不夠,要有具體辦法。雷知道左是指「民主反共同盟」事,未加可否。[40]為慎重起見,2月2日,雷也拜訪青年黨另一重要領袖李璜,李對左參加許崇智之組織甚表不滿,李說許曾二次來訪,均為其所拒絕,並謂許之組織有三要角,即梁寒操、宣鐵吾與左。[41]因該盟成立未幾即自動解散,故筆者認為,許恐怕僅是假借左之名聲以對外號召,而左該是在對青年黨失望之餘,不甘寂寞參與許之組織以增加籌碼,雙方互為利用而已。

「中國民主反共同盟」成立後,美方原本對許之組織寄予厚望,並給以支持,但未幾即知許根本扶不起來,且其行徑荒唐不堪。《雷日記》即載:「許崇智在香港組織第三勢力時,曾組一俱樂部,以聯絡各方人士。但許之俱樂部『在妓女寓中,許請客一面大談政見,一面懷抱女人』,因此『大家都看不起其為人』。」[42]不久,張發奎也與許不合,另找顧孟餘合作,欲組新政團,美方雖介入協調,仍無結果。後美國亦知許並無多大號召力,所提計劃也不切實際,故棄許而支持張、顧。[43]而原擬參加「中國民主反共同盟」之人,也見風轉舵轉而追隨張、顧。

許的「中國民主反共同盟」既然搞不起來,原本為許出謀獻計的謝澄平《自由陣線》集團遂有了機會,當時謝澄平以《自由陣線》為言論喉舌,對倡導第三勢力運動不遺餘力,嘗與張國燾、顧孟餘、何魯之、童冠賢及自己舉行五人茶話會,每星期四舉行一次,開會地點多在童冠賢家裡。後又加入黃宇人、程思遠、張國燾、董時進、伍藻池、黃如今、羅夢冊、史澤之等,舉行跨黨派九

<hr>

[40] 〈雷震日記〉(1951年2月1日),傅正主編,《雷震全集》(33),同上註,頁24。
[41] 〈雷震日記〉(1951年2月2日),傅正主編,《雷震全集》(33),同上註,頁26。
[42] 〈雷震日記〉(1951年2月6日、2月23日),《雷震全集》(33),同上註,頁31、48。
[43] 〈對顧張等醞釀第三勢力近況報告〉,同註35。

人定期座談會。後謝澄平認為可以將座談會擴大為組織，並命名為「民主中國運動」，主張從教育著手，培育下一代，奠定組織的社會基礎。[44]

2.第三勢力大聯合——「戰盟」之成立

然就在謝準備籌組之際，又出現一位H先生，此公支持張發奎，因張主持廣州行營時與其有舊，H先生是美國中情局的華南首腦；S君則是華中的負責人。然張發奎以自己是軍人不懂政治，乃向H先生推薦顧孟餘，於是第三勢力形成所謂的「顧、張」局面，且欲組新政團。謝澄平為此事曾請詢S君，S君建議澄平與渠合作，澄平最後見了H先生，也引薦顧孟餘見了S君，此為美國推動中國第三勢力雙頭馬車的局面。S君支持謝澄平；H先生力挺顧、張，為避免力量分散，澄平一派基於第三勢力大聯合的考量，遂放棄自組政團，轉而加入張、顧新政團的籌組工作，此即日後的「中國自由民主戰鬥同盟」組織（以下簡稱「戰盟」）。[45]

「戰盟」成立後，在美國主導下，張發奎、顧孟餘等人決定整合擴大第三勢力組織，將第三勢力建立成一股容納各黨派，有效且有力的反共聯合陣線。其步驟先由彼時在港的各黨派推出代表若干人，再由張、顧邀請參加座談交換意見，最後則成立籌備會，並推選出常務委員主持會務，和負責與美方簽署協定事宜。張、顧依此原則，於事前提出一組八人名單，計張發奎、顧孟餘、李璜、張君勱、伍憲子、童冠賢、張國燾、黃旭初等八人。嗣美方以人數過少，不足以反映各黨派力量，張、顧乃又提出二十五人名單，分別為張發奎、顧孟餘、童冠賢、許崇智、上官雲相、彭昭賢、宣鐵

---

[44] 黃宇人，《我的小故事》下冊（香港：吳興記書報社，1982年），頁128-130。

[45] 張葆恩，〈大時代的悲劇人物（中）——悼念謝澄平老哥〉，《全民半月刊》14卷8期（民國81年11月10日），頁18-19。

吾、張純明、張國燾、何義均、黃宇人、黃如今、甘家馨、黃旭初、徐啟明、周天賢（以上國民黨）；張君勱、伍憲子、伍藻池、王厚生、李微塵（以上民社黨）；李璜、謝澄平、何魯之與左舜生（以上青年黨）。[46]

二十五人名單出爐後，張、顧於1951年的5月11日邀大家見面，並宣示建立組織之必要。後因內部意見紛歧，未能取得共識，於是又有6月2日的聚會。除原則上決定凡係反共人士不屬於台灣者，一律邀其參加外，會中並推張發奎、顧孟餘、伍憲子三人為組織成立前，對外折衝的代表。[47]值得注意的是，青年黨代表在兩次的聚會中均未與會，箇中原因為青年黨高層發生內鬨，在張、顧第一次所提名單中，原本有李璜、左舜生二人，但李璜以「左舜生多話，不能守祕密」，表示青年黨由他一人代表即可。[48]此舉遂引起青年黨其他領導人何魯之、謝澄平與左等人之不滿，彼輩曾在《自由陣線》刊登啟事，指出「近有李××者以黨派立場自稱領袖，……在外多方招搖」否認李的領袖地位。[49]

其後，迨張、顧名單擴至二十五人後，左、何、謝三人均列入，左且任常務委員。然左、何等因與李璜不睦，且知李參加在先，故均婉拒參與。次外，青年黨內部問題複雜尚有二因：一則謝澄平有自己的美國管道，並接受美國津貼，深恐一旦加入，美援統

[46] 〈對顧張等醞釀第三勢力近況報告〉，同註35。
[47] 〈港澳政治活動〉，見《總裁批簽》，台（40）（改秘室字第0272號，1951年6月27日），黨史會藏。
[48] 李璜曾說：「我與舜生同黨至交，一切可以代表，目前不必通知他，因他為人心直口快，素難保守祕密，一通知他，恐怕又蹈老將覆轍。」左事後聽到大發脾氣說：「如果事前取得本人同意，任何朋友可以代表；如果未得本人同意，誰可以代表誰呀？況且事關個人出處，尤不能不萬分慎重，難道我左某可由人拿去任意出賣不成？」。見焦大耶（朱淵明）著，〈「第三勢力」全本演義，第三百六十一行買賣〉。陳正茂編著，《五〇年代香港第三勢力運動史料蒐秘》，同註13，頁118。
[49] 〈自由陣線、自由出版社啟事〉，《自由陣線》第5卷第5期（1951年4月27日），頁20。

一支配，對其未必有利。而李璜因左已被推為「戰盟」常委，自己反而落空，面子殊掛不住；兼以曾琦病逝美京後，台灣青年黨方面推其為代理主席，故亦左右為難，頗難抉擇，遂暫採觀望態度。[50]所謂二十五人代表，既各有考量，意見復不一致，最後張、顧欲籌建第三勢力聯合陣線之企圖，也不得不終歸沉寂。

　　基本上，「戰盟」時期的第三勢力運動，是以張發奎、顧孟餘為主角，青年黨的何魯之、李璜與左均不出席，所以並無較大影響力可言。平情言，左在第三勢力運動陣營的表現，以在「自由陣線」集團的時候較佳，對第三勢力運動的重要性與影響力，也較「戰盟」時期大的多，尤其在言論鼓吹方面更是如此。五〇年代香港第三勢力的先聲是「自由陣線」集團，左與謝澄平均是該集團之首腦人物。《自由陣線》週刊自1949年12月3日創刊，迄於1959年6月停刊，前後維持將近十年的時間，而較晚成立的「戰盟」，則早已結束多年，可見「自由陣線」集團對第三勢力運動的貢獻，遠在「戰盟」之上。[51]

三、恨鐵不成鋼——左對台灣當局的逆耳忠言

　　基本上，五〇年代香港的第三勢力運動中，青年黨是其中一股不可或缺的力量，當時青年黨參與第三勢力可分兩股勢力：一股是以左舜生、李璜為首，在香港從事所謂的「第三勢力」運動，其

---

[50]　雷震於日記中曾提及此事，「青年黨之李璜原加入，因要統一美援，故謝澄平之自由陣線未加入，且謝在《工商日報》登廣告謂李××不能代表青年黨，因此李乃逡巡未決，而慕韓死去，青年黨議決由李代理，促其入臺，李因此更莫知所從了。」，〈雷震日記〉（1951年5月22日），傅正主編，《雷震全集》（33），同註25，頁99。

[51]　陳正茂，〈五〇年代香港第三勢力的主要團體——「中國自由民主戰鬥同盟」始末〉，見陳正茂編著，《五〇年代香港第三勢力運動史料蒐秘》，同註13，頁50－51。

中左所辦的《自由陣線》、《聯合評論》，更是香港第三勢力份子的總論壇。[52]另一股是台灣島內青壯派如夏濤聲、朱文伯等人，結合青年黨台籍政治菁英，如李萬居、郭雨新等，以《公論報》、《民主潮》為本營，和《自由中國》相呼應，於是形成以《自由陣線》、《自由中國》、《民主潮》、《聯合評論》等刊物為軸心的「反共批蔣」聯合陣線。[53]

綜觀當年的批蔣言論，可分成幾大項，茲分別略敘如下：

1.軍隊「黨化」之抨擊

對蔣介石「黨化」軍隊一事，左、李二人痛批蔣氏父子在軍中成立「國民黨支部」，是明顯違反憲法第138條規定的「全國陸海空軍，須超出個人、地域及黨派關係以外，效忠國家，愛護人民」的規定。此舉大大違背青年黨當年力主「軍隊國家化」的制憲基本訴求。[54]當年「中華民國憲法」能順利制定完成，正是蔣及國民黨同意了這一條，才得到青、民兩黨一致的支持，如今在台灣蔣違背此承諾，青年黨當然極為憤慨。左、李二人不客氣的說，蔣此種做法，同舊軍閥昔日在大陸的行徑無異，「獨裁壟斷而不思建設民主政治，這種家天下的政治，總有一天要失敗的」。[55]青年黨左、李二人反對國民黨違反憲法在軍隊設立國民黨支部一事，自然

---

[52] 黃嘉樹，《第三隻眼看台灣》（台北：大秦出版社，民國85年6月再版），頁267。

[53] 陳正茂，〈堅持民主憲政──青年黨與雷震〉，陳正茂著，《中國青年黨研究論集》（台北：秀威版，2008年5月1版），頁392。

[54] 青年黨35年，參加政治協商會議，針對國共爭議不休的「軍隊國家化」問題時，曾提出六項的解決辦法，其中一項即：實行軍黨分立，以免政爭變為兵爭。見〈中國青年黨代表曾琦等五人提停止軍事衝突實行軍隊國家化案〉，見立華編，《政治協商會議文獻》（北平：中外出版社，民國35年4月初版），頁106－109。或〈曾琦對軍隊國家化提案之說明〉，陳正茂等編，《曾琦先生文集》〈上〉，（台北：中央研究院近代史研究所，民國82年11月出版），頁487－489。

[55] 雷震，《雷震回憶錄》（香港：七十年代雜誌社出版，1978年11月初版），頁378－379。

激怒當時掌控軍中政工系統的蔣經國，1956年12月，國民黨迅即展開反擊，除將左、李二人視為「共產黨的同路人」外，也積極以金錢利誘、滲透分化青年黨，造成該黨內部派系林立，四分五裂之處境。[56]

2.「反共救國會議」之質疑

　　五○年代中期，國府一直對外宣稱，希望聯合海內外反共人士，如當年在大陸舉辦「廬山談話會」之模式，在台召開「反共救國會議」。對於此會議，左有不同的意見，左於《自由人》三日刊發表〈我對召集反共救國會議的意見〉一文中，質疑國府「所謂起碼的『決心』，這是說政府必於『憲政與黨治』之間，斷然有所選擇，不宜在一般國民的心目中，留下一種混淆不清的印象。在憲政下由多數黨執政，這一點無可置疑。即令在國家遭遇緊急危難的時候，由兩黨以上聯合執政的事實，也不乏先例。但只要多數黨確有信心，尤其單獨執政即可使國家穩度難關，所謂聯合執政云云，也初非必要。憲政下的所謂多數黨，其法律上的地位，應與其他任何少數黨絕對平等。假如因執政之故，使多數黨的地位在事實上特別表現其優越，甚至使政黨政治永無實現之可能，這便與現行憲法的精神完全相反」。

　　左認為海外反共人士對國府確實有些「歧見」，他舉例說：「國民依據憲法，要求多有一點民主自由，此實由於卅年來所積累的一種心理背景，亦即此輩一種堅決反共的心理所由形成，大有不

---

[56]　〈政黨合作之道──社論〉，《民主潮》第4卷第1期（民國43年3月16日），頁2。另李萬居曾在省議會質詢時也說到：「這兩個小黨〈按：指民、青兩黨〉……內部被一些不知來自何方的特工人員滲透進去，在裡面翻天攪地，搞得不成個樣子，如何達成『反對』的任務，如何能達到監督的目的。我們這個國家如果要做到名實相符的民主國家，應該准許人民自由組黨。」，《台灣省議會公報》2卷23期（民國49年4月12日），頁961。

達目的誓不罷休之勢。政府於此不能有所善導，好像還認民主自由
含有多少的毒素，不惜加以曲解。甚至認為過去之所以失敗，即由
於民主自由太多，今後非根本加以收束不可。」[57]所以，政府與其
空言召集反共救國會議，左認為不如劃出一定的時間，好好做點實
際的工作。

左文發表後不久，台灣的《自由中國》正出版「祝壽專號」，
左讀了「祝壽專號」後，於香港的《民主評論》發表〈對國是與世
局的看法〉，內中最精彩的一段話說：「例如『政治民主化』；
『軍隊國家化』；司法獨立必須予以切實的保障，而不容有外來的
任何干涉；憲政的運用，必須要有有力的反對黨；教育必須超出於
一切黨派關係以外，而使之趨於正常……這些道理，至少經大家以
文字或語言鼓吹，已有二十年以上，幾乎成了一種常識，大家以為
今天的黨政當局連這點常識也沒有具備嗎？天地間一種可怕的現
象，絕不在不知而不肯去行，而是在知道了而依然不肯去做。」[58]
換言之，在政治主張上，左以為只要政府遵守憲法，政治民主、司
法獨立、政黨超出軍隊、教育以外，能如此作為，則國府自然得到
海內外民心的支持，召不召開「反共救國會議」，也就不是那麼重
要了。反之，若無作為，就算「反共救國會議」順利召開，但那又
如何呢？

3.堅持民主憲政遵守憲法

實行民主憲政為青年黨一貫之主張，遠在抗戰期間，參加國
民參政會，即呼籲政府早日召開國民大會制定憲法，使國家步入民
主憲政之坦途。1946年與國民黨、民社黨及無黨無派的社會賢達，
毅然參加制憲國大，制定「中華民國憲法」。會議期間，對人身自

---

[57] 左舜生，〈我對召集反共救國會議的意見〉，《自由人半週刊》（1956年10月10日）。
[58] 左舜生，〈對國是與世局的看法〉，《民主評論》第7卷第23期（1956年12月5日）。

由的保障、國家基本政策的訂定，以及軍隊國家化，政治民主化，無記名投票法的確定，尤其對法官、教師、及地方級中央級民意代表，執行職務時，均應超出黨派以外等意見，均有明確的主張。[59]

1953年3月，蔣復行視事三週年，左特別撰文向蔣建議，今後政治趨向的總方針，宜實行民主政治。[60]1957年元旦，青年黨所辦的刊物《民主潮》，以〈新年三願〉的社論為題，無意中掀起了一場持續兩年的關於「憲政體制」的論辯。在〈新年三願〉文中，青年黨提出「切實實行憲政體制」，青年黨認為在台灣現行的中華民國憲法是部「民主憲法」，其中如「有關中央政治體制，規定行政院為國家最高行政機關，須向立法院負責」；有關國家軍隊，「全國陸海空軍須超出個人、地域及黨派關係以外，效忠國家，愛護人民」；另外如司法獨立，也是要求法官須超出黨派以外，依據法律，獨立審判，不受任何干涉；至於黨派平等及組黨自由，亦規定「中華民國人民，無分男女、宗教、種族、階級、黨派，在法律上一律平等，並且人民有集會、結社之自由」。[61]

這些條文均有其深意與特點，如能澈底遵循，必能引導國家走上民主憲政的常軌，奠定國家長治久安之基礎。惜自行憲以來，國民黨始終沒有真心信守憲法，才使國家淪落至此。黨的黑手深入各階層，舉凡軍隊、法院、學校都不放過，至於組黨自由，那更是天方夜譚沒有的事。青年黨不客氣的說：「時至今日，學校教育，機關訓練，集會儀式，乃至標語口號，無不以奉行遺教為先，而很少提到憲法」。「這無異於自毀歷史，自壞長城，實為民國前途一大

[59] 陳正茂，《在野的聲音——青年黨人的時代關懷及其政治參與》（台北：新文京開發出版有限公司出版，民國93年12月初版），頁149－246。
[60] 左舜生，〈讀蔣總統「三一」文告書後〉，《自由人半週刊》第210期（1953年3月7日）。
[61] 沈雲龍，〈新年三願〉，《民主潮》第7卷第1期（民國46年1月1日），頁6－8。

隱憂」。[62]青年黨對國民黨違憲的全面批判，不僅盡了反對黨的職責，其勇氣尤足嘉許，故曾引起島內一陣熱烈回響和輿論的廣泛注意。

為應和島內民主憲政之討論，在香港的左舜生也於《自由陣線》發表〈嚴重的局勢必得打開〉以為響應，該文強調「軍事第一」固然重要，但「政治刷新」與「經濟建設」的重要性決不在軍事之下；而政治上的民主自由，更是國民黨革新之契機。在憲政問題上，左說：「以實際的情形來說，今天的憲政，早已名存實亡，其所以還保持若干在憲法上可以找出名稱的機構，這只是為了應付國際的一種方便，否則便連這種徒擁虛名的機構也早已一筆勾銷了」。[63]而為因應左對憲政的批判，《民主潮》也發表好幾篇社論聲援，例如批評道：「今天的立法院並沒有一個強有力的反對黨，絕對多數的立法委員都是國民黨員，從體系上說，除非國民黨內發生了無可調停的派系鬥爭，否則這班國民黨的立法委員無法不接受黨的領導」。又如「行政院長不僅是國民黨員，而且一般是中央委員，如今天的俞鴻鈞，所以，從黨的系統上講，行政院不可能對立法院負責」。而說到更高層「中華民國的總統，同時又是國民黨的總裁，在立法院與行政院發生衝突的時候，蔣先生如果覺得不便以總統身分干涉立法院，他卻可以國民黨總裁身分去制止國民黨的立法委員，如果他們不聽話，輕則可以遭受訓斥，重則開除黨籍或禁止其出席」。

由上述之連帶關係，《民主潮》不客氣的說：「今天的行政院只是對總統負責，也可以說是對國民黨負責，或對國民黨的總裁負責，決無所謂對立法院負責的這回事，這與憲法的原意是剛剛相反

---

[62] 同上註。
[63] 左舜生，〈嚴重的局勢必得打開〉，《自由陣線週刊》第30卷第11期（1957年3月11日）。

的」。[64]左的犀利言論，透過香港《自由人》三日刊的批評國民黨
當局的違憲不守法，簡直是捅了國民黨的馬蜂窩，國民黨當局不但
查禁《自由人》，不准其進口；還透過黨喉舌《中央日報》連發批
駁文章，甚至指控左、李等人為「中共同路人」。[65]

4.政黨政治的闡述與支持籌組反對黨

青年黨雖說是合法的在野黨，但由於青年黨自知身為反對黨
的無力，因此一直希望台灣能有個強有力的反對黨，其中左更是賣
力鼓吹的旗手。左屢屢在《自由人》發表文章，闡明大陸失敗非是
軍事之敗，實係失敗於政治的不民主，才是癥結所在。因此他認為
「中國必須澈底實行民主，始足以適合今後中國的需要」，而把此
希望寄託於當今之政黨，顯然各黨條件均不夠，因此只有重新「毀
黨造黨」，將國、民、青三黨及一切有志之士，揉成一團，由各黨
派出代表，針對所有重要問題，全盤檢討。然後形成兩大黨，一在
朝、一在野，互相監督制衡。[66]為此，左還特地撰〈申述政黨改造
的我見〉與〈中國未來的政黨〉兩文，提出八項條件為其理想的政
黨要素。[67]

在〈中國未來的政黨〉文中，左云：民主國家之政黨，不必有
主義，不必有固定之領袖，無需鐵的紀律。左文指出，自從共產黨
出現後，各黨「幾個相似之點」：「凡黨都必須標榜一種主義」，
「凡黨都必須擁戴一個領袖」，「凡黨都必須有一種嚴格的紀

---

[64] 這些社論如〈監察院行使彈劾權引起的憲法爭議問題〉、〈行政院院長在憲法及法
律上的地位〉；王師曾的〈憲政與國運——行憲十週年紀念的一點感想〉等，俱發
表於《民主潮》第8卷第1－3期（民國47年1月1日－2月1日）。

[65] 周淑真，《中國青年黨在大陸和台灣》，同註4，頁289。

[66] 左舜生，〈申述改造現有政黨的我見〉，見陳正茂主編，《左舜生先生晚期言論
集》（上）（台北：中央研究院近代史研究所發行，民國85年5月初版），頁84－
86。

[67] 左舜生，〈申述改造現有政黨的我見〉，同上註。

律」，「關於黨的組織，似乎也是重重疊疊，層層節制」。但左認
為：「單就上面所舉的這四點而論，這都是共產黨和法西斯黨的特
質，現代先進民主國家的政黨，乃至日本過去和現在的政黨，其情
況並不一定這樣。」[68]此文於《自由人》刊出後，王新衡報告說，
蔣經國去找他，謂蕭自誠報告總裁，本黨要開代表會，正需加強組
織，此文不合，今後軍隊不可推銷。左文導致該期《自由人》被查
扣。[69]

　　左的強力主張兩黨政治，與《自由中國》強調的民主政治是
今天普遍的要求，沒有健全的政黨政治，就不會有健全的民主；沒
有強大的反對黨，也不會出現健全的政黨政治的看法是一致的。例
如當時台灣在野人士有組織反對黨之傳聞，這本是憲法賦予人民的
權利，但中國何以不曾有像樣的反對黨出現。左直言中國之所以不
曾有強有力之反對黨出現，係因執政的當局都有所謂的「黨軍」，
而更澈底的一點說，「黨軍」與民主制度是無可並存的。只要一個
國家以內有了所謂「黨軍」存在，政權便只能隨武力為轉移；如果
有兩個以上的黨一樣都擁有武力，其勢不造成相互或循環的所謂革
命，便惟有招致國家的分裂。所以左對台灣熱心建黨的朋友，不無
挖苦執政當局言：「假定你們不能促成『黨軍』制的廢止，即令你
們建黨有成，其結果依然要歸於失敗；整個民主制度既決不會在中
國實現，而一個有力的反共政治號召，也終於無法形成」。[70]

　　對於國民黨人習慣以「革命」來剿匪之錯誤觀念，左也苦心
孤詣的提出逆耳忠言。左說：「中國能有一部民主的憲法，這是中
國人經過半世紀奮鬥所得到的一個成果，今天要剿匪有效，惟有依

[68] 左舜生，《反共‧政治論集》（香港：自由出版社，1952年9月初版），頁68－75。
[69] 〈雷震日記〉（1952年6月6日），傅正主編，《雷震全集》（34）（台北：桂冠
版，1989年10月初版），頁79。
[70] 左舜生，〈中國何以不曾有像樣的反對黨出現？〉，《聯合評論週刊》第8號（1958
年10月3日）。

照憲法去培養人民的民主習慣，使人民習於民主的生活，然後才能提高其反共的決心」。[71]此外，爭取言論自由和確立輿論權威，也是以《自由中國》為核心的包括青年黨多數成員在內追求的共同目標。左曾在《自由人》發表〈正本清源論〉、〈確立輿論權威〉、〈團結之道〉等文章，提到政府在台毫無作為，在今天「需要有力的輿論加以批評督促，比較過去的任何一個時期都來得格外的迫切」。[72]

四、再出發──「中國民主反共聯盟」

1955年「戰盟」瓦解後，香港的第三勢力運動進入一段低潮期，期間，更有程思遠、李微塵、羅夢冊等回歸大陸的衝擊。[73]面對中共的和平統戰攻勢，第三勢力運動有重新整合之必要，方能有效予以反擊。黃宇人將此構想商之於張發奎，張亦認為可行，唯不能再以過去座談會方式為之，因為座談會天南地北的放言高論，易流於空談，於事無補，過去失敗教訓可以為鑑。張建議宜以團體為單位，且不拘於國、民、青三黨，只要是主張反共的一切團體，舉凡學校、書店、研究社、出版社、雜誌社、報社及座談會在內，只要有三人以上又堅持反共者，都可派代表參加，俟有相當成績後，再共同建立一個聯盟。[74]左與謝澄平、黃宇人等覺得張之建議有理，決定未來的聯盟方式以團體為單位組成之。

1957年10月底，青年黨的夏濤聲由台赴港，向左表示，彼與雷

[71] 左舜生，〈革命與剿匪〉，《自由人半週刊》第796期（1958年10月22日）。
[72] 左舜生，〈確立輿論權威〉，《左舜生選集──政論集》（台北：大西洋圖書公司出版，民國57年元月初版），頁12－15。
[73] 程思遠，《政海秘辛》，同註16，頁325－330。冷靜齋，〈八年反共運動的檢討〉，《自由陣線》第34卷第1－2期（1957年12月5日），頁10－11。
[74] 黃宇人，《我的小故事》下冊，同註44，頁155－156。

震、李萬居等在台準備籌組新黨，正極力遊說胡適出面領導；雷希望香港的民主人士能有所組織，將來可以彼此聲援。左謂：「他們對新黨願做醞釀工作」，並引夏去見張發奎，亦獲得正面回應。[75]於是一個以張發奎、黃宇人、王同榮（國民黨）；左與李璜（青年黨）；冷靜齋、羅永揚、劉裕略（民社黨，張君勱指派）；謝澄平、丁廷標、劉子鵬（青年黨，代表「自由出版社」）；胡越、史誠之、蕭輝楷（代表「友聯出版社」）等十四人為代表，召開了「大團結運動座談會」，決定於1958年春，成立「中國民主反共聯盟」（以下簡稱「民聯」），以與台灣的新黨相呼應。[76]

此外，又決議發行《聯合評論》，作為機關刊物，由左任總編輯。[77]「民聯」後來並未正式對外宣布成立，也沒有所謂的政綱、政策，最初僅設一個由張發奎、黃宇人、謝澄平、胡越及左舜生的五人核心小組，以維持與各方之聯繫。後來又成立台灣、大陸、華僑、國際四個研究小組，其中台灣組以左舜生、黃宇人；大陸組以周鯨文、史誠之為召集人。[78]

「民聯」成立時，香港的第三勢力運動其實已成強弩之末，考量到台灣將來的反共力量，及海外第三勢力已無另闢蹊徑獨自反共的實力，只有寄望台灣的國府當局，在遵守憲法的前提下，實施民主改革，以擔負起反共救國之使命。故「民聯」的政治立場，明顯

---

[75] 黃宇人，《我的小故事》下冊，同上註，頁156－157。〈雷震日記〉（1957年11月26日），傅正主編，《雷震全集》（39）（台北：桂冠版，1990年7月初版），頁191。

[76] 黃宇人，《我的小故事》下冊，同註44，頁156－158。司法行政部調查統計局第六組編，《中國黨派資料輯要》中冊（台北：出版項不詳，1962年），頁258。〈聯戰工作檢討總結〉，《總裁批簽》，台（47）央秘字第0187號，1958年7月25日，黨史會藏。

[77] 陳正茂編著，《左舜生年譜》，同註5，頁241。〈左舜生先生行狀〉，《左舜生先生紀念集》（台北：中國青年黨中央執行委員會編印，民國60年7月出版），頁4。

[78] 〈關於共匪及第三勢力在港活動與我方今後工作部署之建議〉，《總裁批簽》，台（48）央秘室字第093號，1959年5月5日，黨史會藏。

有別於之前的第三勢力政治訴求，而務實的提出「政治反攻大陸，民主改造台灣」這樣的主張，希望藉由輿論的力量，逼台灣當局做某種程度的民主改革。[79]

1.《聯合評論》之創刊與宗旨

　　《聯合評論》週刊，督印人為黃宇人；總編輯為左仲平（按：即左舜生），社址位於九龍金馬倫道三十八號三樓。該刊立論宗旨，左於〈發刊詞〉即談到：「台灣是今天中華民國所憑藉以反攻復國的惟一基地，環境安全，建設的基礎良好，擁有一千萬的人民，得著盟邦不斷的援助，這是中國歷史上任何一個力圖中興的時代所不能完全具有的。……我們以為國民黨有兩種為中共所絕對不能具有的特殊武器：其一為國民黨的原始精神，其一為一部中華民國憲法。……現行中華民國憲法……實無一字一句不表現民有民治民享的精神，……這是我五億人民的血淚所灌溉培育出來的花朵，只要我們真能本著崇法務實的態度予以尊重，本著擇善固執的精神付諸實行，中國共產黨還值得一打嗎？……本刊今後的言論宗旨，將不逾這部憲法的範圍，我們所追求的目標，第一是民主，第二是民主，第三還是民主！」[80]

　　左之所以強調民主為該刊立論主軸，原因是「民聯」成立之際，國內外情勢已有極大的改變，尤其「韓戰」爆發後，冷戰格局已定，在西太平洋防線，美國極重視台灣的戰略地理位置。職係之故，雖然美國對蔣個人不喜歡，對國府亦有意見，但卻不得不支持台灣的國府當局。而蔣也了解其中微妙關係，故極力要求美國不要在暗中支持第三勢力運動，所以「韓戰」停火後，美國確實對第三

[79]　萬麗娟，〈一九五○年代的中國第三勢力運動〉（台北：國立政治大學歷史研究所博士論文，民國90年7月），頁56。
[80]　左舜生，〈發刊詞〉，《聯合評論》創刊號（1958年8月15日）第1版。

勢力運動不若已往那麼積極支持。

　　換言之，此期的「民聯」與過去第三勢力運動的做法已有很大的不同：一是放棄在台灣以外另尋反共途徑的想法；二為務實的了解到，短時間內國府要軍事反攻不易，所以只有先求台灣的民主化，再以民主化為訴求向大陸號召。然民主的基本前提是遵守憲法，所以「憲政與民主」即為《聯合評論》的兩大基調，苟能做到如此，方足以談到以民主反攻大陸的目標。

2.憲政體制設計的逆耳諍言

　　1959年6月19日，左在《聯合評論》發表〈搶救中華民國的時間已經不多了〉，將憲政體制的論辯推至最高潮。平地一聲雷，石破天驚，此文一出，迅即在港、台引起軒然大波，遭到國民黨當局的圍剿與批判。左在文章中，嚴辭抨擊「私」字誤中國六十年，並忠言逆耳的批評政府遷台後，未能深思熟慮的制定一長遠之「治台方案」，因循苟且依舊，常此而後，後果堪憂。左向政府及蔣獻策，提出治台的十六條原則。其要點為：1.根除一黨壟斷；2.精減政府機構；3.加強地方自治；4.實行司法獨立；5.保障人民基本自由；6.發展科學教育；7.發展外資、僑資以及民營企業；8.裁減軍隊人數等等。

　　其中對台灣憲政體制影響最巨者為精減政府機構，為此，左特別提出組「臨時政府」主張，強調不需要有台灣省政府，只要有一留台「臨時政府」即可。「臨時政府」的機構視需要而增減，總之以無冗員、無廢事為主。另外，絕對廢止大陸時期的中央政府型態，由留台的國大代表、立法委員、監察委員和世界上凡有僑胞萬人以上而又有僑胞正式團體的地區推選出二百人組成臨時最高民意機關。「臨時政府」對此最高民意機關負責，停止國大、立監委行使憲法上賦予之職權，解散由國大代表組成的「光復大陸設計委員

會」等。[81]

　　依左之建議，簡直要國民黨放棄其所有的政治權力和壟斷地位，國民黨一黨獨裁的政治體制必需改變，國民黨政權成了「臨時政府」與「地方政府」，這當然嚴重觸犯國民黨當局「維護法統」之大忌，為國民黨所堅決反對與不許。此文被視為左反蔣、反台灣國民黨當局的代表作，披載之後，曾引起海內外軒然大波及一陣圍剿。但左仍力排眾議，堅持原則不為所動，時港、台各地謂之「左文事件」。[82]左文發表後，國民黨當局報紙如《中央日報》、《新生報》等迅即組一圍剿集團，連篇累牘的對左發動猛攻反擊，指斥左的建議根本是「危害國家利益的荒謬主張」，「想作中華民國的掘墓人」。[83]左雖遭黨內外一片撻伐，然以今日眼光視之，此文實為當時第一篇敢於正面探究台灣政權體制弊端的文章，左視野之遠，連當時的胡適、雷震亦不及之。[84]

3.反蔣違憲連任第三屆總統

　　1959年下半年，圍繞於蔣連任三屆總統是否違憲問題，在島內爆發了「護憲和修憲」的大辯論。在這場論戰中，李璜、夏濤聲、朱文伯與左等，紛紛於《自由中國》撰文，表達反對之意，其中左在海外連連砲轟國民黨與蔣，言論之犀利，令國民黨十分頭痛與難堪。[85]1959年5月20日，左直接說明，其何以不贊成蔣連任第三屆總統的原因，「我承認反攻復國依然少不了蔣先生的領導，可是蔣先生站在總統的地位來領導，所領導者只是一小部分顧及既得

---

[81] 左舜生，〈搶救中華民國時間已經不多了！〉，《聯合評論週刊》第44號（1959年6月19日）。

[82] 陳正茂編著，《左舜生年譜》，同註5，頁247。

[83] 〈社論〉，《中央日報》（民國48年6月29日）。

[84] 黃嘉樹，《第三隻眼看台灣》，同註52，頁382。

[85] 周淑真，《中國青年黨在大陸和台灣》，同註4，頁290。

權位的人；離開總統的地位來領導，則所領導者為一切反共者的全體……這關係蔣先生個人的成敗還小，關係國家的命運者則甚大，故期待蔣先生毅然作下最後的決定」。針對當時台灣島內甚囂塵上的擁蔣連任第三屆總統，左再度撰文指出：「中國的總統，依據現行憲法是六年一任，而且硬性規定，任何人擔任總統，最多只以兩任為限，換言之，即無論如何不能超過一十二年。過了十二年還要做下去，聽憑你變出何等花樣，不是毀法，便是違法」。[86]

為了維護憲法的尊嚴，對蔣執意三連任總統，破壞憲政體制，左在是年10月23日，再度為文〈對蔣總統連任問題一個最後的陳述〉言及：「我之所以不贊成蔣總統連任，決不是我否定蔣總統個人的威望，確實高出今天台灣的任何個人之上，乃是希望蔣總統退居國民黨總裁的地位，趕快找出一個替人，加以提擎與扶持，使其人的威望也逐漸可以養成，凡此都是為了如何拖的一種打算。如果對內靠蔣總統一人的威望以資鎮撫，對外也靠蔣總統一人的威望以資維繫，一旦到了蔣總統終於不能不倦勤的一天，那個時候急切求一替人而不可得，台灣在內外形勢交逼之下，便難免不發生空前的危險，乃至無法可以渡過這一難關，這是我個人四五年來所抱的一種隱憂，到了今天，我不能不坦率的說出」。[87]

12月中，國民黨派胡健中至港，主要任務在勸此間國大代表能返台投票，為蔣連任勸說，左不為所動，並私下對胡健中表示：「如蔣先生完全不顧一切，後果實極嚴重，中華民國傾覆，大家同歸於盡」。[88]1960年2月19日，左與李璜、張君勱、張發奎、黃宇人、勞思光、伍憲池、謝扶雅、許冠三、李金髮、王厚生、趙聰等

[86] 左舜生，〈蔣總統連任問題〉，《自由人半週刊》第856期（1959年5月20日）、左舜生，〈再談蔣連任問題〉，《聯合評論週刊》第41號（1959年5月29日）。

[87] 左舜生，〈對蔣總統連任問題一個最後的陳述〉，《聯合評論週刊》第62號（1959年10月23日）。

[88] 〈王厚生致雷震〉，傅正主編，《雷震秘藏書信選》，同註27，頁419–420。

數十人，於《聯合評論》上刊載〈我們對毀憲策動者的警告〉一文，堅決反對蔣毀憲競選第三任總統。文中提到：「我們在這裡警告國民黨當權派，及在台灣的國大代表：我們要認清，這一毀憲連任的事件，在歷史上將成為分別邪正和決定成敗的大關鍵；它考驗中國人的智慧，也考驗中國人的良心。我們切盼國民黨當權派能夠懸崖勒馬，也深望各位國大代表能夠自愛自重，不要做毀憲禍國的歷史罪人，不要讓敵人稱心快意而坐收其利」。[89]

即便在蔣就任第三任總統後，1963年11月15日，國民黨第九次全國代表大會在台北召開，左對國民黨仍有所期待，以「忠言逆耳利於行，良藥苦口利於病」之心情提出建言，希望國民黨當局務必體察「反攻必須與清明良好的政治配合始得有效，也才能一勞永逸」。而清明良好之政治端視政府有無實現民主的誠意，左說：「以我這樣一個主張逐漸實現民主的人，決不反對一黨執政，但我確也無法贊成無所不專的一黨專政。因為果然做到了一黨專政而無所不專，則所謂在野黨，便決沒有生存的餘地。一個在事實上不容許在野黨存在的立憲國家而空談團結，這是一件不會使大家感到興趣的事」。[90]

4.「雷案」後的嚴辭批蔣

1960年9月9日，台灣爆發震驚中外的《自由中國》半月刊發行人雷震被拘捕事件，史稱「雷案」。在「雷案」發生不到一週內，左旋即為文，認為「雷案」根本是國民黨當局一個預定的陰謀，其目的不僅在使《自由中國》不能繼續出版，同時也在使籌組中的

---

[89]　〈我們對毀憲策動者的警告〉，《聯合評論週刊》第78號（1960年2月19日）。

[90]　左舜生，〈寫在國民黨九全大會的開會期中〉，《聯合評論週刊》第270期（1963年11月15日）。

「中國民主黨」無法成立。[91]左言：「這不一定是雷震等個人的不幸，實在是中華民國民主憲政前途，以及人民一切基本自由與人權保障一種空前的威脅！……這一民國政治史上空前的重大事件，將繼續發展，其給予海內外一般人心刺激的深刻，以及可能發生的惡果，目前尚難預測」。[92]因此，左希望政府，立即釋放雷震。

同日，左和李璜與香港民主人士，在香港格蘭酒店召待記者聲援雷震，參加者有新亞書院教授及新聞文化界人士。左等認為雷震是愛國的、反共的，也是為民主政治運動的奮鬥者。台灣當局此舉，香港方面的民主人士，將依據聯合國「人權宣言」，向聯合國控訴，請求人權保障。[93]10月5日，見國民黨當局毫無釋放雷的跡象，左與李璜、李達生、岑盛軒、梁友衡、徐亮之、許子由、許冠三、黃宇人、陳芝楚、孫寶剛、勞思光、劉子鵬、劉裕略、羅鴻等多人，聯名致函聯合國人權委員會，呼籲聯合國有關組織及時聲援雷震。電文中言：「國民黨當局以《自由中國》半月刊的言論『構成叛亂的罪證，其為斷章取義，故入人罪，已昭然若揭。中華民國政府當局此等迫害言論出版自由及踐踏人權的不法行為，實為對聯合國人權宣言第三、第九、第十一及第十九條款的公然蔑視。倘不及時予以制止，則人權宣言必將失去其存在的意義』」。[94]

10月14日，「雷案」判決後，左更沈痛指出：「總而言之，統而言之，台北當局要消滅《自由中國》這本雜誌，要消滅雷震這個人，要消滅一個將要出現的新黨，這是他們早已確定的決心，無論上訴也罷，不上訴也罷，他們一定要蠻幹到底，其他一切的『手式』，一切的『表情』，一切的『穿插』，不過只是加重這一事件

[91] 陳正茂編著，《左舜生年譜》，同註5，頁251。
[92] 左舜生，〈主張立即釋放雷震〉，《聯合評論週刊》第107號（1960年9月9日）。
[93] 傅正主編，《雷案震驚海內外》，同註27，頁112。
[94] 雷震，《雷震回憶錄》，同註55，頁180-181。

戲劇化的氣氛，大抵無關宏旨。所可惜的，他們編戲的技術過於拙劣，因之漏洞百出，讀者如果真要了解台灣這十年究竟是什麼人在幕後胡鬧，我便奉勸先看看我那篇〈由『吳案』『孫案』到『雷案』〉的長文，才比較的能得要領。我們繼此要說的話還很多，這件事決不會如此了結，這是可請大家放心的」。[95]12月2日，左再度發表對「雷案」覆判後的感想，對於蔣之不能特赦雷震，嚴辭譴責其表現了一種軍人蠻幹到底的特質，不失為東方一個碩果僅存的標準獨裁者；同時也通明透亮表示了他對民主絲毫不能理解，絲毫不感興趣，不惜以走極端的態度，甘冒天下之大不韙，向國內外一切主持公道與正直的人士挑戰。[96]

　　直到1964-65年，蔣為團結反共力量，決定舉行「陽明山會談」和召開「反共建國聯盟會議」，廣邀在野黨領袖回台參加會議。但是左及李璜和民社黨領導人張君勱等表示，渠回台的條件是當局必須立即釋放雷震，在雷震尚屬「階下囚」時，他們無法來台作「座上客」。由於國民黨當局不肯接受其要求，最後他們拒絕赴台。[97]

　　綜觀《聯合評論》發行六年餘，從言論內容來看，「為民主而反共」與「為憲政而反蔣」，始終是該刊立論的主要核心理念。舉例而言，1960年初，當蔣欲違憲連任第三屆總統時，《聯合評論》即對蔣的違憲之舉，連篇累牘的進行強烈嚴厲的批判。該刊曾發表〈我們對毀憲策動者的警告〉的聯合聲明，希望國民黨當權派和國大代表，不要做毀憲禍國的歷史罪人，不要做出「親痛仇快」之事。同年9月，「雷案」爆發，《聯合評論》也出版「援雷專號」，撰述數十篇文章，對台灣國府當局大加撻伐，指出台灣當局

[95] 左舜生，〈雷案判決感言〉，《聯合評論週刊》第112號（1960年10月14日）。
[96] 左舜生，〈雷案與團結〉，《聯合評論週刊》第119號（1960年12月2日）。
[97] 周淑真，《中國青年黨在大陸和台灣》，同註4，頁292-293。

濫用「戒嚴法」，迫害人民言論、出版、結社等自由，要求應無條件立即釋放雷震，否則將向聯合國提出控訴。總之，在「援雷」議題上，該刊言論之犀利，砲火之猛烈，在當時海內外刊物中，可說是空前絕後。

五、結論──第三勢力的風流雲散

平實說來，五〇年代在香港的第三勢力運動，藉由刊物出版，進行文宣闡述理念，一直是他們表達訴求與推展運動的重要方式與管道，而在這部分，也是取得較成功的地方。無論是顛峰時期的《自由陣線》；或走向調整時期的《聯合評論》，都反映了第三勢力運動，在不同時空環境下，倡導者的理念與訴求。作為第三勢力運動言論喉舌的《自由陣線》與《聯合評論》，左舜生無疑都是當中最重要的主將。若從言論內容分析來看，兩個刊物大致呈現幾個面向：首先是第三勢力相關理念之闡述，《聯合評論》與早先的《自由陣線》，在第三勢力理論闡述上，仍有若干差異。《自由陣線》對第三勢力理論的探討，立論內容稍嫌於口號宣傳，深度與廣度都不夠；《聯合評論》則將第三勢力名詞，轉換成「自由民主運動」或「民主中國運動」，且在此理論上有較深入合理的論述。其次為對國內、外現況與大陸情勢的評論，《聯合評論》見解深刻，曾引起美國注意與參考。三則係有關台灣政治民主化訴求的探討，《聯合評論》對「自由中國事件」、「雷案」、「反對黨」和「違憲連任」等重大議題，都提出最嚴厲的批判。

誠如大陸學者黃嘉樹所言：「民社黨的黨魁張君勱和青年黨的黨魁左舜生、李璜都未隨蔣介石逃往台灣，他們在香港，美國等地搞所謂『新第三勢力活動』，即一方面反共，另一方面也批蔣。左舜生在香港創辦的《聯合評論》，是這些人設在台灣島外的總論

壇」。據黃宇人回憶，《聯合評論》紐約航空版發行後，迅即成了
美國華僑社會的輿論中心，台灣雖不准進口，不少人仍想盡辦法以
求一睹為快；中共亦列為幹部的參考材料，承認該刊具有代表性，
美國駐港總領事館也常翻譯該刊社論以供國務院參考，由此可見
《聯合評論》影響力於一斑。[98]

　　然隨著國際局勢的丕變，「韓戰」後美國支持第三勢力運動的
意向已不復往前熱衷；兼以第三勢力內部派系林立不能團結，這些
因素都使得第三勢力毫無成功之希望。而國府也雙管齊下因應之，
對外阻止美國支援，王景弘曾從美國檔案尋得資料談到：1953年6
月，雷德福準備卸下太平洋美軍總司令的職務，回華府出任參謀首
長聯席會主席。6月2日至6日，他和雷德福夫人訪問台北，住在蔣
官邸，與蔣有三次「國務院感興趣的會談」。雷德福與蔣關係不尋
常，因此，他可以坦白的以逆耳之言，與蔣討論一些敏感的內政問
題。蔣的興趣是韓戰停火後的美國政策動向、英國對美國政策的影
響和他不滿美國支持「第三勢力」，給予第三勢力訓練、補助及其
他鼓勵，實不合美國所稱要加強中華民國政府的意向。雷德福承諾
盡他所能制止這類活動，並預期可以成功。[99]雷德福回美後，是否
有替國府制止美國援助第三勢力運動，吾人不得而知，但最起碼美
國對扶持中國第三勢力運動，是較以前冷淡的多了，經費援助亦大
不如前，如此終於導致《自由陣線》之停刊。[100]

　　對第三勢力內部，則從事分化伎倆，當時國民黨流亡港、澳
的高級幹部中，如許崇智、張發奎、顧孟餘等已與美國拉上關係，
正在積極籌組所謂「第三勢力」，對這種人，國府認為只能慰問，

[98] 黃宇人，《我的小故事》下冊，同註44，頁177。
[99] 王景弘著，〈虛幻與務實：中美高層會談春秋〉，《採訪歷史──從華府檔案看台灣》（台北：遠流版，2000年1月20日初版），頁227。
[100] 陳正茂，〈第三勢力運動與《自由陣線》的初試啼聲──謝澄平〉，陳正茂著，《逝去的虹影──現代人物述評》，同註23，頁213。

來台則不歡迎;至於民、青兩黨的領袖人物,雖然反共批蔣,但實際上,是想在政治上分一杯羹,所以只能敷衍,不能對彼等有所承諾。[101]反倒是當年到港肩負疏通任務的雷震,近距離觀察較客觀,雷曾對唐縱言:「香港所說第三勢力,不必以惡意視之,若易地而思,可說是應該發生的;假如我們在香港,難道就束手待斃不成?當然要團結組織以抗共,不與台灣對立。惟今日之計,要台灣伸出手來與他們聯合,使他們站在我們一條線上共同反共。」[102]

雷易地而處的同理心,為自己付出開除黨籍、備受打壓的慘痛教訓,《雷日記》言,其向蔣匯報香港之行的建議,有談到左願意到台灣來協助政府反共的事,但國民黨必須「廢除學校之三民主義課程及軍隊黨部二事」。左認為「三民主義是國民黨的主義」,不該列在學校的課程中,同時認為軍隊應屬國家所有,國民黨不該黨化軍隊,應即撤銷軍隊黨部。[103]蔣看過後大為震怒,懷疑雷震「已中黨外之毒,靠不住了」!後來,還因此事被蔣經國辱罵。[104]

然而,國府的分化利誘手段,最終還是奏效了,黃宇人在《我的小故事》回憶錄談到《聯合評論》停刊一事,提到1962年秋,左應邀去美講學,為期四個月,左以備辦行裝和安家為名,託夏濤聲向蔣要求補助,獲蔣應允。台灣方面將此事向《新聞天地週刊》披露,引起《聯合評論》社同仁的不滿,紛紛指責被左出賣,欲將左開除,後來雖經張發奎緩頰,但內部人事已分崩離析。[105]1964年10

---

[101] 馬之驌,《雷震與蔣介石》(台北:自立版,1993年11月1版),頁37。

[102] 〈雷震日記〉(1951年6月2日),傅正主編,《雷震全集》(33),同註25,頁104。

[103] 馬之驌,《雷震與蔣介石》,同註101,頁51。

[104] 蔣經國罵雷震:「你們有個提案,要撤消軍隊黨部是不是?……你們是受了共產黨的唆使,這是最反動的思想。……你們這批人,本黨不知吃了多少虧,今日你們仍不覺悟,想來危害本黨……」,〈雷震日記〉(1951年3月29日),傅正主編,《雷震全集》(33),同註25,頁70-71。

[105] 黃宇人說:「左舜生自到香港後,一直與台灣方面保持良好的關係,每逢台方人士在香港舉行國慶紀念或其他文化活動,都推為領導人,他與香港時報社長許孝炎和

月23日，《聯合評論》仍因經費不濟而宣布停刊，一份五○年代末期，香港最具代表性及影響力的《聯合評論》，終於劃下休止符。而隨著《聯合評論》的結束，左及其參與十餘年的第三勢力運動，如餘暉已盡的夕陽，終歸風流雲散矣！

　　殘酷的事實證明，在五○年代香港的時空背景下，沒有經費要搞第三勢力運動是不可能成功的，成也是「錢」，敗也是「錢」。五○年代初期，因有美國金錢奧援，所以第三勢力運動一度聲勢浩大，彷彿成為國、共外的一股不容小覷的力量；然一旦美國斷了金援，或台灣施展了金錢攻勢，第三勢力運動就難以為繼了。觀乎《自由陣線》和《聯合評論》的被迫停刊，就可以清楚「巧婦難為無米之炊」的道理。而左個人的阮囊羞澀，不得不接受台灣的金錢奧援之事實，雖有其理想要堅持，也曾對台大加撻伐，但在金錢需求的前提下，能始終堅持者幾希！左晚年的脫離第三勢力運動陣營，回歸台灣與國府和蔣重修舊好，金錢的力量是十分具關鍵性的，如同青、民兩黨接受「反共抗俄宣傳費」之補助一樣，在「拿人手短，吃人口軟」的情況下，你可以批評對方一時，但不可能批評一世，左參與第三勢力運動的緣起緣滅，其真正無奈的悲劇即在於此。

香港大學教師劉伯閎等往來頗密，台灣方面每年對他都有餽贈，為數不少。」，黃宇人，《我的小故事》下冊，同註44，頁154。

最後的訴求與迴聲
──以五〇年代香港第三勢力運動《聯合評論》為場域之分析

一、前言：《聯合評論》創刊之背景

　　當代表五〇年代香港第一階段第三勢力運動的《自由陣線》雜誌已近尾聲之際，民國47年（1958）8月15日，《聯合評論》（以下簡稱《聯評》）週刊創刊了。《聯評》創刊的時代背景是，第一階段的第三勢力運動，如「中國自由民主戰鬥同盟」和「自由中國民主政團同盟」因內部人事糾合而相繼瓦解後，香港的第三勢力運動陷入了空前沉寂低潮期。尤其在民國45年間，大陸推動的「鳴放運動」，積極拉攏知識份子和海外中國人回歸，近在咫尺的香港，更是其統戰的焦點。也因此，一些當初高喊反共、反蔣的第三勢力人士，其實是投機政客，如程思遠、李微塵、羅夢冊等，紛紛響應中共號召而回歸中國大陸。[1]

　　於此氛圍下，若干仍堅決反共且秉持第三勢力立場的人，如謝澄平、黃宇人等，覺得針對中共的統戰攻勢，有必要予以回擊，而且沉寂已久的第三勢力運動，也有須重整旗鼓的必要，否則反共前途堪虞。在此背景下，謝、黃二氏乃商議於張發奎。初步決定以座談會方式凝聚共識，後來覺得座談會易流於各抒己見，太過空泛，

---

[1]　程思遠，《政海秘辛》（香港：南粵出版社，1988年1月1版），頁325－330。〈傳徐傅霖在港不穩〉，《總裁批簽》，台（45）（中秘室登字第45號，1956年2月28日，黨史會藏）。冷靜齋，〈八年反共運動的檢討〉，《自由陣線》第34卷第1－2期（1957年12月5日），頁10－11。

殊無力量可言，不如還是以建立團體為佳。張發奎即言：「過去我們的失敗，乃在於以個人為單位，未被邀請者即表示反對；參加者則又難免良莠不齊，某一個或某幾個人有了問題，便影響全局。若以團體為單位，我們只選團體，不選個人，倘若某人發生問題，可由他的團體自行解決，與大家無關。」[2]

　　左舜生、謝澄平等人覺得張所言甚是，接受張的意見，決定將團體擴大，原則上不限於國、民、青三黨人士，舉凡一切民主反共人士均為結盟對象，待成氣候後，再共同建立一個聯盟。[3]正當大家期待有結果時，是年10月底，青年黨在台核心幹部夏濤聲專程赴港晤左舜生，告知台灣方面雷震、李萬居、高玉樹等人正積極籌備成立新黨，並極力遊說胡適出面領導；雷震並希望香港的民主人士能有所行動，最好成立一個組織以為呼應。左舜生甚為認同，並引見夏去見張發奎，亦獲得張正面回應。[4]

　　未幾，張發奎、黃宇人、王同榮、左舜生、李璜、冷靜齋、羅永揚、劉裕略、謝澄平、丁廷標、劉子鵬、胡越、史誠之、蕭輝楷等十四位代表各黨派的香港民主人士，出面召開「大團結運動座談會」，並決定於民國46年春，成立「中國民主反共聯盟」（簡稱「民聯」）為「大團結運動」的領導組織。[5]此外，並議決發行《聯評》週刊為機關刊物，督印人為黃宇人；總編輯為左仲平（按：即左舜生）。[6]其後，「民聯」並未真正宣告成立，只是由

[2]　黃宇人，《我的小故事》（下冊）（香港：吳興記書報社，1982年），頁155－156。
[3]　黃宇人，《我的小故事》（下冊），同上註，頁156。
[4]　〈雷震日記〉（1957年11月26日），見傅正主編，《雷震全集》（39）（台北：桂冠版，1990年7月初版），頁191。
[5]　司法行政部調查統計局第六組編，《中國黨派資料輯要》中冊（台北：出版項不詳，1962年），頁258。〈聯戰工作檢討總結〉，《總裁批簽》，台（47）（央秘字第0187號，1958年7月25日，黨史會藏）。
[6]　陳正茂〈左舜生傳〉，《國史擬傳》第六輯（台北：國史館編印，民國85年6月初版），頁13。

張發奎、黃宇人、左舜生、謝澄平、胡越五人為核心小組，以維持聯繫。後來也在內部成立大陸、台灣、華僑、國際四個研究小組，其中左舜生、黃宇人擔任台灣組召集人；大陸組則由周鯨文、史誠之出任。[7]

基本上，「民聯」成立之際，國內外情勢已有很大的改變，尤其「韓戰」爆發後，冷戰格局已定，在西太平洋防線，美國極重視台灣的戰略地理位置。也因為如此，雖然美國對蔣介石個人仍不喜歡，對國府亦有意見，但卻不得不支持在台灣的國府當局。而蔣也了解其中微妙關係，故極力要求美國不要在暗中支持第三勢力運動。所以「韓戰」停火後，兼以第三勢力自己不爭氣，美國對香港的第三勢力運動，確實不若以往那麼積極奧援。[8]

在失掉美國強有力支援後，香港第三勢力人士也體察到自己無力擔負反共復國重任；另闢蹊徑的做法是，寄望於台灣當局的民主化，且考量到與台灣方興未艾的籌組反對黨運動相呼應，因此，「民聯」採取較務實的政策，提出「政治反攻大陸，民主改造台灣」口號，擬發揮輿論監督力量，促使台灣能朝向民主化之路邁進，俾得匯集海內外一切反共力量及早反攻大陸。此即《聯評》創刊號一再強調「民主、民主、民主」為其創刊宗旨之由來。[9]

換言之，「民聯」的改變有二：一是放棄在台灣以外另尋反共途徑的想法，這與其過去獨樹一幟的作法大異其趣；二為務實的了解到，短時間軍事反攻的不易，只有先求台灣的民主化，但民主的基本前提是遵守憲法，所以「憲政與民主」即為《聯評》的兩大基

---

[7] 〈關於共匪及第三勢力在港活動與我方今後工作部署之建議〉，《總裁批簽》，台（48）（央秘室字第093號，1959年5月5日，黨史會藏）。

[8] 萬麗鵑，〈一九五○年代的中國第三勢力運動〉（台北：國立政治大學歷史研究所博士論文，民國90年7月），頁173－174。

[9] 〈發刊詞〉，《聯合評論》創刊號（民國47年8月15日）。

調。[10]苟能做到如此，方足以談到以民主反攻大陸的手段。左舜生於《聯評》〈發刊詞〉即提到：「台灣是今天中華民國所憑藉以反攻復國的惟一基地，環境安全，建設的基礎良好，擁有一千萬的人民，得著盟邦不斷的援助，這是中國歷史上任何一個力圖中興的時代所不能完全具有的。……我們以為國民黨有兩種為中共所絕對不能具有的特殊武器：其一為國民黨的原始精神，其一為一部中華民國憲法。……現行中華民國憲法……實無一字一句不表現民有民治民享的精神，……這是我五億人民的血淚所灌溉培育出來的花朵，只要我們真能本著崇法務實的態度予以尊重，本著擇善固執的精神付諸實行，中國共產黨還值得一打嗎？……本刊今後的言論宗旨，將不逾這部憲法的範圍，我們所追求的目標，第一是民主，第二是民主，第三還是民主！」[11]

所以綜觀《聯評》發行六年多的言論內容，為「民主而反共」與為「憲政而反蔣」，始終是該刊立論的兩大主要基調。舉例言之，當民國49年初，蔣欲違憲連任第三屆總統時，《聯評》即以蔣違憲，對其進行強烈批判，並發表〈我們對毀憲策動者的警告〉的聯合聲明，希望國民黨當權派和國大代表，不要做「毀憲禍國」的歷史罪人，不要做出「親痛仇快」之事。[12]同年9月，「雷案」爆發後，《聯評》也迅即出版「援雷專號」，連篇累牘地對台灣國府當局大加撻伐，指出台灣當局濫用「戒嚴法」，迫害人民言論、出版、結社等自由，要求應無條件立即釋放雷震。[13]其言論之犀利，砲火之猛烈，在當時海內外諸刊物中，可說是空前絕後，無任何刊物能及。[14]

---

[10] 同上註。

[11] 同上註。

[12] 〈我們對毀憲策動者的警告〉，《聯合評論》第78號（民國49年2月19日）。

[13] 〈援雷專號〉，《聯合評論》第108號（民國49年9月16日）。

[14] 陳正茂，〈堅持民主憲政──青年黨與雷震〉，見陳正茂，《中國青年黨研究論

　　總之，平實說來，五〇年代在香港的第三勢力運動，藉由刊物出版，進行文宣闡述理念，一直是他們表達訴求與推展運動的重要方式與管道。因此，無論是顛峰時期的《自由陣線》或走向調整時期的《聯評》，都反映了第三勢力運動，在不同時空環境下，倡導者的理念訴求。作為第三勢力運動殿軍的《聯評》，若從言論分析的內容來看，大體呈現三個面向：一是第三勢力相關理念之闡述；二為對國內、外局勢的評論；三係第三勢力路線之修正，要言之，即有關台灣民主化訴求諸議題。[15]基本上，前二項在《自由陣線》時期，已有相當完整的論述，筆者過去也有文章述及，故本文暫且不談。本文重點是放在《聯評》上，探討該刊對第三勢力重新定調之說法；及針對台灣「雷案」、「違憲連任」等重大議題之批判。

二、「第三勢力」一詞的重新定調：自由民主運動

　　基本上，在第二階段的第三勢力運動，《聯評》為避免之前「第三勢力」一詞，徒惹不少爭議。所以，在第二階段第三勢力運動時，刻意稱其政治訴求為「自由民主運動」。《聯評》言：「與台灣的民主憲政運動與大陸的反共運動相比，海外的自由民主運動有它特殊的便利與困難。就便利來講，它得免現有政權的迫害；就困難來講，它遠離自己的國土，不能直接在同胞之間發生影響。同時，他們寄居在異國統治之下，只有宣傳的自由，沒有行動的自由。而他們所辦的報刊，並不能像當初梁啟超亡命日本時所辦《新民叢報》那樣可以流進大陸發生普遍的影響，甚至連台灣也進不去，這是他們最大的苦悶。」

集》（台北：秀威版，2008年5月1版），頁418。
[15] 萬麗鵑，〈一九五〇年代的中國第三勢力運動〉同註8，頁170。

　　雖然如此，但《聯評》並不氣餒，認為在這種種艱阻之下，八年來第三勢力運動的發展，還是有許多成就。最顯著的是，他們的思想主張，對東南亞華僑社會產生了巨大的影響，阻遏了中共的滲透與擴張。其次由於他們的活動與努力，使得香港變成大陸、台灣以外的一個中國文化和政治重心，這種形勢對大陸和台灣，無疑是有重大的作用，對中國的民主運動也產生了不可缺少的貢獻。

　　《聯評》提到，最近一兩年來，一部分留居港九及少數遠在國外的自由人士，一方面既對共匪的所行所為深惡痛絕，一方面也深感對台灣的合作無從下手，於是乃有所謂「第三勢力」的提倡。所謂「第三勢力」的涵義，直截了當言之，即欲於大陸與台灣以外，別樹一幟。無論是台灣的民主憲政運動，大陸的反共抗暴運動以及海外的自由民主運動，它們的箭頭都是針對著自由民主的。這三個運動應及早連結起來，使中國民主運動匯成一股洪流，這個洪流將衝決大陸極權主義的堤防，將帶來中國歷史的黎明！[16]細究之，《聯評》之所以將「第三勢力」運動，定調為一股自由民主運動，主要是希望淡化反共、反蔣的政治色彩，而採取較柔性的思想意識形態訴求，以期爭取所有海內外中國人的認同。

　　但是《聯評》也承認，多年來海外的自由民主運動，其所以失敗之因，不外是由幾個因素造成的，首先是缺乏一個孚眾望的英明果斷領袖，其次為缺乏一個堅強有力的組織，最後則是缺乏一個正確有力的統一的理論體系。客觀環境的諸多困難；主觀努力不夠，而所謂過去主觀努力的不夠，不外大家意志不能集中，意見不能一致。之所以如此，應歸咎於負有時代使命的一些集團的負責人；及自由民主運動之一部分倡導者，他們各懷成見，褊狹自私，重於私

---

[16]　胡越指的三個運動是：台灣的民主憲政運動、大陸的反共運動及海外的民主自由運動。胡越，〈把三個運動連結起來〉，見《聯合評論》創刊號（民國47年8月15日）。

利，輕於公益，意見分歧，步調不一，以致拖延至今，貽誤了神聖的革命使命。另外，八年來自由民主運動之所以沒有成就，除上述三個基本因素外，還有一個主要因素，就是缺乏一個正確有力的號召，自由民主運動口號的提出，可說是極端正確的，但還不夠有力。要知一個革命運動，並不僅是一種文化運動，而應是一種思想和行動的結合體。[17]

總結過去第一階段第三勢力運動之失敗，《聯評》給予深入的探討。在領導人方面，該刊認為：任何一個革命，在初期如果沒有一個具有獨特風格的領導人物，其成功之可能性是非常少的。換言之，不管是張發奎，或是顧孟餘；甚至張君勱，其領導風格與能力，均不足以領導起整個第三勢力運動。[18]而在定義正名上，過去使用「第三勢力」一詞，爭議性大且收效有限，不如改弦易轍，重新定調為「自由民主運動」或許效果更佳。因為若從自由民主運動的質與量看，自由民主運動本來就是一種絕大多數人起來過問國家政治的運動。所以，人民群眾的本身，即每一個自我的起來是很重要的。否則，這便不成為質豐量多的自由民主運動，而只是一種少數先知先覺的民主政治啟蒙運動了。[19]

至於在組織上，《聯評》以為，自由民主運動是一種在主觀上期其有成就的運動，在國家的客觀狀況上，是急切需要推動，急切需要發展的一種運動。所以，如何形成一個力量來推動它，便是一椿至為緊要的事，而且也是一椿極為迫切的事。那末，究竟如何才能形成一種力量來推動它呢？顯然的，這就需要組織。民主反共是必須要組織的，不過這與極權反共的組織卻有不同。極權反共是用

---

[17] 應宜，〈談八年來海外的民主自由運動〉，《聯合評論》第7號（民國47年9月26日）。

[18] 應宜，〈談民主自由革命運動中領袖組織及理論體系的重要性〉，《聯合評論》第11號（民國47年10月24日）。

[19] 張舉，〈再論民主自由運動的幾個重要問題〉，《聯合評論》第12號（民國47年10月31日）。

極權性的組織，自由民主反共則是用自由民主性的組織來反共（以蔣介石反共失敗為例，證明極權式的反共是無濟於事的），所以用自由民主反共的方式才是最有力量的。[20]

但是說到組織，其方式是很重要的，組織重在健全，凡是一個有力量的組織，必求其自身的健全，因為有健全的組織，運用起來才能靈活，也只有靈活的運用，才可收到統一指揮與分工合作的功效，以之攻堅，何堅不破，像這樣一種得心應手的組織，才可以真正發揮他的妙用。而欲團結組織，先要有精神綱領，根據當前的需要，製訂一個配合國際局勢，並能適合我國需要的精神綱領。因為今天的爭取民主，爭取自由，乃是向一個有組織，有思想，有武力的團體手中奪取，若是我們自己沒有一個足以克服他們的東西，那又憑什麼可以去與頑敵周旋呢？所以無論對外的號召，或者對內精神上的指導，都必須要有一個適合環境需要的思想理論體系。能以此為根據，張本，其在爭取民主自由，反對封建獨裁的進行當中，才能夠發揮宏效。[21]

《聯評》刊布的這篇文章，後面這番話最重要，有鑒於第一階段「第三勢力」一詞的爭議，如何建立第三勢力的思想理論體系是很重要的，《聯評》以為，只有使用「自由民主運動」，才能收攬人心，發揮宏效。另外，當時在香港的青年黨領袖李璜也稱，「第三勢力」這一名稱，乃在抗戰末期，在重慶時代，政府中以及中共中的少數人，對於主張「軍隊國家化，政治民主化」的人們，給予他們這一稱呼。「第三勢力」四字不通，在今日用之，尤其不通，因第三之上，必須有第一第二；如果假定中共是第二，則三者之間已有是非善惡之分，何況反共與共，勢難兩立，如何能相提並論，

---

[20]　黃聖明，〈論民主自由運動〉，《聯合評論》第13號（民國47年11月7日）。

[21]　李翔，〈民主自由運動的當前幾個問題〉，《聯合評論》第19號（民國47年12月19日）。

故爾不通！所以李璜也認為，「第三勢力」一詞根本不通，民主勢
力才是第一勢力。[22]

此外，雷嘯岑在〈悲痛苦悶中的呼聲〉文中也提到：「最近一
兩年來，一部分留居港九及少數遠在國外的自由人士，一方面既對
共匪的所行所為深惡痛絕，一方面也深感對台灣的合作無從下手，
於是乃有所謂「第三勢力」的提倡。所謂「第三勢力」的涵義，直
截了當言之，即欲於大陸與台灣以外，別樹一幟。……中國的自由
民主運動，是與趨向自由的世界文化大流一致的；大陸淪陷十年，
經中共的殘暴統治，中國人民已澈底覺悟自由民主的價值，這一普
遍的意識覺醒，是今後中國自由民主運動不可阻擋的大動力。因此
我們堅信，目前中國自由民主運動，雖然一時難望有具體成就，但
只要我們能夠堅貞不二的貫徹下去，一俟機運成熟，它就會洶湧澎
湃，主宰中國歷史的方向。[23]

國民黨的黃宇人則認為，今日的自由民主運動，應該是一個
超黨派的運動，不但要把各黨各派中的民主自由之士團結起來，更
要把各黨各派以外──尤其是青年群中之民主自由分子一併聯合起
來，才能形成一個偉大的自由民主力量。我認為今日的自由民主運
動，已不可能以某一黨派或某些黨派為主力，也不應以推倒某一黨
派，而由某一黨派或某些黨派取而代之為目的。[24]

蕭輝楷則從文化的角度，論述第三勢力自由民主運動的樂觀前
景，他說：「今日海外的自由民主運動者，沒有軍隊，沒有財富，
沒有任何從事具體政治努力的具體憑藉，然而卻握有終將為舉世所
普遍接受關於社會文化的理想；今日自由民主運動者的努力，也正
是環繞這些理想而作的努力──自由民主運動者，自信業已抓住了

[22] 李璜，〈談第三勢力〉，《聯合評論》第49號（民國48年7月24日）。

[23] 雷嘯岑，〈悲痛苦悶中的呼聲〉，《聯合評論》第49號（民國48年7月24日）。

[24] 黃宇人，〈民主運動的我見〉，《聯合評論》第53號（民國48年8月21日）。

真正的政治運動的根本。今日唯一可能為中國社會所普遍接受的文化理想，是民主、是自由、是科學精神、是中國傳統文化中的優良質素——這正是今日海外自由民主運動者，所以要大聲疾呼地抨擊中共、批評政府所據的主要文化理念之所在。自由民主運動是今日歷史的必然方向，任何已成的政治力量與軍事力量，對這一方向都必然不能阻遏，因為它們不能把人心真正扭轉。自由民主運動者，具有足能旋乾轉坤的文化理想，憑此即足從事其旋乾轉坤的政治努力，而這些努力亦終必獲致燦爛的、震驚世人的成功。」[25]

　　蕭輝楷提到：「今日自由民主運動者的基本目標，在建立自由民主中國；為了建立自由民主中國，因此提倡自由民主，反對任何反民主的暴政，因此反對共產主義，因此反對現在中國的共產政權。……民主中國運動者的目標層次是異常明顯的，民主中國運動者和政府當然可以團結也應該團結，政府的根本是『中華民國憲法』，而這部憲法，至少這部憲法的主要精神，正是民主中國運動者的基本目標所在，因此朝野之間，一直便有其基本共通目標作為團結的基礎。政府如不違反民主憲政，朝野應該早已團結，政府如果一定要違反民主憲政如過去以至今日之所為，則民主中國運動者與政府之間便根本無從談到任何『團結』——自由民主中國運動者之反『朱毛匪幫』，是手段而非目的，最多僅能算是最低層次的目的，要叫自由民主中國運動者為反『朱毛匪幫』，而放棄其對於民主憲政的主張，甚至附和政府破壞民主憲政的作為，這是本末倒置，歸順投靠，無任何『團結』可說。」[26]

　　蕭輝楷的文章，具體展現《聯評》的基本立場，反共固然是第三勢力運動的核心目標，但堅持民主憲政也是第三勢力另一核心價

[25] 蕭輝楷，〈民主中國運動是無敵的——文化理想與民主中國運動〉，《聯合評論》第55號（民國48年9月4日）。
[26] 蕭輝楷，〈論「團結」〉，《聯合評論》第69號（民國48年12月11日）。

值，此二者是並行不悖的，決不能因反共而犧牲民主憲政，這是不對；也是不可能的。換句話說，雖然第三勢力運動的聲勢已較前為弱，但秉持第三勢力的立場仍是屹立不搖的，即反對共產黨在中國的專制暴政；但也反對國府不遵守中華民國憲法，在台灣實施威權統治。

所以，作為第三勢力的自由民主運動，《聯評》語重心長的指出：「今天我們反抗的對象，是一個新興的，有龐大的嚴密組織，有精巧統治技術的中共……以及不但不擴大民主基礎，並且遺棄憲政原則，模仿共黨作風，急起直追要徹行一黨專政，因而造成反共陣容的內紛，而成為民主運動的一個障礙的國民黨。因此今天海外的自由民主運動，不僅被中共閉鎖於大陸之外，同時亦被國民黨排拒於台灣之外。」在這兩大阻壓之下，自由民主運動乃掉轉浪頭，一部分力量被壓縮變為自由亞洲的文化反共運動，流進南洋華僑社會，與中共滲透工作相對抗；一部分力量則在以香港為中心堅持苦鬥，遲緩的艱辛的向大陸、台灣及國際空間擴張。[27]而這也就是，為何第三勢力運動需要改名「自由民主運動」的一大主因，因為在國、共兩黨夾殺下，第三勢力生存不易，為號召更多的人響應第三勢力運動，也許「自由民主運動」的訴求，較能吸引海內外廣大中國人的認同及支持吧！

三、《聯合評論》論述之內容

1.中國何以沒有民主？

既然自由民主運動，成為五〇年代末期《聯評》第三勢力的主要政治訴求，那麼深刻探討中國何以缺乏民主；或何以中國沒有

---

[27] 胡越，〈海外民主運動的曙光〉，《聯合評論》第74號（民國49年1月15日）。

民主之傳統，就成為當時《聯評》論述之重點。在諸多討論的文章中，以外交家張忠紱的〈中國為什麼沒有民主？〉一文頗具代表性，張文提到：「我認為在中國古代書籍中，至多只能找到一點「民有」與「民享」的語調，卻絕對找不到「民治」的思想和痕跡。且民有與民享皆必須寄託於民治之上而始得有保障；若以君治或德治為前提，則未必真能辦到民有與民享。在中國古代書籍，古代思想中，我們縱然儘力去發掘，充其量，也只能找著一點民有與民享的思想，絕對找不著絲毫民治的思想與痕跡。」

　　「何以中國迄無民治的思想與理論？假使我們認定民主政治的組織成份為民有，民享，與民治，則我們不能不承認，民有與民享都必須寄託於民治之上。儒家的哲學，自孟子以後，雖有民有與民享的思想，但以君治與德治達到這種理想，卻不是長期可以辦到的事。」[28]張忠紱的文章，著重於從中國傳統的文化立論，認為中國過去的文化傳統中，就缺乏民主的要素，所以影響了今日的政治，而使民主運動不能順利發展。

　　謝扶雅的文章〈中國如何才能走向民主？〉則強調：「民主思想是立基於個人自由之上的，個人本其自由意志而運用在管理大家的公事上，即成民主政體。我國傳統文化雖素承認『人之價值』，卻缺乏個人獨立自主的思想。儒家的倫理學說以父子君臣夫婦兄弟朋友五倫為骨幹；而這種倫常道德的根基則為對待主義的人生觀，與西方傳統的個人本位的人生觀大異其趣。」「至於中國另一主流的道家思想，雖確據個人自由氣味，然其內涵觀念，卻與西方哲學上的自由意志及法理上的人權自由，不但不同，而且恰好相反。」換言之，「自由意志」與「守法精神」是民主的基本核心價值，很

遺憾的是，在中國文化中，正恰恰缺少這兩種核心價值。[29]

另外，民社黨的孫寶剛認為，「民主政治是不需要訓練和預備，而是在實踐中用自我教育的方法來完成的。中國能否走上民主，全看幹政治運動的這一群人，能否身體力行，至少有水準以上的品格，對於政治是有認識，把民主政治的理論，以及由理論而研究到政策，再由政策而組織起政黨，以促進這些政策，真正堅苦地去奮鬥，民主政治便不難上軌道。我希望今天在幹政治的人們，尤其是幹民主運動的人們，首先要有這個覺悟」[30]。

至於國民黨的「大砲」黃宇人，則從另一角度看問題，黃依舊強調台灣對民主改革的重要性，黃說：「在現局之下，唯有先促成台灣的民主改革，然後以此為基地，匯集海內外一切反共力量，發動反攻大陸，才是切實可行之道。關於民主改革台灣問題，民主改革，並不一定需要經過一度變亂。相反的，我們就是為了要防止變亂，才主張民主改革。民主改革，也不是一定要某一個黨下台而由某一個或某幾個黨上台。我認為最基本的要求，是取銷一人一姓的獨裁和特務統治，而代以民主與法治。」[31]黃宇人文章的意思很清楚，台灣要落實民主改革並不難，但先決條件是蔣氏父子，蔣介石要遵守憲法，推動民主改革；不可委由兒子蔣經國搞特務政治，實施威權統治。問題是，已丟掉大陸的蔣介石，只剩下台灣這個「小朝廷」，希其交出權力，無異是緣木求魚。

2.「反對黨」問題之探討

五〇年代末期，台灣島內以雷震《自由中國》半月刊為中心，

---

[29] 謝扶雅，〈中國如何才能走向民主？〉，《聯合評論》第168號（民國50年11月17日）。

[30] 孫寶剛，〈中國如何才能民主？〉，《聯合評論》第169號（民國50年11月24日）。

[31] 黃宇人，〈從「花果飄零」說到民主改革台灣〉，《聯合評論》第171號（民國50年12月8日）。

在島內掀起一股籌組反對黨的輿論及風潮。[32]為因應此一風潮，在港的《聯評》亦發表多篇文章為之呼應。其中，最具一針見血批判的文章，當屬左舜生的〈中國何以不曾有像樣的反對黨出現？〉，左直言係因執政當局都有所謂的「黨軍」，更澈底一點說「黨軍」與民主制度是無可並的。只要一個國家以內有了所謂「黨軍」存在，政權便只能隨武力為轉移；如果有兩個以上的黨一樣都擁有武力，其勢不造成相互或循環的所謂革命，便惟有招致國家的分裂。所以左對台灣熱心建黨的朋友，不無挖苦執政當局言：「假定你們不能促成『黨軍』制的廢止，即令你們建黨有成，其結果依然要歸於失敗；整個民主制度既決不會在中國實現，而一個有力的反共政治號召，也終於無法形成。」[33]

李金曄的〈反對黨與民主中國運動〉一文則頗具代表性，李言：「現在，反對黨的出現，首先應該促成海內外在野黨派與民主人士的真誠團結，建立了這個廣大的呼應基礎，才能群策群力在台灣發揮監督實際政治的效能，並有效地推行地方自治。因此，反對黨雖因不滿國民黨當權派操縱台灣地方選舉，由檢討地方選舉進而產生，但其最後的目的，自絕不在於滿足於台灣省地方自治之民主化，而是在求中國政治之澈底實現民主。」

李金曄強調：「我們應該了解，該黨（中國民主黨）今天是在台灣與國民黨當權派作正義的鬥爭，其成敗，不僅是一黨的成敗，也關係中國民主政治的能否實現。在海外從事民主運動的人士，即使暫時或長期無法參與該黨的實際工作，也應該從各個不同的方向，予以盡善的支持；正因為該黨所要求的是完完整整地實現

---

[32] 薛化元，《「自由中國」與民主憲政──1950年代台灣思想史的一個考察》（台北：稻鄉版，民國85年7月初版），頁345。

[33] 左舜生，〈中國何以不曾有像樣的反對黨出現？〉，《聯合評論》第8號（民國47年10月3日）。

一個民主中國,因此;大家必須抱定我雖非該黨的成員之一,但祇要該黨的目標、行動一日不變,必須為共同的理想──民主中國作共同的努力。」最後,李金曄對雷震的「中國民主黨」更抱以無窮希望,認為這個新興的反對黨即將成立了,它的出現是依據中國憲政運動的發展歷史而誕生的,數十年來,中國人民一直在一黨專政的淫威下生存,雖然反對黨在現階段絕不能立時結束中國一黨專政的殘局,但至少是表徵中國有希望逐步地走向真正民主政治底坦途。[34]

對於台灣有可能成立真正反對黨的期盼,同為第三勢力運動主將的胡越,則沒有如此樂觀,胡越分析「五十年來,民主政治在中國失敗的癥結,在於中國人民沒有民主政治下,人民所應具備的觀念與習慣,而中國許多舊社會制度和觀念,又不盡適合於民主政治與民主生活方式。民主政治的重心既為「民治」觀念與組織,而中國傳統思想與習慣中,所最缺乏的又是「民治」觀念與組織。」[35]換言之,在中國人還沒有培養起「民治」的概念前,在台灣要成立合法反對黨,實行民主政治,無異是種奢求。

胡越的憂心果然成真,國民黨怎麼可能同意雷震在台灣成立反對黨,最後以「知匪不報」羅織雷震下獄,關閉「自由中國」雜誌社,海內外引頸期盼的「中國民主黨」也胎死腹中,台灣依舊仍籠罩在國府的威權統治之下。[36]「雷案」爆發後,國府蠻幹之做法,讓第三勢力運動人士大失所望,所謂「哀莫大於心死」,是以在「雷案」事件後,《聯評》發表有關民主運動的文章,已明顯減少許多。揆其原因,約有三點:1.對台灣當局深感失望,希望散佈在美國、歐洲、日本、香港的各階層的志士們,能夠迅速採取聯繫,

---

[34] 李金曄:〈反對黨與民主中國運動〉,《聯合評論》第98號(民國49年7月8日)。

[35] 胡越,〈中國民主運動的坎坷〉,《聯合評論》第137號(民國50年4月14日)。

[36] 馬之驌,《雷震與蔣介石》(台北:自立版,1993年11月1版),頁64。

交流經驗，從互相合作與砥礪中，結成一條陣線。2.在各自的崗位上，對反共工作多加努力，我們要以事實證明，在反共復國工作上，比國民黨當權派更堅決，更有效果。3.與台灣的民主憲政的思潮保持呼應；在雷震等沒有恢復自由，國民黨當權派沒有拿事實證明轉向民主憲政之前，我們對台北絕不能再存任何幻想。[37]

針對香港第三勢力對台灣反對黨事件的愛莫能助，胡越深刻反省的說到：「海外的自由民主運動，在基本性格上，接近康梁的維新運動。他們的主張可以簡括為下列：1.堅決反共；2.忠愛中華民國；3.廢棄一黨專政一人獨裁，建立民主政治；4.在民主的基礎上，實現海內外反共力量大團結，決行反攻大陸，推翻中共政權。」但近十一年來，改革運動的被壓制，是不是會激成「台灣獨立運動」，是每個真正的中國人所痛恨的，這是不須說的，它並無客觀的必要性也是不待多說的，而且到目前為止，我還看不出它有任何成功的可能。但是如果任由國民黨當權派繼續胡作非為，恣睢專橫下去，會不會官逼民反，迫上梁山呢？那就很難說了。[38]胡越的遠見，事後證明確實如此，從「228」事件後，以廖文毅為首的島內外台獨運動，很大一部分，不就是蔣及國民黨的專制獨裁，不民主、反民主，「官逼民反」所逼出來的嗎？[39]

雖說如此，但《聯評》在紀念發行三週年之際，還是苦口婆心寄望於台灣國民黨當局，希望其能恢復早年發動革命時期的原始精神；以有效的步驟，來逐漸推行這部民主憲法，發揚民主，維護憲法。[40]然言者諄諄，聽者藐藐，開啟台灣民主政治的曙光，還

[37] 胡越，〈中國民主運動的坎坷〉，同註35。
[38] 胡越，〈從晚清變局看今日國勢〉，《聯合評論》第154號（民國50年8月11日）。
[39] 陳正茂，〈廖文毅與「台灣再解放同盟」（上）〉，《傳記文學》第94卷第1期（民國98年1月），頁4－6。
[40] 本報同人，〈紀念本刊的第三週年〉，《聯合評論》第155號（民國50年8月18日）。

要推遲到民國75年9月，「民主進步黨」成立後，「大江東流擋不
住」，民主之根才在台灣開始茁壯成長。

3.關於蔣連任問題

　　民國48年下半年，圍繞於蔣連任第三屆總統是否違憲問題，在
島內及海外，掀起一股「護憲和修憲」的大辯論。在這場論戰中，
以左舜生、李璜等為首的《聯評》集團，頻頻在海外砲轟國民黨與
蔣，言論之犀利，令國民黨十分頭痛與難堪。[41]早在離第三屆總統
選舉還一年多以前，48年1月30日，《聯評》即發表〈國家的命運
不可依靠一個人〉一文，強調「凡人皆有死，蔣先生又何能例外？
如果把國家的命運寄託在蔣先生一個人身上，蔣先生一死，國家豈
不也完了。然而我們曉得：任何人都可以死，國家卻是不能死的。
人亡政息是封建社會的人治悲劇，我們現在則必須從建立現代民主
政治制度來拯治這一切毛病。我們必須把國家的命運寄託在政治制
度上，而不是寄託在任何個人身上。然後國家的命運才不會因任何
個人的死亡而死亡。這樣來為國家打算，才是真正愛國。」該文更
嚴厲批判，那些謀使現任總統連任的人，並不是為了國家，也不是
為了總統本人，其目的只是圖自身的既得利益而已，暗諷拱蔣違憲
連任的某些國大代表，根本就是自肥自己。[42]

　　不久，胡越更激烈的批評蔣氏，說到；「我們絕不相信今天
中國非有某人便不可救，如果這個人一旦與世長辭，我們豈不只好
坐待滅亡？我們絕不相信今天大陸以外大多數中國人會主張蔣氏連
任總統。如果說這是民意，那就是侮辱民意，假造民意。蔣氏一生
不應被任何人替代，大眾對蔣氏均具有一種神祕的不可思議的信仰

[41] 黃嘉樹，《國民黨在台灣》（台北：大秦出版社，民國85年6月再版），頁382。
[42] 唐人，〈國家的命運不可依靠一個人〉，《聯合評論》第25號（民國48年1月30日）。

心，這是臭不可聞的個人崇拜思想。」[43]

其後，《聯評》更以社論方式表明，「反對以一部分不足半數的國大代表，不合法，不量力，來摧毀這部由三千名以上代表所一致通過的這部法典，而為中華民國創下這樣一個將來無法補救的惡例。」「中國能否反攻復國，決於世界是否能有更大的變化，但世界的變與不變，卻與蔣是否續任總統無關。」[44]所以最後《聯評》更直截了當的表態，該刊的立場就是反對修憲，不贊成蔣連任第三任總統。針對台灣不斷有國大勸蔣連任之舉，李璜以嘲諷口吻寫下一篇〈「勸進」的歷史還要重演嗎？〉，舉例民初楊度勸袁稱帝之老把戲，其實不單只是楊度想求宦途，根本原因是袁本有此意，楊僅為配合演出罷了。所以李說到重點，毀法與否，乃亦在蔣先生一轉念之間而已。[45]

李文之後，左舜生跟著上場，左直接說明，其何以不贊成蔣連任第三屆總統的原因，「我承認反攻復國依然少不了蔣先生的領導，可是蔣先生站在總統的地位來領導，所領導者只是一小部分顧及既得權位的人；離開總統的地位來領導，則所領導者為一切反共者的全體……這關係蔣先生個人的成敗還小，關係國家的命運者則甚大，故期待蔣先生毅然作下最後的決定」。[46]而對當時台灣島內甚囂塵上的擁蔣連任第三屆總統，左再度撰文指出：「中國的總統，依據現行憲法是六年一任，而且硬性規定，任何人擔任總統，最多只以兩任為限，換言之，即無論如何不能超過一十二年。過了十二年還要做下去，聽憑你變出何等花樣，不是毀法，便是違

[43] 胡越，〈蔣真要連任第三屆總統嗎？——從美聯社一段電訊說起〉，《聯合評論》第38號（民國48年5月8日）。
[44] 本社同人，〈反對修憲——不贊成蔣連任第三任總統〉，《聯合評論》第39號（民國48年5月15日）。
[45] 李璜，〈「勸進」的歷史還要重演嗎？〉，《聯合評論》第40號（民國48年5月22日）。
[46] 左舜生，〈蔣總統連任問題〉，《自由人半週刊》第856期（民國48年5月20日）。

法」。[47]

6月3日，民社黨黨魁張君勱也從美國舊金山，公開致函蔣，呼籲蔣不必連任，將國家重擔交給新人。[48]而李達生的文章更加辛辣，他認為蔣氏已經是個理性幾乎完全被封閉的人，已根本失掉正確辨別是非善惡的能力，如此之人，而又如何會不聽一群從龍之宵小之擺佈呢？所以他為蔣氏惜，他曾是民族英雄，如今竟陷溺如此境地，寧不令人萬分地感慨。[49]為了維護憲法的尊嚴，更有讀者投書刊登在《聯評》，提到「顧憲法之為物，若尊之、崇之，更從而信守之；則誠屬神聖不可侵犯，而具有無上之威權；若背之、棄之，更從而玩弄之；則其價值，曾不若一張廢紙。憲法四十七條，明白規定；總統副總統僅得連任一次，今乃必欲毀之棄之，悍然作三次連任之企圖，寧非自毀法統，自棄立場。蔣總統縱不自惜，奈何竟不為國家命脉稍留一線生機耶！」[50]另外，讀者馬新谷也投書為蔣歷史地位可惜，「我為珍重蔣總統個人的歷史計，願他立即痛下決心，當機立斷，順從各方面輿論讜言，鄭重宣示，不再連任，以在野之身，促進政府進入民主自由的途徑。最後我再進一言，權力是暫時的，令德是永久的，這兩句話，願蔣總統三思之！」[51]

對蔣執意三連任總統，破壞憲政體制，左在是年10月23日，再以〈對蔣總統連任問題一個最後的陳述〉言及：「我之所以不贊成蔣總統連任，決不是我否定蔣總統個人的威望確實高出今天台灣的任何個人之上，乃是希望蔣總統退居國民黨總裁的地位，趕快找

---

[47] 左舜生，〈再談蔣連任問題〉，《聯合評論》第41號（民國48年5月29日）。

[48] 張君勱，〈張君勱勸蔣總統不必連任〉，《聯合評論》第47號（民國48年7月10日）。

[49] 李達生，〈借箸為蔣總統一籌（一）──兼論國人所以阻他再度連任的主要原因〉，《聯合評論》第50號（民國48年7月31日）。

[50] 康越，〈勸退書〉，《聯合評論》第53號（民國48年8月21日）。

[51] 馬新谷，〈為蔣總統著想〉，《聯合評論》第61號（民國48年10月16日）。

出一個替人，加以提挈與扶持，使其人的威望也逐漸可以養成，凡此都是為了如何拖的一種打算。如果對內靠蔣總統一人的威望以資鎮撫，對外也靠蔣總統一人的威望以資維繫，一旦到了蔣總統終於不能不倦勤的一天，那個時候急切求一替人而不可得，台灣在內外形勢交逼之下，便難免不發生空前的危險，乃至無法可以渡過這一難關，這是我個人四五年來所抱的一種隱憂，到了今天，我不能不坦率的說出。……如蔣總統終於非再度連任不可，則無論用任何方法，都是對憲政的一莫大打擊。」。[52]

　　12月中，國民黨派胡健中至港，主要任務在勸此間國大代表能返台投票，為蔣連任勸說，左不為所動，並私下對胡健中表示：「如蔣先生完全不顧一切，後果實極嚴重，中華民國傾覆，大家同歸於盡」。[53]49年2月19日，《聯評》上刊載，由左舜生、李璜、張君勱、張發奎、黃宇人、勞思光、伍藻池、謝扶雅、許冠三、李金曄、王厚生、趙聰等數十人連署的〈我們對毀憲策動者的警告〉一文，堅決反對蔣毀憲競選第三屆總統。文中提到：「我們在這裡警告國民黨當權派，及在台灣的國大代表：我們要認清，這一毀憲連任的事件，在歷史上將成為分別邪正和決定成敗的大關鍵；它考驗中國人的智慧，也考驗中國人的良心。我們切盼國民黨當權派能夠懸崖勒馬，也深望各位國大代表能夠自愛自重，不要做毀憲禍國的歷史罪人，不要讓敵人稱心快意而坐收其利」。[54]其後，《聯評》對蔣違憲連任第三屆總統，乾脆以「非法總統」或「偽總統」字眼出現於報端。[55]

---

[52] 左舜生，〈時局諍言──對蔣總統連任問題一個最後的陳述〉《聯合評論》第62號（民國48年10月23日）。
[53] 〈王厚生致雷震──胡健中到港為蔣中正三任遊說國大代表赴臺〉，傅正主編，《雷震秘藏書信選》（台北：桂冠版，1990年9月初版），頁419-420。
[54] 〈我們對毀憲策動者的警告〉，《聯合評論》第78號（民國49年2月19日）。
[55] 如：直夫，〈非法總統即將產生〉，《聯合評論》第83號（民國49年3月25日）。本社同人，〈我們決不承認非法總統〉，《聯合評論》第90號（民國49年5月13日）。

　　總之，對蔣的第三任總統，《聯評》始終認為，其屬非法的道理很簡單，即「中華民國的總統，必須依據憲法始能產生，憲法既不修改，即不能有任何人於其做過兩任以後，再做第三任，做第三任即完全於法無據。」[56]話雖如此，但在蔣蠻幹已就任第三屆總統後，一切已成定局，曾經窮追猛打的批蔣文章，也就慢慢的淡化了。

4.「自由中國事件」的聲援和批判

　　有關《自由中國》半月刊之創刊，原本是在大陸淪陷前夕，一群渴望民主自由的知識份子，在雷震主導下，推胡適為精神領袖，以實行民主政治，支持蔣介石反共國策為前提，於民國38年11月20日發行問世的。該刊創辦之始，曾獲蔣之首肯，甚至還得到教育部等官方機構的贊助。[57]而晚期的《自由中國》卻不但頻受圍剿，甚至隱隱成為台灣民間對抗國民黨政府的精神象徵，其起伏跌宕，可說見證了五○年代，台灣人渴望民主自由的一部辛酸史。

　　民國45年11、12月間，大抵是官方圍剿《自由中國》的第一次，由於《自由中國》在第4卷第11期刊登〈政府不可誘民入罪〉社論，引起時為台灣省保安司令部副司令彭孟緝的不滿，釀成風波，國民黨要求《自由中國》於次期另發社論修改登出，引起在美胡適的憤怒。胡適為此寫信給雷震，要求辭去發行人一職，以表達對軍事機關干涉言論自由的抗議。胡適信披露於《自由中國》第5卷第5期，此舉更令國民黨高層震怒，學者薛化元即認為這是《自

達時，〈蔣「總統」談光復大陸〉，《聯合評論》第100號（民國49年7月22日）。
56　本社同人，〈我們決不承認非法總統〉，《聯合評論》第90號（民國49年5月13日）。
57　〈雷震日記——第一個十年（一）〉（1949年10月26日）。傅正主編，《雷震全集》（31）（台北：桂冠版，1989年3月初版），頁349。

由中國》與國民黨正式爆發衝突之始。[58]而當年亦為《自由中國》
雜誌撰稿人的夏道平也說：當年的「自由中國社，保護傘是聲望高
的名義發行人胡適，火車頭是衝勁大的實際主持人雷震，假如沒有
他們兩位，這個刊物很可能在不滿兩歲的時候，就因〈政府不可誘
民入罪〉那篇社論而被捉人停刊。[59]

　　假如說，國民黨因〈政府不可誘民入罪〉一文而開始攻擊《自
由中國》算是和風細雨，那麼民國45年10月31日，《自由中國》第
15卷第9期推出的「祝壽專號」，收胡適等十五位知名言論、政治
領袖的建言，結果惹怒國民黨高層引來的撻伐，那就是狂風暴雨
了。就在「祝壽專號」刊出的隔月12月，由蔣經國控制的國防部總
政治作戰部，即以「周國光」名義，發出極機密之特種指示，展開
名為「向毒素思想總攻擊！」的輿論圍剿行動，而此毒素思想指的
就是刊登在《自由中國》上面的文字；甚至還涉及到胡適所主張的
自由主義思潮。[60]

　　「祝壽專號」雖引起國民黨高層的不悅，但因《自由中國》尚
可為台灣國府對外宣傳、妝點些許民主自由之門面；且發刊已久，
在海內外擁有廣大的閱讀群，有其輿論的重大影響力。所以，國民
黨雖曾發動清剿，但還是因為投鼠忌器，最後暫且隱忍下來了。豈
料，民國46年8月1日，《自由中國》第17卷第3期社論，在檢討國
民黨的反攻大陸政策時，提出中肯的〈今日的問題之（二）：反攻
大陸〉，卻觸動了國民黨的最敏感神經，國民黨認為該刊是在鼓吹
悲觀的「反攻無望論」，所以，《自由中國》與國民黨的緊張關

[58]　薛化元，《「自由中國」與民主憲政──1950年代台灣思想史的一個考察》，同註
　　32，頁93。
[59]　馬之驌，《雷震與蔣介石》，同註36，頁132－133。
[60]　雷震著、林淇瀁校註，《新黨運動黑皮書》（台北：遠流版，2003年9月初版），頁
　　25。

係，已到了無可挽回的地步。[61]其後，因該刊批判國民黨的力道越來越強，所提訴求愈來愈高，如攻擊國民黨的「一黨專政」、要求成立反對黨等等，令國民黨再也無法隱忍。於是，一場由陳懷琪署名投書的所謂「陳懷琪事件」，拉開了圍剿《自由中國》的大幕。[62]

就在台灣島內國民黨的御用媒體，連篇累牘的批判《自由中國》之際，冷眼觀察的《聯評》在香港發文跨海聲援了。胡越在〈為「自由中國」說幾句話〉文中，將《自由中國》在言論上之影響力，拉高到與《新民叢報》、《新青年》、《大公報》並駕齊驅，並認為因該刊長期鼓吹民主憲政，當然引起國府之嫉視。胡越更直接指出，《自由中國》之所以遭國民黨仇視，在於雙方彼此的理念南轅北轍有關。例如：「《自由中國》主張民主政治，而他們則妄想保持家天下的獨裁權力與一黨專政的體制；《自由中國》主張軍隊國家化，而他們則固執黨軍制度；《自由中國》主張自由教育，而他們則厲行黨化教育；《自由中國》主張言論自由，而他們則想統制言論；《自由中國》要求司法獨立保障人權，而他們則破壞司法縱容特務濫行捕人押人；《自由中國》主張以自由民主的方式反共，而他們則妄行以共黨方法反共。由於這些根本衝突，以致《自由中國》的每一言一字都使國民黨當權派感到針心刺目，因而誤會主辦《自由中國》的一群人有意與他們處處為難，存心仇對。因此他們之渴欲消滅《自由中國》由來已久了。」

胡越在文章的結尾，更感慨係之的說到：「我常想，這十年來如果沒有《自由中國》雜誌，該多麼黑暗與寂寞！《自由中國》是

---

[61] 〈今日的問題之（二）：反攻大陸〉，《自由中國》第17卷第3期（社論）（民國46年8月1日）。

[62] 范泓，《民主的銅像——雷震先生傳》（台北：秀威版，2008年4月1版），頁203－208。

反共中國的一盞燈，並且應是不熄的長明燈！有了這份能批評敢批
評政府的雜誌，所稱自由中國才有自由的味道，在國際友人及海外
僑胞的心目中，台灣較大陸才的確有不同！」[63]

而左舜生在評論「陳懷琪事件」時，更直言此事件，根本就
是國民黨對《自由中國》的第二次圍剿。[64]香港《祖國周刊》則
認為，陳懷琪控告《自由中國》一事，「顯然不是單純的司法案
件」，而是國民黨有意藉此封閉《自由中國》，並使雷震入獄，若
果真如此發展，無異宣告言論自由死亡、希望幻滅，必將引致反
共陣容澈底決裂。[65]另外，萍士在〈由雷震想到洪亮吉的故事〉文
中，也聲援雷震，提到雷震如同清朝的洪亮吉，因上書批評朝廷剿
匪苗亂之失，激烈敢言，獲罪於嘉慶皇帝。初時雖被貶戍伊犁，但
以其見義勇為，言人所不敢言，精誠所至，最後嘉慶皇帝不僅赦免
他，且將其建言列為座右銘。古代專制皇帝尚有此胸襟雅量，反觀
國民黨，其排除異己，羅織罪名欲加害雷震及關閉《自由中國》雜
誌，兩相比較，實今不如古矣！[66]

國民黨不僅對《自由中國》發動圍剿，連原本較傾向國府的
香港《自由人》三日刊，也因時有刊載若干批評國府之論的文章，
遭國府禁止進入台灣，導致經費困難而停刊。[67]所以當胡適在《自
由中國》創刊十周年紀念會上，發表「容忍與自由」演講後，《聯
評》意有所指的又刊載胡越的另一篇聲援文章〈胡適之的苦心孤

---

[63] 胡越，〈為「自由中國」說幾句話〉，《聯合評論》第30號（民國48年3月13日）。

[64] 左舜生，〈略論最近台北爆發的陳懷琪事件〉，《聯合評論》第29號（民國48年3月6日）。

[65] 社論，〈論陳懷琪投書事件〉，《祖國周刊》第25卷第11期（1959年3月16日），頁4－5。

[66] 萍士，〈東溪雜談──由雷震想到洪亮吉的故事〉，《聯合評論》第46號（民國48年7月3日）。

[67] 有關《自由人》三日刊始末，可參考陳正茂，〈動盪時代的印記──「自由人」三日刊始末〉，《傳記文學》第87卷第4期（民國94年10月），頁18－35。

詣〉，文中提到：「今天自由中國還有一點自由的光亮，一點復興的生機，多少就靠著還有『自由中國』這類表達自由意見的刊物。假使這類刊物也一律不許存在，那真是不堪設想！」[68]問題是，在國民黨威權統治鞏固後，最後一點的遮羞布也視為不必要了，繼《自由人》停刊，《祖國周刊》遭打壓，《自由中國》的最終下場，也就可想而知了。

5.「雷案」後的嚴辭批蔣

　　民國49年9月9日，就在蔣違憲當選第三任總統後不久，台灣島內又爆發了震驚中外的《自由中國》半月刊發行人雷震被拘捕事件，史稱「雷震案」或「雷案」。在「雷案」發生不到一週內，《聯評》旋即發表總編輯左舜生的文章，認為「雷案」根本就是國民黨當局一個預定的陰謀，其目的不僅在使《自由中國》不能繼續出版，同時也在使籌組中的「中國民主黨」無法成立。[69]左言：「這不一定是雷震等個人的不幸，實在是中華民國民主憲政前途，以及人民一切基本自由與人權保障一種空前的威脅！……這一民國政治史上空前的重大事件，將繼續發展，其給予海內外一般人心刺激的深刻，以及可能發生的惡果，目前尚難預測。」[70]因此，左代表《聯合評論》立場，希望政府立即釋放雷震。

　　9月16日，《聯評》特別以「援雷專號」表達〈我們對雷案的認識和主張〉的立場，強調1.先捕人後派罪名，是蹂躪人權的暴行。2.以「戒嚴法」為壓制人民的工具。3.我們對雷案的主張，我們並非對於《自由中國》的言論全不同意，而乃認為當權者如此不問有無犯罪事實，也不依循法定程序，而任意捕人，然後再派罪

[68] 胡越，〈胡適之的苦心孤詣〉，《聯合評論》第68號（民國48年12月4日）。
[69] 陳正茂編著，《左舜生年譜》（台北：國史館印行，民國87年12月初版），頁253。
[70] 左舜生，〈主張立即釋放雷震〉，《聯合評論》第107號（民國49年9月9日）。

名，甚至以「戒嚴法」為壓制人民的工具，是一種不可容忍的暴政。……因此《聯評》嚴正提出三點要求，即：1.立即釋放雷震；2.懲辦此次先捕人後派罪名的負責人員；3.向全國人民保證此後不再有同樣事件發生。[71]同期，該刊復以「雷震被捕香港民間輿論特輯」發表一系列香港民間自發性的援雷文章。另外，也刊佈李璜、左舜生、孫寶剛、李金曄、孟戈、徐亮之、胡越等人的聲援雷震及批判國府的評論。[72]

旅美知名人士謝扶雅的投書更為激烈，謝不僅呼籲釋放雷震，更提出立即黜逐蔣經國出台灣（實在應當把他處死，以平海內外人士之公憤）、鼓勵今正組織中的反對黨使早日成立、召集海內外自由中國人民所選出之代表至台開國民會議，訂定反共復國綱領，及革新現政府計劃等三點訴求。謝說，倘不照如此做，則自由中國必將與大陸同其劫運，而翻身之日更渺茫了。[73]為積極聲援雷震，左舜生和李璜更與香港民主人士，在香港格蘭酒店召開記者會，參加者有新亞書院教授及新聞文化界人士。左等認為雷震是愛國的、反共的，也是為民主政治運動的奮鬥者。台灣當局此舉，香港方面的民主人士，將依據聯合國「人權宣言」，向聯合國控訴，請求人權保障。[74]

10月5日，見國民黨當局毫無釋放雷的跡象，左與李璜、李達生、岑盛軒、梁友衡、徐亮之、許子由、許冠三、黃宇人、陳芝楚、孫寶剛、勞思光、劉子鵬、劉裕略、羅鴻等多人，聯名致函聯合國人權委員會，呼籲聯合國有關組織及時聲援雷震。電文中言：

---

[71] 本社同人，〈我們對雷案的認識和主張〉，《聯合評論》第108號（民國49年9月16日）。

[72] 同上註。

[73] 謝扶雅，〈「自由中國」終於被扼殺了！〉，《聯合評論》第110號（民國49年9月30日）。

[74] 傅正主編，《雷案震驚海內外》（台北：桂冠版，1990年9月初版），頁112。

「國民黨當局以《自由中國》半月刊的言論『構成叛亂的罪證,其為斷章取義,故入人罪,已昭然若揭。中華民國政府當局此等迫害言論出版自由及蹂躪人權的不法行為,實為對聯合國人權宣言第三、第九、第十一及第十九條款的公然蔑視。倘不及時予以制止,則人權宣言必將失去其存在的意義』」。[75]

10月14日,「雷案」判決後,左更沈痛指出:「總而言之,統而言之,台北當局要消滅《自由中國》這本雜誌,要消滅雷震這個人,要消滅一個將要出現的新黨,這是他們早已確定的決心,無論上訴也罷,不上訴也罷,他們一定要蠻幹到底,其他一切的『手式』,一切的『表情』,一切的『穿插』,不過只是加重這一事件戲劇化的氣氛,大抵無關宏旨。所可惜的,他們編戲的技術過於拙劣,因之漏洞百出,讀者如果真要了解台灣這十年究竟是什麼人在幕後胡鬧,我便奉勸先看看我那篇〈由『吳案』『孫案』到『雷案』〉的長文,才比較的能得要領。我們繼此要說的話還很多,這件事決不會如此了結,這是可請大家放心的」。[76]

12月2日,左再度發表對「雷案」覆判後的感想,對於蔣之不能特赦雷震,嚴辭譴責其表現了一種軍人蠻幹到底的特質,不失為東方一個碩果僅存的標準獨裁者;同時也通明透亮表示了他對民主絲毫不能理解,絲毫不感興趣,不惜以走極端的態度,甘冒天下之大不韙,向國內外一切主持公道與正直的人士挑戰。[77]直到民國53、4年,蔣為團結反共力量,決定舉行「陽明山會談」和召開「反共建國聯盟會議」,廣邀在野黨領袖回台參加會議。但是左及李璜和民社黨領導人張君勱等表示,渠回台的條件是當局必須立

---

[75] 雷震,《雷震回憶錄》(香港:七十年代雜誌社出版,1978年11月初版),頁180－181。

[76] 左舜生,〈雷案判決感言〉,《聯合評論》第112號(民國49年10月14日)。

[77] 左舜生,〈雷案與團結〉,《聯合評論》第119號(民國49年12月2日)。

即釋放雷震，在雷震尚屬「階下囚」時，他們無法來台作「座上客」。由於國民黨當局不肯接受其要求，最後他們拒絕赴台。[78]

綜觀《聯評》發行六年餘，從言論內容來看，「為民主而反共」與「為憲政而反蔣」，始終是該刊立論的主要核心理念。舉例而言，民國49年初，當蔣欲違憲連任第三屆總統時，《聯評》即對蔣的違憲之舉，連篇累牘的進行強烈嚴厲的批判。該刊曾發表〈我們對毀憲策動者的警告〉的聯合聲明，希望國民黨當權派和國大代表，不要做毀憲禍國的歷史罪人，不要做出「親痛仇快」之事。同年9月，「雷案」爆發，《聯評》也出版「援雷專號」，撰述數十篇文章，對台灣國府當局大加撻伐，指出台灣當局濫用「戒嚴法」，迫害人民言論、出版、結社等自由，要求應無條件立即釋放雷震，否則將向聯合國提出控訴。總之，在「援雷」議題上，該刊言論之犀利，砲火之猛烈，在當時海內外刊物中，可說是空前絕後。

6.「第三勢力」運動成敗的澈底檢視

就在香港第三勢力運動進入尾聲之際，《聯評》內部也出現一股檢討之聲，朱狷夫首先拋出議題，提及有些人認為，以文化工作為基調的自由民主運動不夠勁，因不能採取革命行動，故空虛無用。也有些人認為，自由民主運動不組黨，太不具體，且當前的自由民主運動，客觀困難太大，路途太遙遠，而且影響有限，得不到社會鼓勵。[79]

在一片質疑的聲浪中，讀者嚴端正投書，他認為還是回歸到

---

[78] 周淑真，《中國青年黨在大陸和台灣》（北京：中國人民大學出版社出版，1993年11月初版），頁292－293。

[79] 朱狷夫，〈關於中國民主運動的幾個問題〉，《聯合評論》第176號（民國51年1月12日）。

第三勢力運動名稱較恰當。嚴說：「只有第三勢力才最適合未來中國。未來中國決不是舊政權復辟，也不會是共黨政權的任何變相延伸，未來大陸也不是抗戰勝利後去接收那樣簡單，而中共又根本不可救藥，所以大陸上大多數人民的傾向是由第三勢力統治未來的中國。大陸人民們意識的第三勢力與未來中國，當然不是第三勢力中的任何個人的繼蔣毛而統治。大陸人民所意識的第三勢力乃泛指一切反共而又並不擁蔣的民主力量而言。將來從共產黨中反叛出來的力量也是第三勢力，其他一切反共愛國的民主人士及民主黨派或團體當然也都是第三勢力。」[80]

嚴文所稱的第三勢力運動，其實仍未脫第一階段論述的基調，仍是以「反蔣非共」為代表第三勢力的主軸，敘述籠統缺乏新意，所以要爭取廣大華人的支持與認同並不易。五〇年代末，雖說第三勢力運動已呈強弩之末，但堅信者仍審慎樂觀地認為：「本著適應於中國的一套理想，獨立地奮鬥，以團結同志，才是救國和反共力量的真正路線。易言之，第三勢力，確是中國命運之所繫。」[81]孫寶剛以為，「第三勢力是在不同的環境下，二元發展的，主力是在大陸上，一部在海外，兩部力量配合起來，才成了真正救中國的一個力量。海外的中國人要多做一些思想的功夫，為大陸人民準備一條思想的出路。假如我們為他們預備了這套思想體系的話，便是增加了大陸上的不滿毛政權的人民以一個很大的力量，力量就是勢力。」[82]基本上，孫的說法並沒錯，第三勢力確實急需要建構一套理論體系，以為行動的綱領，問題是，延續第一階段的毛病，只有高亢的口號，而乏具體的行動，又無縝密的理論，第三勢力運動到

[80] 嚴端正，〈我從大陸逃出來找第三勢力──讀者投書〉，《聯合評論》第198號（民國51年6月22日）。
[81] 孫寶剛，〈第三勢力何在？〉，《聯合評論》第199號（民國51年6月29日）。
[82] 孫寶剛，〈論第三勢力〉，《聯合評論》第201號（民國51年7月13日）。

最後焉能不敗。[83]

　　孫寶剛義正辭嚴的表示，第三勢力是一個革命的組織，它站在人民的立場，使為害人民與國家利益的現政權顛覆，或加以徹底的改革，使其所作所為能符合人民和國家的利益。我們絕對是一個為了達成這個理想而組織的組織，絕對不是糾合了一批親朋故舊，以形成一個力量，想把現政權征服，並取而代之。我們和現政權是正義和不正義，自由和不自由，平等和不平等的鬥爭，絕不是權力的鬥爭。[84]

　　相對於孫寶剛對第三勢力運動「正當性」之大義凜然，宗教思想家謝扶雅則更樂觀的提及：「近月以來，自中國大陸逃出香港的一些有心人士，宣稱他們並不是為逃亡而逃亡，卻是來到海外找尋「第三勢力」。他們認為大陸人民已都厭憎中共，但亦不再望蔣介石自台灣回去統治中國，所以只有新興的第三勢力才能把新中國建立起來。果使他們這番話代表今日中國大多數人民的公意，毛共與蔣家雙方皆已對中國人喪盡信用，而自再無「勢力」可言。然則所謂「第三勢力」，情勢演進到了今天，實成為中國人民所共企嚮的「唯一」勢力，不必說什麼「第三」不第三了。今日大陸和台灣，實質上兩皆不是什麼勢力。」

　　謝扶雅更說到彼時在港及大陸的反共、反蔣組織：「近兩年來，大陸抗暴義士，風起雲從，內外暗相結合，組成了革命性的「中華自由軍」，以急起解救顛連於水深火熱中的六億同胞為職責。同時，超黨派及全球華人聯合性的自由中國大同盟，行將組織就緒，標榜（1）、政治民主，（2）、經濟眾有，（3）、學術獨

[83] 陳正茂，〈第三勢力運動史料述評：以《自由陣線》週刊為例〉，見陳正茂編著，《五〇年代香港第三勢力運動史料蒐秘》（台北：秀威版，2011年5月1版），頁38－44。

[84] 孫寶剛，〈武力，財力和勇氣〉，《聯合評論》第208號（民國51年8月31日）。

立三大原理，以建立真正民主憲政之中國自期。在這一全民革命運動中，實已包含著無數的無名孫中山黃興，而大陸上亦潛伏著不少如黎元洪之輩，所以它的成功，直是指顧間事。」[85] 當然，謝的盲目樂觀，終抵不過潮流局勢的發展，最終仍是落得空歡喜一場。

　　對比謝的盲目樂觀，有豐富政治經驗的黃宇人，在檢討十餘年來第三勢力運動之挫敗，說的比較平實中肯。黃宇人說：「自大陸變色後，流亡在外的許多知識份子，首倡反共產，反極權的自由民主運動。這可說是「順乎天理，應乎人心，適乎世界潮流，合乎人群需要」的一種運動。」然而十餘年來，為何一無所成呢？有人歸咎於台灣方面的破壞，但根據我（按：指黃宇人）的身歷目睹，我認為最大的原因，乃是由於標榜自由民主的若干領導人物，對於自由民主的真諦，並無深切的認識和了解。由於認識不夠，他們雖然滿口自由民主，而卻沒有信心。既無信心，自更不能耐窮。……總之，不能固窮，似乎是中國知識份子的通病；並不限於自由民主陣營才有此現象。但在自由民主陣營中的知識份子，尤其是所謂領導階層人物，假如不能自己首先除去這個致命的痼疾，則影響所及，更將增加自由民主運動進程中的困難，而延長國家民族的災難。」[86]

　　黃宇人在《聯評》的這篇文章，可謂擲地有聲，其重點為他堅信象徵第三勢力的「自由民主運動」並未不合時宜，反而是順天應人深得民心的一股運動；其之所以失敗一事無成，乃在於高層的領導人，尤其是知識份子「坐而言，不能起而行」的毛病所致，兼以不能固窮，缺乏信心的結果。所以，黃宇人對第三勢力領袖之領導風格，不僅有「恨鐵不成鋼」的批評，其心情更是憂心忡忡的。

---

[85]　謝扶雅，〈「一個勢力」‧「一個」中國〉，《聯合評論》第208號（民國51年8月31日）。

[86]　黃宇人，〈知識分子與國運〉，《聯合評論》第211號（民國51年9月21日）。

　　而楊用行與黃宇人之看法，也是英雄所見略同，楊提到：「自
大陸淪陷，民主反共愛國人士到香港創辦刊物，發為民主自由言
論，隱隱中被人目為第三勢力，或自稱為第三勢力。海外民主人士
言得太多，而行得太少。（如：沖繩練兵、滇緬邊區建基地）十三
年以來，民主人士的行動在那裡呢？不說趕不上孫黃等人之拋頭顱
洒鮮血，甚至也比不上維新諸君子的行動吧！於是，這就使人覺得
貴刊和民主人士的言論，在主觀意願上，雖然是高明的，客觀內容
上，雖然是充實的，但若察其言觀其行的話，就不免有秀才造反之
感了。」[87] 好一句秀才造反，徒有理想，空喊口號，而乏行動力，
其最後結果不是三年不成，而是偃旗息鼓風流雲散矣！

　　在《聯評》一片真誠澈底的檢討聲中，作者、讀者大家唇槍
舌劍，各抒己見，眾聲喧嘩，好不熱鬧。其中有附和者，亦有反對
者，例如同屬民社黨的劉裕略，對孫寶剛的看法就南轅北轍，孫認
為第三勢力不是要奪取政權，取代國、共兩黨，劉則不以為然的認
為，「究竟什麼才是一個完整而健全的第三勢力呢？我以為它本身
至少應該在力量上是自立獨立的才行。因此，所謂第三勢力，它本
身也一定應該有它自己的基本戰鬥組織和基本的政略戰略乃至運用
才是；既曰第三，勢必就與第一第二有異，既曰第三，勢必就為第
一第二所不容，既曰第三，其本身就勢必要有壯志雄圖，取第一第
二而代之，最後成為國家民族的主宰，因此，所謂第三，便只是它
在與第一第二勢力同時存在的一種過程。」

　　「第三勢力它的最終目的，當然應該在代表第一第二勢力而
統治中國，並不只是在形勢上多一個第三，更不只是僅僅在第一第
二勢力之外，另掛一個旗號而已。嚴格說來，第三勢力只是它的創
建和發展過程中的一個階段。它是隨時可以而且也是隨時應該由第

---

[87]　楊用行，〈讀者投書：書生造反，何以三年不成？〉，《聯合評論》第214號（民國
　　51年10月12日）。

三變第二，再由第二變第一的。正因為第三勢力的第三，並不是它的永遠形勢，而第一第二與第三之間，又必然充滿鬥爭與運用，所以，要維持第三，固然要有它的單位性，固然要有它的基本組織和基本立場，而要進而克服第一第二勢力，它也是更需要政略戰略的運用的。何況，今日之共黨，乃靠「武裝革命」起家，國民黨也一直以革命作號召，若第三勢力本身不能先自成為與第一第二勢力鼎足而三的一個戰鬥單位，試問，又何有第三勢力之可言？」[88]

最後，劉裕略以三國時代諸葛亮助劉備為中國歷史上一個最具典型的第三勢力的例子，不承認抗戰時期的「民盟」為第三勢力。當然他也承認，今日之第三勢力與中國歷史上的第三勢力誠有不同，但需要組織，需要號召，需要政略戰略，需要真正的戰鬥則一。

四、結論：第三勢力的落日餘暉
──《聯合評論》的風流雲散

自「戰盟」結束後，香港的第三勢力運動陷入低潮期，直到民國47年初，為回擊中共的統戰攻勢，及與台灣雷震等人的組黨運動相呼應，部分在港的第三勢力人士乃重整旗鼓，組織「民聯」，以《聯評》為喉舌，掀起了後期第三勢力運動的新高潮。唯此時之第三勢力運動與前期已有不同，他們體察到國內外情勢的轉變，香港第三勢力已難成氣候。因此，放棄了在台灣以外另尋反共途徑的構想，改採比較務實的做法，提出「政治反攻大陸，民主改造台灣」的口號，擬憑藉輿論的力量，促使台灣民主改革，增強反共實

---

[88] 劉裕略，〈論中國歷史上的第三勢力與現代的第三勢力〉，《聯合評論》第218號（民國51年11月9日）。

力。[89]

　　在此前提下，《聯評》對台灣當局的批判，其實是為大局著想，頗能切中時弊、唯國府當局，始終認為其與島內雷震的《自由中國》相唱和，目的不單純，且其言論亦對國府統治的合法性，帶來質疑與威脅。因此，不僅三番兩次禁止進口，且發動雷震的《自由中國》事件作反擊，其對抗意味是十分明顯的。而隨著蔣的蠻幹，及其後「雷案」的爆發與《自由中國》雜誌的被迫停刊。這些紛至沓來的事件，在在顯示，欲求輿論監督政府，改變現況，時機實未成熟。故上述事件發生時，《聯評》雖連篇累牘的對國府提出嚴厲批判，然已是最後一抹殘陽，迴光返照而已。

　　基本上，《聯合評論》集團的失敗，肇因於下列幾項因素：

1.國民黨的滲透分化

　　其實早在五〇年代初，針對在香港的第三勢力運動，國民黨的因應之道，就是透過私人關係拉攏，當年雷震即銜命負責至港遊說爭取，然似乎成效不彰。[90]其後，國民黨改弦易轍，乃採取分化、滲透、甚至打壓之多重管道為之。當時國民黨「中央改造委員會」，即特別討論〈聯合陣線實施有關問題〉議題，提出上述對第三勢力因應之策略。在討論中明確指示：「對在港作黨派活動之人士，應作進一步調查分析，由第六組（特務）指導南方執行部負責進行，並斟酌情形，予以爭取或分化」。[91]

　　伴隨著國民黨的分化，使得曾經喧騰一時的「中國自由民主

[89]　萬麗鵑，〈一九五〇年代的中國第三勢力運動〉同註8，頁56。
[90]　民國39年10月6-22日，雷震銜命赴港遊說第三勢力人士，唯成果欠佳。〈雷震日記——第一個十年（二）〉。傅正主編，《雷震全集》（32）（台北：桂冠版，1989年5月初版），頁199-210。
[91]　〈聯合陣線實施有關問題〉，見中國國民黨中央改造委員會第123次會議紀錄（1951年4月30日），黨史會藏。

戰鬥同盟」為之瓦解，彼時亦為第三勢力主要人物之一的程思遠
即不諱言談到：「此時，台灣方面在港的工作人員已經滲入，選
舉結果，當選者，不是台灣的特務，便是與他們有關的人。」[92]而
「戰盟」另一主將張君勱也提及：「一二年來，台灣專以毀戰盟為
事。」[93]有分化「戰盟」成功之先例，國民黨對《聯評》集團的做
法亦如出一轍，如成舍我赴港時，即親口告訴左舜生和黃宇人，王
同榮是國民黨調查局安插在《聯評》內部的特務，要彼等小心。[94]
國民黨在八屆三中全會時，通過「促進海內外反共復國人士團結合
作案」，並以此為基礎，於民國50年7、8月間，連續舉辦了兩階段
的「陽明山會談」[95]。過程中，國府百般拉攏海外第三勢力人士參
與，如王厚生、周鯨文等人的回台參加，雖然國民黨因事先未與
民、青兩黨達成共識，導致張君勱、左舜生、李璜的聯合抵制，但
國民黨的收編仍有若干效果，反倒是海外第三勢力更無力再牽制國
民黨。[96]

2.經費的捉襟見肘

平情言，整個五〇年代香港第三勢力運動之瓦解，經費問題始
終是最終決定的關鍵。不論是早期的《自由陣線》時期，還是後期
的《聯評》時期，都為經費短絀所苦。《自由陣線》的收攤，主要
因為金主美援的提供不濟而結束。[97]《聯評》則是最後籌款不易而

[92] 程思遠，《政海秘辛》，同註1，頁240。
[93] 楊天石，〈五〇年代在香港和北美的第三種力量——讀張發奎檔案之一〉，楊天石，《抗戰與戰後中國》（北京：中國人民大學出版社，2007年7月1版），頁633。
[94] 黃宇人，《我的小故事》（下冊）（香港：吳興記書報社經銷，1982年2月出版），頁161－163。
[95] 秦孝儀主編，《中國現代史辭典——史事部分（二）》（台北：近代中國出版社，1987年），頁160－161。
[96] 萬麗鵑，〈一九五〇年代的中國第三勢力運動〉同註8，頁167－168。
[97] 陳正茂，〈宣揚第三勢力的《自由陣線》〉，《全民半月刊》第12卷第10期（民國80年11月25日），頁4－7。

關門，據對整個《聯評》內情知之甚詳的黃宇人，在其回憶錄《我的小故事》一書談到，當時《聯評》的經費來源主要是：張發奎和自由出版社、友聯出版社三方，各出三分之一，以每週出一小張，約需兩千元；而由張發奎先墊一萬元登記費匆忙發刊的。

然發行不久，因自由出版社答應贊助的錢有所短缺，又常拖欠，最後由主事的左舜生、李璜，羅永揚、劉裕略和黃宇人，大家集資才補足缺口。雖是如此，但每期出刊，經費仍是捉襟見肘，幸不久得到紐約《聯合報》社長吳敬敷的同意，由他主持的中美出版社，讓《聯評》出紐約航空版，賺錢歸《聯評》，虧錢他承擔，於是在民國47年11月2日，《聯評》紐約航空版終於問世。然在49年時，因《聯評》的強烈反蔣競選第三屆總統；其後《聯評》又與吳敬敷有所誤會，使得吳敬敷後來不再經援《聯評》，至此《聯評》對收取紐約航空版的報費和廣告費就更加無望了。[98]

在此稍後，《聯評》的另一金主「自由出版社」忽然結束營業，使的經費惡化程度更是雪上加霜，最後僅剩張發奎力撐。張在回憶錄提到：「因為缺乏經費，聯合評論在一九六四年十月停刊。刊物只依靠我每月提供的一千元，以及吳敬敷經營紐約版所賺的些少利潤──從那兒我們總共收到三千五百美元，當這些錢花完之後，我們無法再繼續下去了。」[99]說到底，「錢」真的是壓垮「聯評」的最後一根稻草。

3.《聯評》高層間之內鬨

曾參與第一階段第三勢力運動的雷嘯岑在其《憂患餘生之自述》書中，對從事第三勢力運動的高層間，有一段很深刻的嘲諷與

---

[98] 黃宇人，《我的小故事》（下冊），同註94，頁158－181。

[99] 張發奎口述、鄭義翻譯／校註，《蔣介石與我──張發奎上將回憶錄》（香港：文化藝術出版社出版，2008年5月1版），頁510。

見解，雷說：「據我的體驗所及，中國高級知識份子祇要有三個人在一道搞政治活動，內部必然發生爭奪領導權的醜劇，雖把團體弄垮，亦所弗惜。主要原因是大家皆基於『為貧而仕』的下意識，靠政治活動以求生存，所以必須爭取領導地位，纔可望在政治上獲致顯貴職位，博得豪華的生活享受。」[100]雷此語雖有過激之嫌，但也有幾分事實。觀乎第一時期「戰盟」之瓦解，張國燾、伍憲子、李微塵；甚至高層領導者的顧孟餘、張君勱、張發奎等之間的誰也不服誰，不就是導致「戰盟」解體的主因嗎？[101]

有關《聯評》內部高層的不和，黃宇人說到和自己有關的一件事，黃說：民國53年，蔣勻田奉台灣當局做說客，來港游說張君勱、左舜生、李璜等去台灣參加「反共救國聯盟」，張、左，李等人邀張發奎、羅永揚、劉裕略等人商量，最後商定由蔣勻田寫信給張群，說《聯評》可以參加「反共救國聯盟」，但張君勱、張發奎、左舜生、李璜、黃宇人、劉裕略、羅永揚七人要一併邀請。因黃宇人事前完全被蒙在鼓裡，所以被告知時相當氣憤，未幾即在社務會議中提議，要結束《聯評》。黃說：「由於局勢的變化，我們創立本刊的原旨，顯已不能適應大家的需要、本刊的經費又如此困難，我們也無法挽救，不如早日停刊，還可得個好始好終，免得將來使人引為笑談。」[102]而《聯評》最後的停刊，就在這次社務會議後不久，劃下了休止符。

[100] 雷嘯岑，〈香港的第三勢力運動〉，《憂患餘生之自述》（台北：傳記文學出版社出版，民國71年10月出版），頁172－173。

[101] 陳正茂，〈五〇年代香港第三勢力的主要團體──「中國自由民主戰鬥同盟」始末〉，見陳正茂編著，《五〇年代香港第三勢力運動史料蒐秘》，同註83，頁65－66。

[102] 黃宇人，《我的小故事》（下冊），同註94，頁179－181。

4.左舜生與國府關係的改善

　　基本上，真正一肩挑起《聯評》大樑的是總編輯左舜生，左個人與蔣和國民黨，有著錯綜複雜密切的關係。[103]從《雷震秘藏書信選》中我們知道，左長期以來一直接受國民黨的金錢資助，左自己亦不諱言。[104]但左一手拿國民黨的錢，另一手卻拿筆對國民黨不時提出尖銳的批判，而國民黨大體採取容忍的態度。[105]直到民國46年春，台灣發生《自由中國》遭圍剿時，左在香港《祖國周刊》雜誌，發表聲援文章，名為〈對台北壓迫自由的一個抗議〉，內容提到：他認為「祝壽專號」的各篇文章，對蔣並無不敬之處，縱使有人認為某篇文章有以慈禧太后影射蔣之嫌疑，就算如此，也不是什麼不可原宥的大罪，因為慈禧太后能使曾國藩等保全爵位，以終一生，實比胡漢民、楊永泰等的結局為佳。[106]（按：胡遭蔣軟禁湯山；楊為蔣遭暗殺而死）該文刊出後，觸怒了國民黨當局，斷絕了對他長期的餽贈，而左與國民黨關係亦漸行漸遠，後來遂加入《聯評》集團，積極參與後期的第三勢力運動。[107]且在「反蔣連任」、「雷案」、《自由中國》雜誌被迫停刊等事件上，對蔣及國府當局，採取相當嚴厲之批判。

　　但在上述事件後，左與國府當局的關係逐漸緩和中，民國51年秋，左應邀赴美講述中國近代史，為期四個月，左寫信給夏濤聲，託夏代向蔣請求補助，夏往訪張群，蔣應允補助美金兩千元。左此

[103] 左舜生，〈壽介公總統八十：述我與蔣先生之間的幾件小事〉《中央日報》（民國55年10月31日）。

[104] 傅正主編，《雷案秘藏書信選》（台北：桂冠版，1990年9月初版），頁36、44、45。

[105] 阮毅成，〈追念左舜生先生〉，《左舜生先生紀念集》（台北：中國青年黨中央執行委員會編印，民國59年6月出版），頁61－65。

[106] 左舜生，〈對台北壓迫自由的一個抗議〉，《祖國周刊》第17卷第8期（1957年2月18日），頁6－7。

[107] 萬麗鵑，〈一九五〇年代的中國第三勢力運動〉同註8，頁164。

事,不久由《新聞天地》週刊,以顯著篇幅報導出來,結果在《聯評》內部掀起巨大波瀾,羅永揚主張開除左,黃宇人主張由李璜取代左總編輯位子,最後還是張發奎說項,左才勉強續留《聯評》內。[108]在左與國府關係迅速改善的情況下,《聯評》欲維持第三勢力「反共批蔣」的立場已不可得,最後不得不於民國53年10月23日宣佈停刊。

　　《聯評》發行最後一期,左有始有終的以〈我為什麼贊成本報停刊?〉提到:「我們這六年間的言論宗旨,大抵不出『反攻復國』與『民主憲政』八個大字。逐漸實現民主,推行憲政,這不僅是我們反攻復國的目標,同時也是我們反攻復國的方法。我們覺得無民主即無所謂團結,不團結則反攻必然落空;不抱定這部憲法作為逐漸推行民主的總原則,即復國也無多大意義。」[109]然輿論監督有其侷限性,該刊核心內容,所謂「民主改造台灣」,終究是一句空話,並無法真正落實。

　　《聯評》悲壯的停刊了,該刊之結束,對第三勢力運動而言,有其象徵的歷史意義在。香港《正午報》即道:「九月十八日出版的聯合評論刊出一則重要啟事,聲明該刊將於本年十月底前停刊,這是碩果僅存的第三方面的旗幟最後撤除的訊號」。[110]而大陸研究台灣政情的學者黃嘉樹,在《國民黨在台灣》一書中,也總結說:《聯評》的停刊;及其後張君勱、左舜生的先後辭世,標誌著以《聯評》為主的,所謂海外「第三勢力」的批蔣活動已告完結。[111]

---

[108]　黃宇人,《我的小故事》(下冊),同註94,頁179。

[109]　左舜生,〈我為什麼贊成本報停刊?〉,《聯合評論》第316號(民國53年10月23日)。

[110]　〈第三方面的幻滅〉,《正午報》(香港)(民國53年10月14日)。

[111]　黃嘉樹言:「民社黨的黨魁張君勱和青年黨的黨魁左舜生、李璜都未隨蔣介石逃往台灣,他們在香港,美國等地搞所謂『新第三勢力活動』,即一方面反共,另一方面也批蔣。左舜生在香港創辦的『聯合評論』,是這些人設在台灣島外的總論壇。」黃嘉樹,《國民黨在台灣》,同註41,頁419。

　　總之，《聯評》確實是五〇年代末，香港第三勢力運動最具
代表性與影響力的刊物，它與早先的《自由陣線》仍有若干差異。
《自由陣線》是清楚明白的主張自己是第三勢力的刊物，唯言論內
容稍嫌於口號宣傳，深度與廣度都不夠；《聯評》則將第三勢力名
詞轉換成「自由民主運動」或「民主中國運動」，且在此理論上有
較深入合理的論述。然而在「形勢比人強」的情況；及上述諸多不
利條件的因素下，雖力撐六年餘，最後仍不得不走入歷史。

初試啼聲：
謝澄平與《自由陣線》集團的緣起緣滅

一、前言：香港第三勢力之源起

1949年，是中國政治史上驚天動地的一年，鏖戰多年的國、共內戰，終告塵埃落定，共產黨席捲大陸，國府則倉皇遷台。處此風雨飄搖之際，一部分標榜反共、反蔣，堅持民主自由的政治人物與知識份子，在美國和桂系李宗仁的支持下，雲集香江，首揭反國、共兩黨大旗，鼓吹第三勢力主張，此即五〇年代於香港，曾盛極一時的第三勢力運動。[1]

基本上，整個五〇年代香港的第三勢力運動，是有其錯綜複雜的國內外因素存在的，它是美蘇冷戰結構下的一環，背後有美國的援助。1950年6月25日，「韓戰」爆發，在華府，為因應中共參加韓戰所帶給美國新的軍事壓力，美國政府也體認到，在蔣介石與國民黨之外，需要扶植政治上的第三勢力，作為牽制北京、領導中國大陸境內的殘存反共游擊勢力、乃至未來於中國大陸情勢轉變時，取代蔣介石或毛澤東的另一個可能選項。[2]

---

[1] 林博文言：「反蔣親共的『民主人士』於一九四八、四九年紛紛自港北上變為紅朝新貴，形成了第一波的政治運動。『民主人士』北歸後，一批反蔣反共的國民黨政客、將領、自由派、學者和文化人，組成了『第三勢力』，試圖在國共之間另起爐灶，以延續中國政治傳統中最脆弱的一環──反對力量。第二波的政治運動於焉在香港興起，而在5、60年代蔚然成風。」，見林博文，〈50年代香港「第三勢力」運動興亡始末〉，《歷史的暗流──近代中美關係秘辛》（台北：元尊文化出版，1999年1月初版），頁107。

[2] 林孝庭，《台海冷戰蔣介石──1949－1988解密檔案中消失的台灣史》（台北；聯經版，2015年7月初版），頁76。

　　另外，它也是國內反共、反蔣勢力的結合，所以曾獲得李宗仁的支持與奧援。1951年1月，李宗仁在其私人秘書甘介侯的陪同下，與美國國務院負責東亞事務官員見面。李宗仁告訴美方，他在香港的眾多粵、桂系舊部門生，對於美國支持發展中國第三勢力，皆表示高度期待，只待美方點頭支持，就可立即推動。李宗仁宣稱只有他有足夠的聲望與能耐，可以影響台灣以外的反共力量，統籌掌控中國大陸的龐大地下游擊組織；李還表示，只要他在華府登高一呼，香港的第三勢力即可在最短期內發展成一股新的政治力量。[3]

　　當時第三勢力之要角有：張發奎、顧孟餘、張君勱、左舜生、李璜、張國燾、許崇智、伍憲子、李微塵、童冠賢、謝澄平等，這些人分屬民、青兩黨，部分為國民黨及桂系政治人物。當年他們在美國的金錢支助下，曾先後在港成立了「自由民主大同盟」、「中國民主反共同盟」、「中華自治同盟委員會」、「大中國建國會」、「中國民主大同盟」、「中國自由民主戰鬥同盟」（以下簡稱「戰盟」）等名稱大同小異的第三勢力團體。[4]這些團體與政治人物，為得美方青睞與金錢援助，他們大言皇皇信口開河，均宣稱能提供給美方軍事情報及發展組織，但卻鮮有真正實力與具體情報可以提供。於「韓戰」期間派駐香港擔任中央情報局特工的前美國駐華大使李潔明（James Lilley）即曾於回憶錄言：「這些美國幕後支持的第三勢力人物所提供的敵後情報，根本是他們在九龍的公寓房間裡，以中國內地流出的報章雜誌報導，略加改編而成，美方可說是花了大筆冤枉錢，買了一堆分文不值的假情報。」[5]

[3]　Memorandum of Conversation, Subject：Political Thinking of General Li Tsung-jen, top secret, January 26,1951,in ROCA,reel 22.
[4]　陳正茂，〈簡述50年代香港「第三勢力」運動〉，《傳記文學》第71卷第5期（民國86年11月），頁66。
[5]　李潔明著，林添貴譯，《李潔明回憶錄》（台北：時報版，2003年4月初版），頁106。

　　雖說如此，但也有例外，平情而言，五〇年代在香港這麼多眼花撩亂的第三勢力團體中，其中較具知名度的，當推青年黨左舜生、謝澄平等創辦的《自由陣線》集團，也是在文化陣線上，反共、反蔣較有成績的一個第三勢力團體。[6]本文即以《自由陣線》集團為探討對象，談談當年在美國支援下，該集團在香港第三勢力運動中初試啼聲的經緯始末。

二、《自由陣線》集團的擴張與發展

　　有關《自由陣線》集團的興起，可追溯到1949年李宗仁「代總統」期間，時國府大勢已去，李宗仁於離國前夕，紛紛對有關的政治人物和政治團體，大放交情極力拉攏，有的送錢，有的送官，有的送護照；自己則準備去美國爭取美援後東山再起。青年黨亦透過總統府秘書長邱昌渭（邱早年為青年黨員），分到兩萬銀元（一說三萬元）。[7]這筆錢即由謝澄平以團體名義領到，除部分撥給台灣青年黨總部外，其餘便在九龍牛池灣租屋，作為香港青年黨人的落腳地，此即日後「自由出版社」的大本營所在。由於錢的數目不多，在僧多粥少無法分配的情況下，謝澄平即以這筆錢籌辦了《自由陣線》週刊，首擎自由、民主、反共的火炬。[8]

　　當年在香港的青年黨人物中，李璜、左舜生、何魯之等，係屬元老級的領導人物，但李、謝素來不睦，無從合作。因此初期的

[6]　陳正茂，〈50年代香港第三勢力的主要團體：「中國自由民主戰鬥同盟」始末（1952－1955）〉，《北台灣學報》第34期（民國100年6月），頁446。

[7]　〈雷震日記〉（1950年3月17日），收入傅正編，《雷震全集》（32）（台北：桂冠版，1989年），頁63。另程思遠說是李宗仁給青年黨、民社黨各三萬元。見程思遠，《我的回憶》（北京：華藝出版社出版，1995年4月第1次印刷），頁230。

[8]　陳正茂，〈第三勢力運動史料述評：以《自由陣線》週刊為例〉，見陳正茂編著，《五〇年代香港第三勢力運動史料蒐秘》（台北：秀威版，2011年5月1版），頁19－20。

《自由陣線》，即成為左、謝合作的局面。左任農林部長期間，謝是他的政務次長，但此次拍擋反而很快散擋，左、謝僅合作一段很短的時間即拆夥。[9]問題是，謝在青年黨內本為次級人物，未曾單獨挑過大樑，同時聲望也不夠，因此李、左既然與他不能相處，謝自然想到另一元老何魯之，在李、左不管的情況下，何最後同意與謝合作。[10]

何、謝合作後，最嚴峻的是，《自由陣線》困窘的經濟情況仍未改善，何甚至傾其私蓄，用來補貼虧損，但也仍無起色。謝最後且向「油蔴地輪渡公司」總經理劉德溥（亦為青年黨員）借調資金，唯仍感不支。為籌措財源，《自由陣線》亦曾向台灣的國民黨當局請求補助，獲得應允，後因該刊言論轉趨激烈，國民黨因此停止補助，這可說是《自由陣線》最慘澹艱困的時期。[11]然就在雜誌社舉債度日，「山窮水盡」之時，謝澄平卻忽然戲劇性的搭上美國路線，使得《自由陣線》有如枯木逢春般，「柳暗花明又一村」了。

有關於謝澄平是如何搭上美國路線，焦大耶（朱淵明）的〈「第三勢力」全本演義：第三百六十一行買賣〉連載長文說是「吉塞普來了！同時有一個美國西點軍校出身的王之也來了，王與

9　陳正茂，〈謝澄平與第三勢力〉，見陳正茂著，《醒獅精神──青年黨人物群像》（台北：秀威版，2008年10月1版），頁264。關於左舜生與謝澄平的不對盤，我們從左舜生寫給雷震的信也可看出端倪，左說：「《陣線》弟久不作文，最近連看也不看，因兄來信，我才把登有台灣小事的幾期要來看了一看，有許多地方誠不免過於刻薄，對軍隊則相當恭維，對英印態度則表示不滿，似乎並不是完全惡意。如以大度處之，似值不得注意，何況禁止入口？總也算得一種處罰了。」，〈左舜生致雷震〉（40、3、15日），傅正主編，《雷震秘藏書信選》（台北：桂冠版，1990年9月初版），頁122。

10　郭士，〈「自由出版社」滄桑史〉，見陳正茂編著，《五○年代香港第三勢力運動史料蒐秘》，同註8，頁74－75。

11　國民黨給錢之記載，見〈雷震日記〉（1950年4月8日、5月10日、6月10日、6月16日、8月11日），收入傅正主編，《雷震全集》（32）（台北：桂冠版，1989年5月初版），頁80、103、123、127、163。

馬歇爾關係很好，因丁廷標與之有舊，遂介紹丁與吉塞普晤談，丁又介紹謝澄平、何魯之與吉塞普見面。敘談之下，吉與謝澄平竟有先後同學之雅（按：指美國哥倫比亞大學），時臨運轉，一切事體都好辦了。吉就將謝轉介與東南亞某部門的主持者蘇傑士，輕而易舉的，從此那簡陋的刊物（按：指《自由陣線》），就由週刊，而出版社，而印刷廠，而日報社，而晚報社，而書店，而政治運動，並將刊物附帶發行英文版，彷彿即將大有所為。而「第三勢力」一名詞，亦就是這一系列的刊物、叢書、報章所竭力嘶喊的。隨後還正式散發小冊子一本，闡述「第三勢力」運動的理論，並標列其主張與綱要，似乎這運動即有逐漸具體與成熟的趨勢。」[12]

另外，郭士在〈自由出版社滄桑史〉則提到，是謝主動毛遂自薦搭上線，「事情緣於一日，謝從外面回來對何魯之說：其在輪渡上巧遇民社黨的一位友人盧廣聲，盧告知美國遠東區最高政治幕後負責人尤金正在香港。此公頻繁來往於東京、香港、馬尼拉之間，積極物色自由民主人士，想在國、共之外，培養一個中間的力量。[13]澄平聽後速將此事就商於何魯之，何贊成其積極採取行動。未幾，澄平隨即到花園道美國駐香港領事館求見尤金，出來接見者為S君，S君告知尤金已去東京，有何事與其接洽是一樣的。而此代號為S君者，不是別人，即為美國巡迴大使吉塞普（Philip Jessup）是也。因此從1950年元月起，澄平即頻繁與吉塞普晤面，一談之下，方知謝於哥倫比亞大學留學時，吉塞普正在哥大任教，

---

[12] 焦大耶（朱淵明），〈「第三勢力」全本演義：第三百六十一行買賣〉，見陳正茂編著，《五〇年代香港第三勢力運動史料蒐秘》，同註8，頁104-105。

[13] 郭士，〈「自由出版社」滄桑史〉，見陳正茂編著，《五〇年代香港第三勢力運動史料蒐秘》，同註8，頁76。張發奎回憶錄亦言：「有一天，尤金告訴我，廣州嶺南大學原校長香雅格想見我。我認識這個美國人已久，算是老友了，廣州陷共前他離穗。後來，張發奎與香雅格的晤面，也是尤金‧王穿針引線及作陪。」張發奎口述，鄭義翻譯／校註，《蔣介石與我──張發奎上將回憶錄》（香港：文化藝術出版社出版，2008年5月1版），頁479-480。

有此淵源，雙方遂互有好感。[14]原來謝欲找的尤金，不過是吉塞普的副手，真正美國在東南亞政治最高的幕後負責人，正是吉塞普。由此澄平對吉塞普執弟子之禮甚恭，而獲吉氏好感，吉氏答應以亞洲基金會名義，給予每月兩萬美元的補助。」[15]

關於此事經緯，當年亦參與第三勢力運動的張葆恩，於謝澄平逝世後的追悼文章中，曾詳實的敘述其始末。張說：「謝與S君多次會談後，雖然對彼此的企圖心照不宣，但也不得其門，交換問題雖然廣泛，但具體問題仍無著落。謝明知S君是幹什麼的，S君也知道謝的心意，但大家始終兜不攏。於此同時，S君也積極接觸其他民主自由人士，如李微塵、孫寶毅、張國燾、黃宇人等。其時，蔡文治透過司徒雷登關係已在沖繩建立軍事基地，所謂第三勢力的軍事重點已經建立了，而文化重點與政治重點尚未完成，S君心情著急，謝澄平更心急如焚，因為他的《自由陣線》已快撐不下去了。」

「不得已，謝澄平最後只有請何魯之出馬，在中環與S君晤面，在大家敞開心胸無所不聊的氣氛中，逐漸建立互信，S君多次詢問何魯之對國、共兩黨領袖之看法及美蘇世界局勢之意見，何均能坦誠以告，由是漸獲S君賞識。就在第三次會談後，S君決定金援青年黨的《自由陣線》，支持青年黨在文化思想上的反攻。最後敲定以《自由陣線》週刊和美方合作，先從文化方面做起，建立重點，由文化運動，發展到政治運動，再進而及於軍事的運動，形成

---

[14] 雷嘯岑曾說到：「有青年黨人謝君，原係留學美國哥倫比亞大學出身的，亦曾晉謁吉氏，自告奮勇，願意搞第三勢力運動。談次即是說他在「哥大」教過書，謝君即執弟子禮如儀，旋以鄭板橋所繪梅花真蹟一幅，致送吉氏作贄敬。於是，吉氏乃拒與張國燾、丁文淵二人接洽，而以全力支持謝君的第三勢力運動，歷時十年以上，花錢不在少數。」雷嘯岑，《憂患餘生之自述》（台北：傳記文學出版社，民國71年10月初版），頁170。
[15] 同上註。

第三勢力的整體架構，以達成反共復國的使命。」[16]《自由陣線》
至此乃由謝澄平接手，並擴大規模辦了「自由出版社」及《中聲日
報》、《中聲晚報》等刊物，形成所謂的《自由陣線》集團。該集
團核心人物除謝澄平外，尚包括何魯之、丁廷標、劉子鵬、于平
凡、史澤之、易重光、樓文毅、許子由、張葆恩、左幹忱等人。[17]

　　當時謝澄平以《自由陣線》週刊為言論喉舌，對倡導第三勢
力運動不遺餘力非常積極，曾與張國燾、顧孟餘、何魯之、童冠賢
及自己舉行五人茶話會（一說「最高調度委員會」），每星期四舉
行一次，開會地點多在童冠賢家裡。[18]其後謝又主張舉行一個定期
座談會，經過協商，決定參加者有：黃宇人、程思遠、張國燾、董
時進（中國農民黨主席、大學教授）、伍藻池（旅美華僑、民社黨
員）、黃如今（前東北大學校長）、羅夢冊（曾任國民參政員和中
央大學教授）、史澤之等，號稱跨黨派的九人定期座談會。座談會
舉行幾次後，大家都認為應該邀請更多人加入，也試圖建立一個政
治組織，謝澄平認為可以將座談會擴大為組織，並命名為「民主
中國」，主張從教育文化著手，培育下一代，奠定組織的社會基
礎。[19]

　　然就在謝準備籌組團體之際，又出現一位H先生（可能是哈德
門），此公支持張發奎，因張主持廣州行營時與其有接觸，H先生
是美國中情局的華南首腦；S君則是華中的負責人。H先生積極鼓

[16] 張葆恩，〈大時代的悲劇人物——悼念謝澄平老哥〉（中），《全民半月刊》第14
卷8期（民國81年11月10日），頁16－19。

[17] 〈關於共匪及第三勢力在港活動與我方今後工作部署之建議〉，《總裁批簽》，台
（48）央秘字第093號，1959年5月5日，中國國民黨中央黨史委員會藏（以下簡稱黨
史會）。

[18] 黃宇人，《我的小故事》（下冊）（香港：吳興記書報社，1982年2月出版），頁
130－131。

[19] 周淑真，《1949飄搖港島》（北京：時事出版社出版發行，1996年1月1版），頁
305－306。姚金果、蘇杭著，《張國燾傳》（陝西：人民出版社出版，2007年3月2
版），頁427。

動張發奎「出山」，但張發奎以自己是軍人不懂政治，乃向H先生推薦顧孟餘。顧為北大老教授，抗戰時曾任中央大學校長，早年任過鐵道部長，曾經與陳公博號稱汪精衛的左右手，是「改組派」的大將。而張發奎過去在國民黨內的派系關係，一向比較親近汪精衛的。顧、張二人戰時均未隨汪落水，保留一身清白，此刻香港重逢，一文一武，擔負起第三勢力的政治領導責任，於是第三勢力終於形成所謂的「顧、張」聯合領導的局面，且欲組織新政團。[20]

針對第三勢力團體互立山頭、各豎旗幟的情況下，澄平為此事曾請詢S君，S君建議澄平與渠合作，澄平最後見了H先生，也引薦顧孟餘見了S君，此為美國推動中國第三勢力運動雙頭馬車的局面。S君支持謝澄平；H先生力挺顧、張，為避免力量分散，澄平一派基於第三勢力大聯合的考量，遂放棄自組政團，轉而加入張、顧新政團的籌組工作，此即日後的「戰盟」組織。[21]「戰盟」成立後，澄平與何魯之等，雖以青年黨代表列名其中，然《自由陣線》集團，仍維持其獨立運作，在整個五〇年代第三勢力運動中，依然擁有相當實力。[22]

在張、顧有意擎起第三勢力大旗之際，澄平曾不遺餘力的穿梭拉線，首先他無私的與何魯之將童冠賢、顧孟餘介紹給美國駐港總領事館政治部主任認識，並在該領事館政治部主任主導下，他們四人連同張國燾組成一個委員會，定名為Steering Committee，初譯其中文名字為「指導委員會」，後改譯為「調度委員會」，其主旨即在於策動留港中國民主反共人士的聯合運動。[23]客觀說來，其實

[20] 張葆恩，〈大時代的悲劇人物——悼念謝澄平老哥〉（中），同註16，頁18－19。
[21] 陳正茂，〈50年代香港第三勢力的主要團體：「中國自由民主戰鬥同盟」始末（1952－1955），同註6，頁445。
[22] 萬麗鵑，〈一九五〇年代的中國第三勢力運動〉（台北：國立政治大學歷史學系研究部博士論文，民國90年7月），頁29。
[23] 黃宇人，《我的小故事》（下冊），同註18，頁131。

《自由陣線》集團，對第三勢力運動的重要性與影響力，較其後的「戰盟」大的多，尤其在言論鼓吹方面更是如此。澄平自接掌《自由陣線》後，該刊即致力於第三勢力理論的闡揚與宣傳活動，1950年5月1日，該刊還特別出版「第三勢力運動專號」，表明其作為第三勢力旗手的決心。在〈我們的基本信念〉文中，《自由陣線》揭櫫「民主政治」、「公平經濟」、「自由文化」三大綱領，作為打倒中共專制，反對國民黨獨裁，建立獨立民主的新中國的理想目標。[24]

有了美援後的《自由陣線》週刊，後來正式擴編為「自由出版社」，工作的業務範圍迅速增加展開。在香港市面上，除定期的《自由陣線》週刊外，還發行「自由叢書」小冊子、文藝小說、漫畫集、專題研究、大學教本、名著翻譯等，均如雨後春筍般紛紛出籠。「自由出版社」的出書，在殖民地文化籠罩下的香港，點燃了自由民主、反共復國的火炬。當時香港的第三勢力刊物有丁文淵的《前途》；顧孟餘、童冠賢為代表的《大道》；張君勱的《再生》；孫寶剛、孫寶毅兄弟的《民主與自由》等，但都不及「自由出版社」的聲勢浩大。[25]

除「自由出版社」外，謝澄平還發展許多事業，計有：《英文雙週刊》、《中聲日報》、《中聲晚報》、田風印刷廠、平安書店、尚德英文書院、中共問題研究所、自由作家俱樂部、時代思潮出版社（由羅夢冊出面領導，實際由謝暗中支持）、《主流月刊》（由羅夢冊出面領導，實際由謝暗中支持）、「民主中國青年大同盟」（即以後友聯出版社的前身）、開展「民主獨立中國運動」等

[24] 本社，〈我們的基本信念〉，《自由陣線》第3卷第3期（1950年10月10日），頁4-5。
[25] 謝澄平，〈三年來的自由陣線〉，《自由陣線》第12卷第5、6期（1952年12月5日），頁4。

（延攬了張國燾、李微塵、羅夢冊、黃宇人、孫寶剛等）。[26]

「自由出版社」的班底，基本上以青年黨為主，因此內部人事大多由青年黨人把持，其中重要人物有謝澄平、丁廷標、龔從民、史澤之、張葆恩、夏爾康、譚伯揚等。但為了推廣業務，也對外積極延攬人才，如張國燾、李微塵、孫寶剛、黃如今等。尤其為增加生力軍，更吸收一批「民主中國青年大同盟」的青年知識份子加入，如邱然（北大外文系學生，筆名燕歸來，為該同盟秘書長，友聯出版社總負責人，青年黨人邱椿之女）、陳濯生（中央大學政治系學生，丁廷標女婿，友聯出版社新加坡負責人）、胡越（又名胡清（欣）平，東北人，友聯出版社日本負責人）、徐東濱（西南聯大外文系學生，民主中國青年大同盟主席）、許冠三（筆名于平凡，謝澄平任教東北大學時學生，後脫離民主中國青年大同盟，在港主持「春秋書局」）、徐質平（筆名徐速，《星星、月亮、太陽》一書作者，後脫離民主中國青年大同盟，自創「高原出版社」，出版文藝書籍）。[27]

此外，「自由出版社」亦出版大量反共書刊，對海外反共運動頗多貢獻。據謝澄平說，「自由出版社」自1950年7月成立至1954年底止，《自由叢書》共出刊256種，舉凡中國歷史文化、各國政治文化、蘇俄問題與政經軍事專著等，約有六十餘種，而關於中共問題的書籍則有近百種之多。文化事業發展之速，單位之多，包羅之廣，真是一日千里，令人側目。[28]而澄平領導的《自由陣線》週

---

[26] 陳正茂，〈謝澄平與第三勢力〉，見陳正茂著，《醒獅精神——青年黨人物群像》，同註9，頁266。

[27] 張葆恩，〈大時代的悲劇人物——悼念謝澄平老哥〉（中），同註16，頁26。

[28] 辛木，〈自由叢書發刊五年〉，《自由陣線》第21卷第1期（1954年12月6日），頁13。有關謝澄平的《自由陣線》集團，在文化思想方面的貢獻，香港研究第三勢力運動頗有成績的胡志偉（鄭義）先生指出，謝是第三勢力成員中，對中國文化思想貢獻最大者。他所主持出版的256種書籍中，舉凡中外歷史文化、蘇俄問題與政經軍事專著等有六十餘種，關於中共問題研究則有近百種，如陳寒波《我怎樣當了毛澤

刊，在港、九樹起反奴役、反暴政、反極權的大纛，時值紅朝新貴
彈冠相慶之際，澄平卻在其臥榻之旁的東方之珠，帶頭發出了「沒
有自由絕無生路，結成陣線才有力量」的反共怒吼，其魄力與勇氣
是值得肯定的。自由出版社後來與友聯出版社及亞洲出版社，為
港、九及海外鼎足而三的反共文化事業。[29]

三、謝澄平與許崇智的「中國民主反共同盟」

「1949年冬季至1950年春季之交，是香港第三勢力運動最蓬
勃而又最混沌的時期。當時左一個座談會，右一個小組會，有十人
八人一堆的，也有十幾二十人一起的，有的約期會談，並無固定形
式，有的則商擬名稱，起草綱領，儼然要有正式組織，據一般估
量，類似此種組合，達一百以上；傳說美國領事館曾有調查，則為
七十餘個，當較可靠。」[30]這麼多琳瑯滿目的第三勢力團體，何以
如雨後春筍般紛紛成立，原因只有一個，即希望得到美國的青睞與
援助，蓋美國巡迴大使吉塞普（Philip Jessup）於1950年春來到香
港時，於記者招待會中談及「美國希望中國出現第三勢力」，此言

東的特務》、董時進《我認識了共產黨》、左舜生《近卅年見聞雜記》、胡越《歷
史唯物論批判》、燕歸來《新民主在北大》、周作傑《毛澤東可能變成鐵托嗎？》、
李華《一個紅色女間諜的新生》等，不僅政治預測正確，而且為後世學者提供了大
量研究五〇年代大陸史、香港史乃至世界冷戰史的第一手史料。胡對謝之評論，是
相當客觀中肯的，可為謝「蓋棺論定」之言。見張發奎口述，鄭義翻譯／校註，
《蔣介石與我──張發奎上將回憶錄》，同註13，頁521。

29 張葆恩，〈大時代的悲劇人物──悼念謝澄平老哥〉（上），《全民半月刊》第14
卷7期（民國81年10月15日），頁27－28。

30 焦大耶（朱淵明），〈「第三勢力」全本演義：第三百六十一回買賣〉，見陳正茂
編著，《五〇年代香港第三勢力運動史料蒐秘》，同註8，頁103。當時亦參與第三
勢力運動的司馬璐即回憶道：「初期的香港「第三勢力」非常混亂，成份複雜。有
些人是逐漸才暴露他的真實身分，或共產黨、或國民黨，或屬於日、英、美的情
治單位。」司馬璐，《中共歷史的見證──司馬璐回憶錄》（香港：明報出版社出
版，2004年11月1版），頁188。

一出，給予那些反共又反蔣的人士，士氣大振希望無窮。[31]

於是「有志之士」紛紛以「第三」自命，要靠美國的排頭，造成「勢力」，一舉而取「第一」、「第二」而代之，或至少形成鼎足三分天下之勢。是時「第三勢力」的呼聲已彌漫香港，老將許崇智雖脫離實際軍政已久，然在華南仍有一定號召力，久已躍躍欲試，那時許多舊雨新知，群集許周圍，如方覺慧、溫應星、張導民、關恕人、劉震寰、上官雲相、彭昭賢、宣鐵吾、李微塵，張六師、毛以亨、金典戎、徐慶譽等都變成座上客，為許奔走策劃不遺餘力。[32]但也有若干人並非不重視許，總覺許只能作為象徵，難負實際責任，時代推進到當前階段，許尤其不能作唯一首腦。[33]

唯謝澄平卻不這麼認為，謝是個務實的機會主義者，他認為遇此良機，豈能錯過！因此積極動員力量，鼓吹許要成立一個全面性的組織，以帶領第三勢力運動。但在各方領袖未齊集前，先行成立一個籌備會式的組織，可定名為「中國民主反共同盟促進會」，表示只是盡「促進」的義務，負籌備的責任。「促進會」設主席似的召集人，由許崇智擔任，內部亦分若干組，首先設一秘書長，以總其成，地位至關重要，人選自需特加遴選，許矚意由老成穩健，學殖精純的何魯之擔任；何氏不肯，乃又希望由謝澄平擔任，但

[31] 焦大耶（朱淵明），〈「第三勢力」全本演義：第三百六十一行買賣〉，見陳正茂編著，《五〇年代香港第三勢力運動史料蒐秘》，同上註。

[32] 周一志，〈我對許崇智了解的片斷〉，《文史資料選輯》第13輯（合訂本第4冊）（北京：中國文史出版社，1986年），頁137。關玲玲著，《許崇智與民國政局》（台北：大安出版社，1991年3月1版），頁176。

[33] 青年黨領袖李璜即非常瞧不起許崇智，李說：「許崇智在石塘嘴開廳大宴群『雄』，酒酣耳熱，一面高談其反共大有辦法，一面命女招待為之撫腿……。」李璜，《學鈍室回憶錄》（下卷）（香港：明報月刊社出版，1982年元月初版），頁735。〈雷震日記〉亦載：「許崇智在香港組織第三勢力時，曾組一俱樂部，以聯絡各方人士。但許之俱樂部『在妓女窩中，許請客一面大談政見，一面懷抱女人，因此大家都看不起其為人。』傅正主編，〈雷震日記〉（1951年2月6日條、2月23日條），《雷震全集》（33）（台北：桂冠版，1989年8月初版），頁31。

謝以不便正式露面辭謝，唯再三聲言，一切絕對盡力支持，後推梁寒操，梁亦懇辭，最後遂以徐慶譽充任。[34]至於另一要職「聯絡組」，公推年高德劭，各方人緣熟絡的方覺慧擔任，「政治組」初擬推左舜生擔任，左力辭，遂推伍憲子，「軍事組」則推夏煦蒼，「僑務組」關恕人，「宣傳組」眾以謝澄平不能再辭，由謝出任；財務則由許自兼。[35]

後來，總覺得「促進會」太過保守，何不名正言順地公開，幾經討論，終於決定正名為「中國民主反共同盟」，謝且在其中扮演重要要角。有關謝及「中國民主反共同盟」之情況，國民黨內部的蒐集檔案最能反映出，據雷震與洪蘭友二氏於1951年呈給蔣介石的報告言：「關於所謂第三勢力問題，實際上僅有許崇智、謝澄平、孫寶剛等少數分子，其中以許之集團聲勢比較浩大。[36]此許之集團乃是「中國民主反共同盟」，當時在「戰盟」還未成立前，算是香港較大的第三勢力團體，參加的人也很多，如彭昭賢、張國燾、宣鐵吾、上官雲相、胡宗鐸、梁寒操、方覺慧、張任民、伍憲子、伍藻池、王厚生、金侯城、左舜生、顧孟餘、王正廷、任援道、鄧錦章、趙立武和謝澄平等人。[37]

雷、洪在報告中更特別點出謝澄平，說他在文化方面頗有建樹，辦有「《自由陣線週刊》、《英文雙週刊》、《中聲日報》、《中聲晚報》、自由出版社，出叢書數十種，並津貼羅夢冊之社會

---

[34] 焦大耶（朱淵明），〈「第三勢力」全本演義：第三百六十一行買賣〉，見陳正茂編著，《五〇年代香港第三勢力運動史料蒐秘》，同註8，頁207。

[35] 同上註。

[36] 〈分呈總統蔣中正、行政院長陳誠第三次報告〉（總報告：40年3月5日），《雷震全集──給蔣氏父子與軍監牢頭的抗議信》（27），頁34－35。1951年1月31日，「雷震與洪蘭友前往香港，此行最重要的目的是調查『第三勢力』的情況，這是當時國民黨最為關切的事，其重點在『第三勢力』的經費是否來自於美國？有哪些人參加？國民黨原高級幹部中又是哪些人？」范泓，《民主的銅像──雷震先生傳》（台北：秀威版，2008年4月1版），頁158。

[37] 同註34、35。

思潮研究所，以稿費名義資助生活困難之知名之士及青年學子，每月開支，以目前計，不少於港幣六萬元，其款係由美國主持情報方面取來，而以大陸情報交換之（其所有情報由報紙及各方訪問得來），在香港方面以文化工作反共頗有成績，網羅青年學子亦不少。」雷、洪二人又說：「此等第三勢力，不必過分重視，但亦不可棄置不理。政府應抱定反共抗俄之聯合陣線，藉以團結並增強其力量。在目前可以歡迎來觀光考察或居住之名義下，於不動聲色之中，以收釜底抽薪之效。而此等第三勢力所藉以成長者，胥賴美國之支持與日本之同情，倘我政府對美、日兩國增進良好關係，美、日不助，則第三勢力亦不易建立成功也。」[38]

　　為此，國民黨中央改造委員會於1951年5月30日舉行的第一百四十三次會議，討論第一組所提〈委員兼行政院院長陳誠同志函送關於雷震、洪蘭友兩同志提供對港澳意見處理辦法，業經本會大陸地區工作指導委員會分別研議，謹錄案提請核議案〉決議：「對許崇智、謝澄平、孫寶剛等所組織之第三勢力，應以聯合陣線加以團結，並增強其力量，歡迎其來臺觀光考察。」[39]其後，專程赴港疏通的雷震，在給蔣的建議書上，再度提及：「香港方面所謂『第三勢力』，不足重視。內情也很簡單，其領導人物僅有謝澄平、孫寶剛及羅夢冊諸人。謝的集團僅有二十餘人，以《自由陣線》雜誌為中心，另組有自由出版社，刊行反共書籍，《自由陣線》原由左舜生主持，實際上由謝澄平負責，以後左、謝意見不一致，左遂不問《自由陣線》之事。」[40]

　　國府方面表面上雖說不必重視香港第三勢力，但最後仍認為

---

[38] 〈分呈總統蔣中正、行政院長陳誠第三次報告〉，同註36，頁34－35。及〈中國國民黨中央改造委員會第105次會議紀錄〉。
[39] 〈中國國民黨中央改造委員會第143次會議紀錄〉，頁5、27－28。
[40] 〈雷震給蔣中正等的建議：39、11、2日〉，同註36，頁6。

「堅決反共而以第三勢力自居者,亦應特別爭取,以免貽譏於外人,而為擴大爭取大陸民眾之基礎,此等人來台後,即無所謂第三勢力。」[41]關於謝澄平等之組織,多係羅致一般青年,除有刊物若干種外,並設有一研究所,每月支出不下於一萬美金,其力量實已超過許等之團體費。至謝等之經費來源,聞係由美方負責。[42]由雷震與洪蘭友一再點名謝澄平,可知原本寂寂無聞的謝澄平及其《自由陣線》集團,在五〇年代初,於香港第三勢力團體中所扮演舉足輕重的角色;及謝澄平之影響力於一般了。

未幾,許的「中國民主反共同盟」政綱、政策以及類似宣言的文件,也在美國出現了,同時也遞到了哈德門的手中。謝為撐腰打氣,也在經濟方面酌量給許支持,謝並主張以正式組織的名義,在美國發表政綱、政策等等,並同時遞送美國當局。[43]及至後來「戰盟」成立,剛開始並沒有謝的份,迄於看到許的大纛豎起來了,「戰盟」的「最高」人物才開始警覺,原來謝才是此中的策動者兼經濟後台,事到如此,只好設法疏通加以拉攏了。[44]

四、《戰盟》成立後與謝澄平的恩怨

五〇年代香港第三勢力的主要團體是「戰盟」,它成立於1952年10月10日,主要領導人為所謂的「三張一顧」,即張發奎、張君勱、張國燾、顧孟餘是也。[45]「戰盟」成立不久,內部成員即風波

---

[41] 〈雷震給蔣中正等的建議:39、11、2日〉,同上註,頁11。

[42] 〈向行政院報告、國民黨改造委員會建議與雷震按語〉,同上註,頁46。

[43] 〈抄錄「民主反共同盟」組織章程及政治綱領〉,見《總裁批簽》,台(40)改密室字第0113號,1951年3月14日,黨史會藏。

[44] 焦大耶(朱淵明),〈「第三勢力」全本演義:第三百六十一行買賣〉,見陳正茂編著,《五〇年代香港第三勢力運動史料蒐秘》,同註8,頁209。

[45] 〈從擁汪到投蔣的顧孟餘〉,《傳記文學》第100卷第5期(民國101年5月),頁69。

不斷，以謝澄平為首的《自由陣線》集團亦與其時有齟齬。[46]先是「戰盟」為了對美國有所交代，張發奎、顧孟餘等決定整合當時香港的第三勢力團體，將第三勢力建立成一股容納各黨各派，有效且有力的反共聯合陣線，以利擴大宣傳及助長聲勢。初時張、顧先擬出一份八人名單，計張發奎、顧孟餘、李璜、張君勱、伍憲子、童冠賢、張國燾和黃旭初等八人，嗣美方以人數過少，不足以反映各黨派力量，最後才有張、顧提出的二十五人名單。[47]

二十五人名單分別是：

序號	姓名	黨籍	簡歷
01	張發奎	國民黨	國府一級上將、曾任廣東省政府主席
02	顧孟餘	國民黨	曾任北大教授、中央大學校長、鐵道部長
03	童冠賢	國民黨	曾任北大教授、立法院院長
04	許崇智	國民黨	歷任粵軍總司令、國民政府委員、軍事部長、監察院副院長、總統府資政等職
05	上官雲相	國民黨	曾任三十二集團軍總司令、華北剿匪總部副總司令
06	彭昭賢	國民黨	曾任國府內政部長
07	宣鐵吾	國民黨	曾任陸軍九十一軍軍長、淞滬警備司令、上海市警察局長
08	張純明	國民黨	前清華大學教授
09	張國燾	原共產黨領袖之一；後加入國民黨	曾代理中共中央書記、紅四方面軍負責人、中共中央軍委主席、陝甘寧邊區政府主席、國民參政員
10	何義均	國民黨	曾任中央大學教授
11	黃宇人	國民黨	曾任國民參政員、國民黨貴州省黨部主任委員、立法委員
12	黃如今	國民黨	曾任國民黨新疆省黨部書記長、前東北大學校長

---

[46] 「在張、顧等第一次所提名單中，青年黨方面只有李璜一人參加，嗣因美方主張擴大名單為二十五人，故張、顧等乃將左、謝及何三人之名加入，左、謝、何三人因與李璜不睦，知李參加在先，故表示拒絕參加，且謝每月自美方領補助費美金二萬元，開辦《自由陣線》、平安書店、自由出版社、《中聲日晚報》及研究所等，聲勢頗為喧赫，深恐一旦參加之後，所有美援均需統一支配，則謝目前局面將維持不住，故尤堅決表示不參加。……張、顧後來且對謝威脅，謂謝如不參加，則將請求美方對謝停止補助，使謝感覺進退兩難。」陳三井，〈蔣介石眼中的海外自由民主運動〉，《「蔣介石與現代中國再評價」國際學術研討會》論文集（下冊），（台北：中央研究院近代史研究所主辦，2011年6月27－29日），頁596－597。

[47] 〈對顧張等醞釀第三勢力近況報告〉，（中國國民黨中央改造委員會第150次會議紀錄，附件，1951年6月7日），黨史會藏。

13	甘家馨	國民黨	國民黨第六屆中央執行委員、立法委員
14	黃旭初	國民黨	歷任軍長、陸軍上將、廣西省政府主席、總統府國策顧問
15	徐啓明	國民黨	曾任桂系兵團司令
16	周天賢	國民黨	歷任湖南省黨部執行委員、省參議員、三青團中央幹事、國民黨中執委、立法委員等職
17	張君勱	民社黨	國家社會黨創始人，國民參政員、民社黨主席，有「中華民國憲法之父」之稱
18	伍憲子	民社黨	曾任民社黨副主席、民憲黨主席
19	伍藻池	民社黨	民社黨員、旅美華僑、立法委員
20	王厚生	民社黨	民社黨中常委、民社黨秘書長
21	李微塵	民社黨	民社黨員，曾任《中國晚報》主筆、陳友仁秘書、主持「創墾出版社」、《熱風》半月刊主編、新加坡《南洋商報》筆政，與李光耀總理關係良好
22	李璜	青年黨	青年黨領袖，曾任北大教授、國民參政員、國府出席聯合國制憲大會中國代表團團員之一、行憲後第一任經濟部部長（未就）
23	左舜生	青年黨	青年黨領袖，曾任國民參政員，國府農林部部長，國大代表、光復大陸設計委員會副主任委員
24	何魯之	青年黨	青年黨領袖，曾任華西大學教授，國府委員，國大代表、總統府國策顧問
25	謝澄平	青年黨	曾任農林部政務次長、國大代表、《自由陣線》週刊負責人[48]

　　二十五人名單出爐後，張、顧於1951年5月11日，邀請大家見面商議，並宣示成立組織的必要性。6月2日又再度集會，然因內部意見分歧，仍未取得共識。值得注意的是，這兩次聚會謝澄平都沒有參加，原因是青年黨領袖李璜對外宣稱，他一人代表青年黨參加即可，為此，謝澄平不滿的在《自由陣線》刊登啟事，指出李璜以黨派立場自稱領袖，在外多方招搖，否認李的領袖地位。[49]

　　除青年黨高層內鬨導致謝不出席「戰盟」外，另有一因為謝有自己的管道，其早已接受美援津貼，深恐一旦加入，美援統一支

<hr />

[48] 以上資料，參考劉繼增、張葆華主編，《中國國民黨名人錄》（湖北：人民出版社出版，1991年9月1版）、劉紹唐主編，《民國人物小傳》（台北：傳記文學出版社出版）、《國史館現藏民國人物傳記史料彙編》（台北：國史館印行）諸書。

[49] 〈自由陣線、自由出版社啟事〉，《自由陣線》第5卷第5期（1951年4月27日），頁20。

配，對其未必有利。既然黨內大老何魯之、李璜、左舜生等前輩均
不出席，他更不便獨往。而且，因謝的後台路線不同，做法也未盡
一致；更何況在「戰盟」成立之前，謝已獨張一幟，高喊「第三」
達一年以上，自問資格當不後人，聲望亦已鵲起。基此幾點原因，
謝雖屬晚輩，但自認「戰盟」張、顧等領導人，必然對他另眼相
看，倚重有加。誰知張、顧根本不管這一套，非特以「眾人」視
之，且打算先接收謝這一現成地盤以作憑藉，至於對謝的安排，則
給了他一個空洞的「宣傳委員會副主席」之類的頭銜敷衍敷衍。[50]

　　「戰盟」當時的人事安排為：中央委員會委員張君勱、顧孟
餘、張發奎、張國燾、許崇智、童冠賢、宣鐵吾、龔楚、蔡文治、
謝澄平、劉震寰、黃旭初、程思遠、李微塵、李大明等十五人。其
中，張君勱、顧孟餘、張發奎、張國燾、許崇智五人為常務委員，
李微塵為秘書長；中央軍事委員會委員長張發奎，副委員長蔡文
治；中央政治委員會委員長顧孟餘；中央文化宣傳委員會主席張國
燾，副主席謝澄平；組織部部長顧孟餘兼，副部長龔楚；青年部部
長黃宇人，副部長彭昭賢；對外聯絡部部長程思遠，副部長梁友
衡。[51]

　　由上述一紙名單看來，謝表面上在「戰盟」是擠入高層領導核
心，但並非擁有實權的常務委員，且掛名宣傳委員會副主席，亦毫
無權力可言。以謝的《自由陣線》集團之實力，竟僅得如此，謝氏
本人及其班底，自然不免對張、顧心生怨懟。據《蔣介石與我——
張發奎上將回憶錄》一書言：「謝澄平退盟了。他是《自由陣線》

[50]　〈民主戰鬥同盟活動〉、〈民主戰鬥同盟糾紛〉，見《總裁批簽》，台（42）改密
　　室字第0128號，1952年4月1日，黨史會藏。焦大耶（朱淵明），〈「第三勢力」全
　　本演義：第三百六十一行買賣〉，見陳正茂編著，《五〇年代香港第三勢力運動史
　　料蒐秘》，同註8，頁144。
[51]　司法行政部調查統計局第六組編，《中國黨派資料輯要》冊（台北：出版項不
　　詳，1962年），頁256。

半月刊的負責人。他開出條款，要擔任同盟的秘書長。顧孟餘說我們不能接受任何需索，於是謝澄平離開了。我們感到人才濟濟，財力豐沛，所以不在乎。」[52]張回憶所言不虛，謝與李微塵的交惡，確實是其脫離「戰盟」的導火線之一。李微塵在謝看來，原是不見經傳的人物，謝起初邀其參加編輯《自由陣線》英文版，李出一本小冊子，名叫《未來之展望》以為宣傳，不久，CC大將彭昭賢讀了這本小冊子頗為欣賞，乃登門拜訪，請李一同出來參加第三勢力運動。時彭與丁文淵、宣鐵吾等業已另有一組織，李經此一拉身價陡增，對謝方面不免忘形。隨後李又與羅夢冊有所衝突，謝支持羅，遂將李辭退，從此以後，李、謝分道揚鑣，互相攻擊。首先是李與馬義聯合，在自聯通訊上，對謝不時予以抨擊。未幾，又與張六師、張國燾等多方聯絡，對謝採取包圍戰略；及至接近張發奎，參與張、顧集團機要，更使謝感覺芒刺在背，坐臥不安。謝為有實力之人，今秘書長寶座竟由李出任，是可忍！孰不可忍！最終只有退盟一途以為反制。[53]

不僅如此、因謝走的是美國「傑賽普路線」，他個人似乎並不以為哈德門的搞法是絕對正確，而哈也無囑其接受彼方的領導，準備移交的指示，於是謝的膽子就慢慢壯起來了。隨即又看到張、顧集團，既無章法亦無作為，謝亦非等閒之輩，況他自己原有一《自由陣線》集團，相形之下，張、顧的「戰盟」反而不如他，謝因此乃產生出羞與為伍的念頭來。

平情說來，在張、顧「戰盟」扛起第三勢力大旗之初，謝以本身資歷不夠，難以擔當大軸，曾經是真心誠意想推幾個前輩出來領

[52] 張發奎口述，鄭義翻譯／校註，《蔣介石與我──張發奎上將回憶錄》，同註13，頁489。
[53] 張國燾退盟、謝澄平另起山頭爭美援等，都是李微塵縱橫捭闔的惡果。焦大耶（朱淵明），〈「第三勢力」全本演義：第三百六十一行買賣〉，見陳正茂編著，《五〇年代香港第三勢力運動史料蒐秘》，同註8，頁143－144。

導以資號召，而眾望所歸的前輩，張君勱遠在印度，張發奎素不相識，許崇智淵源甚淺，唯有顧孟餘乃北大教授，與謝有師生之誼。於是謝乃崇誠佈悃，力請顧出山領導，為展現擁戴之情，謝還徵得美國同意，提出一筆經費，專租一棟房子，先行組織一五人小組，以主持籌劃第三勢力大計。而此五人小組乃何魯之、童冠賢、張國燾及謝和為首的顧孟餘。[54] 諷刺的是，謝如此的推崇顧孟餘，顧竟不來，亦不明拒，後來還是謝輾轉拜託何魯之，三番五次的敦促，又懇請童冠賢千方百計的疏通，顧始無精打彩勉強談談，彷彿不感興趣。及至哈德門來，張、顧集團成形之後，顧即絕對不再參加謝的五人小組，亦不對謝有所交代，謝不免大失所望，何況隨後還想要接收謝的「地盤」，難怪謝對人說：「我竟擁護出吞併我們的領袖來了」！[55]

除對顧的心生怨懟外，張發奎因對謝極為鄙薄，若非謝有點實力，根本無從在「戰盟」立足，遑論能表面上躋身高層。顧孟餘即很現實的說到：「他是有背景的人」，「現在又有許多事業在手，不敷衍他，他不會就範，或許他會跟我們搗蛋的」。所以，張最後是勉強接受了謝，但張、顧對他印象惡劣，時常對人罵他，謝亦覺得均係李微塵搗鬼所致。[56]不久，又適逢張與蔡文治鬧翻，謝

---

[54] 黃宇人，《我的小故事》（下冊），同註18，頁128－130。

[55] 謝澄平的五人小組，原先是顧孟餘、何魯之、童冠賢、張國燾及謝澄平五人。原來的五人小組，顧只勉強來了兩次；後來哈德門來後，張、顧集團始籌組，顧即絕跡不到。謝於沒趣之餘，乃請張國燾及謝的三位好友參加，即黃宇人、羅夢冊、程思遠，形成新的五人小組。這新的五人中，無論依年齡，資格，或聲望，均以張國燾為先，張氏因此一躍而為張、顧集團中的要角。可是初次「民主選舉」結果，黃、謝二人雖幸入選，但羅、程二人卻落選，不能參加「二十五人集團」，遂同聲抱怨，紛紛質疑張國燾，從此這新「五人小組」也就散了夥而風流雲散了。焦大耶（朱淵明），〈「第三勢力」全本演義：第三百六十一行買賣〉，見陳正茂編著，《五〇年代香港第三勢力運動史料蒐秘》，同註8，頁143。

[56] 焦大耶（朱淵明），〈「第三勢力」全本演義：第三百六十一行買賣〉，見陳正茂編著，《五〇年代香港第三勢力運動史料蒐秘》，同註8，頁144。

遂認為「張顧集團有李某在內，是永難容我的了」！乃在後台老闆美國處，竭力提供許多對張、顧不利的情報，對張、顧集團及「戰盟」，帶來莫大的傷害。

五、《自由陣線》集團的內鬨和失敗

基本上，《自由陣線》集團曾有其輝煌的歲月，在五〇年代香港第三勢力運動中，有其舉足輕重的影響力，但最後仍不免走向衰敗沒落的結局，此與領導人謝澄平的作風有絕對的關係，真是「成也蕭何，敗也蕭何」。當年也是《自由陣線》集團核心幹部的張葆恩，在謝辭世後，於台灣青年黨刊物《全民半月刊》上所寫的追悼文章中，即抖出不少驚人內幕，亦足證謝最終之失敗是其來有致。

1.謝太權謀，未能以誠待人

張說：「謝澄平利令智昏，領導無方，不僅使對方（美國）失望；抑且沒能把握時機，建立差堪自給的事業根基，以冀爾後能自己維持下去，不依賴外人，竟虛擲光陰十年，步入失敗下場，豈非一大憾事。而謝排擠青年黨老幹部，尤其是參與最初活動的人，怕其知道祕密而欲除之後快；想用新人又不放心，此為用人方面之矛盾。張接著批評道：最糟的是，謝還喜歡玩弄平衡手法，對待左、何兩位元老及一起打拼的事業夥伴，以遂其個人獨斷獨行，為所欲為的伎倆。」

張認為謝於事業初起時，就施展了卸責、嫁禍、懲惡的諸種手法，對付共同努力的朋友，於是演出了排丁（廷標）、打龔（從民）、拒何（魯之）等一連串的把戲。其後逼得左舜生與左幹忱和丁廷標聯名寫「最後通牒」給謝，提出三點要求：1.要了解經濟情況；2.左舜生任社長；3.今後社務由五人會議決定（左舜生、左幹

忱、丁廷標、何魯之、謝澄平）。謝拒絕，後勉強同意何、左、謝
三人每週四於何寓會談，交換意見。社長一職則由何在「紅樓」餐
敘時勸退左舜生，左最後同意與何魯之、翁照垣擔任出版社顧問一
職。[57]

雷嘯岑言：「中國高級知識份子衹要有三個人在一道搞政治活
動，內部必然發生爭奪領導權的醜劇，雖把團體弄垮，亦所弗惜。
主要原因是大家皆基於「為貧而仕」的下意識，靠政治活動以求生
存，所以必須爭取領導地位，纔可望在政治上獲致顯貴職位，博得
豪華的生活享受。此與西方產業發達國家的知識份子，於受過相當
教育後，即從事工商企業工作，俟生活基礎奠定了，再相機在政治
上求出路的習慣，背道而馳，本末倒置，也就是所謂第三勢力沒法
產生的癥結所在。」[58]真是一針見血之論。

2.樹敵太多，濫用美援

此外，謝行事太過專斷，樹敵太多，也是《自由陣線》集團失
敗的另一原因。如謝原本與馬義（司馬璐）、齊星士（蔣炎武）等
合辦「自聯社」，為《自由陣線》集團之外圍組織，謝提供經費，
交由馬、齊共同負責。旋馬、齊因互爭領導權而合作破裂，又因經
費問題與謝交惡，於是演出馬義登報抨擊，齊則毆謝於街頭的鬧
劇。之所以如此，全是「錢」在作祟，蓋謝挾「祕密不可洩」為護
符，經濟不肯公開，以滿足其個人隨興支配，恣意揮霍的慾壑，終
於導致人心離散，自取滅亡。為錢，謝甚至不惜得罪何魯之，與何
大吵一架，並以逐漸減少經費，僅留一點供生活費，以求達到真正

---

[57] 張葆恩，〈大時代的悲劇人物──悼念謝澄平老哥〉（中），同註16，頁20。
[58] 雷嘯岑，《憂患餘生之自述》（台北：傳記文學出版社，民國71年10月初版），頁
172－173。

控制每人之胃的目的。[59]

　　謝對美援的支出，恣意揮霍，用錢拉攏自己的核心人馬，且帳目不清，早已啟人疑竇令外界質疑。據香港《展望》月刊1961年4月號披露，自由出版社十年來接受各類美援共港幣2800萬元，其中1/7耗於賭馬；6月號稱：美援正式入賬僅800萬港幣。[60]不論如何，謝以美元為籌碼，在帳目不公開又交代不清的情況下，難免讓外界懷疑其操守；甚至認為有中飽私囊之嫌。

3.氣度偏狹，未能用人

　　謝在青年黨及第三勢力陣營中，原先只是個二線人物，只因捷足先登得到美援，身價才水漲船高。但謝心理始終缺乏自信，沒有安全感，也因此常疑神疑鬼，不信任舊友，也未能結交新朋。在「戰盟」無聲無息時，謝曾參加，也可說是發動兩個組織，一為「獨立民主運動」；一為「民主中國青年大同盟」。前者的成員有張國燾、黃宇人、李微塵、孫寶剛、黃如今等；後者的骨幹是：胡越（欣平）、許冠三（于平凡）、陳濯生、丘然、徐東濱等。「獨立民主運動」的成員，都是飽經世故的志大才疏之士，各持己見，呶呶不休，一直談不出個所以然來，最後散夥了事。「民主中國青年大同盟」倒是朝氣蓬勃，有聲有色。謝最後發現那批青年朋友也是想利用他的錢，才給他一個名，恍然大悟之餘，趕緊縮手抽腿，雙方亦弄得不歡而散。[61]

　　不過這批青年朋友，倒有實事求是的幹勁，終於取得外援，

[59] 同註57，頁20－26。〈雷震日記〉也有談到：「馬與謝澄平日趨不合作，因謝澄平要控制其行動也。馬謂謝要包辦第三勢力。」傅正主編，〈雷震日記〉（1951年2月12日條），《雷震全集》（33）（台北：桂冠版，1989年8月初版），頁36。

[60] 張發奎口述，鄭義翻譯／校註，《蔣介石與我——張發奎上將回憶錄》，同註13，頁521。

[61] 郭士，〈「自由出版社」滄桑史〉，見陳正茂編著，《五0年代香港第三勢力運動史料蒐秘》，同註8，頁92－93。

創辦《祖國》雜誌，組成「友聯出版社」。之後，更網羅人才，事業擴充到南洋新、馬地區，早已步上自給的文化企業之路。而徐速等人的努力亦不落人後，先刊行《海瀾》雜誌，創辦「高原出版社」，繼則發行《當代文藝》月刊，專事文藝創作的出版，異軍突起，銷行海外，廣及南洋，並以《星星‧月亮‧太陽》一書，名震文壇。[62]

　　總之，由於謝的領導無方，所用非人，引致內鬨，遭受外界鄙視，而在美國壓力及要求下，更參與空投大陸地下工作人員之事。當年空投多達二、三百人，他們都是有去無回，為安頓孤兒寡母，《自由陣線》集團曾耗去不少經費，導致後來捉襟見肘，伏下財務危機，終至瓦解的命運。[63]

　　綜上所述，再回想謝澄平推動第三勢力運動之初，民社黨黨魁也是香港第三勢力要角的張君勱，曾致函謝澄平論第三勢力之精神條件為「1.非為政綱結合，而為道義結合，其宗旨尤簡尤好，國家獨立，政治民主，文化自由，經濟平等四者，庶幾近之。2.此為成仁取義之壯烈行為，只知犧牲，不計成敗利害。3.不依傍實力，……倘稍存依傍瞻顧之心，自己動機不正，勇氣為之減少，此為第三勢力所不可不大大覺悟者也。」[64]事後觀之張、謝二氏之行徑，不僅顯得格外諷刺，對第三勢力之所以失敗，亦可以思過半矣！

---

[62] 張葆恩，〈大時代的悲劇人物──悼念謝澄平老哥〉（中），同註16，頁26。

[63] 陳復中，〈熱血男兒淚灑塞班島，反共志士魂斷長白山──「自由中國抵抗運動」〉，《歷史月刊》第181期（民國92年2月5日），頁55－62。胡志偉，〈「自由中國抵抗運動」的開場與收場〉，《傳記文學》第93卷第6期（民國97年12月），頁43－57。

[64] 張君勱，〈致謝澄平書論第三勢力之精神條件〉，《再生》（香港版）第17期，總第268號（民國39年6月1日），頁9。

六、結論：《自由陣線》集團的風流雲散
──兼論第三勢力悲劇之宿命

平情而言，就整個五○時代香港第三勢力運動的貢獻言，謝領導的《自由陣線》集團仍功屬第一。原因為該集團堅持第三勢力主張最久，活動力最強，影響層面最大；且有具體成績與事功。[65]大陸知名史家楊天石在〈五○年代在香港和北美的第三種力量──讀張發奎檔案之一〉文中說到：「五○年代北美和香港地區的第三種力量還有以李宗仁為首的中國國民黨「復興同志會」，以李大明為首的「中國民主立憲黨」，以譚護為首的洪門致公總堂，以謝澄平為代表的自由陣線，以陳中孚為代表的「中國民主大同盟」，他們在1954年曾聯合組織「自由中國民主政團同盟」，但影響和作用都很小。」[66]楊的評論不確，他沒有將戰線及時間拉長來看，也沒有從文化出版的角度立論，若以此二者評論，《自由陣線》集團，遠遠比張發奎、顧孟餘的「戰盟」影響和作用都來得大多了。

基本上，五○年代香港「第三勢力」運動的興起與沒落，美國政府始終是幕後的主導者；易言之，「第三勢力」運動乃係當年美國對華政策的副產品，因此，「第三勢力」的命運即必須以華府的中國政策為依歸，以國務院和中情局主事者的意志為意志，這種「仰人鼻息」的政治運動，其結局當然是可以逆料的。[67]是以自1959年起，亞洲基金會改變方向，從資助宣傳轉為補助教育，對

[65] 陳正茂，〈第三勢力運動史料述評：以《自由陣線》週刊為例〉，見陳正茂編著，《五○年代香港第三勢力運動史料蒐秘》，同註8，頁21－22。

[66] 楊天石，〈五○年代在香港和北美的第三種力量──讀張發奎檔案之一〉，楊天石，《抗戰與戰後中國》（北京：中國人民大學出版社出版，2007年7月1版），頁634。

[67] 林博文，〈五○年代香港「第三勢力」運動興亡始末〉，《歷史的暗流──近代中美關係秘辛》，同註1，頁107－108。

《自由陣線》經援也大幅削減，《自由陣線》至此維持日益艱困，而謝也因為人事與財務問題，離開香港遠走東京，《自由陣線》及「自由出版社」最後終於走到停刊的命運。總計，《自由陣線》週刊共維持了十年，而較晚成立的「戰盟」，則早已結束多年，可見《自由陣線》集團對第三勢力運動的貢獻，遠在「戰盟」之上。[68]

　　總的說來，評價謝對第三勢力之貢獻，仍以文化教育和透過期刊雜誌宣揚政治理念功績最顯著。早從1951年起，在美方經費援助下，謝除了《自由陣線》週刊外，也積極支助《中國之聲》、《獨立論壇》、《大道》等刊物，鼓吹「第三勢力」理論。[69]此外，並延請年輕才俊之士如徐東濱、丘然、徐速、侯北人、關恕人、余英時等人入《自由陣線》編輯陣容，大大發揮《自由陣線》的言論影響力。1953年，謝又在港成立了兩個外圍組織：「獨立民主運動」和「民主中國青年大同盟」，前者成員有張國燾、黃宇人、李微塵、孫寶剛、黃如今等；後者骨幹為胡越、許冠三、陳濯生、丘然、徐東濱等。其後「民主中國青年大同盟」在港創辦《祖國》雜誌，組成「友聯出版社」，謝亦貢獻不少心力。[70]

[68] 陳正茂，〈50年代香港第三勢力的主要團體：「中國自由民主戰鬥同盟」始末（1952－1955〉，同註6，頁446。

[69] 陳正茂，〈謝澄平與第三勢力〉，見陳正茂著，《醒獅精神——青年黨人物群像》，同註9，頁266。

[70] 據美國《亞洲研究學術評論》1947至1975年第4卷第1－2期合刊所發表的〈20世紀70年代中華人民共和國研究：香港材料來源〉一文透露：「友聯研究所是香港藏有研究當代中國最完整的研究材料的研究所，它是香港專門研究中國問題的最老和最大的研究組織之一。它擁有五十名工作人員，從事廣泛搜集資料和研究工作……美國、歐洲和亞洲的一些大學和研究中心已經從友聯研究所獲得它所收藏的所有縮微膠卷的複製品，約達二千五百盤之多。可以說，友聯研究所是香港1951年「第三勢力」運動發展時期唯一留下的產物，其他都蕩然無存了。程思遠，《我的回憶》（北京：華藝出版社出版，1994年12月1版），頁227、230。亦可參考區志堅、侯勵英，〈香港浸會大學圖書館友聯資料介紹〉一文，《近代中國史研究通訊》第31期（民國90年6月），有相當詳盡的敘述。而旅美專欄作家林博文也談到：「美方支持的第三勢力，唯一有具體成果的是陳濯生、司馬長風、許冠三和徐東濱等人組成的友聯研究所和友聯出版社。這兩個機構所蒐集的中共資料以及對中國大陸的研究，

　　一般而言，談到所謂的第三勢力，過去在國內即名稱紛歧不一，有稱「第三方面」、「中間派」、「中間路線」、「中間黨派」、「民主黨派」等等不一而足。據施復亮的解釋，所謂第三方面，一則是指站在國、共兩黨鬥爭以外的第三者；一則是指國、共兩黨鬥爭的調和者。換言之，第三方面確實具有中立與調和兩種雙重身分。另施復亮也闡述「中間派」，在思想上，是各色各樣的自由主義；在政治上，是一切不滿意國民黨而又不願意共產黨取而代之要求民主進步的人士；在組織上，是國民黨及共產黨以外的一切代表中間階層的黨派。所以施復亮亦稱其為「中間諸黨派」，當時的民主同盟即為中間諸黨派的代表。

　　而「民主黨派」定義則較模糊，它並未言明涵括的對象，與目前大陸上存在的民主黨派也似有不同。就大陸學者的定義，現今的民主黨派，指的是1949年跟隨共產黨取得合法地位的在野黨派，這當中並不包含追隨國民黨的青年黨與民社黨。[71]至於「第三勢力」（The Third Force）一詞，應該是張君勱在中共獲得政權後提出的，用以說明抗戰以來中間黨派和無黨無派人士的努力，以及中共建國後在香港發動反對國、共的運動。1950年代流亡香港的大陸人士，亟思在國、共兩黨之外另結合一新興力量。[72]

　　但當第三勢力失去政治制衡的舞台後，這股力量通常會轉而投入報刊雜誌的評論，以繼續宣揚其理念，並試圖爭取殘餘的制衡國、共空間。五〇年代在香港的《自由陣線》集團及《自由陣線》週刊的創辦，正是為了代表廣大的民眾對國是發表意見。謝澄平他

在學界與政界頗受重視。」林博文，《關鍵民國──聆聽民國史的馬蹄聲》（台北：大塊文化出版，2013年6月初版），頁69。

[71] 施復亮，〈再論中間派的政治路線〉，《文匯報》（上海版）（民國36年4月13日），收錄於《時與文》週刊政論選輯，《中國往何處去》（上冊），（上海：時代文化出版社，民國38年2月初版），頁50。

[72] 楊永乾，《張君勱傳》（台北：唐山出版社，1993年9月初版），頁172-174。

們這些主張中國應走出國、共以外第三條道路的人士，實與開發中國第三種力量的實踐者息息相關，由於國、共長期的衝突，屢屢影響中國政局，致使謝及其集團成員，亟欲謀求在國、共之外發展第三種力量予以制衡。只不過僅著重於輿論的鼓吹，而無實際行動與實力，是無法喚起民眾產生力量的。中國近百年來的第三勢力運動，泰半以知識份子為主要的結合群體，而自古以來，傳統中國知識份子的屬性，長於論道而短於行動，於儒家教化下，長期依附政權的「奴性」，使其缺乏開疆闢土的革命性。

　　他們太過相信人類是理性的，也天真的誤以為國、共兩黨最終會有所改變，在上世紀五〇年代，那個「冷戰」而又黑暗的年代，他們無法挽狂瀾於既倒，亦未能扭轉歷史的走向，最終只留下「第三勢力」運動，在現代中國悲壯的衰落，及留給吾人嚴肅的省思。何以在海峽兩岸的政治格局，沒有「第三勢力」發展生存的空間？今天的中國大陸共產黨一黨專政自不必說，即便已走向政治民主化的台灣，解嚴以來，這三十多年來的台灣政局，「第三勢力」好像仍是無法走出「第三條道路」。

下篇

政治人物篇

書生從政的悲劇
──顧孟餘政治活動之探討

一、前言

　　五○年代於香港喧騰一時的第三勢力運動中，「中國自由民主戰鬥同盟」（簡稱「戰盟」）是其中一股較大、且最具代表性的政治團體。[1]當年「戰盟」的領導群，有所謂「三張一顧」四大巨頭的稱呼，此三張乃張發奎、張君勱、張國燾是也，背景正屬國民黨、民社黨、共產黨；而一顧即顧孟餘，似可代表國民黨內昔日汪精衛之「改組派」系統，這樣的組合其實還蠻有意思的。[2]張發奎時戲稱「張大王」，北伐時「鐵軍」之統帥，戰功彪炳名聞遐邇。[3]張君勱被尊為「中華民國憲法之父」，更是中外皆知。[4]張

[1] 陳正茂，〈五○年代香港第三勢力的主要團體──「中國自由民主戰鬥同盟」始末（1952－1955）〉，《北台灣學報》第34期（民國100年6月），頁441。

[2] 李璜將當時南下香港的流亡人士分為四類，即平民與學生、工商界熟人、文化界人士、軍政界人物。李璜，《學鈍室回憶錄》下卷（香港：明報月刊社出版，1982年元月初版）頁721－723。胡志偉則分的更細，胡將其分為七類：（1）、失意政客：如張君勱、彭昭賢、王正廷、李璜、左舜生、謝澄平等。（2）、落魄軍人：如張發奎、許崇智、劉震寰、上官雲相、陳濟棠、金典戎等。（3）、桂系要員：如黃旭初、童冠賢、張任民、韋贊唐等。（4）、中共叛徒：如張國燾、龔楚等。（5）、漢奸：陳中孚、趙桂章、趙正平等。（6）、知識份子：如顧孟餘、丁文淵、黃如今、張純明、李微塵、易君左、趙滋蕃等。（7）、知識青年：如胡越、徐東濱、陳濯生、許冠三等。胡志偉：〈「自由中國抵抗運動」的開場與收場〉，《傳記文學》第93卷第6期（民國97年12月），頁48－49。

[3] 丁身尊，〈鐵軍喪敵膽名將震倭頑──張發奎將軍北伐、抗戰事略〉，廣東省政協、韶關市政協、始興縣政協等文史資料研究委員會合編，《揮戈躍馬滿征塵》廣東：廣東人民出版社發行，1990年2月1版，頁13－24。

[4] 鄭大華，《張君勱傳》（北京：中華書局，1997年1版），頁2。黃波，〈一個沒有失敗的「失敗者」──「民國憲法之父」張君勱〉，見其著，《真實與幻影──近世文人縱橫談》台北：秀威版，2008年11月1版，頁83。

國燾在共產黨內的輩份不輸給毛澤東，於中共黨內其實力曾一度遠勝於毛，他所領導的紅四軍，更是朱毛紅一軍所比不上的，1938年的脫離共產黨，曾經轟動一時。[5]

三張皆有聲於時，顧孟餘呢？顯然其知名度不若三張，但稍微了解民國史者，其實也知道，顧也不是省油的燈，此公來頭也不小。顧一生幾乎都在反蔣，早期追隨汪迭次反蔣，大陸淪陷後，又在香港搞「第三勢力」運動，反蔣亦反共，生命的最後幾年，則在蔣的禮遇下回台定居，這不能不說是某種程度的向蔣表態。[6]顧一生學經歷傲人，唯「棄學從政」且未跟對主子，導致一生沉浮宦海，並無顯赫政績，終遭世人遺忘，此亦頗為無奈之事。

二、佐蔡元培治理北大

顧孟餘（1888－1972）：原名兆熊，字夢漁、夢餘，後改孟餘，以字行，筆名公孫愈之，祖籍浙江上虞縣，寄籍河北宛平，1888年（清光緒14年）9月24日生於北京，自幼聰穎。1905年入北京譯學館就讀，翌年出洋留學，入德國萊比錫大學習電機工程，因興趣不合，復轉學柏林大學攻讀政治經濟學，因係譯學館出身，除中文外，英、法、德文俱佳。[7]留歐期間，因認同孫中山之革命理念，遂加入中國革命同盟會。1911年，辛亥革命成功，孫中山在南京就任臨時大總統，委蔡元培為民國首任教育總長，蔡力邀孟餘為司長，未就。袁氏當政後，蔡以反袁辭教育總長職，旋再度赴德，

[5]　〈張國燾〉，劉紹唐主編，《民國人物小傳》第四冊，台北：傳記文學出版社印行，民國78年12月再版，頁252－256。

[6]　張研田，〈迎接顧先生回國定居的經過〉，《傳記文學》第29卷第1期（民國65年7月），頁23－24。

[7]　〈顧孟餘〉，劉紹唐主編，《民國人物小傳》第十一冊，台北：傳記文學出版社印行，民國78年11月初版，頁389。

孟餘隨行。[8]

1913年，國民黨討袁，二次革命爆發，孟餘與蔡氏立即回國參加討袁大業，失敗後，蔡赴巴黎，孟餘居滬。1914年，德國西門子公司聘其為工程師，乃遷北京。1916年，袁氏敗亡後，是年12月，蔡被任命為國立北京大學校長，聘孟餘為北大教務長，其後並兼任文科德文系主任及法科經濟系主任等職。[9]「五四運動」後，校長蔡元培憤而離開北大，校務幾乎均由顧與蔣夢麟撐持。[10]當時最棘手問題是，北洋政府教育部竟無錢可發，積欠教職員薪水多月，為此顧傷透腦筋，除想方設法四處張羅外，並拜託胡適在上海辦理招考之事。[11]有鑒於政府老是失信於學校，孟餘與胡適等北大教授一直在苦思對策，研擬「自處」之道。1921年8月23日的胡適日記即載：「今天夜寄（寫）了兩信託任光帶去給夢漁，一信說招考事；一信說我們『自處』的時期到了，我以為『自處』之法不但是要邀二三十個同志出來編譯書籍，如夢漁前函說的，還應該辦一個自修大學，不可拋了教育事業。」[12]對照顧後來的棄學從政，此際的顧孟餘，還真是個教育的理想主義者。

是年底，蔡元培到京，為維持北大事，顧與蔡元培和胡適商定：（1）圖書募捐事，（2）主任改選事，（3）教務長改選事，

8　〈顧孟餘先生事略〉，《國史館現藏民國人物傳記史料彙編》第十七輯，台北：國史館出版，民國87年6月初版，頁564。

9　符滌泉，〈顧孟餘傳〉，《國史擬傳》第三輯，台北：國史館出版，民國81年6月出版，頁295。

10　陶希聖，〈記顧孟餘先生〉，《傳記文學》第21卷第2期（民國61年8月），頁29。

11　如蔡元培致胡適函曾提到：「現在北京全在奉魯軍勢力範圍，直軍亦有權索餉，財部筋疲力盡，自然無顧及教育之餘暇。中秋於俄款中借得二十萬，每校只分到月費之七成，此外一無憑藉。以俄款發行之公債，聞杳無希望。」〈蔡元培致胡適〉，梁錫華選註，《胡適秘藏書信選》（續篇）台北：遠景出版社出版，民國71年12月初版，頁432。

12　〈胡適日記〉（1921年8月23日），《胡適日記全集》第三冊，台北：聯經版，2004年5月初版，頁291。

（4）減政事，（5）組織教育維持會事等五項辦法，繼續為北大正常運作盡心盡力。[13]時北大正值多事之秋，各項興革待舉，尤以教授間亦彼此黨同伐異，從胡適此年日記看到其與顧之頻繁交換意見，可知身處其中的顧孟餘，是如何不易的維持局面。再舉胡適日記為證，1921年10月28日，胡日記言：「孟餘要我代理教務長，我此時自顧尚不暇，如何能代他人？孟餘實在太忙，我若不怕病，或可代他。此時實在對不起他了。」[14]

　　有關孟餘對北大的奉獻心力鞠躬盡瘁，北大畢業的李壽雍曾有如下的回憶：「我在民國九年進入北大，一直讀到民國十五年畢業，其中兩年是預科。在我入校之時，顧先生在北大任教務長兼德文系主任，在我進本科經濟系時，顧先生任教務長兼經濟系主任，這都在蔡元培先生長北大的期中。蔡先生長北大時的制度，各系系主任，由各系教授選任，教務長則由各系主任選任。在教學方面，蔡先生採兼容並包政策，從極新到極舊，從極激進到極保守的學人，祇要在學術方面有專精，他都聘其任教。因此，在這樣一個學園裡被選為全校的教務長，實非易事。可是顧先生卻一再連任，直到他離開北京到廣州時為止。」[15]

　　另一學生梅恕曾也同樣提到：「民八我入北大時，北大正由科改為系，是時蔣夢麟先生為總務長，顧先生為教務長，大力興革北大，極力延聘人才，煥然成新氣象。是時北大人才濟濟，不問思想派別，只問有無實學，於是有保皇黨之辜鴻銘，也有革新派的陳獨秀和胡適。那時北大校長是蔡子民先生，在顧先生協助之下，兼容並蓄，延攬了當時國內許多第一流的學術人才都到北大來教書。而

---

[13]　〈胡適日記〉（1921年9月19日），同上註，頁317。

[14]　〈胡適日記〉（1921年10月28日），同上註，頁384。

[15]　李壽雍，〈顧先生早年在北大的一些回憶〉，《傳記文學》第29卷第1期（民國65年7月），頁13。

民八,五四運動發生,其後是讀書運動,以後又鬧北五省旱災,北大校內又出了些事情,有所謂五大臣出洋,和講義風潮,這時夢麟先生要辭職不幹,完全由顧先生出來收拾。當時北洋政府財政極端困難,顧先生乃協助蔡校長來處理這些艱困的局面。」[16]

確實如此,當時北大名師濟濟共聚一堂,舊學名士與新博士教授間,各立山頭,互相較勁,誰也不服誰。蔡元培德高望重,聲譽崇隆,領袖群倫,只要掌握辦校的大政方針即可。但其手下的教務長,可就不是如此好幹,既要管學務,又要煩教授薪水,有時還要安撫學生,各項校務纏身,真不是一般人所能為,觀胡適日記及學生追憶即可印證。總之,孟餘於北大教務長任內,專心致志於院系課程之規劃,風氣之革新,與教職員師生權益之爭取。期間之殫精竭慮,任勞任怨與調和協商,對維持北大校務之正常運作,可謂貢獻極大居功至偉。

1922年5月12日,孟餘原本參與胡適等所發起的《努力週報》事,旋退出,此亦見其多慮之一面。[17]又如關於「好人內閣」事,當討論到王寵惠內閣時,胡適、顧維鈞諸人爭辯甚烈,唯獨只有孟餘、李石曾、王星拱等人作壁上觀,似乎還笑胡適等人多事。[18]是年10月,為北大風潮事,蔡堅辭校長職,孟餘亦萌生辭意。1924年,國民黨在廣州召開第一次全國代表大會,其後,吳敬恆、李石曾、丁惟汾等國民黨元老,為將革命思想帶進北方,集結同志,致力青年黨員之吸收,乃成立國民黨北京執行部,孟餘響應該行動,參加了北京執行部。[19]據李璜的《學鈍室回憶錄》提到,當時「在學校外面,知識份子對政治的運動已相當積極的展開了。一方面是

---

[16] 梅恕曾,〈孟餘先生的生平與往事〉,《傳記文學》第29卷第1期(民國65年7月),頁6。

[17] 〈胡適日記〉(1922年5月12日),同註12,頁569。

[18] 〈胡適日記〉(1922年9月22日),同上註,頁809。

[19] 〈顧孟餘先生事略〉,同註8,頁565。

國民黨的左右兩派與尚不為普通人所注意的青年黨人合起來以對付北洋軍閥，而目標指向段祺瑞的執政政府。」

李璜舉例說到，如1925年10月27日，北大學生針對段祺瑞政府召集的關稅特別會議，發起「要求關稅自主」的遊行示威，北大教授中的朱家驊、徐炳昶與教務長顧孟餘均參加，教授率領學生幾大隊，行至北大第三院附近北河沿地方，即為軍警所阻，起了衝突。帶頭之一的孟餘，自然得罪軍閥，而為段政府所忌恨。[20]

李璜所言不虛，雷嘯岑（筆名馬五）於《政海人物面面觀》書中，亦提到當年國民黨的左右兩派以及顧孟餘，他說：「時北京國民黨市黨部分裂為二大集團，一為翠花胡同派，由顧與徐謙主持之，號稱左派，言行皆與廣州中央黨部常委汪兆銘一致，主張聯俄親共；一為南花園派，以朱家驊、張璧等為中心，積極反共，時人之為右派；李石曾則以先進同志立場，超然於兩大集團之外。……嗣後孟餘之成為所謂改組派大將，在長期間的黨政糾紛中，始終與汪兆銘共同進退，即種因於北京市黨部翠花胡同派之反對西山會議，擁戴汪而排斥胡漢民、張繼等元老的左傾作風。」[21]顧之棄學從政和其後之擁汪，由李璜、雷嘯岑等親歷者之回憶，可見其端倪矣！

1926年元月，國民黨召開「二全大會」，孟餘當選為中央執行委員。3月18日，孟餘又因抨擊段政府在「三‧一八」慘案的槍殺學生之舉，兼以先前的反政府遊行之舉，終遭北洋政府通緝，乃繞道庫倫，循海道南下廣州，先任廣東大學校長，後辭廣東大學校長職，10月，改就中山大學副委員長。[22]

---

[20] 李璜，《學鈍室回憶錄》（上卷），香港：明報月刊社出版，1979年10月初版，頁194。

[21] 馬五，《政海人物面面觀》香港：風屋書店，1986年12月初版，頁26。

[22] 符滌泉，〈顧孟餘傳〉，《國史擬傳》第三輯，同註9，頁296。

三、擁汪成立「改組派」

　　1926年，北伐進展順利，兩湖吳佩孚已被擊敗，11月26日，國民黨中央政治委員會作出國民政府遷往武漢之決定，蔣介石恐遷至武漢的國民政府，有被共產黨把持的顧慮，對遷漢之舉並非十分配合。有鑒於蔣的權力日益膨脹，為制其「以軍馭黨、以軍干政」的獨裁野心，首批遷漢的國民黨高層，組織了國民黨中央和國民政府臨時聯席會議，決定發起提高黨權運動。[23]1927年2月9日，他們決定由徐謙、吳玉章、鄧演達、孫科和顧孟餘五人，組成行動委員會，領導提高黨權運動，並發起「迎汪復職運動」以制蔣。[24]3月10日，國民黨二屆三中全會舉行於漢口，改組中央黨政及軍事機構，孟餘被推選為中央常務委員、中央宣傳部長、中央政治委員會委員及主席團主席之一、軍事委員會委員、國民政府委員等職。[25]4月，汪回國後，迅即與蔣和共產黨陳獨秀展開密談，於10日抵達武漢，並將與蔣密談初步協議，私下告知孟餘等人，且動員孟餘等準備至南京開會。[26]唯4月12日，蔣斷然於南京「清黨」。18日，在南京成立國民政府，推舉胡漢民為主席，國民政府正式「寧漢分裂」。[27]

　　面對寧漢對峙局面，汪為鞏固武漢政權與自己地位，只有加

[23] 郭緒印主編，《國民黨派系鬥爭史》上海：人民出版社出版，1992年9月1版，頁42－43。

[24] 蔡德金，《汪精衛評傳》四川：人民出版社出版，1988年4月1版，頁112－113。

[25] 〈武漢三中全會紀錄〉（民國16年5月）（武漢中央執行委員會鉛印本），轉引自蔣永敬，《鮑羅廷與武漢政權》台北：傳記文學出版社印行，民國61年3月初版，頁46－48。

[26] 蔡德金，《汪精衛評傳》，同註24，頁124。

[27] 高蔭祖主編，《中華民國大事記》台北：世界書局出版，民國46年10月初版，頁255。

強與共產黨合作一途。4月16日，他重新成立國共兩黨聯席會議，由譚延闓、孫科、徐謙、顧孟餘和他自己代表國民黨，與共產黨的陳獨秀、譚平山、張國燾等共同組成。通過聯席會議，討論和決定重大問題，解決武漢內部糾紛，鞏固兩黨團結，穩定反蔣聯合陣線。[28]唯此際，武漢政權正積極推動極左的土地政策，各地紛紛組織「農民協會」，對地主展開鬥爭。4月2日，武漢中央成立一個「中央土地委員會」，並推孟餘與徐謙、譚平山、毛澤東、鄧演達為委員。該會成立後，曾舉行三次會議，唯對於土地問題的討論，並無具體結果。[29]

　　孟餘因不同意武漢政權「極左路線」的土地沒收政策，不僅於會議上反駁毛澤東的主張，毛說：「所謂土地沒收，就是不納租，並無須別的辦法。現在湘鄂農民運動已經到了一個高潮，他們已經自動的不納租了，自動的奪取政權了。中國土地問題的解決，應先有事實，然後再用法律去承認他就得了。」[30]孟餘不以為然的說：「經濟問題應依客觀的情形下判斷，不能盡依主觀而決定。目前應注意有二點：（一）解決土地問題時，農村秩序必然擾亂，耕種停頓，恐發生饑饉；更加上帝國主義者的經濟封鎖，恐將不了之局。（二）在河南提出土地問題時，北伐士兵糧食的供給，恐要斷絕。」[31]

　　另外，他還理性的看到蘇俄對中國革命背後的陰謀，曾於漢口之《中央日報》發表〈蘇俄的政治航線與中國國民黨的政治航線〉一文，指出蘇俄對外挑撥國際戰爭，對內煽動階級戰爭，將政權集中於克里姆林宮少數人之手。而國民黨之對外則與以平等待我之民

[28]　蔡德金，《汪精衛評傳》，同註24，頁126－127。
[29]　蔣永敬，《鮑羅廷與武漢政權》，同註25，頁278。
[30]　〈武漢中央土地委員會第二次會議紀錄〉，轉引自蔣永敬，《鮑羅廷與武漢政權》，同上註，頁282。
[31]　〈武漢中央土地委員會第二次會議紀錄〉，同上註。

族和平共存，並擴大國際和平；對內以法律維持社會秩序，並保障人民之自由權利。[32]國民黨與蘇俄所走的是兩條截然不同的政治航線，文中更直接揭發蘇俄企圖赤化中國的陰謀，此舉隱然已伏下汪與共產黨分道揚鑣的遠因。綜觀孟餘此際之言論，其擁汪立場未變，但反共態度日趨明顯，這或許是其在武漢政權，親歷共產黨在各地主導農民協會，殘酷鬥爭地主濫殺無辜的深刻省悟吧！是以，陳公博曾言，顧孟餘比較中立，但與共產黨積不相容，這或許也是陳公博近距離的觀察感覺，所言當不虛。[33]

　　因共黨操縱武漢政權的野心日彰，其後又發生共產國際代表羅易向汪洩密事件，使得汪對共產黨亦起了戒心，而孟餘也力贊汪和平分共。[34]6月6日，孟餘與徐謙、譚延闓、孫科等一行，陪同汪精衛至鄭州與馮玉祥會談，最後促成寧漢合作再度北伐之舉。[35]蔣第一次宣布下野後，孟餘隨汪至南京與桂系李宗仁會談，雙方主張寧漢儘速合作，黨內統一的必要。[36]9月11日，寧、漢、滬三方中委

[32] 符滌泉，〈顧孟餘傳〉，《國史擬傳》第三輯，同註9，頁297。

[33] 李鍔、汪瑞炯、趙令揚編註，《苦笑錄——陳公博回憶》香港：香港大學亞洲研究中心，1979年，頁105。又學者王克文言：「從寧、漢分裂到合作的這段時期，國民黨首度出現了『汪派』，『汪派』的雛型初見於『迎汪運動』，但那時『迎汪』者動機不一，不見得都擁汪；後來這些人集中於武漢政府，接受汪氏領導，其中不少由於患難與共的關係，也由於佩服汪氏的見解和能力，果真成為汪氏個人追隨者。到反『特別委員會』時，仍跟著汪氏西走武漢、南下廣州的原武漢領袖，如陳公博、顧孟餘、何香凝、陳樹人等，便可視為『汪派』的核心了。此後十年，甚至直到汪氏去世，此一形成於武漢時期之『汪派』，始終是汪氏在國民黨內爭奪領導權的最大資源。」王克文，《汪精衛・國民黨・南京政權》台北：國史館印行，2001年12月初版，頁119。

[34] 汪精衛，〈武漢分共之經過〉（1927年11月5日），《汪精衛先生最近演說集》漢口：中央日報社，1927年，頁128-129。

[35] 簡又文，《馮玉祥傳》台北：傳記文學出版社出版，民國71年6月初版，頁292-294。

[36] 王克文，《汪精衛・國民黨・南京政權》，同註33，頁106-109。1927年9月5日，汪偕顧孟餘、陳公博、徐謙、朱培德等至南京，力谷召開四中全會，實現寧漢合作，黨內統一之必要。汪精衛，〈寧漢合作之經過〉（1927年9月22日），《汪精衛先生最近演說集》，同註34，頁70。

舉行談話會，會上汪提出召開四中全會主張，但遭國民黨元老蔡元培、張靜江、李石曾等人反對，為此，孫科提出一折衷方案，即先成立一個「中央特別委員會」作為過渡，先使合作告成。[37]13日，汪與心腹譚延闓、孫科、朱培德、陳公博和顧孟餘等密謀，會中，孟餘與陳公博堅決反對汪參加「特別委員會」，汪最後雖被推為特別委員會常委，然其原本欲利用蔣下野之機，重掌黨權的企圖也落空，所以他原是特別委員會的發起人之一，但後來卻一變而反對該委員會。[38]

汪原本想趁蔣下野之際，通過寧漢合流重掌國民黨大權，但事與願違，特別委員會的成立，標誌汪企圖之失敗。表面上汪引退，實際上陳公博、顧孟餘等為汪積極活動，反對特別委員會，重新爭權。[39]誠如李宗仁所言：「原希望在蔣中正下野後便可重掌黨權的汪兆銘，在特委會成立後，僅獲一國府委員的空銜，而其昔日的政敵，今均扶搖直上，重據要津，汪氏未免大失所望。他原是特委會的發起人之一，到特委會成立後，汪氏卻一變而反對特委會。」[40]

然汪不甘心輕易就範，9月22日，在武漢與唐生智合作成立武漢政治分會，正式與南京特別委員會分庭抗禮，並委陳公博、孔庚與孟餘等三十二人為委員，負責指導黨務政治。[41]29日，孟餘與唐

---

[37] 鄒魯，《回顧錄》（二），台北：三民書局出版，民國63年7月初版，頁229-232。

[38] 1927年9月11日，寧、漢、滬三方領袖在上海集會，汪氏召開四中全會的原議被推翻，因為寧、滬兩方都不承認武漢的三中全會，在寧、滬的提議下，決定成立「特別委員會」行使中執會職權，統一黨務，籌組新的國民政府。會後，汪與陳公博、顧孟餘均認為以「特別委員會」取代武漢中央的辦法極為不妥，乃與極力主張成立的孫科、譚延闓激辯，雙方不歡而散，武漢方面也就此分裂。李雲漢：《從容共到清黨》（下），台北：國防部總政治作戰部印行，民國63年10月出版，頁774。王克文，頁111。

[39] 蔡德金，《汪精衛評傳》，同註24，頁148。

[40] 李宗仁口述、唐德剛撰寫，《李宗仁回憶錄》香港：南粵出版社，1986年，頁546。

[41] 唐生智，〈關於北伐前後幾件事的回憶〉，《湖南文史資料選輯》湖南：1963年，頁107-108。1927年9月，顧與汪精衛、唐生智等赴武漢，成立武漢政治分會，並以恢復國民黨中央執監會和召開二屆四中全會號召天下，與南京特別委員會對抗。石

生智主持的武漢政治分會即發表通電，以十分強硬態度，反對南京
特別委員會代行中央職權，由此，寧漢又重回對立狀態，南京且有
討伐唐生智之舉。[42]寧漢的劍拔弩張，武漢已非久留之地，1927年
10月29日，汪與張發奎、甘乃光等由香港抵廣州。11月9日，汪電
召孟餘、王法勤、王樂平、潘雲超等四名中央執監委員至廣州以壯
聲勢。當天下午，汪就約集在粵的中央執監委員陳樹人、何香凝、
甘乃光、朱霽青、李濟琛、李福林、陳公博、顧孟餘、王法勤、王
樂平、潘雲超、陳璧君等，於葵園開談話會，討論與寧方交涉及開
四中全會事宜，討論數小時之久，決定在廣州成立國民黨中央執監
委員會和國民政府，以此與特別委員會對峙。（按：這些隨汪至粵
的中央執監委，其後被稱為粵方委員。）[43]

　　在粵方委員策動下，張發奎、黃琪翔於11月15日在廣州起兵，
企圖消滅桂系李濟深、黃紹竑的勢力，從而統一兩廣。12月3日，
國民黨第四次中央全體會議上海預備會議召開。5日，吳敬恆、張
靜江、蔡元培、李石曾等向預備會議提出了對汪精衛、陳公博及顧
孟餘三人之彈劾案，要求取消他們出席四中全會的資格，這無疑對
汪是一大打擊，汪以不見容於國民黨當局，只有再度悄然赴歐。12
月11日，共產黨在廣州發起暴動，南京國民黨中監委鄧澤如、古應
芬等即以此藉口，指責汪精衛等回粵竊政，在寧方的攻勢下，顧孟

　　源華，《陳公博全傳》台北：稻鄉出版社，民國88年12月初版，頁180。
42　郭緒印主編，《國民黨派系鬥爭史》，同註23，頁44－45。
43　〈冠冕堂皇的葵園會議〉，廣州平社編，《廣州事變與上海會議》台北：文海出版
　　社，出版年月不詳，頁24。廣州粵方政治分會成立於1927年10月，政治委員計有汪
　　精衛、陳公博、顧孟餘、王樂平、王法勤、潘雲超、何香凝、甘乃光及陳樹人等，
　　粵方委員會成立後，即行攻擊以西山派及桂系為首的特別委員會。1927年11月16
　　日，汪與李濟琛同離廣州赴滬，張發奎即發動驅逐李濟琛、黃紹竑等桂系軍人，事
　　成之後，乃以顧孟餘為粵方政治分會主席，而張發奎則為委員兼軍事委員會主席，
　　陳公博為廣東省主席。陳克華，《中國現代革命史實》（中冊），香港：春風雜誌
　　社發行，民國53年10月初版，頁57－61。

餘等無力招架，旋即與汪通電下野，宣告引退。[44]

　　1928年2月1日，由蔣主持的國民黨二屆四中全會在南京召開，汪系人馬幾乎全被排擠出國民黨高層，對此，汪是恨之入骨的，尤其他更不願屈居於蔣之下，因此時思反撲之。[45]5月，先是汪之大將陳公博在上海出版《革命評論》，6月1日，另一汪之左右手的顧孟餘，也在上海創辦《前進》周刊，該刊物除鼓吹「改組國民黨」主張外，孟餘也針對有關先前在武漢政權時，共產黨對農民與土地問題的政策與做法，孟餘以「公孫愈之」筆名，於雜誌上發表大量關於「中國農民問題」的文章，從理論與實際，闡明中國社會非階級社會，力闢階級鬥爭之謬。他說：「階級兩字曾誘惑多少青年去聽別人的命令，階級兩字還是符咒樣的最高真理，學到了一份速成階級論，便可以上通天文，下通地理，中通人事，階級先生的社會階級雖與現實的中國社會不相干，然而在許多人的思想上，確還留下多少印象，造成紛擾。」另外，他也批判共產黨所謂中國是「半封建半資本主義社會」之說，並揭穿鄧演達、譚平山等製作的「土地調查」統計之虛構。[46]

　　汪出國後，顧孟餘與陳公博、潘雲超等汪系重要骨幹，群集上海策劃倒蔣活動，他們既不滿蔣的專制獨裁，也不贊成共產黨的

[44] 聞少華，《汪精衛傳》台北：李敖出版社，1988年12月初版，頁112。1927年11月17日，發生廣州驅李事件後，汪系即成為桂系極力欲排斥之政治勢力。當時桂系外，一般在南京的國民黨員，亦對汪系不滿，張靜江要求至少要緝拿陳公博、顧孟餘、甘乃光等汪系委員。〈一周國內外大事述評〉，《國聞周報》第4卷第41期（1927年12月18日）。

[45] 陳公博即言：「自廣州驅李之役後，李濟琛等桂系將領遂調兵圍攻反擊張發奎，由於張氏出戰桂系，導致廣州防務空虛，共產黨乃趁機發動「廣州事變」。迨張發奎回師平共後，遂為李濟琛、陳銘樞等驅走，事後南京特別委員會下令張發奎、黃琪翔、陳公博、朱暉日等免職查辦。12月16日，派鄧澤如、古應芬撤辦汪精衛；又以粵方委員與廣州共變有關，故不邀請汪、陳、孟餘等出席在1928年2月1日召開之四中全會，而1928年8月8日召開的五中全會，也未見粵方委員參加。李鍔、汪瑞炯、趙令揚編註，《苦笑錄——陳公博回憶》，同註33，頁198。

[46] 符滌泉，〈顧孟餘傳〉，《國史擬傳》第三輯，同註9，頁297。

路線政策，於是成立「改組派」，提出改組國民黨的主張，遙戴汪為領袖。[47]1928年11月28日，陳公博、白雲梯、朱霽青、王樂平與顧孟餘等汪系核心份子，在上海召開會議，成立「中國國民黨改組同志會」，簡稱「改組派」。該派以國民黨正統自居，聲稱「本會繼承本黨孫總理的革命精神，以至誠接受孫總理的全部遺教，和第一、第二次代表大會的綱領，……集合革命同志，努力改組運動，務期重新建設能擔負實現三民主義的中國國民黨而後已。」[48]企圖以提高黨權，來和蔣的軍權對抗，意味十分明顯。

　　1929年2月，改組派正式發表〈中國國民黨改組同志會第一次全國代表大會宣言〉，全面闡述改組派的政治主張。改組派認為「自民國十六年中國國民黨瓦解以來」，國民黨已被軍閥、官僚、政客、買辦、劣紳、土豪所侵蝕、盤踞、盜竊、把持，孫總理之三民主義，已被他們所篡改，第一、第二次代表大會決定的綱領，已被他們唾棄，黨已失去指導功能，黨的生存亦缺乏必要的條件。上述情況發生之原因，改組派認為是國民黨內出了毛病，因此他們大聲疾呼，要民主、反獨裁、改組國民黨、清除黨內腐化勢力，成了改組派主要訴求。[49]

　　顧對如何改組國民黨，是有自己一套看法，顧主張民主政治，

---

[47] 聞少華，《汪精衛傳》，同註44，頁129。

[48] 關於改組同志會成立時間說法不一，有主張11月28日者，見沈雲龍編著，《黃膺白先生年譜長編》（上冊），台北：傳記文學出版社，1976年11月初版，頁371。又言早在1928年8月，國民黨二屆五中全會在南京召開，顧孟餘偕王法勤、李福林、陳樹人、何香凝、潘雲超、王樂平等人聯名向大會提出了〈重新確定黨的基礎案〉，集中反映「改組國民黨」的主張。見〈一周間國內外大事述評〉，《國聞周報》第5卷第30期。而當事人的陳公博卻語焉不詳，只籠統的說：「改組同志會成立於十七年冬，解散於二十年春，為期整整兩年。」陳公博，〈改組派的史實〉，《寒風集》台北縣：漢京文化發行，民國80年1月初版，頁244。而羅方中則說是成立於1928年上半年，見其著〈關於改組派的一鱗半爪〉，《文史資料選輯》第一輯，頁80。本文從沈說。

[49] 〈中國國民黨改組同志會第一次全國代表大會宣言〉，查建瑜編，《國民黨改組派資料選編》長沙：湖南人民出版社，1986年，頁135。

為此，在改組派成立前夕，顧和陳公博還展開一場大辯論。蓋陳公博主張以社會學的名詞，來攻擊共產黨的理論。陳強調社會是有階級的，（國民黨和「國民革命」應有「階級基礎」，此一基礎即是中國最受壓迫的三個階級：工人、農民與小資產階級。換言之，國民黨和「國民革命」的「階級基礎」，乃是「工人、農民與小資產階級的同盟」。[50]顧則主張以民主政治來改革國民黨，至於在國民黨的階級基礎上，顧則根本否定「階級」的存在，他主張以「職業」來劃分，而不以階級來區分，且改革的步伐須溫和漸進，不可一步登天。因此，其改革主張不像陳公博那麼激進，而能得到部分國民黨高層及知識份子的支持。[51]

此事經王法勤、王樂平和潘雲超的調停，最後電巴黎汪精衛請示，才將小資產階級名詞改為「小市民」，汪贊成孟餘看法，也反對小資產階級說法。[52]汪認為「小資產階級」一詞界定不清，且易在民眾之間製造分化；所以主張以「工商業者」一詞概括。[53]汪之表態，立刻對整個「國民黨左派」的立場發生影響。1929年1月，改組派召開第一次全國代表大會，遵照汪與顧之指示，在政綱中採用「小市民」一詞，以形容國民革命之任務，而與陳氏接近的若干激進份子，旋即脫離改組派，可能就是不滿左派立場轉趨溫和之

[50] 陳公博：〈中國國民黨所代表的是什麼？〉，《陳公博先生文集》，頁183－262。
[51] 蔡德金，《汪精衛評傳》，同註24，頁163。陳公博主張可以黨的力量調和而至消減階級的鬥爭，然顧則為避免階級鬥爭起見，根本否認階級的存在，尤其最不贊成陳公博的農工小資產階級之說。顧反對以「階級」來解釋「國民革命」，認為當時的中國社會不是「階級社會」而是「職業社會」，尚無真正的階級意識，因此主張用「所有被壓迫的民眾」一詞，形容國民黨所領導的社會勢力，不指出任何具體的階級。中國國民黨河北省黨務指導委員會編，《中國國民黨的階級基礎問題》，北平：出版者不詳，1928年。
[52] 聞少華，《汪精衛傳》，同註44，頁132。
[53] 汪精衛，〈所謂小資產階級〉，收入何孟恆編，《汪精衛先生政治論述》（未刊稿），頁855－857。

故。[54]

改組派可說是由陳公博一手所主導的，雖擁汪為最高領袖，但陳之權力甚大。改組派總部設在上海，下設總務、組織、宣傳三個部，總務部由王法勤、潘雲超任正副部長，組織部由王樂平、朱霽青任正副部長，孟餘與陳公博則任宣傳部正副部長，但實際總負責人是陳公博。[55]改組派興起之初，陳公博規劃了一個頗為周延的理論架構，陳氏的許多論點，是依據汪之意見而擬定，但陳也觸及到汪未曾注意的問題，而將之進一步推展到比汪氏更為激進的地步，汪亦加以認可。然後來汪認為陳有架空自己之嫌，1929年汪命陳赴法，將改組派事務交由較溫和而少野心的顧孟餘負責，故汪認同顧所提出以「民主」為主要訴求，此或可視為汪從陳手中奪回主導權之象徵。[56]

基本上，以改組派為中心的所謂「國民黨左派」運動，在1928年迅速展開，它為重新取得黨的控制權，也為了強調本身與南京黨中央的不同，「汪派」開始發動輿論，在意識形態領域對南京展開攻勢。論戰中心議題是國民黨和國民革命的前途，汪系人馬批評當時的國民黨組織紀律鬆散，又未堅持反帝國主義和民眾運動，長此以往，國民黨及國民革命將同歸失敗。[57]他們在上海所辦的政治刊物，尤其是陳公博的《革命評論》和顧孟餘的《前進》，掀起黨內一股熱烈討論的旋風，重新檢討清黨後黨的意識形態基礎。這些刊

---

[54] 范予遂，〈我所知道的改組派〉，《文史資料選輯》第四十五輯，北京：1964年，頁217-218。對此，陳公博也坦承，改組同志會成立初期，在理論上和事實上經過無數的波折，社會上只知改組派的主要人物是顧孟餘和我，然而我們兩個人很有許多不相同的地方。我極力主張有組織的，孟餘則不大贊成有組織，終以粵方委員多數贊成，孟餘才出而主持。陳公博，《寒風集》，同註48，頁244。

[55] 何漢文，〈改組派回憶錄〉，《文史資料選輯》第十七輯，頁168-173。

[56] 石源華，《陳公博全傳》，同註41，頁221。

[57] 陳公博，〈國民革命的危機和我們的錯誤〉，《陳公博先生文集》，香港：遠東圖書公司重印本，1967年，頁262-351。

物廣受黨內年輕而充滿理想的中下級黨員歡迎，曾產生不小的影響
力。[58]唯不管怎麼講，「改組派」的成立，還是著眼於為汪精衛和
蔣爭奪黨權而立的。

　　1929年3月13日，孟餘與汪精衛、陳公博、柏文蔚等十四名國
民黨中央執行委員，聯名發表〈關於最近黨務政治宣言〉，深刻揭
露蔣獨裁統治的本質，宣言指責蔣指派圈定的國民黨「三大」代
表，完全違反國民黨民主原則，「益促成本黨之官僚化而使民眾絕
望」，「其結果恐益增共黨煽惑之機會」。[59]為此，蔣對改組派採
取了嚴厲鎮壓的手段，1929年10月3日，國民黨中央常委會決議，
以孟餘與陳公博、王法勤、柏文蔚等勾結軍閥餘孽，假竊名義，肆
行煽惑等為由，交國民政府明令緝拿，其有黨籍者，送交中央監察
委員會，分別議處。[60]而在1930年，馮、閻反蔣失敗，北平擴大會
議垮台之後，改組派在上海的總部基本上解體，各地方組織的活動
也逐漸消沉下去，只有一些高層份子，仍在進行政治活動。1931年
春，改組派組織亦正式解散。[61]

　　1930年，因北伐完成後，國民政府軍隊編遣問題的爭議，引
爆一場北伐後規模最大的內戰，俗稱反蔣戰爭或「中原大戰」。各
路實力派軍人如李宗仁、閻錫山、馮玉祥等聯合反蔣；政治上反蔣
勢力亦大結合，如西山會議派份子，以及一直不甘屈居蔣之下的汪
精衛，它們共同組織「國民黨中央黨部擴大會議」，並於是年7月
13日在北平舉行成立儀式。[62]8月7日，擴大會議召開第一次正式會

---

[58]　王克文，《汪精衛‧國民黨‧南京政權》，同註33，頁133。

[59]　《民意》第2－4期合刊。

[60]　查建瑜編，《國民黨改組派資料選編》，同註49，頁569。

[61]　江上清，〈關於改組派的種種〉，《政海祕聞》香港：致誠出版社，1966年，頁68－
　　　83。

[62]　劉紹唐主編，《民國大事日誌》第一冊，台北：傳記文學出版社出版，民國67年5月
　　　再版，頁452。

議，出席委員有汪精衛、柏文蔚、陳公博、張知本、商震及孟餘等二十三人，會中孟餘被推為宣傳部委員。[63]9月2日，擴大會議臨時會議中，又推汪精衛、張知本、茅祖權、冀貢泉、陳公博、鄒魯與孟餘七人為約法起草委員，汪為委員長。[64]張學良宣布支持南京中央後，迫於情勢擴大會議遷至太原，10月28日，此一約法草案完成，世稱「太原約法」，而擴大會議亦於11月3日解體。[65]

「中原大戰」結束後，1931年又爆發「九‧一八」國難，外侮日亟，國民黨為謀團結，在寧、滬、粵三地，分別舉行四全大會，孟餘被選為中央執行委員兼常務委員。值得一提的是，對汪以後的行止問題上，孟餘發揮他重要影響力，為國家前途計，他主張汪、蔣宜合作，以共挽危局，由此可見其顧全大局的遠見。[66]1932年1月30日，在上海之中央委員張靜江等二十六人集議，為應付時局，建議成立「中央委員駐滬辦事處」，公推孫科、李宗仁、陳銘樞、

---

[63] 1930年7月23日，汪偕顧孟餘、陳璧君、曾仲鳴等來到北平，8月7日「擴大會議」召開第一次正式會議，孟餘與張知本等人掌宣傳部，從「擴大會議」的組織人員情況看，改組派、西山會議派占主要成份。聞少華，《汪精衛傳》，同註44，頁124-125。

[64] 〈顧孟餘〉，劉紹唐主編，《民國人物小傳》第十一冊，同註7，頁391。

[65] 中共中央黨校本書編寫組，《閻錫山評傳》，張家口：中共中央黨校出版社出版，1991年5月1版，頁196。

[66] 「九‧一八」事變引起的民族危機，全國抗日意識高漲，也促使國民黨內不同派系的團結合作以禦侮，寧、粵間經過反覆協商後，決定互派代表在上海舉行和平會議。陳公博反對汪與蔣合作，但顧孟餘以大局為重，強調蔣汪合作的必要性。顧指出「汪蔣在民十三四年在廣州同負艱巨，雖然中間仳離，可是有過共同的歷史，而且汪蔣的左右多數是第二次全國代表大會出身，性格多數相同，比不得胡先生底下官僚，格格不入。」顧甚至說：「我們與其受地方小軍閥的氣，不如投降中央大軍閥。」見李鍔、汪瑞炯、趙令揚編註，《苦笑錄──陳公博回憶》，同註33，頁268。又非常會議解散後，孫科出面組織統一政府，顧向汪建議，不要在當前反蔣的形勢下給孫科捧場，等待蔣汪合作條件成熟時再出場，只有這樣才能取得蔣的信任，汪依計而行。22日，蔣約孟餘與陳公博等，在南京隨園談話，宣稱「中興本黨非汪莫屬」，蔣汪合作遂成定局。見中國青年軍人社編，《反蔣運動史》（下冊），廣州：中國青年軍人社，1934年，頁543。

孔祥熙、吳鐵城、薛篤弼及孟餘等七人為常務委員。[67]

而孫科下台後，由汪精衛組閣，3月9日，國民政府特任孟餘為鐵道部部長，對內清除鐵路建築及管理積弊，獎掖專才鼓勵後進；對外與英、法、比等鐵路債權國談判，整理舊債樹立債信，舉貸新債，並運用庚子賠款購料興工。在此期間，粵漢鐵路之完成、隴海路之延伸、以及正太鐵路的伸展，績效卓著，皆係孟餘之功。[68]1935年，國民黨召開五全大會，孟餘續被選為中央執行委員、中央政治會議秘書長。是年12月，行政院長汪精衛辭職，由蔣兼任，張嘉璈出任鐵道部長，孟餘改任交通部長，迄1937年3月辭職。[69]

抗戰軍興，國府為集結全國民意，特設國民參政會，1938年4月，孟餘獲聘為國民參政會參政員。孟餘以其學者敏銳的觀察，早已知道中日之戰無可避免，其一生最難能可貴之處，在於秉持民族氣節，大德不虧。世人恆知孟餘是汪精衛「改組派」之中堅，其自己亦不諱言他與周佛海、陳公博是汪之人馬，長期隨汪反蔣與中央對抗。但當汪於1938年12月潛離重慶，到河內發表「豔電」，赴南京組織偽政府時，他與陶希聖、高宗武等卻拒絕下海，未隨汪附敵。其明辨忠奸善惡，審大是大非之原則，令人敬佩。[70]孟餘在關鍵時刻，能堅持民族立場，是難能可貴的，從此其與汪永遠分道揚鑣。為感念孟餘的凜然操守，蔣亦捐棄前嫌，1941年7月，蔣邀孟

[67] 〈顧孟餘〉，劉紹唐主編，《民國人物小傳》第十一冊，同註7，頁391。
[68] 凌鴻勛，〈悼念顧孟餘先生〉，《傳記文學》第21卷第2期（民國61年8月），頁26-29。
[69] 〈顧孟餘〉，劉紹唐主編，《民國人物小傳》第十一冊，同註7，頁392。
[70] 1938年12月29日，汪準備發表「豔電」當漢奸，周佛海與陳公博攜汪聲明赴香港，在要不要發出這項賣國聲明的問題上，周佛海、林柏生與寓居香港的顧孟餘有一番激烈的爭論，顧在看到汪給他的親筆信及「豔電」電稿後，大吃一驚，表示反對說萬萬不能發表，這是既害國家又毀滅自己的蠢事，我馬上去電力爭，未得他（指汪精衛）覆電之前，千萬不要發表，如怕遲誤，一切由我負責。陳春圃，〈汪精衛投敵內幕〉，《汪精衛集團投敵》，出版地點時間不詳，頁45。

餘由香港至重慶，就任國立中央大學校長。1943年2月，以身體不勝繁劇請辭。1945年，抗戰勝利後，孟餘赴美，住舊金山。1948年3月，政府行憲後，孟餘被任命為行政院副院長，未就，蔣乃改聘為總統府資政。[71]

四、在香港從事「第三勢力」運動

1949年8月，國、共內戰，國府大勢已去之際，代總統李宗仁為圖他日東山再起，乃授意孟餘在廣州組織「自由民主大同盟」，標榜反共、反蔣主張，實已略具「第三勢力」雛型，其核心成員為立法院長童冠賢，黃宇人及一些桂系立委亦加入之。[72]該組織雖由顧負責，唯顧當年掌中央大學校長時，童為教務長，兼以昔日均屬汪之「改組派」，故童深獲顧之信任，乃委其為書記。李撥付港幣二十萬元的開辦費，此款也是由童轉交予顧。是年10月，「自由民主大同盟」遷港後，童冠賢於是月7日辭去立法院長職，並赴港擁護顧孟餘，儼然是顧的頭號大將，童甚至認為：『當今之世，反共有理論而又有辦法的，只有兩人，武為閻百川，文為顧孟餘，若要有新組織，似非請顧先生出來領導不可』。」對顧簡直是推崇備至矣！[73]

至於有關孟餘當年參與第三勢力運動一事，則緣於1950年初，前廣州嶺南大學校長香雅各（Dr.James McCure Henry）於解職過港赴美時，會晤了昔時廣東軍政領袖張發奎。晤談中，香雅各積極鼓勵張發奎出面領導反共游擊戰爭，並暗示倘張願意出面，美國將會

[71] 〈顧孟餘〉，劉紹唐主編，《民國人物小傳》第十一冊，同註7，頁392。
[72] 馬五，《政海人物面面觀》，同註21，頁28。
[73] 焦大耶，〈「第三勢力」全本演義：第三百六十一行買賣〉，見陳正茂編著，《五〇年代香港第三勢力運動史料蒐秘》，台北：秀威版，2011年5月，頁110。

予以支持。[74]張對此建議亦興致勃勃，且提到可以網羅顧孟餘、童冠賢、張國燾、李璜、李微塵、伍憲子等人一同來參與，香雅各則提到張君勱和許崇智。香謂待其回到美國後，可能會接觸某些人，如事情有所進展，將會寫信給你們。[75]

1951年初，果然有三位美國人帶香雅各的信至香港，其中二人，一人名為哈德曼（Hartmaun）；另一人為柯克（Cooke），他們聲明渠非代表美國政府，而是代表美國民眾前來協助中國發展第三勢力。逢此難得機會，許崇智表現的最積極，許逐一聯絡了童冠賢、彭昭賢、張國燾、宣鐵吾、上官雲相、胡宗澤、梁寒操、方覺慧、張任民、伍憲子、伍藻池、王厚生、金侯城、左舜生、王正廷、任援道、鄧錦章、趙立武與孟餘等人，先行發起組織了「中國民主反共同盟」。[76]

唯不久張發奎即與許崇智發生不合，張另外找孟餘合作，欲另組新政團，美方後來也知道許崇智並無多大號召力，且所提計劃也不切實際，故棄許而支持張、顧。而原擬參加該盟之人，也見風轉舵轉而追隨張、顧。許為與之對抗，後又成立「中華自治同盟委員會」，並自任委員長，然其組織因得不到第三勢力人士的支持，旋即解散。[77]

有鑒於香港第三勢力團體的各立山頭，力量分散，在美國強力

[74] 張發奎口述，鄭義翻譯／校註，《蔣介石與我——張發奎上將回憶錄》，香港：文化藝術出版社，2008年5月1版，頁479－480。金典戎，〈最初在香港搞第三勢力內幕〉，《春秋》（香港版）第175期（1964年），頁2－4。
[75] 楊天石，〈五〇年代在香港和北美的第三種力量——讀張發奎檔案之一〉，楊天石，《抗戰與戰後中國》北京：中國人民大學出版社，2007年7月1版，頁630－631。
[76] 〈許崇智領導「中國民主反共同盟」發展現況〉，《總裁批簽》，台（40）（改密室字第0083號，1951年2月23日），黨史會藏。〈「民主反共同盟」集會情形〉，見《總裁批簽》，台（40）（改密室字第0124號，1951年3月23日），黨史會藏。
[77] 〈許崇智在港活動〉，見《總裁批簽》，台（40）（改密室字第0614號，1951年12月22日），黨史會藏。

主導下,張發奎、顧孟餘等決定整合擴大第三勢力組織,將第三勢力建立成一股容納各黨派,有效且有力的反共聯合陣線。其步驟先由彼時在港的各黨派推出代表若干人,再由張、顧邀請參加座談交換意見,最後則成立籌備會,並推選出常務委員主持會務,和負責與美方簽署協定事宜。[78]

張、顧基此原則,於是先提出一組八人名單,計張發奎、顧孟餘、李璜、張君勱、伍憲子、童冠賢、張國燾、黃旭初等八人。嗣美方以人數過少,不足以反映各黨派力量,張、顧乃又提出二十五人名單,分別為張發奎、顧孟餘、童冠賢、許崇智、上官雲相、彭昭賢、宣鐵吾、張純明、張國燾、何義均、黃宇人、黃如今、甘家馨、黃旭初、徐啟明、周天賢(以上國民黨);張君勱、伍憲子、伍藻池、王厚生、李微塵(以上民社黨);李璜、左舜生、謝澄平、何魯之(以上青年黨)。[79]

二十五人名單出爐後,張、顧旋於1951年的5月11日邀請大家見面,並宣示建立組織之必要。後因內部意見紛歧,未能取得共識,於是又有6月2日的聚會。除原則上決定凡係反共人士不屬於台灣者,一律邀其參加,會中並推張發奎、顧孟餘、伍憲子三人為組織成立前對外折衝的代表。[80]所謂二十五人代表,既各有考量,意見復不一致,使得張、顧欲籌建第三勢力聯合陣線之企圖,不得不暫歸沉寂。

1952年3月23日,民社黨主席張君勱應張發奎邀,由印度經澳洲抵香港,與張發奎、顧孟餘、李璜、張國燾、李微塵、童冠賢、

[78] 陳正茂,〈五〇年代香港第三勢力的主要團體──「中國自由民主戰鬥同盟」始末〉,同註1,頁447。

[79] 〈對顧張等醞釀第三勢力近況報告〉,(中國國民黨中央改造委員會第150次會議紀錄,附件,1951年6月7日),黨史會藏。

[80] 〈港澳政治活動〉,見《總裁批簽》,台(40)(改秘室字第0272號,1951年6月27日),黨史會藏。

金侯城、毛以亨、伍藻池等晤面，又掀起第三勢力另一波高潮，彼等決定成立「中國自由民主戰鬥同盟」（即「戰盟」），並委張君勱為該同盟駐美代表。是年10月10日，「戰盟」發表宣言，正式對外公開，且向美國司法部辦理登記。[81]該日，也是台灣國民黨當局正在台北召開「七全大會」之時，「戰盟」選擇同一天成立，顯然有和台灣互別苗頭較勁的意味。至於「戰盟」的宗旨，1953年元月，孟餘曾以〈中共現狀與其命運〉為題於《東京評論》發表，正式提及「戰盟」「反共、反獨裁」的成立宗旨。[82]而在是月15、6兩日，《東京新聞》也連續發表了孟餘同日本新聞界著名人士阿部真之助的談話。當阿部問到「戰盟」時，顧氏說：「我們發起中國自由民主戰鬥同盟已有三年，為要慎重，故未發表，直到最近，始出宣言。暫時以張君勱、張發奎兩先生及鄙人三人之名出面，宗旨則在反共反獨裁」意思是搞兩面作戰的第三勢力。[83]

　　為具體凝聚第三勢力的團結，1953年初，李宗仁、張君勱分別由美國致函給在港的「戰盟」領導人，呼籲團結港、澳各組織。[84]為此，「戰盟」成立伊始，張發奎即積極運作，擴大組織並擴充人事安排：中央委員會委員有張君勱、顧孟餘、張發奎、張國燾、許崇智、童冠賢、宣鐵吾、龔楚、蔡文治、謝澄平、劉震寰、黃旭初、程思遠、李微塵、李大明等十五人。張君勱、顧孟餘、張發奎、張國燾、許崇智五人為常務委員；李微塵為秘書長。

　　中央軍事委員會委員長為張發奎，副委員長蔡文治；中央政治委員會委員長顧孟餘；中央文化宣傳委員會主席張國燾，副主席

81　〈張君勱抵港行動〉，見《總裁批簽》，台（41）（改秘室字第0178號，1952年4月15日），黨史會藏。又見鄭大華，《張君勱傳》北京：中華書局，1997年，頁570。
82　〈第三勢力活動情形〉，見《總裁批簽》，台（42）（改秘室字第0069號，1953年3月4日），黨史會藏。
83　周淑真，《1949飄搖港島》北京：時事出版社出版，1996年1月1版，頁309。
84　〈港第三方面醞釀結合〉見《總裁批簽》，台（42）（改秘室字第0157號，1953年5月2日），黨史會藏。

謝澄平;組織部部長顧孟餘兼,副部長龔楚;青年部部長黃宇人,副部長彭昭賢;對外聯絡部部長程思遠、副部長梁友衡。[85]這些人都是之前「自由民主大同盟」的人馬,但仍以顧孟餘和張發奎的人馬居多,且因青年黨及許崇智(許後來才勉強加入)並未參加,故嚴格言,還談不上是第三勢力的大聯合。基本上,「戰盟」的領導層仍以張君勱、顧孟餘、張發奎為主,故一時有「張、顧、張」之稱。[86]

針對第三勢力來勢洶洶,台灣當局使出收買分化手段,此舉令「戰盟」深致不滿。張、顧對台灣當局收買伍憲子事深惡痛絕,李微塵更為此事在《中國之聲》為文罵「蔣介石是中國的毒瘤,這毒瘤已使民主政治在中國流產,又使台灣無法進行有效的反共鬥爭,如果不及時割治,可能陷中華民國的台灣和反共基地的台灣於淪亡。」[87]張發奎雖對台灣分化「戰盟」一事亦非常不滿,但其對蔣態度仍有所保留,他說:「我不反對政府,亦不反對蔣先生,但是我有意見,不能不提出。」[88]

另一「戰盟」大將顧孟餘雖也反對蔣之獨裁,但亦無意把蔣或國民黨拉下台,他甚至表示:「台灣政治雖有許多不滿人意之處,但它此時在國際間尚是自由中國的象徵」,應該「支持並鼓勵台灣

[85] 司法行政部調查統計局第六組編,《中國黨派資料輯要》中冊,台北:出版項不詳,1962年,頁256。另見〈民主戰鬥同盟活動〉、〈民主戰鬥同盟糾紛〉,見《總裁批簽》,台(42)(改秘室字第0128號,1952年4月11日),黨史會藏。

[86] 汪仲弘註釋,〈台北舊書攤上發現的「總統府秘書長箋函稿」(2)〉,《傳記文學》第71卷第4期(民國86年10月),頁46。

[87] 李微塵,〈我們對台灣的態度〉,《中國之聲》第1卷第6期(1951年11月15日),頁2-3。

[88] 〈張發奎談話〉,見《總裁批簽》,台(42)(改秘室字第0113號,1953年4月4日),黨史會藏。另1951年2月,雷震在港與張發奎見面,張也向雷表示:「對總裁批評則有之,並不反對,人若詢以反共否,彼曰『Yes』;人若詢以反蔣否,彼曰『No』。」見傅正主編,〈雷震日記〉(1951年2月5日條),《雷震全集》(33),台北:桂冠版,1989年8月初版,頁28。

國民政府對共產黨之間的鬥爭。」[89]由此可見，顧、張等人對國民黨和蔣尚有所期待也。至於張君勱的看法則較激進，他認為國民黨與蔣均已腐朽不堪，欲建立一個民主憲政的新中國，只有端賴於中國的第三勢力運動，故對蔣及國府不應抱有任何幻想。「戰盟」高層既然對國府及蔣態度分歧，勢必影響彼此間的團結，後來引起磨擦也就不足為奇了。

而「戰盟」內部的內鬨，更是「戰盟」紛擾的主因，當時「戰盟」三巨頭，張君勱在美，顧孟餘赴日，真正掌控盟務的為張君勱系統的李微塵。李權力甚大，原《獨立論壇》的甘家馨、涂公遂等人，為與李合作，還不惜結束《獨立論壇》改投靠李。然在1953年春，李卻藉故開除甘、涂等人。[90]不久，連張國燾亦遭到李的排擠，張本為「戰盟」領導層級人物，時為《中國之聲》社長，李微塵聯合童冠賢以財務困難，逼張交出《中國之聲》，張一怒之下宣佈退出「戰盟」。張一向與顧孟餘接近，張的離去，象徵「戰盟」內部顧（孟餘）消張（君勱）長的態勢。[91]

就在台灣方面不斷滲透「戰盟」之際，顧孟餘為此一再致函張發奎、童冠賢，認為「戰盟以往表現不好，要求在組織內部肅清間諜、一切破壞份子、一切投機政客、個人出風頭、妄言妄動者。」懷疑「戰盟」內部有奸細、有破壞份子。1954年1月31日，顧建議張發奎，要求「戰盟」暫時停止活動並且改組。顧認為「當時只宜由少數穩健可靠同志，相互作精神上之聯繫，而不可為形式上之組織；只宜做事實與理論上之研究，而不可為公開之號召」。同年3

[89] 楊天石，〈五〇年代在香港和北美的第三種力量——讀張發奎檔案之一〉，同註75，頁633。
[90] 黃宇人，《我的小故事》下冊，香港：吳興記書報社，1982年，頁144。
[91] 另有一說為張國燾的《中國之聲》社長一職，是被張發奎派其親信林伯雅所接收。見姚金果、蘇杭，《張國燾傳》，陝西：人民出版社出版，2007年3月第2版，頁427-428。

月下旬，張發奎派童冠賢赴日與顧商量改組「戰盟」事，顧要求將
「戰盟」改名為「中國自由民主同盟」，並提出改組意見七條，張
君勱同意顧清除內奸之意見，但反對改名及停止活動，張謂「旗號
一旦樹起，不應退縮。」[92]

最後，張發奎為顧全大局，同意了顧的改組意見，但對易名事
持保留態度。是年8月18、27日，張發奎在香港兩度集會，決定澈
底改組「戰盟」，成為聯合性的組織，但仍保留「戰盟」名稱。[93]
張並且決定成立「改組籌備委員會」，負責改組事宜。9月8日，顧
孟餘以改組無望，致函張發奎，認為「今茲決定，與當時所商根本
不同，弟不得已只得退出公司，以後一切概不負責。」正式宣佈退
出「戰盟」；未幾，張君勱亦在美國宣佈退出，並去美國司法部撤
銷登記。顧、張相繼退出「戰盟」後，張發奎的態度亦轉趨消極，
1955年，分崩離析的「戰盟」終告結束，存在時間僅三年餘。[94]

五、結論──晚年投蔣返台定居

孟餘遷居香港，除從事第三勢力運動外，期間，孟餘在香港亦
曾創辦《大道》雜誌，復參與籌設「新亞書院」及「友聯出版社」
工作，接濟由大陸流亡港、九之知識份子，貢獻可謂不小。第三勢
力運動失敗後，孟餘絕意政治，離港赴美，居加州柏克萊，擔任美
國國務院設立之「中國研究中心」顧問，繼任加州大學中國問題研
究所顧問。[95]1961年春，孟餘曾吟七律一首：「清明海外值良辰，

---

[92] 同註89。

[93] 〈中國自由民主同盟及李宗仁近況〉，見《總裁批簽》，台（43）（中秘室登字第
387號，1954年10月29日），黨史會藏。

[94] 萬麗鵑，〈一九五○年代的中國第三勢力運動〉，台北：國立政治大學歷史學系研
究部博士論文，民國90年7月，頁50。

[95] 〈顧孟餘〉，劉紹唐主編，《民國人物小傳》第十一冊，同註7，頁393。

一片鄉心一介身。吳郡舊遊常入夢，燕京小苑幾回春。徒傳草澤能興漢，何處桃源可避秦。屈指中原終奠定，蒼生猶待起荊榛。」

詩中濃郁的懷鄉之情溢於言表，「思鄉何不歸故里」，1969年7月，在政府特派張研田赴美迎接禮遇邀請下，孟餘偕夫人由美返台定居，台灣雖非吳郡燕都，但終究是避秦之地。1972年6月25日，孟餘病逝台北，享年84歲。[96]顧一生以擁汪始，晚年回台也算是某種程度的向蔣「交心」，唯大陸已陷，當年擁汪反蔣的恩恩怨怨，似乎已如過往雲煙，不重要了；尤以孟餘幾乎終身反蔣，但蔣還能優容禮遇之，此亦可以看出蔣晚年之襟懷矣！

---

[96] 陳正茂，〈從擁汪到投蔣的顧孟餘〉，《傳記文學》第100卷第5期（民國101年5月），頁70。

投機或被利用
──「政建協會」、蔣渭川與「228」

一、前言：光復初期台灣人的組黨期望

　　民國34年8月，日本戰敗投降，被殖民50年的台灣，終於回歸中國。光復初期，台灣政治菁英以台灣已脫離日本的殖民統治，壓抑已久的政治熱情再度點燃，紛紛糾合昔日同志，重建日治時期原有的組織；或另起爐灶籌組新的政治團體，以便為達成理想中的政治目標而努力。當時的政治團體中，其組合方式大概可分為兩類：一類為戰前的抗日右翼份子，他們積極投身選舉，以遂其參政熱情；另一類是抗日左翼人士，他們企圖重建戰前抗日組織，甚至希冀組黨，以擴大其政治影響力。

　　在當時的台灣政治團體或人物中，左翼勢力基本上對國府並無好感與信任，早在陳儀來台前，台共與「農民組合」早已展開組織重建工作。34年9月20日，謝雪紅在台中先行成立「人民協會」籌備處，10月5日正式組成「人民協會」。[1]同年11月17日，「人民協會」台北支部也在靜修女中成立，謝雪紅為議長，黃江連、楊克煌報告籌備經過。而「農民組合」幹部簡吉等，亦積極組織「農民協會」，並分往各地設立分會，但在陳儀政府強力壓制下，35年1月，此二協會均遭到解散命運。[2]

　　至於右翼勢力，則以林獻堂、蔣渭川、廖進平等為核心，先是在光復之初，林獻堂等台灣士紳，有鑒於台灣光復後，百廢待舉，

---

[1]　陳芳明，《謝雪紅評傳》（台北：前衛版，1992年3月出版），頁253。

[2]　《台灣新生報》（35年1月19日）。

舉凡治安、糧食、經濟、金融、社會等各方面，都需要研究及解決者甚多，因此特別發起組織「台灣建設協會」，以謀廣集民意，協助政府。該團體於民國34年10月26日，假台北市稻江信用組合舉行成立大會，並推舉林獻堂為會長；副會長林熊徵，常任幹事有林熊祥；幹事杜聰明、廖文毅、黃朝清、鄭鴻源等人。[3]

緊接著，蔣渭川等人，也召集日治時期的「台灣民眾黨」舊幹部，企圖恢復舊有的黨組織，然遭到國民黨台灣省黨部主委李翼中的勸阻，李亦同時宣達國民黨中央不准台灣人組黨的指令。[4]雖是如此，但蔣渭川等仍不氣餒，咸認為台灣人於日治時期已有組黨經驗，今祖國政府來了，反而不得組黨，殊讓台灣人失望。為遂組黨之願，在陳儀來台前後，台灣的政治菁英決定串聯起來，重組舊組織，並開始籌組全島性的聯合行動。[5]

34年10月30日，原「台灣革命黨」、「台灣民眾黨」、「台灣文化協會」、「台灣農民組合」等團體開會協商，擬成立一聯合組織。11月1日，蔣渭川、連溫卿、簡吉、潘欽信、王萬得等在劉啟光帶領下，專程拜會台灣省民政處長周一鶚，除提出施政建言外，也表達台灣人籌組新政治團體的願望。[6]11月4日，原抗日團體在黃朝生家中召開起草委員會，決定新的政治組織名為「台灣民眾聯盟」，確定宗旨，且推舉四十五名籌備委員，呼籲全島抗日志士加

3　《台灣省通志‧卷十‧光復志》（台北：台灣省文獻委員會，民國61年1月出版），頁109。

4　李翼中，〈帽簷述事〉，收錄於中央研究院近代史研究所編，《二二八事件資料選輯》（二）（台北：中央研究院近代史研究所，民國81年5月出版），頁400。黃富三、許雪姬等訪問，〈廖德雄先生訪問紀錄〉，收錄於中央研究院近代史研究所「口述歷史」編輯委員會編，《口述歷史》第4期「二二八事件專號」（台北：中央研究院近代史研究所，1993年2月1日），頁60。

5　何義麟，〈台灣省政治建設協會與二二八事件〉，張炎憲、陳美蓉等編，《二二八事件研究論文集》（台北：財團法人吳三連台灣史料基金會出版，1998年2月1版），頁171。

6　《民報》（34年11月2日）。

盟該組織。[7]時不僅「台灣民眾聯盟」積極醞釀創立，其他各類型的政治團體亦紛紛成立，較著者有：「台灣文化協進會」、「台灣建設協進會」、「台灣學生聯盟」等，充分展現台灣人在戰後蓬勃旺盛的政治生命力。[8]然陳儀為打壓台灣人的政治結社，於34年11月17日，公佈了〈台灣省人民團體組織暫行辦法〉，命令「台灣省人民團體，暫時停止活動，俟舉辦調查登記後，依據法令及實際情形，加以調整，必要時得解散或重新組織之」。[9]在〈人民團體組織辦法〉限制下，「台灣民眾聯盟」好不容易才透過省黨部及「半山」集團張邦傑的協助下，獲准成立。

關於「台灣民眾聯盟」成立之經緯始末，主要領導人之一的蔣渭川，曾有所解釋：「『台灣民眾同盟』籌備中途，有歸自祖國的台灣革命同盟會張邦傑、呂伯雄等亦皆參加。因張邦傑氏深知國內情形，現任長官公署參議，諸種便利起見，乃以張氏為主體進行籌備。至35年1月6日舉行改組成立大會，名稱改變為台灣民眾協會，舉張邦傑為主任委員，其他常任委員各擔組長。至4月7日依官命開臨時全省代表大會，將名稱改為台灣省建設協會，委員制改作理事制。是時張邦傑已離台赴滬，是以舉蔣渭川外八名為常務理事，分擔各組組長主任，此乃台灣省建設會之來由」。[10]

民國35年1月6日，籌備多時的「台灣民眾聯盟」召開第一屆全體代表大會，會中通過改名為「台灣民眾協會」，並選出五十一名執行委員，以張邦傑為主任委員。[11]該會委員名單實囊括了「民

7　《民報》（34年11月7日）。

8　何義麟，〈台灣省政治建設協會與二二八事件〉，張炎憲、陳美蓉等編，《二二八事件研究論文集》，同註5，頁172。

9　《台灣省行政長官公署公報》1卷1期（34年12月1日）。

10　蔣渭川，〈二二八事件報告書〉，陳芳明編，《蔣渭川和他的時代》（台北：前衛版，1996年3月初版），頁150。

11　《民報》（35年1月8日）。

眾黨」、「農民組合」、「新文協」、「台共」及「工友總聯盟」
幹部，幾乎是台灣抗日菁英的總集合。[12]為慶賀「民眾協會」的成
立，《人民導報》曾以〈民眾協會與民眾運動〉為題，發表評論
道：「台灣人已經是主人翁，今後台灣的民眾運動應該是建設性
的、自主性的」。[13]諷刺的是，這些期許並未成真。

　　1月7日，「台灣民眾協會」舉行全體中央執行監察委員會，
議決今後工作方針為：（1）、推行三民主義。（2）、協力建設新
台灣。（3）、擁護蔣主席及陳長官。（4）、受台灣省黨部領導。
（5）、與三民主義青年團協力維持地方治安。[14]「民眾協會」成
立後，隨即向黨政機關呈請備案，未幾即遭當局干涉，由於「民
眾協會」常暗批執行當局，陳儀對該協會亦有所不滿。35年1月18
日，長官公署對「台灣學生聯盟」等十餘團體宣佈解散，對「民眾
協會」則「調查明確後再辦理」。[15]

　　對於陳儀可能的打壓，「民眾協會」並不退卻，依舊對長官
公署採取全面的批判，陳儀為求報復，先是驅逐該會主任委員張邦
傑，後是阻撓該會合法立案，具體做法為要求協會修改會章。3月
2日，該會召開幹部會議，同意遵照指示修改會章。[16]其後，陳儀
再度命令更改會名，對此，該會原本不想遵從，但最後在丘念台
的建議規勸下，3月10日，在召開的第二次執行監察委員聯席會議

<hr>

[12] 當時的《台灣新生報》即報導：「日治時代的革命團體，如文化協會、台灣民眾
　　黨、工友總聯盟、工友協會、自治聯盟與台灣革命同盟會等，也於35年1月6日，聯
　　合發起「台灣民眾協會」，由張邦傑、王添灯、蔣渭川等二十七人擔任執行委員，
　　黃周、賴通堯、張信義等11人擔任監察委員，目的在協助政府推行政治、完成地方
　　自治；及復興經濟建設等事宜。」，〈台灣民眾協會，革命團體聯合改組〉，《台
　　灣新生報》（民國35年1月7日），第3版。
[13] 〈民眾協會與民眾運動〉，《人民導報》（35年1月7日）。
[14] 《人民導報》（35年1月15日）。
[15] 《台灣新生報》（35年1月19日）。
[16] 何義麟，〈台灣省政治建設協會與二二八事件〉，張炎憲、陳美蓉等編，《二二八
　　事件研究論文集》，同註5，頁174。

上，仍通過修正章程、更改會名之決議。[17]4月7日，「台灣民眾協會」召開第二次代表大會於台北市蓬萊閣，會中無異議通過決定更改會名為「台灣省政治建設協會」（以下簡稱「政建協會」），並發表宣言，宣稱以（1）、健全本會基層組織。（2）、喚起全民自覺運動。（3）、協助政府維持治安交通。（4）、推行國語國文。（5）、策動復興工礦農林漁牧等業而安民生等五項為當前最急事務。會中選出張晴川、蔣渭川、王萬得、呂伯雄、黃朝生、廖進平、李友三、王添灯、張邦傑、陳炘、施江南、潘欽信、陳旺成等十八人為新的理監事。[18]

二、蔣渭川與「政建協會」

　　蔣渭川，宜蘭人，為蔣渭水胞弟，頂著蔣渭水的光環，在光復初期的台灣政壇上頗為活躍，因乃兄關係，也累積了相當高的知名度和豐沛人脈。[19]梁辛仁於〈我們對不起台灣——二二八民變的分析〉文中，即特別說到：「台北頂出風頭的是蔣渭川，開書店，十足民族主義者，乃兄蔣渭水是台灣革命運動一巨頭，人望甚

---

[17] 丘念台的建議是：「最希望民眾協會一定要遵守政府命令，合法備案，不是固執名義上的變換，或是內容的改革。須知切實為民眾做工，只求實事求是，不要姑託空言，是為至要。」《人民導報》（35年3月9日）。《台灣新生報》（35年3月11日）。

[18] 《人民導報》（35年4月8日）。

[19] 楊逸舟著、張良澤譯，《二·二八民變：台灣與蔣介石》一書提到：「國民黨內的CC派雖執國民黨之牛耳，但各省黨部的主任委員以下，大多黨棍都坐冷板凳，抓不到實權，所以台灣省黨部委員們想藉陳儀的失敗，企圖打倒政學系的陳儀長官。CC派在台灣拉攏了有力人士蔣渭川（公學校畢業）與蔡培火（東京高等師範畢業），……蔣渭川一方面沾了其兄的榮光，一方面在台北擁有『好兄弟』集團，所以CC團看他有民眾基礎，便拉他進來做為前鋒戰士。蔣渭川有CC團做靠山，所以大膽攻擊陳。」楊逸舟著、張良澤譯，《二·二八民變：台灣與蔣介石》（台北：前衛版，1992年2月初版），頁92。

孚。……渭川氏有若干土著勢力，參加台灣政治建設協會。」[20]然蔣渭川在戰後旺盛的政治企圖心，及其與國民黨派系的複雜關係，也使得當時台灣若干政治人物，對其有不同的意見和評價。[21]根據國防部史政局祕密稿本記載，說到蔣渭川居心叵測，於「光復後，奸黨首要謝雪紅等，死灰復燃，重振旗鼓，即在台中市組織人民協會，王萬得、潘欽信等，則與原台灣民眾黨首要蔣渭川、張邦傑等合組台灣民眾協會，後改稱為台灣政治建設協會，兩會分峙南北，遙為呼應，一面收羅舊部，強化組織；一面爭取新群眾，擴充力量。」[22]該密稿又言：「台灣政治建設協會，成立於本省光復之後，初為台灣民眾協會，後改今名，以張邦傑、蔣渭川等為首領，其中重要分子多為民眾黨首要，活動區域以台北為中心，各地均有分會組織，就各派活動情形言，以共產黨及其外圍組織民主同盟分子為此事件策動之要角，而陰謀分子及附從奸黨分子為台灣政治建設協會首要蔣渭川、呂伯雄等。」[23]

　　換言之，在光復初期，蔣渭川的政治動態，已為國府密切關注

20　梁辛仁，〈我們對不起台灣──二二八民變的分析〉，收錄於李敖編著，《二二八研究》（續集）（台北：李敖出版社，1989年2月28日初版），頁14。

21　例如在「228」事件後，莊嘉農即直接指出：蔣渭川與CC派合謀（或CC派利用蔣渭川），企圖破壞、篡奪「處委會」。「CC在這次民變中，……他們控制了『台灣政治建設協會』，不但把握一些群眾，甚且可由該會選出代表混入台北及各地的『處理委員會』，而在處理委員會胡鬧。CC份子活動得最起勁的，首要舉蔣渭川。他每晚都與CC頭子密會後，翌日才出席處理委員會。他在處理委員會的任務，是擴大『建設協會』的勢力，反對進步份子的任何意見，除了『建設協會』所提的意見之外，他們都為了反對而反對，故意破壞社會秩序，造成混亂，蔣渭川又剛愎自用，離開處理委員會的統制，採取個別行動，詆毀其他委員，搗亂處理委員會的統一。他一方面，在整個CC的指揮下，極力爭取青年學生，尤其是過去曾經到過海外參加作戰的退伍軍人，作為打倒CC的政敵陳儀的工具。」莊嘉農，《憤怒的台灣》（台北：前衛版，1991年6月出版），頁147。

22　〈台灣（三六年）二二八事變紀言〉（國防部史政局祕密稿本），收錄於李敖編著，《二二八研究》（台北：李敖出版社，1989年2月28日初版），頁9。

23　〈台灣（三六年）二二八事變紀言〉，（國防部史政局祕密稿本），收錄於李敖編著，《二二八研究》，同上註，頁24。

的焦點，咸認為蔣的右翼勢力，有和謝雪紅等左翼團體聯合的可能性。[24]另一方面，蔣當時與國民黨內的CC派，也是關係匪淺。學者戴國煇提到，國民黨台灣省黨部把持在「CC派」手中，由李翼中任主任委員，「歸台的『半山』中與『CC』有關聯者據說不少。光復初期怕遭陳儀之忌，人人為了自保不願表露。不多久，他們找到了甚愛出風頭的蔣渭川做為他們抬面上的代表。……」[25]而周一鶚於〈陳儀在台灣〉文中也披露，光復初，國民黨台灣省黨部把持在CC系手中，它們表面上對陳儀推崇備至，但骨子裡是勢不兩立的。它們暗中一直勾結不滿陳儀的台籍人士，以圖一逞。「228事件」中，蔣渭川之流上竄下跳，就是得到李翼中積極支持的。[26]

另學者薛化元在評論蔣渭川和「政建協會」關係時，亦提到：該會成立於民國35年4月7日，其前身為同年1月成立的「台灣民眾協會」，是蔣渭川所主導的。該會有意繼承「台灣民眾黨」之傳統，是當時台灣本土派的重要政治組織。成員包括來自中國大陸返台的「台灣革命同盟會」成員，由於勢力及於全台，為行政長官陳儀所忌，遂改組為「台灣省政治建設協會」，由蔣渭川等八人擔任常務理事，擁有會員數萬人，與CC派主導的國民黨台灣省黨部主

24 如長官公署曾指出2月27日晚，查緝私煙事件發生時，「與共黨有密切關係之『台灣省政治建設協會』理事李仁貴、張晴川等當時在場，即對緝私案件表示不滿。」《台灣暴動事件紀實》，頁1-2。轉引自行政院研究二二八事件小組，《「二二八事件」研究報告》（台北：時報版，1994年2月初版），頁50。其實「政建協會」是時剛好在「天馬茶房」二樓開會，根本無意挑起事端。張益瞻，〈廖進平、廖德雄父子於二二八〉，《自立晚報》（民國81年3月2日）。

25 有關蔣渭川與「CC派」的關係，除上述註解楊逸舟、莊嘉農的評論外，吳濁流、戴國煇亦有所提及。見戴國煇、葉芸芸，《愛憎二‧二八：神話與史實：解開歷史之謎》（台北：遠流版，民國81年），頁102－103。

26 周一鶚，〈陳儀在台灣〉，收錄於李敖編著，《二二八研究》（三集）（台北：李敖出版社，1989年2月28日初版），頁161。全國政協、浙江省政協、福建省政協文史資料研究委員會編輯組編，《陳儀生平及被害內幕》（北京：中國文史出版社出版，1987年6月1版），頁109。

任委員李翼中關係密切。[27]

　　然也因為蔣渭川在光復後和CC派的關係，使得「政建協會」被利用為反陳儀的政治團體，深遭陳儀所忌恨。[28]而蔣氏自己也不諱言，其曾多次當面批評陳儀施政之過失。蔣渭川說：「長官深居內院，被自稱官民橋樑的少數投機分子，和萬惡官僚等所包圍，社會民情無從而知，上情亦不能下達。」[29]並言：「因為光復十八個月陳儀長官和他的僚屬，只接收到領土和日產，民心完全沒有接收。」；又云：「長官蒞任已一年又半，帶來的一批接收人員光顧接收物資財產及日本女人，卻忘記了接收人心，所以光復以來百病併發，……」[30]蔣不留情面的批陳，陳儀表面上隱忍下來，但對蔣存有心結，當不難想像。所以當「228」事件發生後，「政建協會」因扮演重要關鍵角色，曾與商會、工會、學生、民眾等五方面選出代表，組成「228事件處理委員會」（以下簡稱「處委會」），而蔣渭川在事件後，因調解身分，也一時成為舉足輕重，炙手可熱的人物。但在國軍抵台後，陳儀迅即展開對事件的鎮壓和對蔣的報復，蔣渭川和「政建協會」因此被羅織罪名而遭解散。[31]

---

[27] 薛化元，〈台灣省政治建設協會〉，許雪姬總策畫，《台灣歷史辭典》（台北：行政院文化建設委員會發行，2004年5月1版），頁1118。

[28] 吳濁流曾說到：「CC派」在「228」期間，向中央提出報告指出：「『二二八事件』完全是因為政治的腐敗而爆發的，因此陳儀應負起全部的責任。」大扯陳儀後腿，並以蔣渭川組織之「台灣省政治建設協會」為名義，參加「處理委員會」，「利用台灣人對長官公署的不滿情緒，大肆活動。」吳濁流著、鍾肇政譯，《台灣連翹》（台北：前衛版，1993年3月初版），頁186。

[29] 蔣渭川，〈二二八事變始末記〉，陳芳明編，《蔣渭川和他的時代》（台北：前衛版，1996年3月出版），頁10。

[30] 蔣渭川，〈二二八事變始末記〉，陳芳明編，《蔣渭川和他的時代》，同上註，頁10。

[31] 平情說來，「政建協會」和蔣氏，都是非常時期的被利用者和受害者。國民黨內的CC派，利用蔣氏成為打擊陳儀的工具；而陳儀、柯遠芬諸人，又利用蔣分化「處委會」和欺騙台灣民眾。而蔣氏亦因權力慾望與無知，甘為陳儀所驅使，待國府鎮壓部隊一到，不僅「政建協會」遭取締而瓦解，蔣氏個人還差點成為槍下亡魂。依此而言，蔣氏在「228」事件前後，其實只是被陳儀利用而不知的悲劇人物。陳正茂，

此事，在〈台灣「二二八」事件〉一文中即談及：「台省自光復後，各地之所謂社會賢達者，即組織一個政治建設協會於省垣，各縣市組織分會，其旨趣係協同政府辦理本省政治之建設與改進，由蔣渭川主其事，但成立以後，未見有何貢獻，只掛一個幌子而已，此次二二八事件，該會對於政府政策之推行原應比一班人民更為瞭解，廣為人民勸導，那知該會竟公然徵調日本時代之退伍軍人，勾結當地流氓地痞非法組織，危言惑眾不法至極，實舉世亦找不出有如此荒唐之舉動，堂堂大中華之國民，因自己局部小事件，竟公然徵調法西斯戰敗國之日本退伍軍人，如此昏庸，似此背叛國家行為罪不容誅，警備總司令部即下令將該會解散聽候查辦。」[32]真是欲加之罪，何患無辭啊！

三、「政建協會」之組成及其訴求

上文提及「政建協會」創立於民國35年4月7日，其前身為「台灣民眾協會」，「民眾協會」從成立到改組為「政建協會」期間，在台灣各地已陸續成立五個分會。首先成立的是台北分會，於2月10日成立，李友三任主席，張武曲、周桃源等十九人為執行委員。[33]其後，基隆、能高（今埔里）、苗栗、及本部直屬的城中區分會亦先後組成。「民眾協會」成立之初，係標榜「台灣革命團體」的聯合組織，但隨著各地分會的設立，亦逐漸吸納了各地方的有力之士。[34]

「民眾協會」改組為「政建協會」後，強調以「建全本會基層

〈光復後台灣人初試組黨的先聲——台灣省政治建設協會〉，陳正茂，《台灣早期政黨史略（1900－1960）》（台北：秀威版，2009年3月1版），頁120－121。

[32] 〈台灣「二二八」事件〉，收錄於李敖編著，《二二八研究》，同註22，頁333。

[33] 《人民導報》（35年2月11日）。

[34] 《人民導報》（35年4月6日）。

組織」為發展重點。4月12日，召開第一次理監事聯席會議，通過「關於本會應如何擴展組織案」，該案經討論後決議，迅即在全台各地展開籌組分會之工作。4月30日，「政建協會」招待林獻堂等十七名省參議員與海外歸來之各地同鄉會代表，舉行懇談會，意欲收編台灣地方基層右翼勢力的企圖心十分明顯。[35]總計在該會存在的一年多時間，全省各地共成立了二十五個分會（淡水分會在籌備中），遍及基隆、台北到屏東，聲稱擁有萬名會員。[36]分析其分會設立地點和幹部成員，基本上，仍以舊「民眾黨」幹部為主，所以將「政建協會」視為「台灣民眾黨」的重建亦不為過。當然，「政建協會」雖以「民眾黨」成員為核心，但也吸收若干「地方自治聯盟」幹部、「台共」黨員與其他抗日團體成員，兼亦包括不少台灣地方士紳，這樣的組合，使得「政建協會」逐漸成為代表台灣社會中間階層的主要團體。[37]

　　由於受制於訓政法規的約束，「政建協會」只能是個普通的人民團體，這與台灣人希望籌組一個自主性的政治團體相距甚遠。依據訓政體制的理念，台灣只有國民黨與「三青團」；及青年黨與民社黨（此二黨當時尚未來台）是合法的政治團體，其他各種人民團體都必須接受國民黨的領導。35年11月28日，「政建協會」與另一競爭對手「台灣省憲政協進會」舉辦聯誼會，會中劉啟光說明開會目的，強調兩會皆以本省政治建設為目的之團體，因為政治目標相同，故兩會必須相互聯繫合作，不可發生對立摩擦，因此會中決定組織「聯絡委員會」，兩會各派五名委員，每月定期開會。[38]

[35]　藍博洲，《消逝在二二八迷霧中的王添灯》（台北：INK印刻文學出版，2008年3月初版），頁307。
[36]　《人民導報》（35年4月13日）。
[37]　何義麟，〈台灣省政治建設協會與二二八事件〉，張炎憲、陳美蓉等編，《二二八事件研究論文集》，同註5，頁179。
[38]　《台灣新生報》（35年11月29日）；《人民導報》（1946年12月2日）。

　　36年1月30日，兩會之「聯絡委員會」召開第三次會議，委員會由「政建協會」代表蔣渭川、廖進平、王添灯、黃朝生、呂伯雄；「憲政協會」代表劉啟光、游彌堅、林忠、謝東閔、李萬居（吳金鍊代）等十人組成。會中討論有關促進憲政實施之辦法後，決議在台北市每週共同舉辦兩次地方自治講座，並聯合向政府要求年內實施縣市長民選。[39]唯後來這些合作計劃並未實現，「聯絡委員會」也未再召開，兩會表面上合作，背後其實暗中較勁互相猜忌。「228事件」後，蔣渭川公開批評「憲政協會」的「半山」人士，導致兩會澈底決裂。[40]

　　民國36年1月13日，「政建協會」在台北市第一劇場主辦「憲法推行講演大會」。20日，「政建協會」續開「憲法推行講演大會」，王添灯於會中主講〈施憲的準備〉，公開批判長官公署限制台灣人政治集會政策之不當。[41]「政建協會」之所以強調台灣人政治結社之重要，其實早就有跡可尋，在該會前身「民眾協會」設立之初，民國35年2月11日，即已提出二十一項政治改革意見，其重要訴求如：本省最高行政組織應予改正。[42]全國國民大會之本省代表名額及產生方法應速規定、本省人之公務員任用資格應特別規定、要求廢除行政長官公署，撤銷專賣制度、撤廢貿易公司、整飭

---

[39]　《台灣新生報》（35年11月31日）。

[40]　陳芳明編，《蔣渭川和他的時代》，同註29，頁53-54。

[41]　民國36年1月20日、2月10日：「政建協會」在萬華國際戲院及第一劇場召開「憲政推行講演大會」，王添灯主講〈施憲的準備〉。藍博洲，《消逝在二二八迷霧中的王添灯》，同註35，頁224。

[42]　有關對台灣省最高行政組織應予改正的呼籲，其實早在民國35年7月18日，「政建協會」即與「台灣重建協會」上海分會、「閩台建設協進會」上海分會等在大陸的台人團體，到南京分向國府、行政院、立法院等政府機關請願，要求撤廢〈台灣省行政長官公署條例〉，將台灣省行政長官公署改為與各省相同的省政府，因行政長官總攬軍事、行政、立法及司法權，台人無異於處在獨裁的統治下，因此他們希望中央能取消台灣的特殊化政策。楊肇嘉，《楊肇嘉回憶錄》（下）（台北：三民版，民國56年2月初版），頁354-355。

軍紀、嚴懲貪污、釋出接收之工廠土地、援助在外台胞、減輕賦
稅、解決糧荒、維持鐵路票價等提案。[43]這些建議形同全面性的批
判陳儀政府的施政，然此亦可充分證明，「政建協會」為一台灣人
自主性之政治團體，「228」事件後，「處委會」向陳儀提出之三
十二條要求，於此已見端倪。[44]

　　有關「政建協會」對當時台灣政局之政治主張，具體言之有
幾項，首先在國民大會方面：「政建協會」以為，本省國民大會代
表應採用民選，當時國府預定5月召開制憲國民大會，針對台省國
民大會代表選舉，民政處擬由行政長官公署推選三倍於法定名額的
候選人，呈請中央圈選，這種遴選方式一經發表，立即遭到「政建
協會」的批判。認為國府此種做法，根本違背民主潮流，且不尊重
台灣人真正之民意，「政建協會」不只要求國民大會代表要直接民
選，其他如行政機關首長、地方首長、縣市長也都要公民直選。基
本上，「政建協會」所展開的，根本就是一場台灣人民的新自治要
求運動。[45]

　　其次，在國府憲法頒布後，台灣社會的政治議題焦點，開始
集中於憲法中有關地方自治的問題。此時，「政建協會」以戰前推
動自治運動的經驗，在全台各地舉辦推動憲政的演講會，這種政治
運動，無論就運動的方式；或是自治之理念言，皆可謂來自日治時
代的翻版。[46]但國府於36年元旦公佈憲法後，台灣省民政處卻頒布
〈台灣地方自治三年計劃〉，在其條文中規定，台灣要在民國38年
才能實施縣市長民選。此計劃一出，輿論大嘩，「政建協會」也立

[43]　《民報》（35年2月11日）。
[44]　何義麟，〈台灣省政治建設協會與二二八事件〉，張炎憲、陳美蓉等編，《二二八
　　　事件研究論文集》，同註5，頁174。
[45]　《民報》（35年12月21日）。
[46]　何義麟，〈台灣省政治建設協會與二二八事件〉，張炎憲、陳美蓉等編，《二二八
　　　事件研究論文集》，同註5，頁190。

即通電各界，發表反對聲明。[47]

　　總之，在關於縣市長民選何時實施的問題上，「政建協會」與政府，有相當尖銳的對立。36年2月3日，「政建協會」與《民報》社舉辦「憲政推行座談會」，會中強調台灣是中國最進步的一省，請行政院在台灣省實施縣市長民選。[48]張晴川甚至認為，推行憲政，不能只是座談而已，應採取具體行動。「市民自己選市長，然後請長官任命，此種步驟並不抵觸憲法，亦有必要」。[49]該座談會最後決議，為推動地方自治，擬組織「起草委員會」，起草〈省自治法〉以供各界參考。對於縣市長民選議題，則發動各團體向中央請願。省自治法起草委員有：呂伯雄、陳逸松、謝娥、許乃昌、陳旺成、蕭友山、王添灯等。[50]縣市長民選是台人所提出的政治改革項目中，最普遍的要求與共識。

　　整體說來，「政建協會」作為台灣人爭取自治的代表性團體，該會不但率先反對〈地方自治三年計劃〉，更鼓吹縣市長民選，並自擬〈省自治法〉，最重要的還是，該會在台灣各地所舉辦的「憲政推行講演會」之活動，藉由蔣渭川、張晴川、廖進平、呂伯雄、廖文奎、廖文毅、黃白成枝等台灣菁英份子及各政治團體領導人，分赴各地及中南部地區巡迴演講，講述主題均與憲政民主和自治有關，這對啟發台灣民眾憲政意識、民主思想，都有很大的貢獻，然也因為如此，該會與政府對立之情勢，因這些議題又急遽升高。[51]

---

[47]　聲明文中表示：台灣的戶籍、地籍、警政、交通、衛生、教育等各項自治條件之基礎早已具備，且文化水準既高，地方自治常識與能力亦強。因此，「今日我政府當局只要改革過去之惡劣制度與作風，（中略）似無須一一從頭做起。（中略）倘執政者肯予積極進行，則立可完成地方自治。」《人民導報》（36年1月21日）。

[48]　〈憲政推行座談會記錄〉，《民報》（36年2月5、6、7日）。

[49]　同上註。

[50]　同上註。

[51]　何義麟，〈台灣省政治建設協會與二二八事件〉，張炎憲、陳美蓉等編，《二二八事件研究論文集》，同註5，頁192-193。

　　基本上，成立真正民意之議會、直選地方首長和民意代表這樣的訴求，與蔣渭水當年在日治時期文化協會的「台灣議會設置請願運動」主張是一致的，日治時期未能實現，諷刺的是，回歸祖國後，台灣人這麼卑微的要求，依舊無法達成，還反遭陳儀政府之忌恨。台灣人的自治理念，早在日治時代即已有之，然這些自治理念與民主政治的思想，對國府治台的威權統治，造成嚴重之威脅；兼以對陳儀施政之失望，民國36年前後，落實民主憲政與要求地方自治，逐漸匯集成台灣人的主流民意，在「政建協會」主導下，自治的論爭已發展成一股社會運動，而非僅止於單純的批評時政。[52]

　　「228」事件前夕，「政建協會」曾舉辦集會遊行，與政府對抗之勢進一步升高。36年2月2日，「政建協會」台中分會與青年團台中分團、台中市黨部共同舉辦「台灣中部地區行憲座談會」，會後發表嚴正聲明，〈自治三年計劃〉係違憲之舉，政府須於行憲日以前，完成省縣市長之選舉。[53]2月26日，「政建協會」台中分會又召開理監事會，會中決定3月2日在台中戲院舉行「憲法推行大講演會」，旋「228」事件爆發，情況丕變，謝雪紅主導的市民大會在台中召開，嚴厲抨擊陳儀政府，「政建協會」台中分會理事巫永昌、張風謨亦先後致詞批評政府施政之弊端，此為後來「政建協會」被陳儀捏到參與叛亂之把柄，而伏下遭到解散命運的導火線。[54]

---

[52]　同上註，頁193。

[53]　《中華日報》（36年2月4日）。

[54]　楊亮功，〈二二八事件調查報告〉，陳芳明編，《二二八事件學術論文集》（台北：前衛版，1991年1月台灣版），頁206。

四、蔣渭川、「政建協會」與「228」

　　嚴格說來，發生於民國36年的「228」事件，「政建協會」並未參與實際的抗爭活動，只是在此前後，因為陳儀的施政弊端連連，「政建協會」曾多次發起講演與請願遊行活動；兼以「政建協會」是個有組織的政治團體，支持群眾又多，這種種因素，使得事件爆發後，陳儀很快即聯想到與「政建協會」有關。[55]當然，不可否認「228」的抗議活動，是有不少「政建協會」的支持群眾參與，協會幹部廖進平、呂伯雄等亦參與抗議活動，兩人還在現場發表演講。[56]現依爆發時間的先後順序，敘述以蔣渭川為首的「政建協會」，在整個「228」期間，所扮演的角色為何？及其對後來之影響。

　　2月27日晚，在查緝私煙現場不遠處，「政建協會」的重要成員廖進平、黃白成枝、黃朝生、張晴川、呂伯雄、王萬得等人，正在天馬茶坊隔壁的萬里紅酒家二樓開會。緝煙事件發生後，他們又為此臨時開會商議，決定召集各人民團體，隔天早上8點，在台北橋頭及龍山寺集合，前往專賣局抗議，要求局長交出肇事的員警。[57]2月28日下午兩點半左右，「政建協會」派人前來台灣廣播電台，說要請蔣渭川來對全省廣播；然而，因為找不到蔣渭川，於是改派王添灯。[58]3月1日上午10時，台北市參議會邀請國大代表、

---

[55] 何義麟，〈台灣省政治建設協會與二二八事件〉，張炎憲、陳美蓉等編，《二二八事件研究論文集》，同註5，頁194。

[56] 黃富三、許雪姬等訪問，〈廖德雄先生訪問記錄〉，《口述歷史》第4期，同註4，頁60。

[57] 黃富三、許雪姬等訪問，〈廖德雄先生訪問紀錄〉，《口述歷史》第4期，同上註，頁62。

[58] 黃富三、許雪姬等訪問，〈廖德雄先生訪問紀錄〉，同上註，頁65。

省參議員、參政員等組織「緝煙血案調查委員會」。[59]該會在中山堂舉行，陳儀派民政處長周一鶚等六名政府官員前來，出席會議者除台北市參議會議長周延壽、市參議員吳春霖、黃朝生外，還包括「政建協會」的張晴川、省參議員王添灯、參政員陳逸松等，以及不少旁聽民眾。[60]會後，推選王添灯、黃朝琴、周延壽、林忠為代表，前往長官公署，向陳儀提出：1.立即解除戒嚴令，2.被捕之市民應即開釋，3.下令不准軍警開槍，4.官民共同組織「處理委員會」（以下簡稱「處委會」），5.請求長官對民眾廣播等五點要求，陳儀面允。[61]一般認為，陳儀之所以答應組織「處委會」，是為了緩和台灣人民的不滿情緒，更重要的是，為爭取時間調兵鎮壓。[62]

　　3月2日上午10時40分，「政建協會」代表蔣渭川、張晴川等人，由憲兵第四團團長張慕陶引見陳儀，除對這次事件表示遺憾外，蔣希望政府寬大處理，以釋群情。蔣並與陳儀議定：1.關於此事件，不是私人行動，是因專賣局發端而起公憤，所以對此事件不得製造民眾犧牲者，就是既往問題絕對不追究，全部付之流水。2.現在所有被捕民眾，無條件由其家庭領回，其辦法將被捕民眾移交憲兵團，由該團交給各家族領回。3.犧牲生命的人善後處理問題，將現在委員會擴大組織，由各界選出代表參加會議辦理之。4.專賣局偵緝員警察大隊員開槍打死人的犯人，即時提出民眾前槍

[59] 林木順編，《台灣二月革命》（台北：前衛版，1992年1月初版），頁106－107。莊嘉農，《憤怒的台灣》，同註21，頁124。柯遠芬，〈台灣二二八事變之真相〉，中央研究院近代史研究所編，《二二八事件資料選輯》（一）（台北：中央研究院近代史研究所，民國81年2月出版）頁19。

[60] 黃富三、許雪姬等訪問，〈廖德雄先生訪問紀錄〉，同註4，頁66。

[61] 林木順編，《台灣二月革命》，同註59，頁107。莊嘉農，《憤怒的台灣》，同註21，頁124。

[62] 蘇新，《未歸的台共鬥魂──蘇新自傳與文集》，（台北：時報版，1993年4月初版）頁118。

殺等四條件。[63]

　　對此四條件，陳儀原則上都同意，僅對第四條表示，渠非軍閥，仍係行政長官，需根據民主法律處置，本人已命將移交法院嚴辦，並保證急速辦理判決，予以執行，其他條件則可以接受。[64]在陳儀的保證下，蔣渭川乃於當日下午2時10分，到電台廣播，呼籲台灣群眾理性，制止妄動，恢復秩序。[65]除上述四條件外，蔣渭川還代表「政建協會」，向陳儀建議擴充「處委會」組織，由民眾自己選出代表參加，人數十名就夠了。[66]當天下午，「處委會」決定採納蔣渭川及「政建協會」的建議，擴大該會組織，除了省參議員和國大代表外，另由商會、工會、學生、民眾和「政建協會」五方面選出代表，組成「處委會」。[67]

　　當天晚上，任職於警備總部調查室的許德輝，走訪蔣渭川，希望其出席明天「處委會」的「治安委員會」，宣稱擬推蔣出任「治安組」組長，並表示願受其指揮。[68]許為軍統人員，專門奉命執行滲透、分化工作。[69]「處委會」內部後來之內鬨，或與許之興風作

---

[63] 蔣渭川，〈二二八事變始末記〉，收錄於陳芳明編，《蔣渭川和他的時代》，同註29，頁10。

[64] 蔣渭川，〈二二八事變始末記〉，收錄於陳芳明編，《蔣渭川和他的時代》，同上註，頁14。

[65] 對此條件陳長官業已誠意接受，於下午3時陳長官親自在廣播電台報告，應請一般民眾立即暫停行動，並訂於本日下午3時半在太平町稻江信用組合開市民各界代表大會，討論善後及一切問題，暨市民大會之決定，希我市民及各界迅推代表參加會議如荷。蔣渭川，〈二二八事變始末記〉，收錄於陳芳明編，《蔣渭川和他的時代》，同上註，頁20-22。

[66] 蔣渭川，〈二二八事變始末記〉，收錄於陳芳明編，《蔣渭川和他的時代》，同上註，頁10-17。

[67] 行政院研究二二八事件小組，《「二二八事件」研究報告》，同註24，頁61。《台灣新生報》（民國36年3月4日）。

[68] 蔣渭川，〈二二八事變始末記〉，收錄於陳芳明編，《蔣渭川和他的時代》，同註29，頁28-30。

[69] 賴澤涵、許雪姬訪柯遠芬（1992年1月20日於美國洛杉磯）；轉引自行政院研究二二八事件小組，《「二二八事件」研究報告》，同註24，頁61。

浪不無關係。3月3日下午，「處委會」推派代表到長官公署，提出
組織「治安維持會」的要求，然遭到柯遠芬的駁斥。蔣渭川說：
「我們只希望能協助政府早日恢復治安，同時提出修正案，要求組
織治安服務隊，但仍遭到柯遠芬之反對」。[70]

　　3月4日，蔣渭川透過廣播電台，號召全省青年成立「台灣自治
青年大同盟」，並頒布綱領。[71]同日下午，蔣渭川綜合「處委會」
內部各方意見，歸納出三點，請陳儀答覆：1.長官對於此次事件之
看法，2.由「處委會」策劃政治改革，3.請長官多接近民眾。[72]陳
儀原則上接受，並講一些安撫的門面話。3月5日上午，「處委會」
組織大綱起草委員會陳逸松等於台北中山堂開會，與此同時，省垣
青年數萬名也在中山堂舉行「台灣自治青年大同盟」成立大會，現
場蔣渭水之子蔣時欽宣讀「建設高度自治，完成新中國的模範省」
等六大綱領；叔叔蔣渭川亦發表演說，提及「我們要擁護中央，打
倒台省舞弊官僚」等語。[73]嗣後，蔣渭川又以「政建協會」代表資
格出來廣播，呼籲學生、青年，尤其是過去曾到海外參加作戰的退
伍軍人，相約明天（3月6日）在某處集會，以便討論治安問題。[74]

　　從以後事件發展的種種跡象看來，蔣是在國民黨CC派的支持
下，為與王添灯爭奪領導權，而離開「處委會」採取個別行動；
另一方面，CC派也企圖通過蔣氏來爭取青年學生，以打倒政敵陳
儀。事件發展至此，似乎不但沒有順利解決的可能，反而因國民黨

[70] 柯遠芬，〈事變十日記〉，收錄於李敖編著，《二二八研究》，同註32，頁242－243。
[71] 楊亮功、何漢文，〈二二八事件調查報告及處理經過〉，收錄於李敖編著，《二二八研究》，同上註，頁59。
[72] 《中外日報》（1947年3月5日）。蔣渭川，〈二二八事變始末記〉，收錄於陳芳明編，《蔣渭川和他的時代》，同註29，頁49－59。
[73] 《中外日報》（1947年3月6日）。
[74] 蔣渭川，〈二二八事件報告書〉，收錄於陳芳明編，《蔣渭川和他的時代》，同註29，頁155－161。

內部的派系鬥爭而更加複雜了。[75]因陳儀有求於蔣，或許使蔣誤以為自己掌握部分權力，可藉此改革台灣省政並排除政敵。所以在3月5日與陳儀晤談時，蔣提出成立「台灣政治改革委員會」的主張，依蔣的構想，該委員會將由全省的區鎮鄉民代表中，選出三十名委員組成，其目的顯然在將當時省參議會的參議員排除在外。[76]

　　蔣氏構想，後來由呂伯雄、廖進平等「政建協會」幹部，擬訂完成九條的〈台灣省政改革綱要〉，內容包括：改組長官公署、起用本省人士、改革經濟措施、撤銷宣傳委員會、撤銷專賣局貿易局等。這份〈台灣省政改革綱要〉，自始至終都反映了「政建協會」自成立以來，一貫的政治改革要求。[77]然就在發表〈台灣省政改革綱要〉的同時，也是國府定調「台共」、「人民協會」、「民主同盟」、「民眾黨」、「學生自治同盟」、「政建協會」等組織為非法團體之時。[78]國府認為，台灣爆發「228」事件，就幕後策動之團體言，有1.「政建協會」，2.「共產黨」，3.「台灣自治青年聯盟」，4.「台灣民主同盟」，5.「憂鄉青年團台北支部」等。而就參加之人物言，則上述團體之負責人及御用紳士為主幹，一部分意志薄弱及事理不明之省市參議員為附從，至於青年學生、歸台軍屬、流氓、浪人，則為利用之工具。[79]

　　3月6日，「政建協會」將這份〈台灣省政改革綱要〉交給「處委會」討論，但未被「處委會」採用，因「處委會」已擬定好三十

[75] 林木順編，《台灣二月革命》，同註59，頁111。藍博洲，《消逝在二二八迷霧中的王添灯》，同註35，頁245。

[76] 蔣渭川，〈二二八事變始末記〉，收錄於陳芳明編，《蔣渭川和他的時代》，同註29，頁84－85。

[77] 何義麟，〈台灣省政治建設協會與二二八事件〉，張炎憲、陳美蓉等編，《二二八事件研究論文集》，同註5，頁195。

[78] 〈二二八事變始末大事記〉（國防部史政局祕密稿本），收錄於李敖編著，《二二八研究》，同註22，頁46。

[79] 雅三，〈「二二八」事變的透視〉，收錄於李敖編著，《二二八研究》（續集），同註20，頁62－63。

二條改革要求。[80]且「政建協會」的大部分成員，均已參加各地的
「處委會」，因此，「政建協會」的〈台灣省政改革綱要〉大部分
要求，早已納入各地「處委會」的訴求中；兼以當時「處委會」內
部，已有打倒蔣渭川的聲音，故未接受「政建協會」之〈台灣省政
改革綱要〉。客觀說來，台灣人的政治改革要求，並非突如其來的
產物，而是「政建協會」年餘來改革要求之結果，惜此份〈台灣省
政改革綱要〉，最終並未經過「處委會」的同意。[81]

　　且就在3月6日同一天，中統局根據〈台北3月5日電〉，向蔣
介石呈遞「此次參加台灣暴動者多屬前日軍徵用之海外回來浪人，
全省約計十二萬人，投機者蔣渭川、王添灯等主張台灣主義，不斷
作煽動宣傳；二二八事變處理委員會已密電中央，請撤調陳長官及
取消專賣貿易糧食各局，並改組長官公署，如三月十日前中央無答
覆，決定十一日再舉更大暴動。」[82]蔣被盯上猶不自知，還沾沾自
喜想大幹一場，顯見國民黨分化「處委會」之策略已奏效。

　　3月8日，調查局台灣省黨部調統室急電調查局長葉秀峰言：
「暴徒首領王添灯、王萬得係奸偽民盟分子，言論激越。蔣渭川因
與王等意見不對已受排擠。」[83]就在「處委會」發表三十二條要求

---

[80]　蔣渭川，〈二二八事變始末記〉，收錄於陳芳明編，《蔣渭川和他的時代》，同註
　　　29，頁106。

[81]　〈台灣「二二八」事件〉，收錄於李敖編著，《二二八研究》，同註22，頁328。

[82]　〈中統局呈蔣主席三月六日情報〉，中央研究院近代史研究所，《二二八事件資料
　　　選輯》（二），同註4，頁68。3月10日，調查局長葉秀峰與中統局張鎮向蔣介石報
　　　告指稱：「此次台灣民變已演成奸偽奪取政權之局面」、「台灣事變處理委員會內
　　　部分為兩大系，一為蔣渭川等要求獨立自主之大台灣主義派，一為王添灯、王萬得
　　　等民盟奸偽派。」〈葉秀峰、張鎮呈蔣主席三月十日報告〉，中央研究院近代史研
　　　究所，《二二八事件資料選輯》（二），同註4，頁140－141。

[83]　藍博洲，《消逝在二二八迷霧中的王添灯》，同註35，頁322。關於王與蔣之齟齬，
　　　可由3月5日要決議八條草案看出端倪，王說「政建協會」一派不服而遷延至6日亦不
　　　決。斯時添灯向黃朝生及蔣渭川氏聲明『我添灯根本無野心，勿論推舉余為何方面
　　　全部拒絕，盼望渭川兄以事件迅速協力解決，我自要退辭公職，以後而有再要用添
　　　灯之時，勿論何時，有關國家事情都可出為幫忙云云』。」台北市民處理委員會旁
　　　聽者（王水柳），〈二二八事件處理委員會王添灯經過報告〉，張炎憲主編，《王

與十條處理大綱後，中央派遣軍隊抵台的消息開始傳開，「政建協會」幹部覺得大勢不妙。而且就在當日，閩台監察使楊亮功在台北圓山附近遭到攻擊；兼以日前陳儀峻拒黃朝琴所攜的「處委會」三十二條要求後，這在在都使得蔣渭川覺得事態嚴重。因此，3月9日下午，蔣與呂伯雄、廖進平、黃白成枝等幹部緊急會商，決定發表「政建協會」〈告同胞書〉，表明該會反對「處委會」所提的三十二條要求，表示「二二八事件處理常務委員會發表中之越過政治範圍條件，本會澈底反對，亦非本省人民之公意。」[84]唯為時已晚，3月10日上午，武裝警察前來捉拿蔣渭川，蔣氏雖逃過一劫，但其四女蔣巧雲卻死於槍下，其子蔣松平亦負傷。[85]

　　3月13日，陳儀呈報給蔣介石的辦理人犯姓名有二十人，分別是：王添灯、徐征、李仁貴、徐春卿、林茂生、宋斐如、艾璐生、阮朝日、吳金鍊、廖進平、黃朝生、林連宗、王明朝、施江南、李瑞漢、李瑞峰、張光祖等。[86]3月14日，台灣警備總司令部以事變期間，「政建協會」召集日本統治時代之軍人與暴力分子，公然採取反叛國家之行為，不法至極而予以解散。[87]4月18日，陳儀又發布「228事變首謀叛亂在逃主犯名冊」共計三十名：蔣渭川、謝雪紅、張晴川、黃朝生、王添灯、黃白成枝、呂伯雄、李仁貴、鄧進益、廖進平、郭國基、林日高、陳旺成、王萬得、潘欽信、蘇新、

添灯紀念輯》（台北：財團法人吳三連台灣史料基金會出版，2005年3月再版），頁90－91。
[84] 蔣渭川，〈二二八事變始末記〉，收錄於陳芳明編，《蔣渭川和他的時代》，同註29，頁134－135。
[85] 蔣渭川，〈二二八事變始末記〉，收錄於陳芳明編，《蔣渭川和他的時代》，同上註，頁144－145。
[86] 〈陳儀呈蔣主席「辦理人犯姓名調查表」〉，總統府，《戡亂時期重要文件分案輯編》，第38冊，《台灣二二八事件》（上）（民國36年3月13日），頁142－144。
[87] 《和平日報》（1947年3月18日）。李旺台、楊振隆總策劃，《二二八事件責任歸屬研究報告》（台北：財團法人二二八事件紀念基金會時報版，2006年2月1版），頁410。

顏欽賢、廖文奎、廖文毅等。[88]由這紙名單觀之，國府預定逮捕對象乃是律師、檢察官、報業人士、教授、議員、醫師、「台共」、「三青團」團員和「政建協會」會員等。[89]

嚴格言之，其實在整個「228」事件期間，「政建協會」並非主導力量，反而是扮演溝通、協調、安撫群眾的角色。尤其該會領袖之一的蔣渭川，更在其中扮演重要角色，蔣渭川被陳儀利用來緩和情勢，事後遭到台灣人的不諒解與罵名。[90]事件後，該協會不少幹部遭政府通緝或殺害，可說是「228」事件中，最受爭議之團體。[91]

總的說來，「政建協會」在「228」事件中之主張政治改革，並無推翻政府之意圖。事實上，在主張武力抗爭的台灣人來看，「政建協會」反而是一股與政府妥協的反動勢力，或派系鬥爭之工具。[92]然而，這樣的團體仍遭到解散的命運，且在「228」事件中受害至深，主要幹部如黃朝生、廖進平、王添灯、陳炘、施江南等，均於此事件中失蹤或遇害。[93]「政建協會」要求民主、自治的政治勢力被消滅後，國民黨剷除了最大的心腹大患，其政權才得以順利在台灣建立其威權體制。在國府威權統治下，「政建協會」等政治菁英被剷除。從此，台灣政治菁英，不是噤若寒蟬，就是馴服

[88] 陳翠蓮，《派系鬥爭與權謀政治——二二八悲劇的另一面相》（台北：時報版，1995年2月出版），頁369－370。

[89] 黃淑英，〈《民報》與戰後初期的台灣〉（台北：國立台灣師範大學歷史學系碩士論文）（民國92年8月），頁185。行政院研究二二八事件小組，《「二二八事件」研究報告》，同註24，頁290。

[90] 《和平日報》（36年3月18日）。

[91] 「228」事件爆發後，陳儀政府採取「兩面策略」，一方面慫恿蔣渭川透過廣播出面安撫群眾；另一方面則以嚴厲手段，以該組織諸多份子，積極參與「228」事件「處委會」，對政府採取敵視批判態度。故鎮壓行動開始後，協會幹部不少遭到逮捕或殺害。賴澤涵、馬若孟、魏萼著，羅珞珈譯，《悲劇性的開端——台灣二二八事變》（台北：時報版，1993年2月初版），頁267。

[92] 莊嘉農，《憤怒的台灣》，同註21，頁127。

[93] 李筱峰，《二二八消失的台灣菁英》（台北：自立晚報社，1990年），頁37。

於統治當局，這不僅是台灣社會民主發展之受挫，也是台灣人失去
「去殖民化」（Decolonization）之主導權，而最終被迫走上「再
殖民化」之路。[94]

　　撫今追昔，蔣渭川和他的時代，其實是台灣現代史上最扭曲；
也是最痛苦的一個時代，凡是對戰後初期歷史稍有認識的人，都知
道那段時期的憧憬與幻滅，也知道那段時期的衝突與絕望，更知道
那段時期的苦痛與冤屈。在那錯綜複雜的年代，蔣渭川或許是出自
於善良的動機；抑或許有其政治野心之目的，然因險惡政治勢力的
操控與撥弄，反而使他揹負了歷史的罪名。誠如台灣文史學家陳芳
明中肯客觀之評論：「蔣渭川面對曲折的政治形勢，也許其智慧一
時受到蒙蔽；然而他為當時亂局中的台灣社會四處奔走，其用心良
苦、關懷眾生的事實，則是不可否認的。」[95]誠哉斯言！

五、結論：台灣士紳悲劇宿命之探討

　　民國34年，日本投降前後，由於抗戰勝利來的有點「措手不
及」，平情說，國府「對收復地區的接收工作和政務工作，政府在
事前並沒有建立制度，研究計畫，更談不上人員的訓練。」[96]接收
工作除軍事受降較有秩序外，其他如政治、經濟、金融等各方面，
可說毫無準備，一片混亂。而台灣因與大陸隔絕五十年，對大陸地
區接收的貪污腐化，接收成「劫收」的情況所知不多，還天真熱烈
的組成「歡迎國民政府籌備會」，真心熱誠的歡迎祖國來台的接
收。豈料祖國帶來的是貪污無能的接收人員及軍隊，台灣人希望回

---

[94] 何義麟，〈台灣省政治建設協會與二二八事件〉，張炎憲、陳美蓉等編，《二二八
　　事件研究論文集》，同註5，頁198。

[95] 陳芳明編，〈蔣渭川和他的時代〉，見陳芳明編，《蔣渭川和他的時代》，同註
　　29，頁1-2。

[96] 邵毓麟，《勝利前後》（台北：傳記文學出版社，民國56年9月初版），頁75。

歸祖國後能當家做主，祖國卻以「征服者」角色對待台灣人，高度期待的落差，使得雙方的關係越來越不睦和緊張，「228事件」衝突的導火線隱然伏下。[97]

在飽受五十年殖民統治的台灣本土社會菁英，早就想擺脫日人控制，希望「台人治台」；兼以對祖國存有不切實際的幻想，對光復初期的政局懷有憧憬，因此，許多人早已摩拳擦掌，躍躍欲試，想要有所作為，此即為何當時各種團體組織，如雨後春筍般紛紛成立之背景。而台灣在光復後納入國府的政治體制中，國府在大陸的那一套政治派系鬥爭，也移植到台灣來。當時在台灣人成立的政治團體中，其背後均有國民黨內派系的鬥爭，如「CC派」、「軍統」、「孔宋財團」、「三青團」、「政學系」、「陳儀幫」等等，不一而足。它們競相爭權奪利，結納本土勢力互相抗衡，嚴重影響到台灣本土的政治生態。周一鶚在〈陳儀在台灣〉文中即言：「表面上陳儀集軍政大權於一身，應該可以為所欲為。事實上他手上沒有一兵一卒，又加上派系分立，各奉其原來主子之命，進行活動，對陳儀則是陽奉陰違。」[98]

另外，早在日治時期，即從事政治、社會、文化運動的抗日份子，他們希望透過和平手段與日本抗爭，以爭取台灣人的權益，提升台灣人的政治地位。然而，從二〇年代起，經過「台灣文化協會」的分裂，「台灣民眾黨」、「台灣共產黨」的左右之爭，迄於最後的「台灣地方自治聯盟」的成立。台灣本土政治菁英，因主張與政治路線的分歧愈來愈大，思想的互容性亦相對減低。[99]

由上可知，台灣本土政治菁英間，原本就存在各股勢力，暗中

[97] 林宗義，〈林茂生與二二八〉，收入陳芳明編，《二二八事件學術論文集》，同註54，頁75。
[98] 周一鶚，〈陳儀在台灣〉，收入李敖編著，《二二八研究》（三集），同註26，頁159。
[99] 陳翠蓮，《派系鬥爭與權謀政治──二二八悲劇的另一面相》，同註88，頁234。

較勁，互相競爭，光復後，又加上由重慶返台的「半山份子」之角逐，使得彼此間之鬥爭更加白熱化。而陳儀原本希望能借重「半山份子」擔任政府公職以利施政，不料，「半山份子」回台後，不但沒有盡其職責，反而拉幫結派，自成集團，與台灣本土政治菁英競合的相當激烈。本土政治菁英在長官公署與「半山集團」的雙重打壓下，有部分成員如蔣渭川等，遂與「軍統」、「CC派」或「三青團」組成聯合陣線，成為反對陳儀的主要力量；也因此而埋下「228」事件後，陳儀報復追殺的悲劇後果。[100]

　　基本上，台灣省「政建協會」的解散和下場，就是上述情況最典型的例子。「政建協會」與「CC派」結合，「CC派」藉各縣市的黨部組織，吸收當地的社會菁英，並協助蔣渭川、張邦傑等人成立該組織，其會員甚多，約數萬人，多為日治時代「台灣民眾黨」份子，他們非常活躍，透過該團體，「CC派」成功拉攏了台灣基層最有實力的本土勢力，和陳儀的長官公署來分庭抗禮。[101]並在「228」事件發生期間，利用該協會來分化「處委會」；其後又與「軍統」聯手，策動協會成員呂伯雄、黃白成枝等人，在「處委會」中提案，其中「本省人之戰犯及漢奸無條件即時釋放」、「各地方法院院長及檢察官全部由本省人充任」，成為後來陳儀追殺鎮壓的最佳藉口。[102]

---

[100] 蔣渭川所領導的「政建協會」，平素對於陳儀的施政有相當嚴屬的批判，甚至還曾因此遭到陳儀的控告。蔣渭川，〈二二八事件報告書〉，收錄於陳芳明編，《蔣渭川和他的時代》，同註29，頁151－172。

[101] 陳翠蓮，《派系鬥爭與權謀政治——二二八悲劇的另一面相》，同註88，頁242－243。

[102] 葉芸芸，〈三位台灣新聞工作者的回憶〉，收入葉芸芸編寫，《證言2‧28》（台北：人間出版社，民國79年2月初版），頁99。蔣不僅與國民黨「CC派」關係匪淺，與「軍統」關係也十分密切，我們在〈二二八事變始末記〉的《蔣氏遺稿》中，發現有關「軍統」的線索不少。例如2月28日：憲兵團長張慕陶兩次來訪，並留下一函表示奉陳之命請其出來收拾危局。3月3日，許德輝出任「忠義服務隊」隊長兼處理委員會治安組長，也事先與蔣氏疏通。《蔣氏遺稿》，頁6、27。蔣氏

　　當時在「處委會」中，大概只有「三青團」的實力，足以和「政建協會」相抗衡。[103]而「三青團」因反陳儀更甚，所以在楊亮功、何漢文的〈二二八事件調查報告及處理經過〉中，將「三青團」列為事件首謀者之一。[104]這也就說明，為何在事件之後，「三青團」是被陳儀誅殺整肅最慘重，最澈底的派系。而反觀「政建協會」，在整個「228」事件期間，扮演的角色就備受爭議了，尤其是領導人之一的蔣渭川，其所做所為讓眾多台灣人不滿；甚至不恥。[105]蔣渭川之所以被利用，緣於事變初起時，以警備總部為主的「軍統」人員，就將事件發生定調為「奸偽煽動」，參謀長柯遠芬早早就確定了「分化奸偽」、「運用民眾力量打擊奸偽」、「擒賊擒王」；再以軍事上作萬全的準備，「一俟他們叛國罪證公開後，馬上以軍事力量來戡亂」的策略。[106]

　　後來證明，「228」事件後，台灣本土政治菁英遭受的打擊最大，不但相當多的菁英被屠殺，倖存者亦噤若寒蟬，淡出政界，不再過問政事，造成本土政治菁英的嚴重冷感與弱化。[107]本土政治菁

與「軍統」或無關係，但「軍統」透過蔣氏的管道進入「處委會」則是事實。吳密察〈蔣渭川與二二八事件（初探）〉，《二二八學術研討會論文集（1991）》（台北：二二八民間研究小組等發行，1992年3月1版），頁201。
[103] 陳明通，〈派系政治與陳儀治台論〉，收入賴澤涵主編，《台灣光復初期歷史》（台北：中央研究院中山人文社會科學研究所，民國82年11月出版），頁278。
[104] 楊亮功、何漢文，〈二二八事件調查報告及處理經過〉，收錄於李敖編著，《二二八研究》，同註22，頁86。
[105] 「228」事件發生後，蔣渭川的「政建協會」積極參與「處委會」，但蔣在「處委會」的表現卻迭受批評，陳逸松的回顧提到「『二二八事件處理委員會』開會的第一天，蔣渭川帶了一批人在會場上喧嚷不休，光復後他組織了一個『台灣政治建設協會』，成員大部分是流氓一類的人物，我（陳逸松）在台上說明章程，那批人就在下面大吵大鬧，對著我叫說：『大交椅你就搶著要坐上去了？』我當時年輕氣盛，也回答說：『大位置你們若想坐，你們就上來坐吧！』我就這樣子走下台回家去了。」葉芸芸，〈「山水亭」舊事〉，收入葉芸芸編寫，《證言2‧28》，同註102，頁115。
[106] 陳翠蓮，《派系鬥爭與權謀政治──二二八悲劇的另一面相》，同註88，頁260－261。
[107] 對台灣本土的政治菁英而言，「228」事件之後即已受到重創，以後在陳誠主政的時

英唯一例外的是「半山集團」，他們在事件中保全權位，不惜對台灣本土菁英落井下石「自相殘殺」，在國府遷台前後因有功而受到重用。另外，由於事件後政治菁英的斷層現象，產生一批政治新貴，他們是事件的最大受益者，也經常是新政權的擁護者。[108]

基本上，「政建協會」會員，大多是延續日治時代及光復初期的台灣社會菁英，他們或是殖民政治的順應者，或為政治社會文化的運動者。在光復之初，他們傳承在日治時期以來的地方影響力，對於新政局，都抱持著相當大的熱誠與期待；也都致力於幫助國府在台的戰後重建工作。不過，由於國府對其陌生和不信任，所以在國府派員來台接收之際，即已埋下傳統政治菁英勢力遭受挑戰的命運；兼以既得利益者「半山集團」的分食大餅與從中挑撥，台灣本土政治菁英，遂結合成「台中派」（以林獻堂為首）和「阿海派」（以蔣渭川為首）以互相對抗。[109]而經歷了「228」事件後證明，在各派系的明爭暗鬥之下，台灣傳統的菁英份子，不過是被利用的棋子，由於對中國政局的認識不清，他們或主動或被動地捲入這場是非之中，成為這場政治風暴的最大受害者。在遭逢重挫之後，傳統菁英的勢力遂一蹶不振，逐漸瓦解。[110]

另一方面，台灣傳統政治菁英勢力之崩解，對國府而言，無異是剷除潛在的政治反對力量。其後所栽培的新興政治勢力，都是國府可以牢牢掌控的，所以即便到38年國府遷台，它也可以輕而易舉的建立起威權統治，而不必太在乎台灣是否有政治勢力能與之抗衡。所以說，「228」事件對於台灣本土政治菁英而言，確實是場

代，由於普遍存在對「紅」的檢舉——即左翼思想，在「錯百不能漏一」的恐怖氣氛下，更是沉寂了下來。吳濁流著、鍾肇政譯，《台灣連翹》，同註28，頁233。

[108] 吳乃德、陳明通，〈政權轉移和菁英流動：台灣地方政治菁英的歷史形成〉，收入賴澤涵主編，《台灣光復初期歷史》，同註103，頁323。

[109] 司法行政部調查局，《台灣地方派系調查專報》（民國41年），頁1－4。

[110] 楊淑梅，〈光復初期台灣的社會精英（1945－1949）〉，（台北：國立台灣師範大學歷史研究所碩士論文），（民國84年6月），頁245。

致命的浩劫，許多政治菁英不是遭到逮捕，就是被殺害，倖存者亦噤若寒蟬，不再過問政治，有的自我流放於大陸或海外，有的從事宣傳台獨運動；更有的自此消聲匿跡，屬於他們的時代已然結束。

自由主義者從政的悲劇
——論「吳國楨事件」及其始末

一、前言——風雲詭譎的五〇年代

　　1949年，國共內戰的硝煙暫歇，共產黨已席捲神州大陸，蔣介石的國府敗退台灣一隅，真是處於國命如絲的存亡危急之秋。是時，美國在歐洲提出「馬歇爾計劃」，欲重振歐洲，使其與共產主義對抗。但在亞洲，因受傳統「重歐輕亞」政策的影響，不僅丟掉亞洲最大的中國大陸，甚至在共產主義威脅下，將台灣、南韓劃出其保護範圍，如此就給了北韓共黨可趁之機。[1]1950年6月25日，北韓最高領導人金日成，在蘇聯及中共的支持下，揮軍南下，爆發了舉世震驚的「韓戰」。「韓戰」的爆發，也打破了美國杜魯門總統在亞洲姑息共產黨的迷夢，韓戰開打後，美國隨即下令第七艦隊協防台灣海峽。如此一來，既限制了國府的軍事反攻，但也阻止了中共解放台灣的企圖，驚魂未定的國府政權，因韓戰的發生，美國的介入台海而轉危為安。其後美國與國府關係恢復正常，美國不僅在外交上承認台灣的國府當局，軍援、經援亦源源不絕而來。[2]

　　而國府當局為博得美國好感與支持，建立親美形象，在人事安排上，大量起用有留美背景的人才進入政府部門工作，其中最具代表性的有兩人，武的為孫立人，時擔任陸軍總司令；文的為吳國

---

[1]　張淑雅，《韓戰救台灣？解讀美國對臺政策》（台北：衛城出版，2011年10月初版），頁58。

[2]　Accinelli,Crisis and Commitment,p.63; Goldstein, "The United States and the Republic of China, 1949-1978," p.6.

楨，繼陳誠後擔任台灣省主席。[3]然可悲的是，這兩人與蔣介石政權合作都沒有善終，孫立人被「兵變」牽連遭軟禁終身，直到垂垂老矣的晚年才獲平反。[4]吳國楨與蔣氏父子交惡後遠走美國，在美迭次批判國府當局，最終客死異鄉未能回國。[5]吳國楨留學美國，在大陸時期，受寵於蔣介石和宋美齡，屢獲提拔重用，曾擔任國府諸多要職。[6]吳的能力頗強，亦非唯諾之輩，且因其兼具自由主義思想，先天上就與國民黨的威權黨國體制不合。在大陸的抗日與剿共、戡亂兵馬倥傯的軍事時期，蔣及國府無暇他顧，吳或許還有些許施展抱負的空間。但到台灣一隅後，僅剩台灣一省的蔣介石，自然獨攬大權，任何風吹草動會危及其政權的事，蔣必鎮壓鏟除之。證之五〇年代的「白色恐怖」，即可見一斑。所以，以自由主義者從政，後來發生的「吳國楨事件」，放在這個時代脈絡來檢視，其必然之悲劇性，就更清楚明瞭了。

　　五〇年代初期，國府於大陸倉皇來台後，蔣痛定思痛，於來台初期，在短短的幾年內，完成黨、政、軍、特系統的改造與國民黨的再造，黨內的權力分配起了天翻地覆的變化。對於紛至沓來各類的改造措施，黨內一些持「自由主義世界觀」的人物是頗有不滿之聲的，他們咸認為這些措施是在抄襲法西斯，或是學共產黨，他們站在所謂自由主義的立場上，對國府當權派的踐踏人權與「仿共措施」深感不滿及進行抵制。這批具自由主義思想的國民黨要員有吳鼎昌、王寵惠、張嘉璈、魏道明、王世杰、吳國楨等人。該系人物

3　〈吳國楨：由留美博士到上海市市長〉，何明主編，《國民政府文人高官的最后結局》（北京：中共黨史出版社出版，2008年3月1版），頁386。

4　〈孫立人先生行述〉，《國史館現藏民國人物傳記史料彙編》第七輯（台北縣：國史館編印，民國81年7月出版），頁263-265。

5　關國煊，〈吳國楨〉，劉紹唐主編，《民國人物小傳》第八冊（台北：傳記文學出版社印行，民國76年4月初版），頁100-108。

6　〈吳國楨〉，傅潤華蒐纂，《中國當代名人傳》（上海：世界文化服務社出版，民國37年6月出版），頁52。

多為留學英美的高級知識份子，與胡適、雷震等黨外自由主義份子的關係也比較密切，在美國人的心目中形象較好。在蔣介石來台初期急需爭取美援的情況下，這批人可用來妝點門面，於是，王世杰被蔣任命為總統府秘書長，而吳國楨被任命為台灣省主席，也就理所當然順理成章了。[7]

「吳國楨事件」距今已超過六十餘年，當年那一代國府的自由主義份子，早已凋零殆盡。吳國楨與孫立人事件，是國府來台初期影響深遠的兩大事件，其對爾後台灣「白色恐怖」的確立與對台灣民主政治的戕害，都影響至深且鉅。「孫立人事件」在孫將軍平反後，坊間對其研究已有相當多的成果，反觀「吳國楨事件」，因年代已久且吳客死美國，學界對其研究不多，成果亦相當有限。是以，本文即以「吳國楨事件」為研究對象，由吳國楨本人口述的傳記，參考當年的原始資料，詳細勾勒曾經在台灣政壇捲起千層浪的「吳國楨事件」；並論述其經緯始末和深遠影響。

二、青雲直上──吳國楨的從政之路

吳國楨（1903－1984），字峙之，湖北建始人，清光緒29年（1903）9月生，幼隨父經明居北京，1914年入天津南開中學，與張道藩、周恩來同學。1917年考進北京清華學校，與羅隆基同級，畢業後於1921年直接赴美留學。1924年獲普林斯頓大學碩士學位，1926年獲普林斯頓大學政治系哲學博士學位，並於同年返國任國立政治大學教授。1927年進外交部工作，正式踏入政壇，從此官運亨通，青雲直上。[8]

7　黃嘉樹，《第三隻眼看台灣》（台北：大秦出版社出版，民國85年6月再版），頁228－229。

8　吳國楨，《夜來臨──吳國楨見證的國共爭鬥》（香港：中文大學出版社出版，

　　1931年任湖北省財政廳廳長，1932年擔任蔣委員長侍從室秘書，雖然官位不高但權重，因擠入最高權力核心，深獲蔣氏夫婦所倚重。且由於其留美背景，獲得宋美齡之青睞，被歸為所謂的「夫人派」，屢獲拔擢。[9]（吳國楨的留洋經歷，加上吳夫人黃卓群與宋美齡姐妹般的情誼，很自然被歸類為「夫人派」）1932年底，吳國楨以未滿而立之年，即被派任為漢口市市長。抗戰軍興，漢口陷落，吳率部分市民西遷恩施。1939年底繼賀國光為重慶市長。1941年重慶遭日機轟炸，發生「校場口大隧道窒息慘案」，傷亡慘重，蔣委員長下令懲罰相關官員，吳為負起責任於1942年免去重慶市長職務。1943年轉進外交部服務，任政務次長，在部長宋子文出國時曾主持部務。[10]

　　抗戰勝利後，吳進入黨務系統服務，1945年接任國民黨中央宣傳部長。1946年繼錢大鈞為上海特別市市長，上任伊始，以控制預算、處理黑市為主要施政重點。1947年在上海逮捕大學之共黨份子，並搜查「民盟」上海支部，對共產黨採強硬手段，更得蔣介石讚賞。1948年1月，上海同濟大學學生擬全體入京請願，交通、復旦等大學學生前往相送，吳以市長身分出面調解，但仍引起學生和員警衝突，吳國楨被毆，學生多人被捕。[11]吳對共產黨採激烈措施，曾遭中共宣布為「頭等戰犯」之一（吳於四十三人名單中列第二十四名），然也因其堅定的反共立場，更得蔣寵信。[12]1949年長

　　2009年11月出版），頁109－111。

9　吳國楨手稿，黃卓群口述，劉永昌整理，《吳國楨傳》下冊（台北：自由時報出版，1995年6月初版），頁522。殷惠敏，《誰怕吳國楨？——世襲專制在台緣起緣滅》（台北：允晨出版，2016年4月初版），頁12。

10　國民政府文官處印鑄局（編），《國民政府公報》渝字550號（重慶：國民政府文官處印鑄局公報發行所，民國32年3月6日），頁2。

11　〈市長橫遭毆擊忍辱調停，同濟學潮解決有可復課〉，上海《申報》（民國37年1月30日4版）。

12　郭廷以編著，《中華民國史事日誌》第四冊（台北：中央研究院近代史研究所發行，民國74年5月初版），頁818。

江保衛戰前，上海已岌岌可危，蔣派蔣經國赴滬，力勸吳撐持危局不要輕言辭職。

是年4月，吳卒以病由獲准辭去上海市長職，5月，上海陷共。7月，隨蔣應菲律賓總統季里諾（Elpidio Quirino）邀，參加「碧瑤會議」，會後隨蔣抵台。是年底，行政院准陳誠辭台灣省政府主席職，由吳國楨繼任台灣省主席兼保安司令，此刻可說是吳國楨一生政治生涯的最高峰，其受蔣之倚重也是於此為最。[13]吳就任省主席始，即提出四大施政方針：（1）、澈底反共，密切配合軍事；（2）、努力向民主途徑邁進；（3）、推行民生主義，為人民謀福利；（4）、實施地方自治，發揚法治精神，並大量起用台籍人士。[14]從這幾項施政方針可看出，吳國楨是想要真正有番作為，有鴻圖大展的企圖心。且從吳的四點施政方針還可看出，這裡頭既要兼顧反共的軍事需求，又要忠於自己民主法治的信念；要以民生主義的經濟建設為百姓謀福祉，當然也不忘地方自治的重要。難能可貴的是，吳國楨還慧眼獨具，在「228事件」後，為撫平台籍同胞在政治資源上所受之不公平待遇，吳主張多重用台籍人士，在吳主持省政期間，諸多台籍菁英如蔣渭川、徐慶鍾、游彌堅、杜聰明、李連春、楊肇嘉等，均為吳所提拔重用。[15]

平心而論，吳是有心要做好省主席工作，但在彼時特殊的時代氛圍下，軍事第一、反共至上的環境背景，吳嚮往於西方民主政治之政風，就顯得格格不入，而與蔣氏父子之衝突，也就在所難免了。1950年，台灣舉行第二次縣市長及縣市議會選舉，吳國楨就任

13 裴斐（Nathaniel Peffer）·韋慕庭（Martin Wilbur）／訪問整理，吳修恆／譯，高雲鵬／譯審，馬軍／校注，《從上海市長到「台灣省主席」（1946年－1953年──吳國楨口述回憶》（上海：上海人民出版社，1999年11月初版），頁21。
14 吳國楨手稿，黃卓群口述，劉永昌整理，《吳國楨傳》下冊，同註9，頁434。
15 總統府第五局（編），《總統府公報》245號（台北：總統府第五局公報室，民國38年12月31日1版）。

初始所希冀的「積極實行縣、市長民選，還政於民」以奠定民主政治之基礎的施政理想，終於有實現的機會，故吳對於這次的選舉抱持很高的期待。[16]為此，他還在事前啟動一個培訓計劃，在台北建立一所培訓學校，輪番培訓從各區選出的民眾代表。每次培訓三天，在三天內要教會這些代表組成民主基礎的所有原則以及如何進行自由選舉。然吳國楨的天真之舉，卻引起蔣氏父子疑慮，以為他要培植自己勢力。吳國楨晚年回憶道：「現在想來，我開始明白，也許正是這個培訓計劃是蔣介石與我最後決裂的主要原因，他或許認為，我是在謀求自己的組織與權力，而那確實遠非我的本意。」[17]無論如何，此事引起蔣之不快應是不爭之事實。

　　除此之外，吳基本上對於蔣經國掌控的情治系統與青年救國團組織是頗為不滿的，他曾苦口婆心向蔣進言，國民黨黨費宜由黨員繳納，不可用國家經費。他還鼓勵反對黨的成立，俾能奠定兩黨互相競爭制衡的民主制度。吳的民主政治與蔣的威權體制根本是扞格不入的，故其與蔣關係日益緊張也就不難想見，吳為此亦不安於位，屢向蔣請辭皆未獲准。[18]其後因選舉事件，蔣經國之情治特務膽大妄為，缺乏證據即到處亂逮捕人民，而吳身為保安司令，權力根本被架空，保安副司令彭孟緝則陽奉陰違，根本不把吳放在眼裡，一切以蔣經國唯命是從。[19]最後在「基隆市議員綁架事件」

---

[16]　謝漢儒，《（1948－1952）關鍵年代的歷史見證──台灣省參議會與我》（台北：唐山出版社，1998年元月初版），頁106。

[17]　邵建，〈「吳國楨事件」中的胡適與吳國楨〉，見李焰生著，蔡登山編，《吳國楨事件解密》（台北：秀威版，2014年5月出版），頁93。

[18]　歐世華，〈吳國楨與台灣政局（1949-1954）〉（台北：國立台灣師範大學歷史研究所碩士論文）（民國88年6月），頁94－95。

[19]　彭孟緝的囂張跋扈，假借蔣經國而狐假虎威，連胡適都看不過去。胡適在見蔣時，曾不客氣的指出「台灣今日實無言論自由。第一，無一人敢批評彭孟緝。第二，無一語敢批評蔣經國。第三，無一語敢批評蔣介石。」將彭孟緝與蔣經國、蔣介石並列，可見彭當時之氣焰。曹伯言整理，《胡適日記全集》（9）（台北：聯經版，2004年5月初版），頁3。

後，吳對蔣經國的特務人員之無法無天，連民意代表也敢綁架、威
脅恫嚇已深惡痛絕，他知道自己幹不下去了，因此又再一次向蔣遞
出辭呈。蔣退回辭呈但准假一個月休養，在日月潭休養期間，一場
未遂的車禍，讓吳以為蔣氏父子欲對其不利，台灣已是凶險之地，
透過蔣夫人宋美齡的說項，以養病及接受母校普林斯頓大學贈予
榮譽博士學位為由，於1953年5月24日離台赴美，從此客寓美國。
1984年6月，吳在美國病逝，也結束其與蔣和國府恩怨情仇的一
生。[20]

三、從意氣風發到黯然下台——吳國楨省府主席難行

1.爭取「美援」下的佈局

　　1949年11月，曾任美國駐華大使的司徒雷登，電約我國防部次
長鄭介民赴美一行。鄭赴華府，在預定返台的前一週，接獲邀請前
去見海軍上將白吉爾（Admiral Oscar C. Badger：白氏時轉任美國
海軍部遠東事務特別顧問）。白氏於吳主政上海期間，與吳交好。
鄭前往見白氏是11月17日下午，翻譯為皮宗敢武官，根據這份談話
記錄，白吉爾代表美方提議：1、台灣應從事政治改革，使得政府
能代表各階層各黨派的利益，而非國民黨一黨專政；2、陳誠施政
並不成功，應由在重慶上海有施政成績的吳國楨取代他，擔任省主
席，並賦予他完全的權力。倘蔣氏同意，美國政府將會給予國府大
力的援助。[21]

---

[20]　關國煊，〈吳國楨〉，劉紹唐主編，《民國人物小傳》第八冊，同註5，頁107。
[21]　1949年11月11日，鄭介民銜命赴華府，密訪司徒雷登和國務院內同情國府的有力
　　　人士，期作最後之努力。隔天，華府即傳出消息，說艾奇遜已「準備給國民政府予
　　　經濟和外交上的援助。」但有三個前提：即國府「願在台灣勵行改革」、「由吳國
　　　楨擔任省主席」和使「台灣人民獲得更多參政機會」。殷惠敏，《誰怕吳國楨？
　　　——世襲專制在台緣起緣滅》，同註9，頁63。而11月13日，台北《中央日報》馬上
　　　發表〈台灣與美援〉社論呼應「我們厲精圖治，徹底革新，就是我們爭取援助之最

　　鄭氏攜回美之建議和承諾向蔣報告，蔣指示王世杰與陳誠研究，王世杰不是很贊成，認為台灣正日臻穩定進步中，不宜於此時改組；陳誠則認為，「如美國確能改變態度，對我援助，則凡美方提出的要求，我們都應加以考慮，而予以接受。決不可為了我個人的進退，而關閉了中美合作之門」。12月4日，陳致電蔣說：「頃雪艇（即王世杰）先生以介民兄與白吉爾談話要點。職意凡於國家民族有利者，吾人任何犧牲，均在所不惜。而職個人更無問題也。為將來一切方便計，可否先以吳國楨兄任省府秘書長。如鈞座認為可行，則請即轉飭行政院改委為禱。」[22]12月10日，蔣召陳誠討論此人事案，蔣初始甚為踟躕，害怕再上美國的當，陳誠也認為，白氏是否可以真正代表美國政府。不過，為了安定內部和爭取外援能夠兼籌並顧，因此決定陳誠名義上仍為台灣省主席，而由吳國楨以秘書長的地位代理主席，實際負責台灣省政。[23]但是，由於吳國楨極力爭取擔任台灣省主席，陳誠也表示願意辭去職務。[24]

　　因此，雖然蔣認為太過冒險，12月14日，還是決定改由吳國楨擔任台灣省主席。[25]換言之，陳起初是不大願意讓位的，主張委吳氏以秘書長代理省主席職務，唯吳氏並不同意。[26]關於美援與吳

有效，最有力的方法。」一切改革目標，既以爭取美援為重心，有「民主先生」之稱的吳國楨，自是理想人選。《中央日報》（民國38年11月13日）。

[22] 轉引自陳錦昌，《蔣中正遷台記》（台北：向陽文化出版，2006年5月初版二刷），頁195－196。

[23] 〈陳誠呈蔣總裁十二月支電〉，《蔣中正總統檔案——革命文獻拓影·戡亂時期——政治·政經重要設施》37冊166號（民國38年12月4日）。

[24] 陳於1949年12月15日向蔣辭去省主席時，還特別寫封信給蔣，說明其辭職原委。內中提到：「為剿匪關係不應辭，為台胞關係不忍辭，為個人關係極願辭，為外交關係只有辭。鈞座所謂冒險，職意祇好忍辱。職時以『為負重妨忍辱，要求全必須委屈』自勉。今當以此自慰，一切祇好力求補救也。」轉引自陳錦昌，《蔣中正遷台記》，同註22，頁196。陳誠口述，吳錫澤筆記，〈陳誠主臺政一年的回憶（全文完）〉，《傳記文學》第64卷第2期（民國83年2月），頁29。

[25] 〈台灣省政府改組，吳國楨任主席〉，《中央日報》（民國38年12月16日1版）。

[26] 謝漢儒在《（1948－1952）關鍵年代的歷史見證——台灣省參議會與我》一書中曾

之人事命令，吳在其回憶錄《夜來臨──吳國楨見證的國共爭鬥》是這樣說的，蔣要我擔任省主席，我再次拒絕，他見我不肯讓步，就立即拿出一份的中譯文，他說那是美國政府發給他的一份密電。該文件措辭十分簡明，尖銳地批評了到那時為止的台灣政府，並建議作為國民黨在中國唯一剩下的省的省主席，最好由一個公認正直的文官而不是軍人擔任。文中還表示，如果中國政府自願採取這一步驟，美國政府準備給中國某些已詳細列舉的軍事和經濟援助。[27]「於是在1949年12月，我被任命為台灣省主席，我心裡很清楚，蔣總裁之所以選擇我，只不過是將我作為謀取美援的一個工具而已。」[28]吳又說：「他選我做省主席，讓我放手去幹，並默許改革，只是以此作為喚起美國同情和獲得美國支持的手段。只要我採取的措施能加強他的地位，如稅收改革和土地改革，他都會歡迎。但當涉及到法治和通過自由選舉行民主政治這兩個基本原則時，他便暗中生厭。一方面，他認為法治限制了他的行動自由，侵犯了他的權威。另一方面，他認為自由選舉會導致如下危險，即有朝一日人民會選擇將他趕下台，因為人民有權這麼做。」[29]

　　吳國楨提到他拒絕擔任省主席之事，是故意惺惺作態，相反的，其實吳非常積極爭取省主席之職，且志在必得。他不僅拒絕陳誠安排其先擔任省府秘書長事，且在蔣人事命令還未宣布的一

記載：「回憶陳主席在主持行政會議開幕的前一天，也就是十二月十一日，他為了行政區域劃分問題，各縣市為了不同利益引起終日辯論未息，在做結論時，他還說過：『我希望能在我手裡完成地方自治的實施，還政於民，愈快愈好』。這證明陳主席從來無意辭去省主席兼職，因為他決心在三十九年的春天，在他手裡完成地方自治的實施。」謝漢儒，《（1948－1952）關鍵年代的歷史見證──台灣省參議會與我》，同註16，頁88。但在幾經考量及權衡得失下，12月15日，蔣終究還是任命吳氏為台灣省主席。蔣曾面告吳，「你很洽當，我要你今後全力爭取美援。」吳國楨手稿，黃卓群口述，劉永昌整理，《吳國楨傳》下冊，同註9，頁433。
27　《夜來臨──吳國楨見證的國共爭鬥》，同註8，頁261。
28　《夜來臨──吳國楨見證的國共爭鬥》，同上註，頁262。
29　《夜來臨──吳國楨見證的國共爭鬥》，同上註，頁279。

週前，已喜形於色的向美國駐台北領事館通風報信。根據美國國務院的解密檔案有這麼一條記載：1949年12月7日，吳國楨今早突然未約而來拜訪總領事麥克唐納（John J. Macdonald），告知國民黨政府已要求他擔任台灣省政府主席。他回覆如果授予他下列四項職權，他願意接受：1.他可以建立真正的民主政府；2.他可以自己選擇人事；3.他控制在台灣的中央及省政機構；4.他可參加所有軍事會議。」[30]可見吳早已盤算好，在美國強力支持下，他這個省主席職務應該是十拿九穩，他在乎的只是，要擁有實權的省主席，而不是被架空的省主席，因此才有上述那四點要求。吳接事後，又立即拜會美國駐台總領事艾嘉（Donald D. Edgar），請他轉達美國政府，說台灣省政府已經按照美方的意思改組，希望美方履行諾言，從速援助。顧維鈞也把這項任命告訴白吉爾，白吉爾「甚感高興」，隨即依白吉爾的意見，於12月23日下午到美國國務院拜訪遠東司司長白德華（W. Walton Butterworth），正式向美國國務院提出照會，請求軍事和經濟的援助。[31]由吳屢次拜會美國駐台領事之舉，可見吳之出線，確實是美國以美援為誘餌，向蔣介石施壓所致。

至於吳出任省主席後，在蔣威權體制統治下，其對蔣的觀察倒大體正確，曾為「天子門生」的鄧文儀，其女兒在《民國將軍女》一書中曾提到「吳國楨任台灣省主席是因為他的「民主先生」形象，可以「全力爭取美援」。……吳國楨堅信自由、民主，贊成並鼓勵地方官員普選，及堅持少動用警權等等，於是不可避免地與蔣經國、彭孟緝的特務系統不斷發生衝突。蔣公及黨內保守派，包括

---

[30] Macdonald to Acheson, December 7, 1949, U.S. Department of State, FRUS, 1949, Vol. IX, P.441. 另見王景弘編譯，《1949大逃亡：美國外交檔案密錄》（台北：玉山社，2014年1月初版），頁308－309。

[31] 轉引自陳錦昌，《蔣中正遷台記》，同註22，頁196。

陳誠、父親等人都堅信：首先需要一個強而有力的政府，使台灣政治穩定、經濟發展，以至現代化。自由和民主是下一步的工作，因此大家對吳國楨極為不滿。」[32]而曾任蔣侍從官的葉邦宗也寫到，「吳國楨上台主要原因在於美國與宋美齡的建議，蔣介石心中更加懷疑吳國楨與美國之間暗通款曲，是影響他自己再度獨攬大權的障礙物。當然，蔣介石會密佈情治人員，以監聽吳國楨與美國之間的信息聯絡及行事作風。吳爭取台灣真正民主與言論自由，這是蔣介石心中最不樂見的事實，蔣介石把大陸上獨裁作風全部搬來台灣套用，對吳國楨與民主人士如胡適等人接觸頻繁，紀錄全部存檔列管。」[33]另一蔣信任的幕僚周宏濤也證實，「吳國楨是留美的，和美國方面走得很近，擔任省主席是因為美方的推薦。他及孫立人在政府遷台之初獲得重用，當時確實是有遷就美方要求的考慮。」[34]

總之，在五〇年代初期，吳國楨毫無疑問是個有旺盛企圖心的國府官員，美國當局在政治上想要改革國民黨，在經濟上想要策劃台灣未來的經濟發展，他都是一顆重要的政治棋子。正因如此，他同時也是蔣介石在爭取美援方面的不可或缺的人選。[35]吳國楨當初被看好，既然與美援相關，美援未到，在論資排輩的國民黨統治集團中，他這匹竄起的黑馬難免受到攻擊和非議。可想而知，吳是感到極為難堪的。[36]蔣介石在1949年12月29日的日記中，即宣洩他對此的氣憤：「台灣省政府改組以後，國務院氣焰更漲，對我政府侮辱情形更難忍受，而其各種挑剔、刁難壓迫，斥責備至，竟將我

[32] 鄧元玉，《民國將軍女》（台北：我們出版社出版，2013年4月初版），頁320－321。
[33] 葉邦宗，《蔣介石秘史》（台北縣：四方書城出版，2002年10月初版），頁133。
[34] 周宏濤口述，汪士淳撰寫，《蔣公與我──見證中華民國關鍵變局》（台北：天下遠見出版，2003年9月1版），頁385。
[35] 歐世華，〈吳國楨與台灣政局（1949－1954）〉，同註18，頁94－95。
[36] 殷惠敏，《誰怕吳國楨？──世襲專制在台緣起緣滅》，同註9，頁15。

政府請求其援助之事，反置如罔聞，痛心盍極。」[37]因美援遲未到位，吳自感不安，吳屢向蔣遞辭呈，唯遭蔣退回，吳為此曾致信黃少谷表達心聲：「弟之處境，兄已知之，否則終成大家之罪人，於事又何補益？書此自覺淚含眶也。」[38]雖然「美援」遲未到來，吳國楨既然是美國人所看重，對蔣來說，只要有耐心，美援還是會到位的。

2.得罪「太子」──與蔣經國交惡

　　五〇年代初期的「吳國楨事件」，其導火線之主因，乃是吳與蔣經國情治系統的磨擦而最終不可收拾，當然吳和蔣個人學經歷的差異及觀念思想的分歧也是另一原因。吳國楨是宋美齡「夫人派」的要角，早在1948年蔣經國上海打虎時，就與蔣經國結了怨。吳國楨出任台灣省主席後，因看不慣蔣經國的專橫，不斷與小蔣發生衝突。吳國楨認為蔣經國不學無術，其主張及實施辦法，與近代民主政治實屬杆格。[39]吳與蔣經國交惡的遠因，在吳擔任上海市長時即已伏下，吳曾反對蔣經國的「經濟管制」，令蔣經國懷恨在心。[40]為此，蔣經國赴任上海經濟督導員不到一個禮拜，吳即藉口和行政

---

[37] 黃清龍，〈恩惠與決裂──吳國楨和兩蔣關係〉，《中國時報》（民國98年1月3日）。

[38] 殷惠敏，《誰怕吳國楨？──世襲專制在台緣起緣滅》，同註9，頁88－89。

[39] 郭緒印主編，《國民黨派系鬥爭史》（上海：人民出版社出版，1992年9月1版），頁635。

[40] 吳國楨早在1948年蔣經國上海「打老虎」時，即與蔣經國有嫌隙，當時任上海市長的吳國楨一直認為，蔣經國用雷厲風行的高壓政治手段，根本解決不了嚴重的經濟問題，所以當蔣經國上海打虎失敗後，部分原因小蔣是遷怒於吳國楨的。且蔣經國在上海強兌黃金、強交美鈔、強逼大企業家申報、登記資產、交出金、銀等強硬的所謂「打老虎」手段，早已引起上海市長吳國楨的不滿。吳怎可長久容忍蔣經國以雞毛當令箭，在他的管轄範圍上海市撒野。在吳國楨眼中，以不法手段強制壓抑物價，嚴打囤積居奇，或者強令企業家交出金銀，這都是嚴重侵犯人權的不義之舉。王丰，《蔣介石父子1949危機檔案》（台北：商周出版，2010年3月初版），頁103－104。

院意見不合，矢言辭職不幹上海市市長，可見其不滿當道的程度。1948年8月28日，蔣經國在致蔣介石的家書中寫到：「吳市長於今晨在市政府公開宣佈，謂其已向中央辭職，並自9月1日起不再辦公，今日兒與吳市長作兩次長談，在談話中，吳市長表示對行政院不滿，且對俞總裁亦有不滿之處，此事對於上海方面工作之配合有重大關係，請大人加以注意，此時絕不可准吳市長辭職，并應加重其責任。」不知蔣經國是當時的政治經驗太嫩，還是他故意隱瞞實情，從吳國楨拒絕接見蔣經國部屬王昇，說明打從一開始，吳就對蔣經國存有敵意，等到蔣經國祭出鐵腕，以近乎法西斯的強勢作為，在十里洋場強行落實經濟管制措施時，隱忍多時的吳國楨終於無法壓抑內心積怨，遂以辭職表達其不滿。上海打老虎，蔣經國與吳國楨結下的樑子，鑄成日後吳國楨憤而離開蔣介石統治集團的遠因。[41]

　　吳就任台灣省主席後，又屢屢被蔣經國所領導的特務系統干擾工作，雙方矛盾逐步加深。[42]蔣吳之間首次衝突起於「台灣火柴公司案」，該案發生於1950年初，當年「台火」總經理王哲甫，因受已投共的前「台火」董事長吳性裁牽連（吳性裁留在大陸，被列為「附匪商人」，而吳曾任台灣火柴公司董事長，於是蔣經國領導的特務便遷怒於在台的王哲甫，因王哲甫曾與吳性裁在香港見過兩次面；且吳性裁還曾投資拍一部名為「民國四十年」的電影，劇情諸多對國民黨及蔣不敬之處），而被保安司令部逮捕下獄。吳認為王哲甫有可能是被冤枉下獄，保安司令部「隨便入人於罪，不足以服眾」，因此下手令要求彭孟緝釋放王哲甫。但是蔣經國不同意，小蔣直接找上吳國楨，告知他是全國情治系統的負責人，並向吳表示，蔣中正的意思是希望將王哲甫判處死刑，並充公他在台火的財

---

[41]　王丰，《蔣介石父子1949危機檔案》，同上註，頁103－107。

[42]　歐世華，〈吳國楨與台灣政局（1949-1954）〉，同註18，頁92－93。

產。而吳國楨也不甘示弱，堅持要讓王哲甫無罪開釋，吳並反問彭孟緝：「究竟你做主席兼保安司令，還是我呢？」在吳的力保下，王哲甫改判有期徒刑七年，免於一死，但吳不能接受彭及蔣經國的行事風格，在往後，衝突仍持續發生，不曾間斷。[43]

　　除因「台火案」得罪蔣經國外，吳還有多件事情與小蔣屢有衝突。說穿了，蔣吳衝突的主因，還是在於某些部門吳並無實權，例如保安司令一職，1950年1月3日，吳與彭孟緝同時就任台灣省保安司令部正、副司令之職。[44]雖然彭孟緝的職銜是副司令，但他卻是保安司令部的實際負責人，握有實權，吳的司令一職，嚴格說來，只是虛銜，並無法掌控保安司令部的真正運作。[45]且彭根本不把吳放在眼裡，他只聽從時任國防部政治部主任蔣經國的指揮。[46]

---

[43]　江南，《蔣經國傳》（美國：美國論壇社出版，1984年1月初版），頁212。K. C. Wu, "Your money has built a police state in Formosa" LOOK, P.43. 收錄於Confidential U.S.State Department Central Files, Formosa (R.O.C.): Internal Affairs and Foreign Affairs, 1950－1954, Reel2, 0713, 794A.00/6－2654A38.

[44]　〈吳兼司令勗勉僚屬，尊重法治切實服務〉，《台灣新生報》（民國39年1月4日），5版。

[45]　Confidential U.S.State Department Central Files, Formosa (R.O.C.): Internal Affairs and Foreign Affairs, 1950－1954, Reel6, 0601, 794A.521/12－451RF.

[46]　小蔣當時還兼總統府機要室資料組主任，掌控全台情治系統，職位不算高但權力甚大。另國軍於1950年4月1日開始實施政工改制，國防部政工局改組為政治部，主任為蔣經國，胡偉克、李樹衞、張彝鼎三人為副主任。1951年4月，國防部為了與各級政治部有所區分，宣布自5月1日起，將政治部改稱為總政治部。國軍政工史編纂委員會編纂，《國軍政工史稿》下冊（台北：國防部總政治部，民國49年），頁1423、1425。而「總統府機要室資料組」的正式名稱為「政治行動委員會」，是蔣中正在1949年7月於高雄召集各情治機關的負責人開會後，所決定成立的一個秘密組織，這個組織的作用主要是「隨統合國內的情治單位，貫徹實施情治一條鞭的領導」。1949年7月，蔣在高雄召集各特務機關負責人和他的親信開會，決定秘密成立一個定名為「政治行動委員會」的核心組織，並指定：蔣經國、唐縱、鄭介民、毛人鳳、葉秀峰、張鎮、毛森、陶一珊、彭孟緝、魏大銘等人為委員，以唐縱先生為召集人，負責組設機構。它的基本任務是：統一所有情報工作，並使之充實、強化。「政治行動委員會」於1949年8月20日於台北圓山正式成立，召集人為國防部保安局局長唐縱。1950年3月，蔣復行視事後，該組織主任委員一職改由其子蔣經國擔任。高明輝口述，范立達整理，《情治檔案：一個老調查員的自述》（台北：商周文化出版，1995年），頁134。蔡省三、曹雲霞，《蔣經國系史話》（香港：利

正因為吳沒有實質指揮彭的權力，也無法知悉彭的任務內容，兩人在事後因為執行任務時的態度與方法發生口角之爭，屢見不鮮。[47]其後，1951年6月1日，雷震的《自由中國》半月刊登出一篇名為〈政府不可誘民入罪〉的社論，質疑保安司令部在同年3月，介入主導一樁有計劃且大規模地誘使人民入罪的「金融案」。此社論刊出後，立即引起保安司令部的嚴重關切，6月4日，彭孟緝正準備逮人，出發前為吳所知悉，嚴斥彭不得如此，並電話告知雷震。9日，雷為此事拜訪陳雪屏，陳告訴雷，彭孟緝在外揚言，平定「228」事件，他得罪不少台灣人，由於這篇社論，使他今後更不能居，且此社論已嚴重侮辱了保安司令部，身為上司的他，絕對不能坐視不管，一定要找雷算帳。11日，彭派人到「自由中國社」監視該社人員的一舉一動，雷憤極乃電黃少谷（時任行政院秘書長）與吳國楨，請其轉告彭，我雷某絕不離開台北，請其不必如此。[48]

　　吳告訴雷事情始末「我是保安司令部司令，彭孟氣不過副司令耳，他成天捉人殺人，從未問過我。這一次要逮捕自由中國編輯人員，他倒要我做劊子手了。我由家中去省政府時，看到保安司令部送公文的人，手中拿了一本紅色公文簿，這不是要件，必是急件。我打開一看，是要逮捕自由中國社的編輯人員，我一看十分光火，上面彭孟緝已經親筆簽了字，我看過，用筆在公文上打個大叉（Ｘ）字，叫送公文簿的拿回去。我到了省政府後，就打了一個電話給三哥（雷震），說人是不捉了，其他我就不管了。[49]事後。雷

通圖書有限公司，1988年），頁248-249。K. C. Wu, "Your money has built a police state in Formosa"《LOOK》P.43. 收錄於Confidential U.S.State Department Central Files, Formosa (R.O.C.): Internal Affairs and Foreign Affairs, 1950-1954, Reel2, 0713, 794A.00/6-2654A38.

[47]　歐世華，〈吳國楨與台灣政局（1949-1954）〉，同註18，頁91。

[48]　傅正主編，〈雷震日記（1951年）──第一個十年（三）〉（1951年6月11日），《雷震全集》（33）（台北：桂冠版，1989年8月初版），頁112。

[49]　雷震，《雷震回憶錄》（香港：七十年代雜誌社出版，1978年11月初版），頁82。

親自赴省府拜會吳國楨表示感謝。

　　除此之外，保安司令部還多次介入地方選舉事務，違反吳所標榜的自由選舉與公正選風的精神，如特務不通過任何法律程序，任意逮捕人民，在台灣第二次縣市長選舉前夕，蔣經國為操縱選舉，一次下令逮捕了398人，其中還有市議員被捕，吳國楨作為省主席，不得不出面干預。[50]等到吳了解到蔣介石「愛權之心，勝於愛國；愛子之心，勝於愛民」時，已為時太晚了。於是在發現「人為車禍」後，只有倉皇赴美、以求保命一途了。例如1950年10月的花蓮縣長、1951年1月的基隆市長、4月的台南縣長與5月的台中縣長等選舉，都有保安司令部不當牽扯其中的傳聞，吳也為此多次向蔣表明辭意，均為蔣所慰留。更誇張的是，有次蔣為使國民黨籍候選人勝選，居然要參選的獨立候選人退選，吳接到指示後力陳不可，其謂蔣言：「我如果真的這樣做，不僅會傷害自由中國在國際上的名聲，讓人民以為政府沒有誠意辦理選舉，同時也會危及人民心中的形象。」幸蔣從善如流，最後接受了吳的建言。[51]

　　在保安工作上吳與小蔣迭有異議外，對於小蔣所主持的情治系統與救國團，吳也頗為反感。吳曾向雷震質疑救國團的屬性，說「我這個主席、也不想久幹了。我反對青年救國團之設立，但不發生作用。我只是採用消極行動，不發給經費，所以蔣經國恨死我了！偌大一個組織，未經立法院立法，只由總統一紙命令，蔣總統（蔣中正）即為團長，蔣經國即為團主席，主持一切，這是什麼作法呢？除了「家天下」之外，別無其他的解釋……。」[52]確實如

[50]　宋平，《蔣介石和他的對手們》（台北：風雲時代出版，1993年11月初版），頁297。

[51]　Confidential U.S.State Department Central Files, Formosa (R.O.C.): Internal Affairs and Foreign Affairs, 1950－1954, Reel3, 0109, 794A.00(W)/6－851CS/H; Reel4, 0579-0580, 794A.11/7-2652HH.

[52]　雷震，《雷震回憶錄──雷案回憶（一）》，傅正主編，《雷震全集》第11冊（台北：桂冠版，1989年3月初版），頁83。

此,國府遷台初期,財政困窘,歲收入不敷出,政務支出往往捉襟見肘,吳身為省主席,自然要樽節開支。而蔣經國領導的許多體制外組織,常常預算經費甚大,對此吳常常對蔣經國的經費要求,給予不客氣的回絕。舊怨新恨,使得吳與蔣經國之間的矛盾逐漸加深。換做別人,對「太子」的越權,樂得裝聾作啞,或網開一面作順水人情。但吳卻恃寵而驕,竟然向蔣進言:「如鈞座厚愛經國兄,則不應使其主持特務,蓋於論其是否仗勢越權,必將成為人民仇恨的焦點。」[53]

蔣經國的情治經費與救國團的經費都來自省府,只要吳不提供,蔣經國就沒有戲唱了!所以吳與蔣經國的角力戰,當時鬥得如火如荼。吳是個頗有風骨的人,如果換個馬屁精,這可是大好機會,只要對太子師出無名的行徑睜一隻眼、閉一隻眼,好官自我為之,飛黃騰達,指日可待,甚至行政院長寶座,也非吳莫屬。然吳亦高估了蔣介石對他的信任,毫無忌憚地直言無隱,編派太子爺奪權的種種惡形惡狀,直刺蔣介石心中之痛。[54]

3.公開攤牌──對蔣氏父子的諍言

由於和蔣經國日益水火不容,吳了解到只有孤注一擲,直接面告蔣介石,請其多考慮經國職務及約束之。1952年1月,因政府沒有確實劃分軍法與司法審理範圍一事,吳向蔣辭職時,藉機表明他對蔣經國主持情治系統的看法:「如果你真的愛你兒子,就不要讓它成為情治系統的領導人。因為這樣子將會讓他成為全國人民憎恨的焦點。」蔣沒有接受吳的辭呈,但對吳的建言,只以頭痛來冷淡

---

[53] K. C. Wu, "Your money has built a police state in Formosa"《LOOK》P.44. 收錄於 Confidential U.S.State Department Central Files, Formosa (R.O.C.): Internal Affairs and Foreign Affairs, 1950－1954, Reel2, 0716, 794A.00/6－2654A38.

[54] 江南,《蔣經國傳》(美國:美國論壇社出版,1984年1月初版),同註43,頁210。

回應。[55]吳一再抱怨「祕密警察橫行」，也提出警告說，如果經國繼續領導祕密警察，必將「成為人民仇恨的對象」。[56]

蔣在當時的日記中沒有提到這樁控訴，只寫說吳威脅的不當行徑太超過，「又恐其神經失常，發生狂病為慮。」[57]誠然，吳的建言，根本是搞不清楚狀況，據孫家麒在《蔣經國建立台灣特務系統秘辛》一書談及，1949年的國共內戰，國民黨諸多黨政軍高層，蔣一手提拔的眾多將領，在緊要關頭投共，讓蔣在心寒痛心之後，有了「上陣莫如父子兵」的心理，於是到台灣後，他便決心培養兒子蔣經國為接班人繼承衣缽。為了能讓蔣經國順利接班，蔣做了四項部署，即由經國逐漸1.掌握軍隊、2.強化特工、3.操縱黨務、4.控制青年。[58]掌握情治系統，是蔣培植蔣經國的第一步，他怎麼可能要經國離開情治單位呢？且栽培蔣經國接班已是老蔣的既定政策，吳的諍言自難入耳。

平情說來，蔣對吳的人品及才幹，還是頗為賞識和肯定的，只是寵臣與愛子之間，蔣當然更愛其子。吳氏歷任國民黨中宣部副部長、漢口市長、重慶市長和上海市長，是國民黨官場中的風雲人物。直到吳被逐出台灣後，他也一直認為大陸時期沒有比蔣先生待他最好的人了。[59]據吳後來回憶說：「我辭職，他派黃伯度傳話，

[55] K. C. Wu, "Your money has built a police state in Formosa"《LOOK》P.44. 收錄於 Confidential U.S.State Department Central Files, Formosa (R.O.C.): Internal Affairs and Foreign Affairs, 1950－1954, Reel2, 0716, 794A.00/6－2654A/38. 同註53。

[56] K. C. Wu "Formosa"《LOOK》, June 29. 1954, pp.39-43.

[57] Chiang Diaries, Hoover, January 17 and 19, 1952, box51, folder2.

[58] 孫家麒，《蔣經國建立台灣特務系統秘辛》（香港：出版社不詳，1961年11月出版），頁3。

[59] 江南〈吳國楨口中的蔣氏父子──吳國楨八十憶往〉，李敖著，《蔣經國研究》（台北：李敖出版社出版，1988年3月4版），頁209。蔣介石御醫熊丸亦談到：「蔣不苟言笑，只有對孫子、夫人、戴季陶、吳稚暉及吳國楨等才笑。」「李惟果、張道藩、吳國楨、張治中等，都是蔣喜歡過的人。」陳三井訪問、李郁青紀錄，《熊丸先生訪問紀錄》（台北：中央研究院近代史研究所出版，民國87年5月初版），頁89、94。

只要我願意和經國合作，願當行政院長，可當行政院長，愛當主席兼院長，悉由我挑。可是，我一概謝絕。」[60]

　　坦白說，蔣之所以器重吳，固然是由於吳畢業於美國，與美國政界有相當的聯繫，同時也由於吳從不結黨營私，對蔣絕對忠誠。吳不僅不結黨營私，而且辦事特別講求效率，令出必行。由於他強調法治，在上海市長任內就有「民主先生」之稱，他個人能力很強，能為蔣獨當一面，自然也有高傲的一面。[61]吳是蔣長期寵信的部屬之一，國府遷台，蔣將國府唯一剩下的台灣省管理權交給吳，足見蔣對其之倚重；也可見吳對蔣之忠誠。

　　但吳所表現的忠誠，不是那種「遇事請示、凡事遵從」，唯唯諾諾之「愚忠」，而是吳認為的「鈞座慘受大陸失敗之教訓，已銳意改革；故敢冒死犯險，竭智盡忠，以圖報效。」[62]吳是國民黨統治階級的上層人物，他與蔣是在同一條船上，為了這隻船免於沉沒，他主張實施民主政治，恪守法律規章，不可隨意踐踏廢棄。可是，吳忽略了蔣個人威權獨裁的本質，民主原本只是騙騙美國人粧點門面的東西，當有任何事情會威脅到蔣氏獨裁統治時，必為蔣氏鏟除之，也就不足為怪了。[63]

4.「座車破壞疑雲」──堅決求去辭職赴美

　　既然獲罪於蔣經國，讓吳興起了不如歸去之感，在推動省政方面，也遇到諸多掣肘，備感疲憊。是以在1953年3月，吳再度

---

[60]　江南〈吳國楨口中的蔣氏父子──吳國楨八十憶往〉，李敖著，《蔣經國研究》，同上註，頁211。

[61]　李松林、陳太先著，《蔣經國大傳》（上）（北京：團結出版社，2008年7月2版），頁252。

[62]　〈吳國楨上蔣介石書之五〉，吳國楨手稿，黃卓群口述，劉永昌整理，《吳國楨傳》下冊，同註9，頁563－564。

[63]　陳正茂，〈「吳國楨事件」始末〉，《南方都市報》（大陸廣州）（2010年12月23日）RB21版。

向蔣提出辭呈，表示「承乏省政，倏逾三年，責重才輕，心力交瘁。」，而致宿疾日深，要求准於辭職。[64]7日，蔣給予短期休假調養，望其早日康復視事。吳在接到蔣的函文之後，隨即指派浦薛鳳代理職務，9日起開始休假。[65]雖然給予休假一個月，不過吳的辭意仍堅，在安排好人事後，再度向蔣表明：「假期過長，府務需人主持，仍請從速遴員接任，在假期中並請正式派人代理，俾得安心靜養。」[66]9日，吳對前來探視的外交部長葉公超表示，他這次會堅持到底，絕不會收回辭呈。[67]1953年3月10日，吳起程前往日月潭休養，期間臨時省議會議長黃朝琴和內政部長黃季陸等人，曾前往日月潭勸吳打消辭意，然都無功而返。[68]3月30日，吳再一次呈函蔣與陳誠，重申求去之心，請准辭主席之職，并請遴員接替，俾獲安心療治，而免遺誤要公。[69]

4月1日，蔣特別召吳至官邸會面，交談中，吳對請辭一事，絲毫沒有迴轉之念。[70]4日，宋美齡亦懇切慰留吳，然吳仍以「辭意已堅」請蔣夫人諒解。次日，吳國楨夫婦準備返回日月潭。5日清晨，吳夫婦準備搭乘座車返回日月潭，豈料在出發前見不到司機簡火萬，只好找另一位司機包錫寶代替。在前往台中的路上，夫人黃卓群因身體不適，無法於車內進食，只好下車在飯店用餐。用餐完

64 〈有關臺灣省府前主席吳國楨請辭全案〉，《蔣中正總統檔案──特交檔案‧分類資料－政治‧中央政府人事》13卷3號（民國42年3月5日、6日）。
65 〈吳主席政躬違和，呈准休假一月〉，《台灣新生報》（民國42年3月8日3版）。
66 〈有關臺灣省府前主席吳國楨請辭全案〉，《蔣中正總統檔案──特交檔案‧分類資料－政治‧中央政府人事》13卷3號（民國42年3月7日）。
67 Confidential U.S.State Department Central Files, Formosa (R.O.C.): Internal Affairs and Foreign Affairs, 1950－1954, Reel3, 0536, 794A.00(W)/3－2753CS/H.
68 鄭年，〈吳國楨日月潭休養生活片斷〉，《鈕司》18卷9期（台北：鈕司週刊社，民國42年4月2日），頁16。
69 〈有關臺灣省府前主席吳國楨請辭全案〉，《蔣中正總統檔案──特交檔案‧分類資料－政治‧中央政府人事》13卷3號（民國42年3月30日）。
70 〈吳主席奉總統電召，已返回台北〉，《聯合報》（民國42年4月3日1版）。

畢後，吳發現司機臉色有異，乃知車子有問題，在換上新螺帽後，繼續未完路程。事後，吳國楨認為可能情治人員動過車子手腳，欲置其夫妻於死地，甚至有可能是蔣經國所主導。為此，吳請蔣徹查，但蔣「請見不見，寫信不回」，對蔣的冷漠態度，吳說：寵臣與愛子間，他必須忍痛割愛。[71]

「座車破壞事件」，促使吳辭意愈堅，4月10日，蔣終於准吳辭職，省府主席一職由俞鴻鈞接替，三年多來省主席職務終於劃下句點。壓垮吳國楨堅定求去的最後一根稻草，一般咸認為與蔣經國掌控情治系統；及彭孟緝在偵防工作執行上的理念不合甚有關係。[72]但周宏濤卻為小蔣緩頰，認為吳的請辭，主要是與行政院之間的配合問題，特別是在財政規劃方面，吳與陳誠不睦已到水火不容的地步。[73]吳辭職後，因擔心情治單位對其不利，乃偕妻赴美定居。1953年5月24日，吳夫婦搭機經東京飛往舊金山，次子吳修潢因就讀建國中學，留在台灣並未隨行。[74]

吳此次赴美預計停留六個月，期間除前往格林奈爾接受名譽學位外，還有六次公開演講及在華盛頓的各項訪問活動。[75]吳是個小心謹慎的人，有上次座車的前車之鑑，赴美前吳還特別邀美國駐華大使館參事鍾華德（Howard P. Jones）至機場話別，其實是防範情治人員對其有所不測，鍾到機場時發現情治人員密布，隨時有可能

[71] 江南，〈吳國楨口中的蔣氏父子──吳國楨八十憶往〉，收錄於李敖，《蔣經國研究》，同註59，頁213。吳國楨手稿，黃卓群口述，劉永昌整理，《吳國楨傳》下冊，同註9，頁458、464。

[72] Confidential U.S.State Department Central Files, Formosa (R.O.C.): Internal Affairs and Foreign Affairs, 1950－1954, Reel2, 0470-0471, 794A.00/3－2053/HH. 歐世華，〈吳國楨與台灣政局（1949-1954）〉，同註18，頁100。

[73] 周宏濤口述，汪士淳撰寫，《蔣公與我──見證中華民國關鍵變局》，同註34，頁396。

[74] 吳修潢因沒有取得護照，所以留在台北與阿姨黃卓雲同住。吳國楨手稿，黃卓群口述，劉永昌整理，《吳國楨傳》下冊，同註9，頁477。

[75] 〈吳國楨昨偕夫人，飛日轉美訪問〉《中央日報》（民國42年5月25日1版）。

逮捕吳，然因機場外籍人士太多，最終並未採取行動，吳夫婦最後在驚險之中，登機赴美，離開其居住剛滿四年的台灣。[76]可能是因為兒子還在台灣，吳到美後，所發表的演說，不僅沒半句攻擊國府當局，反而砲火猛烈的抨擊共產黨。例如5月26日，吳在舊金山的首場演說即指出：「我們必須將共產黨逐出中國大陸。這個行動，必須有美國的軍事設備與海、空軍的支援才會成功。」[77]

6月5日，吳在愛荷華州的演講也說到：「只有共黨思想完全改變，才能防止衝突。能夠促使他們改變的方法，就是中華民國政府反攻大陸。」28日，吳由芝加哥飛抵紐約，不久在中華社區學校對前來與會的僑胞演說：「我們要強力支持政府，以渡過韓戰休戰期所帶來的低潮。」「政府也將會戮力完成光復大陸的任務。」7月3日，吳在唐人街對來訪的記者表示，自己對於「自由中國在政府的領導下收復大陸，具有高度的信念。」[78]10月9日，吳在紐約中華公所的國慶晚宴上發表演說：「他希望當台灣反攻中國大陸的時刻來臨時，美國不要承認中共政權。」他又說：「當國軍反攻大陸時，中國大陸的人民一定會紛紛揭竿起義，響應國軍的反攻。」[79]

在11月的另一次演講中，吳建議美國應該以遠東地區的自由國家為主體，建立一個具有政治與經濟功能的組織，以增強該地區對抗共黨的士氣。[80]吳初來美國雖未有反政府的言論，但並不表示他沒有不滿，事實上，吳是帶著驚恐憤怒離開台灣的，此為眾人皆知之事。吳來美不久，曾與宋子文會晤，宋子文說，吳國楨給他留下

---

[76] 許雪姬訪問，曾金蘭紀錄《藍敏先生訪問記錄》（台北：中央研究院近代史研究所，民國84年 月初版），頁134。吳國楨手稿，黃卓群口述，劉永昌整理，《吳國楨傳》下冊，同註9，頁471－472。
[77] Wu, "URGES CHINA INVASION"《New York Time》, May 27, 1953, P.2.
[78] 〈世界和平的鎖鑰，是中國光復大陸〉，《台灣新生報》民國42年7月5日1版。
[79] Wu, "FORMOSA AID PLEDGED"《New York Times》, October 10, 1953, p.2.
[80] Wu, "Stronger Role in Orient Urged"《New York Times》, November 18, 1953, p.49.

對政府有不滿情緒的印象。宋子文也在當下勸吳,希望他不要在美
國人面前批評蔣介石或政府。[81]

四、「吳國楨事件」之爆發與初期發展

1.「吳國楨事件」撼動政壇

　　1953年11月17日,總統府祕書長王世杰因「兩航案」處理不
當,遭蔣介石以「蒙混舞弊,不盡職守」給予免職。[82]11月20日,
蔣請宋美齡去信吳國楨,請吳回國接王職務。[83]然吳並無回國接任
新職之意,未幾,台北政壇即傳出王的去職與吳國楨有若干關係,
原因是吳在出國前,王以非法手段為吳結匯五十萬美元,以備吳在
美國的生活費用。傳聞由來是當時訪台的美國副總統尼克森親自告
訴蔣說:吳國楨在美國有五十萬美元的存款。尼離台後,蔣派人調
查此事,發現該筆款項是由王世杰所匯出,王也因此事與「兩航
案」被蔣免職。[84]針對甚囂塵上的台北政壇傳聞,12月4日,潘公
展在《華美日報》發表〈政風〉一文,要求政府「如果以澄清政風
為急務,則對於案情真相宜有一調查報告發布。」如此,「才能使
廉潔之士有所保障,貪墨之徒有所戒懼。」否則,徒使問心無愧者
橫遭傳說之誣毀,蠅營狗苟者,轉得逍遙於法外。[85]

　　12月25日,國代全國聯誼會年會,會中,羅甸服等十一人也要

---

[81] 顧維鈞原著,中國社會科學院近代史研究所譯,《顧維鈞回憶錄》第10分冊（北
京;中華書局,1989年9月1版）,頁276。

[82] 總統府第一局編,《總統府公報》447號（民國42年11月24日）,頁2。

[83] 〈蔣夫人宋美齡致吳國楨夫婦函之四〉,吳國楨手稿,黃卓群口述,劉永昌整理,
《吳國楨傳》下冊,同註9,頁573-574。

[84] 韓道誠,〈吳國楨案有關資料彙輯〉,《傳記文學》第45卷第3期（民國73年9
月）,頁45。

[85] 潘公展,〈有涯室夢痕錄（十二）──我所見的吳國楨〉,《新聞天地》（香港）
319期（民國43年3月27日）,頁15。

求政府成立專案小組，專責調查此事。此時人在美國的吳國楨為五十萬美元事，也開始有了回應。1954年元旦，吳首先致函尼克森，希望尼可以在美國媒體解釋清楚，尼所言是毫無根據的。另外，吳也去函國民黨秘書長張其昀，請政府及蔣出面查明有關其套匯之傳言，然信如石沉大海，政府及蔣均無回應。1月15日，吳撰寫〈吳國楨啟事〉一則，寄給人在台北的父親吳經明，請他以廣告形式在各大報刊登。[86]這是自流言散播以來，吳首次對台灣各界的闢謠聲明。啟事重點強調他僅以私人所有台幣向台灣銀行購買美金五千元作為旅費，此外，並未由政府或政府中之任何人員批准撥給分文公款。吳並一再聲明，他從未向政府有此項的要求，與王世杰更從未談過去美的費用問題。啟事最後提到其服務政府二十餘年，平生自愛，未曾貪污，在此國難當頭之際，若尚存心混水摸魚，盜取公帑，實將自覺不儕於人類，惟以道路阻隔，深恐以訛傳訛，故特啟事週知，如他個人有任何劣跡，也請國人檢舉政府查辦。[87]

　　1月18日，吳收到張其昀的回信，轉告吳，蔣認為：那是外間流言，毫無根據，請不必介意。21日，尼克森也回覆吳，說他絕對沒有在與蔣的會談中，提到吳的名字；並同意吳「倘若你覺得公開這封信，對你澄清傳聞有所幫助的話，請你儘管公開。」22日下午，吳父（吳經明）將啟事交由《中央日報》等各大報刊登，張其昀速訪吳經明曉以總統諭此事政府已經明瞭，請不必登報，然吳父不為所動，仍欲刊登，唯次日各大報並未登出。台灣的報紙不敢刊，但紐約的《民氣日報》針對「吳案」卻一再提出質疑與要求公布真相，為此，吳國楨特別致函該報提出說明，函中激動地說：「皇天后土，實鑑此心！」強調其在美演講二十餘次，各地報紙多

[86] 吳國楨手稿，黃卓群口述，劉永昌整理，《吳國楨傳》下冊，同註9，頁489。
[87] 〈吳國楨啟事〉，吳國楨手稿，黃卓群口述，劉永昌整理，《吳國楨傳》下冊，同上註，頁549。

有登載，廣播電視均有紀錄。試問有一不忠於國家民族之處否？凡我本國及友邦人士均可鑒諸！文末，吳激憤地說：合則留，不合則去。「忠臣去國，不潔其名」，顯然對兩個多月來的套匯傳聞，已忍耐到極限。[88]

　　受到吳去函《民氣日報》的影響，2月7日，台灣各大報開始刊登〈吳國楨啟事〉，且國府似乎有意安撫吳之情緒，《聯合》、《公論》、《中央》等報都發表社論，高度肯定吳的磊落風度及政治家風範，然遲來的諒解，對吳已無任何意義，且吳已準備開始強力反擊了。16日，吳在家中召開記者會，說到在目前環境下，他不願回台灣，因為他認為現在中國政治情形，與他當初和政府發生爭論時並無改變。吳進一步說：「要光復大陸，必須爭取台灣人民、海外僑胞、自由國家尤其是美國的同情與支持。但是，除非吾人能在現行統治地區內實施民主，否則上述諸端皆無法做到。然而不幸的是，若干人士竟認為與共產主義作戰，必須採取共產主義的方法。」吳深不以為然，在記者會即將結束時，吳對記者表示：「我深信，目前的政府過於專權（the present government is too authoritarian）。」為了怕在場的媒體記者聽不清楚，吳還特別重複這句話好幾遍。[89]

2.隔空交火──吳國楨與張道藩

　　吳的反擊言論，如一顆震撼彈，立即在台灣政壇捲起千層浪。26日，立委佘凌雲在立法院向行政院長陳誠提出質問，到底吳有無套匯之事。下午，立法院長張道藩以立委身分，向陳誠詢問吳到底和政府發生過什麼爭論？政院何以不批准吳辭政務委員之職？張並提出我們今天在自由中國所施行的不是民主，是什麼？吳說：「不

---

[88] 〈吳國楨來函照登〉，《民氣日報》（紐約）（民國43年1月29日），頁2─3。

[89] 〈吳國楨傳〉連載（37），《自由時報》（民國84年5月9日），頁7。

幸若干人士竟認為與共產主義作戰，必須採用共產主義的方法」。
他所謂「若干人士」是何等人？請他指出姓名，並說明究竟有若干
人？同時舉出採用共產主義方法的事實；以及吳深信目前的政府過
於「專權」。他之所謂「專權」，作何解釋？等四個問題，請陳誠
轉告吳答覆。

　　此外，張更批評吳根本是臨陣脫逃的落跑市長與省主席，「任
上海市長時，徐蚌會戰一失利，他就要求辭職，不准他辭職，就不
去辦公。最後政府沒有法子，祇好准他辭職，……這一事實，是許
多人都對他看不起的！」、「他在台灣時，……只知道用一些小恩
小惠，討好一部分民眾，對於台灣的根本大計，如『耕者有其田』
的政策，他常常於言談之間，根本表示反對。其他應改革的許多大
事，也多半是如此態度。」[90]針對張道藩的質詢，立法院副院長張
厲生附和回答，吳無論在政治責任或政治道德上，均不應發表不利
於政府的言論和意見，所以對於吳之辭職，應當予以批准，當天晚
上，國民黨中常會終於批准了吳的辭職。27日，遠在美國的吳，除
對其政務委員辭職獲准感到欣慰外，也反駁張道藩的批評，並揚言
已準備好事實，隨時會說出台灣政府缺乏民主及專權的真相。[91]

　　1954年2月，為選舉第二任總統、副總統，第一屆國民大會第
二次會議於台北召開，趁此機會，吳自美致函國民大會，談及欲光
復大陸，只有拋棄一人或一家思想，完全接受國父遺教，實行民主
政治，如此「始能收其效而得其功」。其次，他更抨擊政府的現行
政策，根本與國父遺教相背離。如一黨專政，國民黨的經費，非由
黨員之捐助，乃係政府，即國民之負擔。此種辦法，除共產極權國

---

[90]　王清風，〈張道藩質詢吳國楨，絃外之音引起「研究」〉，《新聞天地》（香港）
　　　317期（香港：新聞天地雜誌社，民國43年3月13日），頁5。又見《立法院公報》13
　　　會期1期（民國43年4月1日），頁156－158。
[91]　"Wu Claims To Have Facts For Support of His Charges," 《China Post》, March 1, 1954,
　　　p.1.

家外，實為今古所無。且就黨內而言，亦係仿效共產黨之所謂「民主集權」制；但民主是虛，集權卻是實在。凡民主政府之實施，最少需有兩大黨之存在，藉使在朝黨有所警惕，而在野黨有所展佈。軍隊之內，有黨組織及政治部。國家軍隊必須國家化，俾其不致只忠於一黨或一人。然而現在軍隊，不獨有國民黨黨部之祕密組織，且有政治部，完全仿效共產黨之政治指導員制度。軍中升降，不以成績才能為依歸，而以個人與政治部之關係為主。姑不言其制度之非是，即就士氣而言，亦受政治部摧殘殆盡。特務橫行，吳說其承乏台政三年餘，幾無日不在與特務奮鬥中，干涉選舉、擅捕人民、威脅敲詐、苦刑拷打，所在皆是。不知法律為何物，使人民皆敢怒不敢言，以此求民眾之衷心擁護反攻大陸，則其難矣！人權無保障，因特務之橫行，台灣實已成為一警察國家，人民權利，幾已剝削淨盡。言論不自由，思想控制，所謂反共青年救國團，實係模仿希特勒及共產黨之青年團。自青年團成立後，動輒要求學校更換教員，壓迫學生，以此誘導青年，造成不良風氣，實將遺害無窮。[92]

吳更進一步要求國民大會要組織委員會，澈底查明國民黨經費來源，公布真相。撤銷軍中之黨組織及政治部，立法院應擬定「國家安全制度」之法律，明白規定特務機關的權力，及其違背者之罰則。且應該公開接受無辜被捕及非法受擾者親友之控訴，並分別派員前往各種公開或祕密監獄及拘留所內實地勘查。最後，吳國楨一再強調，他的建議，實為國家前途著想，希望國民大會能討論他的建議，並在各報發表全文。[93]吳為得償所願，還致函蔣與胡適，希望能促成國民大會討論其建議並能力付實施。[94]吳寄出三函後，在

---

[92] 〈吳國楨上國民大會書〉，吳國楨手稿，黃卓群口述，劉永昌整理，《吳國楨傳》下冊，同註9，頁550－553。

[93] 同上註。

[94] 〈吳國楨上蔣介石書之一〉，吳國楨手稿，黃卓群口述，劉永昌整理，《吳國楨傳》下冊，同註9，頁554。〈吳國楨致胡適函〉，吳國楨手稿，黃卓群口述，劉永

美靜待回音。3月4日，立法院長張道藩召開記者會，就吳所列舉政府不民主及專權之指控，說如果吳所舉的是事實，政府會採納其意見。張反擊提到：共黨就是用獨裁、貪污等名詞，製造人民對政府的懷疑與責難，破壞中華民國的聲譽和國家地位。現在。吳用同樣手段來傷害他過去曾經宣誓效忠的政府，這是極不道德的舉動。[95]此外，張還在記者會上，抖出很多吳在上海市長及台灣省主席任內諸多違法失職之內幕。末了，張苦口婆心的勸吳能自我反省，「如果不想自絕於國人，就不應再有輕蔑政府、破壞自由中國，作有利於中共的言行。」[96]

　　張道藩重砲攻擊吳不法事，還引起臨時省議會的注意，副議長林頂立對記者表示，臨時省議會將介入調查。[97]至於吳致函國大事，王雲五以吳既非國大代表，竟向國大提出此函，顯係存心藉國大開會之際而遂其惡意之宣傳，應不予置議，並於報告大會後自動予以公開。國大主席團接納王之意見，並成立五人小組專責處理此事。10日上午，五人小組提出三項處理辦法，下午，主席團決議通過。11日，王雲五向國大說明處理辦法；吳以現任行政院政務委員，在國境外揚言政見不同，肆意詆毀政府，並欲藉本大會開會期間，增加其惡意宣傳之力量。主席團認為此種直接間接有利於匪敵之言論行為，實堪深惡痛絕；主席團曾於第六次會議時決定：凡個人向大會陳訴事件，依憲法之規定，不屬本大會議事範圍，吳之來函，應不予受理。王說明完畢後，與會國大一致接受，並紛紛發言指責吳所說之各項訴求。[98]

昌整理，《吳國楨傳》下冊，同註9，頁504。

[95] 〈張道藩招待中外記者，駁斥吳國楨謬論〉，《聯合報》（民國43年3月5日）1版。

[96] "Chang Denies He Criticizes Wu On Party Order,"《China Post》, March 3, 1954, P.1.

[97] 〈吳國楨非法事，省議會將查問〉，《中央日報》（民國43年3月6日）1版。

[98] 王雲五，《岫廬八十自述》（台北：商務版，民國56年9月初版），頁603－604。國民大會秘書處編，《第一屆國民大會實錄》第2編，（台北：國民大會秘書處，民

　　但在另一方面，吳致蔣函，在胡適的力爭下，一併與吳致國民大會函，於11日見諸台灣各大報端。[99]與此同時，政府相關部門亦開始鋪天蓋地的調查吳各項違法失職事，面對國府的追查，吳坦然地回應：「我唯一的罪，就是以愛國之士的身分進諫政府。」[100]3月12日，張道藩更將先前對吳各項之質疑，具體擬出十三個問題向行政院提出書面質詢，為使行政院有充裕時間調查，張還刻意讓行政院自行決定時間答覆。[101]就在台灣政壇排山倒海一波波的攻擊時，14日，吳亦以絕決之心回應，吳在接受《紐約時報》專訪時，表明他已經和蔣介石公開決裂（open break）的決心。專訪中，吳除了重述其致國民大會的各項建言外，更首度毫不隱諱的批評蔣氏父子。他說：「蔣正在培養蔣經國的接班實力，以建立蔣家王朝（Chiang Dynasty）。」、「蔣經國就是台灣成為警察國家的始作俑者，他以蘇聯式的行事風格，來建立政治上的用人制度。」另外他也說：「他得以出任台灣省主席的原因，完全是因為蔣總統想讓美國繼續援華，不過，雖然美援恢復了，但是在韓戰的壓力下，蔣總統開始允許他的長子抹煞台灣僅有的民主成就，讓台灣成為一個警察國家。」[102]

　　此外，對於政府不准其子吳修潢出國，吳亦深表不滿，他認為這根本是將他兒子當成人質留置台灣。他希望蔣「將心比心，像寵愛蔣經國一樣，允許吳修潢出國。」15日，國民黨中常會以吳國楨在美發表荒謬言論，逆跡彰著為名，將吳開除黨籍。並由國大發動

50年），頁357。〈國代一致嚴詞痛斥，要求大會嚴厲制裁〉，《中央日報》（民國43年3月12日），1版。

[99]　顧維鈞原著，中國社會科學院近代史研究所譯，《顧維鈞回憶錄》第11分冊（北京：中華書局，1990年8月1版），頁145。

[100]　"Wu Claims To Be Only Patriotic," 《China Post》, March 13, 1954, P.1.

[101]　《立法院公報》13會期2期（民國43年4月15日），頁79-80。

[102]　"Ex-Aide of Chiang breaks with him," 《New York Times》, March 15, 1954, pp.1-2.

開始調查吳在省府種種不法行為，國大並飭令吳國偵迅即回國，聽候查辦。16日，吳再次致函蔣，認為政府沒有任何理由，可以拒發護照給吳修潢，他希望蔣能准許外交部發給吳修潢來美護照，讓其父子團聚。[103]17日，國民大會通過有關懲處吳國楨不當言行的審查報告，並請政府撤職查辦吳國楨。[104]同日，蔣頒發總統令，撤吳政務委員職，並依法究辦其在省主席任內的各項失職。命令內容要點如下：「查該吳國楨歷任政府高級官吏，負重要職責者二十餘年，乃出國甫及數月，即背叛國家，誣衊政府，妄圖分化國軍，離間人民與政府及僑胞與祖國之關係，居心叵測，罪跡顯著，應即將所任行政院政務委員一職，予以撤免，以振綱紀。至所報該吳國楨前在台灣省政府主席任內，違法與瀆職情事，併應依法撤查究辦。」[105]

3.事件的延續與餘波

　　就在吳一切的黨政職務遭撤銷之後，20日，吳不甘示弱的第三次致函蔣，要求蔣要回覆其之前所提的問題與建議，並言「鈞座如果認為楨所見甚是，則應當機立斷，照楨意見澈底改革，以挽回民心。」吳且加碼再向蔣提十二個問題，認為蔣有解答之必要。不僅如此，吳還針對政府對其撤職之舉，認為根本是「欲加之罪，何患無辭」，先提罪名，再羅織證據，其如精忠岳飛死於秦檜「莫須有」三字之手，並提出四項反證，質問政府陷他入罪之目的何在。吳一再表示，願與政府在美國法庭對質，他希望政府的指控要有真憑實據，否則「一朝偽證被人查出，將置國家體面於何在？」最

[103] 〈吳國楨上蔣介石書之二〉，吳國楨手稿，黃卓群口述，劉永昌整理，《吳國楨傳》下冊，同註9，頁555。
[104] 〈國大通過臨時動議，請政府撤吳國楨職〉，《中央日報》（民國43年3月18日），1版。
[105] 總統府第一局編，《總統府公報》480號（台北：總統府第三局，民國43年3月19日），頁2。

後，吳寄望蔣不要再執迷不省，陷國家民族於不可挽救之危機；而能下詔罪己，幡然改圖，接受他的建議，造福全國人民，他並請蔣將此函交由各報發表。[106]

25日，國民大會舉行閉幕典禮，剛當選第二任總統的蔣介石親臨會場發表演說，蔣意有所指地說：「民主自由，是全國民眾的權利，不是為少數人來作違法作惡的憑藉，亦不是他們掩護罪惡來作護符的，更不能為他們個人來作誣衊政府的聲響，毀喪國家的利益，以達到他私人不法言行的口實。這種人所謂民主，所謂自由，就是共匪式的民主，共匪式的自由。……他們要藉箝制思想、束縛言論和祕密警察、特務橫行的不民主口號，來脅制政府，出賣民族。尤其是在國外，藉外國政治的保護和外國勢力的憑藉，來橫行不道，為所欲為，希圖達到其傷害國家反攻復國的目的，這完全是共匪式的手段和行動。」[107]蔣這篇措辭強硬的演講，雖無半字提及吳國楨，但任何人均知，裡頭所講的即為吳國楨，這也是自「吳國楨事件」發生以來，蔣首次對吳作公開的斥責與批判。[108]

28日，吳第四次致函蔣，亦首度以激烈的言辭批蔣，吳認為蔣「自私之心較愛國之心為重，且又故步自封，不予任何人以批評建議之機會。」[109]因吳與國府的「隔海大戰」，政府深怕形象在美嚴重受損，乃責成曾虛白特以中央社社長身分，親自參與對外宣傳，主動提供資料給美國媒體，以降低吳之言論對政府造成的傷害。[110]另駐美大使顧維鈞亦在館內成立一專責組織，專事收集相關資料，

---

[106] 〈吳國楨上蔣介石書之三〉，吳國楨手稿，黃卓群口述，劉永昌整理，《吳國楨傳》下冊，同註9，頁556－559。

[107] 國民大會秘書處編，《第一屆國民大會實錄》第2編，同註98，頁159－160。

[108] "Chiang Denounces charges on rule," 《New York Times》, March 26, 1954, pp.2.

[109] 〈吳國楨上蔣介石書之四〉，吳國楨手稿，黃卓群口述，劉永昌整理，《吳國楨傳》下冊，同註9，頁562。

[110] 曾虛白，《曾虛白自傳》（中集）（台北：聯經版，民國79年8月初版），頁553－555。

以反駁吳國楨的發言。[111]顧認為當時吳正試圖造成一種印象,即產生決裂的根源是他和政府之間在台灣的民主化問題上存在分歧,這種做法確乎是令人遺憾的。然而,他竟採取了一個中國人最痛恨的行動──在外國庇護下公開抨擊政府。[112]顧於3月26日收到蔣的親筆信,信中蔣要顧對吳國楨事件特別重視,並做好應付他的必要準備。為此,顧才有成立專責組織之舉。

　　為讓蔣寬心,29日,顧致函蔣,強調美國政府及媒體似多瞭解真相,對吳的言論已不特別感興趣。美國官方根據其駐台外交、軍事代表各項報告,洞悉實情,不致改變其對我友好援助態度。[113]顧在函中提到,美國助理國務卿饒伯森和蒲立德都說:吳國楨對國府的攻擊是欠考慮的,於他並無好處,而且在美國人民面前敗壞了中國政府的聲譽。饒伯森還說,最好是對吳的言論置之不理,不要去和他爭論短長,以免引起公眾的注意,並在美國人民中造成不良印象,轉而又影響到國會的輿論和美國的對華援助,這真是一針見血之言。[114]在4月2日的一場演說中,顧也以吳為對象,斥責其有關政府不民主與撤除總政治部的主張。[115]此外,顧也示意政府,吳國楨事件已經在我們的美國朋友中和報紙上引起了不小的憂慮,大使館一直在竭力進行解釋,促使各方對吳的指控不要過於當真。大家認為,我們應該用事實而不是用辯論來駁倒吳的指責。因此希望政府

---

[111] 顧維鈞原著,中國社會科學院近代史研究所譯,《顧維鈞回憶錄》第11分冊,同註99,頁119-124。

[112] 顧維鈞原著,中國社會科學院近代史研究所譯,《顧維鈞回憶錄》第11分冊,同上註,頁118。

[113] 〈顧維鈞呈蔣中正函〉,《蔣中正總統檔案──特交檔案‧整編資料》350冊(民國43年3月29日)。

[114] 顧維鈞原著,中國社會科學院近代史研究所譯,《顧維鈞回憶錄》第11分冊,同註99,頁119。

[115] 潘公展,〈有涯室夢痕錄(十四)──顧維鈞聲討吳國楨〉,《新聞天地》(香港)323期(香港:新聞天地雜誌社,民國43年4月24日),頁14-15。

不要使這一事態擴大化，以免引起公眾矚目。[116]

對國府鋪天蓋地的反撲，吳不為所動毫不畏懼的又第五度致函蔣，這次更明目張膽的直指蔣「鈞座之病，則在自私。在大陸則祇顧個人之政權，在台灣則於苟安之後，又祇圖傳權於子；愛權勝於愛國，愛子勝於愛民。因此遂走上一人控黨，一黨控政，以政治部控制軍隊，以特務控制人民之重大途徑。一誤已失大陸，豈可再誤而坐失恢復大陸之機會，甚至使台灣不保耶？」通篇簡直是以長官對部屬的訓斥之辭，可見吳國楨是整個豁出去了。接著，吳又向蔣提出兩點建議：1.鈞座應利用此第二屆選舉總統後之機會，明白聲明我國憲法為責任內閣制。所有政權、軍權均由依法選任之行政院長全權負責處理，總統不再過問。對於第一屆責任內閣之行政院長人選，楨謹建議以胡適之先生擔任。2.年來我國政治進步之又一大障礙，即為經國兄。……經國兄在蘇聯學習十四年，對於近代民主政治，實屬扞格，……此時此地，實不宜再令經國留住台灣，在幕前或幕後操縱把持。鈞座應立即英斷，派遣經國兄來美入大學或研究院讀書，俾其能對於民主政治深切了解；在大陸未恢復之前，不必重返台灣。[117]

吳的建議，蔣當然沒有採納，蔣反而是派劉文島赴美規勸吳不要再批評政府，雙方似乎有暗盤交易的默契，沒多久，吳即停止攻擊政府的舉動，這封信也成了他寫給蔣的最後一封信。[118]就在吳與政府休兵的這段期間，吳主要致力於留在台灣的兒子能儘速取得護照來美團聚，當中雖波瀾不斷，但吳修潢還是取得到外交部核發

---

[116] 顧維鈞原著，中國社會科學院近代史研究所譯，《顧維鈞回憶錄》第11分冊，同註99，頁121、124－125。

[117] 〈吳國楨上蔣介石書之五〉，吳國楨手稿，黃卓群口述，劉永昌整理，《吳國楨傳》下冊，同註9，頁563－565。

[118] 吳國楨手稿，黃卓群口述，劉永昌整理，《吳國楨傳》下冊，同上註，頁513－514。

的護照，只是他卻一直未能出國。吳為此沉不住氣了，在6月29日的美國《展望》雜誌，吳發表一篇名為〈妳的錢使台灣變成警察國家〉（Your money has built a police state in Formosa），嚴詞批評蔣主政下的台灣政治現狀。文章內容著重於談及其在省府任內，與蔣經國情治系統的衝突，並指責蔣用美援來讓台灣成為一個極權國家（totalitarian state），其中讓吳國楨最不能忍受的是，蔣經國主持的情治系統、總政治部與救國團，吳國楨更刻意提到，台灣與美國兩地納稅人的錢，已經被「用來維持救國團、祕密警察、國民黨與政府各種專權手段的花費。」吳還憂心地表示，如果這些專權的組織與手段持續在台灣存在，「不僅美國每年三十億的抱注將形同浪費，台灣也將會失去收復大陸的最後希望。」[119]

　　吳此文一出，國府顯然也感受到壓力，延宕多時的吳修潢出國事，終於有了進展，經過一番波折，7月18日，吳修潢搭機赴美，與分開年餘的吳國楨團聚。[120]吳宣稱政府將其子作為「人質」，扣留台灣不能出國。其實這是虛構事實想當然耳，因其子時正在建國中學就讀，具有役男身分，按照法令，未服兵役不能出國，人人都是如此。但經吳誣指後，政府竟以「合於法令」及「打破人質讕言」等說辭，准其出國，實已超出法令範圍之外，殊有違公平之原則，由此，亦可見政府委曲求全之苦心。[121]吳的〈妳的錢使台灣變成警察國家〉（Your money has built a police state in Formosa）一文，對政府的形象傷害甚大。30日，國府駐美大使館已擬妥一份駁斥函於《中央日報》發表，函中針對吳所提的美援用途、國民黨一

[119] K. C. Wu, "Your money has built a police state in Formosa"《LOOK》, pp.39-45. 收錄於Confidential U.S.State Department Central Files, Formosa (R.O.C.): Internal Affairs and Foreign Affairs, 1950－1954, Reel 2, 0707-0709, 0711, 0713, 0716－0717, 794A.00/6－2654A/38. 另見歐世華，〈吳國楨與台灣政局（1949-1954）〉，同註18，頁131。
[120] "Young Son Departs For US Under Cloud of Fathers Evil Genius,"《China Post》, July 19, 1954, pp.4.
[121] 《中央日報》（民國43年6月18日）。

黨專政、祕密警察與吳修潢護照申請等事項，逐一提出答辯。[122]

4.意外插曲──胡適與吳的交鋒

吳在美國《展望》雜誌用英文發表了一篇旨在給美國人看的〈妳的錢使台灣變成警察國家〉一文，極盡能事的批評台灣在蔣氏父子專制獨裁的統治下，利用美國人的錢建立一個毫無人權保障的警察國家，此文除了給國府極大難堪外，也引起同在美國的胡適之反彈。[123]胡適除發信給吳痛加譴責外，也針對吳文的內容逐一批駁，胡適甚至動氣的罵「國楨的毛病是他沒有常識（Common Sense），而且在若干情況下他缺乏道德感（Moral Sense）」。[124]胡適認為，吳屢任國府與國民黨要職，在美發表反國府言論，時另有用心，妄想托庇他國，在美搞其「第三勢力」，結果徒然削弱我反共陣形。[125]

吳在美國公開批評國民黨不民主，台灣已淪為警察國家，對於此事，胡在1954年8月16日於紐約的《新領袖》（New Leader）週刊上發表文章，極力美化國民黨在台灣的統治，聲言自1952年6月以來，台灣人民獲得前所未有的自由與法治。[126]另外，胡在文章中也批評吳有關保安司令部及救國團之論點，胡認為吳的「說謊」之

---

[122] 〈陳之邁駁斥吳國楨謬論〉，《中央日報》（民國43年7月30日）2版。

[123] 1953年5月25日，吳國楨夫婦乘坐飛機抵達美國。十個月後，吳國楨開始公開抨擊蔣介石父子「反共需用共產黨的手段」的專制獨裁，從而引來蔣介石陣營大規模的圍剿和討伐，其中也包括胡適用英文發表後被加上〈胡適之痛斥吳國楨〉的標題翻譯成中文的一封公開信。張耀杰，〈蔣介石與中美合作〉（下）《傳記文學》第111卷第5期（民國106年11月），頁32。

[124] 胡頌平，《胡適之先生年譜長編初稿》第七冊（台北：聯經版，民國79年11月第3次印行），頁2432。

[125] 關國煊，〈吳國楨其人其行〉，見李焜生著，蔡登山編，《吳國楨事件解密》，同註17，頁15。

[126] 耿雲志，《胡適年譜》（香港：中華書局，1986年6月港版），頁215。胡頌平，《胡適之先生年譜長編初稿》第七冊，同註124，頁2436。

處是：1.政府自遷台以來的任何案件，都由軍事法庭審理；2.自己對軍事法庭的審判結果無以置喙；3.學校學生及教職員必須加入救國團，且救國團是希特勒青年團與共產主義青年團的翻版。胡對此的看法是：1.近年來，沒有任何一段時期的任何案件，都必須由軍事法庭審判；2.吳國楨在至少269件判決書上，親筆簽名及蓋上官印，代表他知曉審判結果；3.救國團沒有希特勒青年團及共產主義青年團具備的排他性、祕密性及天之驕子（elite）性質。

　　吳對於胡的質疑與批評反擊道：1.軍事法庭不但依法辦事，有時甚至還插手違反交通法規的案子；2.他的保安司令部司令一職的確是有名無實，蔣中正父子、陳誠、彭孟緝與王世杰都知道其中實情。此外，胡也應該看看保安司令部所有檔案，才知道有多少比例的案件是交至他手中；3.救國團除了「所有師生被迫入團以外」、「還有一個特別的、祕密的天之驕子集團。」[127]有意思的是，胡在批評完吳後，還將胡、吳筆戰的信函寄給時在哈佛大學進修的殷海光，殷在看完胡的來信後，非但不認同胡之意見，反而氣憤地說：「吳國楨批評的是『蔣』家，那是我們的『國』家；是『國民黨政府』，那裡是『我們的政府』？」更令殷海光不滿的是，胡竟然根據情治機關提供的資料去攻擊吳，而且還把攻擊吳的信件複印一份寄給蔣經國。殷海光為此寫信給胡適，勸其「在未了解台灣的真實狀況以前，應當謹慎發言。」[128]《雷震日記》也應證此事，雷說：「海光對胡先生不滿，他曾寫信給胡先生，……對吳國楨，責其不應對此人批評，因其不值得，胡來函謂他討厭其為人。」[129]

---

[127] 〈胡適與吳國楨、殷海光的幾封信〉，《中華月報》（香港）695期（香港：中華月報社，1973年8月），頁36－39。

[128] 陳平景，〈漂泊隨筆——憶殷海光老師之三〉，收錄於李敖、孟絕子、金一、陳平景等，《喇叭‧喇叭‧吹喇叭》（台北：天元圖書有限公司，1984年），頁106－107。

[129] 傅正主編，〈第一個10年——雷震日記（1955年－1956年）〉，（1955年6月16日），《雷震全集》（38）（台北：桂冠版，1990年7月初版），頁101。

　　不管胡怎樣解釋，也不外證明這一次為國民黨護航有理。激烈反蔣的殷海光卻聽不入耳，因為他眼前所見的事實很簡單；蔣介石政權正在壓榨社會民眾，非常不當；吳的言論，實是住在台灣的人想說而不敢說的話，胡怎麼可以寫文章罵他呢？況且，胡誇大台灣的言論自由程度，也不是實情啊！[130]即便在數年後，殷在撰寫《到奴役之路》〈自序〉時，對胡批評吳的文章仍禁不住反感和責難，「當時他（指胡適）說的『台灣的言論自由，遠超過許多人所想像的』，他所說的『許多人』是多少人？是些什麼種類的人？這些人當時所『想像』的『台灣的言論不自由』的程度有多大？……『超過』的程度有多大？這些問題，我從他的講詞裡得不到解答。[131]

　　「吳國楨事件」初起時，胡曾慨嘆台灣官方輿論一面倒地攻擊吳國楨，頗有為吳打抱不平之意。[132]豈料，他自己還是加入圍剿吳的行列，正如徐復觀所嘲笑的，國民黨有了胡這張王牌，在反駁吳的宣傳上，勝於十萬雄師。[133]就這一點，李敖和汪榮祖也揭露胡為蔣介石打手之不是，「以胡適的職位，他從何看得到『二百六十九件判決書』？又從何看得到吳國楨的『親筆簽名』？這當然是國民黨提供材料的！以胡適對國民黨組織的了解，他當然知道吳國楨對安全系統的力量是有限的、是掛名的、是畫行的，當時『台灣省政府主席』兼『台灣保安司令部司令』，只是名為『司令』，實權絕不在『主席』手中，胡適明明知道，又何能苛責於吳

[130] 黎漢基，《殷海光思想研究》（台北；正中版，2000年9月初版），頁224－225。
[131] 轉引自黎漢基，《殷海光思想研究》，同上註，頁250。
[132] 傅正主編，〈第一個10年──雷震日記（1953年－1954年）〉，（1954年3月6日），《雷震全集》（35）（台北：桂冠版，1990年7月初版），頁238。
[133] 徐復觀，〈從宣傳問題看我們的前途〉，《徐復觀雜文──記所思》（台北：時報版，1980年2月初版），頁283。

國楨？」[134]

　　不過，胡所站的位置，畢竟與一般自由主義者不同，他考慮到的不只是台灣的政治前途，還顧及整個反共的形勢。他認為，只有國民黨才有抵抗中共的力量，而這次吳的言論，在國際宣傳上抹黑了國民黨，傷害了台灣以外的一千多萬的海外華人的信心，實在不能不駁。此外，胡亦指出，在白色恐怖期間，吳曾兼任保安司令部司令，在鎮壓台灣的顛覆分子的事件上，也有其應負的責任；例如台糖公司沈鎮南的槍決，便是由吳來簽字；如今胡亂說誑，反過來將責任推給國民黨，胡認為，吳為人是很有問題的。[135]

　　平情說來，其實胡適不滿吳國楨的主要有兩點：一是在外國人面前罵自己政府總不得體；二為即便國民黨犯了那麼多錯，你吳國楨在國民黨擔任高官多年，難道沒有責任嗎？為何當時不進言規勸呢？如今在外國罵政府，豈不丟人現眼。胡適在晚年有一條很自律的原則，即人在國外「決不會發表毀壞自己國家與政府的名譽的言論」，胡適把它稱為「這是我們在國內提倡言論自由的一班朋友的一條戒約」。「吳國楨事件」發生後，美國紐約和舊金山兩地的華人報紙這樣比較胡、吳，說胡適在美國從不批判自己的政府，唯有等到回國時，才發表自己的意見；而吳國楨完全相反。兩代自由主義知識份子的人格風骨，於此可見高下。[136]這場胡適與吳國楨的筆戰結束後，喧騰一時的「吳國楨事件」也正式畫下休止符。

5.自由主義者從政的悲劇──胡適與吳國楨之比較

　　基本上，在現代中國政局，自由主義知識份子的從政之路是

---

[134] 李敖、汪榮祖，《蔣介石評傳》下冊（台北：商周文化出版，1995年6月初版），頁604。

[135] 胡頌平，《胡適之先生晚年談話錄》（台北：聯經版，民國73年6月第2次印行），頁87。

[136] 陳正茂，〈「吳國楨事件」始末〉，《南方都市報》（大陸廣州），同註63。

非常艱辛的，在威權體制下，要官運亨通一帆風順，他要違背自己的政治信仰而屈從於統治當局；若要實踐自己的政治理想或信念，則不得不與當局抗爭衝撞，其下場也是可想而知的，不是入獄就是遠走他鄉，不是適度的妥協即為緘默不語。雷震的下獄、吳國楨的客居異國、胡適晚年非常無奈的「容忍比自由」重要的沈痛之語，到殷海光沉默的抗議；甚至大陸儲安平的失蹤，這些斑斑事蹟不外乎在陳述一個事實，即自由主義知識份子在中國從政的「兩難」處境，理想與現實難以兼顧的悲劇。[137]

吳國楨以自己的從政之路見證了這一點，故在事件發生後不久，國府又發生了總統府秘書長王世杰遭免職案，時蔣為拉攏吳國楨，曾囑人赴美力邀吳回國任該職，但吳以「政府年來措施，並不與楨之一貫主張相同」而婉拒。吳的一貫信念是啥？即自由主義者民主自由的信念，吳不諱言其與蔣的衝突，主要來自他與蔣經國的不合，後者讓吳感到失去許多權力，並且吳也反對蔣經國從蘇聯學來的那一套軍隊政治化、特務政治、以共產主義的方式對付共產主義等。且蔣介石在失去大陸後，不但不知汲取教訓，銳意改革，反而變本加厲更加的獨裁專制，當吳認為台灣已是「一人控黨，一黨控政，以政治控制軍隊，以特務控制人民」時，吳國楨身上自由主義的因子已不容其繼續在蔣政權下工作，故其辭職離開遠走美國，與其說是政治鬥爭的結果，不如說是自由主義知識份子，在強人政治下從政的必然悲劇宿命。

胡適比吳國楨聰明，除抗戰期間短時期的「駐美大使」外，他

---

[137] 學者邵建曾對胡適與吳國楨這兩位自由主義人物作一比較：「在胡吳種種同與不同之中，最重要的是，他們都有若干年的在美國生活的經歷，都沐浴過歐風美雨，都欣賞以美國為代表的西方文明，都受過良好的英美自由主義的薰陶，都認同美國憲政下的自由民主制度，而且都願意把這種品質的制度移植到中國，甚至也都為這一目標的實現，在不同的領域內，做出過不同的努力；儘管他們是上下兩代人。」邵建，〈「吳國楨事件」中的胡適與吳國楨〉，見李焰生著，蔡登山編，《吳國楨事件解密》，同註17，頁91。

始終保持自由之身，儘量不涉足政治，也因此他還多少擁有其「獨來獨往的自由」。不僅如此，當國家的利益高於一切時，他是置國家於自由民主之上的，在國家依存的框架內緩進民主自由，這是胡適晚年的基本態度。為此，他曾經在「雷案」時，發表〈容忍比自由重要〉而被批為立場軟弱；「吳國楨事件」時，發表〈台灣是多麼自由〉為國府說話。顯示胡適作為自由主義者晚年的保守心態，其實這是胡適老成謀國的苦心，畢竟「覆巢之下無完卵」，國家沒了，一切信仰的自由主義又有何用。換個角度想，這何嘗不是自由主義者的另一悲劇，胡適晚年悲涼的心境，應該是此氛圍的最佳寫照。[138]

五、結論──「吳國楨事件」之檢討

總的說來，吳辭職赴美後，一連串的上書蔣和國民大會，可以看出其與台灣當局的矛盾，基本上是政見不同大於個人的意氣之爭。吳提出的幾個問題，涉及國民黨政治體制中最敏感的部分，如特務政治、蔣經國的青年救國團、軍隊的「國家化」等等，這些都是蔣介石的權力基礎，在當時的台灣，是萬萬動不得的。在政治上，吳同時也見證了世襲政治、權力接班在台灣的孕育成形。在蔣執意培植蔣經國的整個過程中，他奮力抗爭，終不免敗下陣來，於1953年離職，其實連「第二號人物」陳誠，最後都鬥不過蔣經國的情況下，遑論吳國楨。但若從台灣民主政治奠基的角度來思考，吳的抗爭及其後的「吳國楨事件」，不也可以說是五○年代初期，台

---

[138] 有關胡適晚年自由主義者在蔣政權的保守軟弱心態，金恆煒著作《面對獨裁──胡適與殷海光的兩種態度》（台北：允晨出版，2017年10月初版）一書，有非常詳細深入的分析與批判，值得參考。另大陸學者楊金榮的《角色與命運：胡適晚年的自由主義困境》（北京：三聯書店，2003年）；亦頗值一讀。

灣第一波民主運動的前奏。[139]審視五〇年代震撼台灣政壇的「吳國
楨事件」，筆者覺得有幾點觀察面向值得思考：

1. 吳國楨位居黨國要津多年，對於政府的政策，不能說不負責
   任。政府「不民主」，過於專權，吳有責任於政府體制內說
   話力爭，力爭不獲，甚至可以辭職以明志，然後再將所力爭
   者，昭告於國人以求了解，這才是光明正大磊落的政治家風
   度。但吳不圖此舉，相反地以現任政務委員身分，到國外去
   指責政府，這是他最不能見諒於國人的地方，也是胡適不齒
   其所在。[140]且吳因舉措失當，使得其原本指責政府或向政府
   提出之建言，其合理性及合法性遭到質疑，失去其原本之
   美意。

2. 吳國楨挾著美國的支持，對爭取台灣省主席一職，展現強烈
   的企圖心，蔣一度有意先讓吳以省府秘書長頭銜實際負責省
   政，但吳不接受，在當時政府亟需美援奧援的情況下，蔣最
   後還是起用吳國楨為台灣省主席。只不過美援的支助，美國
   有其非常嚴格的規定，尤其是軍事物資方面的援助，美國堅
   持是以經濟和外交手段來處理，不是國府找一個美國人喜歡
   的吳國楨擔任省主席，美援就會源源不絕而來。吳國楨過
   於高估自己在蔣及美國人心目中的地位，隨著「韓戰」爆發
   後，國府和蔣的重要性，在美國的新戰略下水漲船高，反觀吳
   的重要性就相對不是那麼舉足輕重了。可嘆的是，吳似乎不
   清楚自己的份量，在與蔣經國的較量中，猶想美國會是其靠
   山，殊不知，韓戰後的局勢，美國老早就「捨吳就蔣」了。

---

[139] 殷惠敏，《誰怕吳國楨？──世襲專制在台緣起緣滅》，同註9，頁13。

[140] 胡適給殷海光的信上曾說自己鄙薄其為人，以胡適溫和敦厚之個性，對吳的這種指
責是相當嚴厲的。〈胡適給殷海光的信〉，見朱啟葆，〈吳國楨事件發展中的平
議〉，見李敖生著，蔡登山編，《吳國楨事件解密》，同註17，頁66－73。

3.五〇年代初，吳與蔣經國的衝突，已是眾人皆知的「公開祕密」，蔣介石實可以其政治經驗和智慧，妥善的處理此事。豈奈，欲用吳國楨爭取美援；以及栽培蔣經國接班的私心，在魚與熊掌難兼和美援已爭取到的情況下，犧牲吳也就理所當然了。但蔣及國府不該以未經證實的套匯傳聞污名化吳國楨，此舉自然引起吳的反彈，為自己清譽與國府隔海交火，其後遺症不是街談巷議的話題，而是賠上國府的國際形象，平情而言，這是得不償失的。[141]且針對吳國楨接二連三的質疑，國府理應以具體證據提出反駁和澄清，而非透過張道藩、臨時省議會與國民大會，妄自羅織罪名鋪天蓋地的大加撻伐。[142]這種近乎「扒糞」式的攻擊（如張道藩的質詢稿中，充斥著「危害國家」、「反動」等字眼），不僅模糊了事件的焦點，且對國府於海內外的形象，有一定程度的傷害及負面作用。

4.以今日眼光視之，吳當年對蔣所提出的若干諍言與建議，是超越時代與真知灼見的，亦頗能突顯當年台灣在威權統治下，諸多侵犯人權與體制不合理之處。但在冷戰的國際架構下；以及反共高於一切的前提下，所有良善中肯的建言，都

---

[141] 當時香港即有許多報章雜誌批評張道藩及國府當局。認為台灣當局之對吳，在總統明令之前，是利用不健全的宣傳的攻勢，代眾口而鑠金，要造成群毀而銷骨，不顧事理的，把一切惡毒的名詞，加在吳的頭上之後，偽造民意的，來了那麼一例事實。詳見李焰生撰的〈吳國楨事件〉，李焰生著，蔡登山編，《吳國楨事件解密》，同上註，頁164。

[142] 周宏濤言：「黃少谷拿出蔣公的條子，指示成立第二研究小組，蒐集吳國楨枉法瀆職案件以便在立法院答覆張道藩的質詢。」周宏濤口述，汪士淳撰寫，《蔣公與我——見證中華民國關鍵變局》，同註34，頁397。當吳國楨寫給蔣及國民大會的公函送到後，蔣親自召集立法院長張道藩和陶希聖，商議應付之策。蔣並下令成立小組，每天集會商討對策，且指定黃少谷為召集人，每晚向其報告。此危機處理小組的任務有三：1.反駁吳國楨的指控；2.寫信給友台的美國議員，請他們不要受到吳之誤導；3.找人蒐集吳國楨的黑資料以作反擊。殷惠敏，《誰怕吳國楨？——世襲專制在台緣起緣滅》，同註9，頁145-146。

　　非常容易以「危及台灣地區安全」的名義下，被視為反動或別有用心的企圖而遭到污名或醜化。以吳之特殊身分，其屢屢上書於蔣，都遭到如此難堪之對待，遑論是其他人，這也是五〇年代台灣「白色恐怖」的可怕之處。[143]

---

[143] 蔣日記中不乏對吳國楨的批判之言，如「國楨驕矜失信，令人絕望。」、「以國楨驕矜狡詐，不能合作，故省政阻滯，非決心改組，不能再求進步矣。」《蔣介石日記》（民國42年3月14日）。「國楨藉美聲援有恃無恐，以為非他不可，故驕矜孤僻，對余亦不在心目，乃斷然准其辭職。」《蔣介石日記》（民國42年3月28日）。

附錄

《現代週刊》研究（1945－1946）
──兼論其反映戰後國民黨的「再中國化」政策

一、前言：略論戰後初期台灣的雜誌文化

　　台灣雜誌出版事業的興起，僅僅不過是百餘年來的事，但隨著社會經濟結構的轉變，以及配合統治階級的宣傳政策，報章雜誌的發行遂逐漸普及開來，成為公共領域建構的重要媒介，深刻地影響著公共領域的形成。[1]日本殖民台灣後，透過傳媒來普化深植其統治論述，以維護鞏固其政權統治的合法性。然而，台灣民間社會並沒有因強大政治壓力而退縮畏懼，同樣的也是藉由雜誌傳媒來與之對抗，表達台灣人的真正心聲，這樣的輿論抗衡，一直持續到日本殖民統治政權的結束。[2]

　　1945年8月，台灣光復後，一個嶄新的局面，讓台灣人歡欣鼓舞。對祖國充滿著期待，台灣人延續日治時期的辦報經驗與關懷社會的熱誠，眾聲喧嘩，再度掀起一波辦報高潮。據當時行政長官公署宣傳委員會的登記資料顯示，日本投降後至「228」事件爆發前，大約有四、五十種雜誌在台灣發行。[3]舉凡政論、文藝、綜

---

[1]　根據哈伯瑪斯（J.Habermas）的看法，他以18、19世紀英法德三國市民社會（civil society）形成的經驗，來說明公共領域的概念。他將文藝傳播視為公共領域形成的重要媒介。西方學者在研究公共領域或市民社會的形成，都相當重視文化傳播媒介扮演的角色。Habemas. Communication and The Evolution of Society, Beacon Press, 1979。

[2]　莊惠惇，〈戰後初期台灣的雜誌文化（1945.8.15－1947.2.28）〉，《台灣風物》第49卷第1期（1999年3月31日），頁51。

[3]　台灣省行政長官公署宣傳委員會編，《台灣一年來之宣傳》（台北：台灣省行政長官公署宣傳委員會發行，1946年12月），頁26－33。根據統計，從1945年9月到1947年3月，亦即陳儀來台接收前後到二二八事件爆發為止，台灣島內至少有110種以上

合、學術、機關團體通訊等，琳瑯滿目不一而足，而且種類相當
繁多。

此外，戰後初期的台灣雜誌文化，也呈現出有別於日治時代遭
壓抑監控的苦悶格局，而是以一種蓬勃發展的局面亮相，在文化人
無所顧忌的臧否時局之下，雜誌內容出現大量的政論文章，這是時
代精神的展現，同時也顯示出雜誌作為公共論述的特質。而此時期
雜誌文化的另一特色，是外省族群的加入，彼輩不僅要面對眾多左
翼雜誌論述的挑戰，更要背負為統治者宣傳政令之任務，因此也積
極的搶攻出版市場。

當時由官方或親官方所辦的雜誌中，有行政長官公署宣傳部編
輯的《台灣通訊》、陸軍七十師政治部所辦的《自強旬報》、三民
主義青年團之《台灣青年》；以及由長官公署參議吳克剛所主編的
《現代週刊》，其中尤以《現代週刊》最具代表性。然平情說來，
就1945年政府接收初期，台灣雜誌出版的情況言，論雜誌數量與種
類，還是以台灣本土文化人所辦的居多，官方或親官方雜誌，相較
之下仍顯得零星單薄。[4]

但在當時為數不算多的右翼雜誌中，吳克剛所主編的《現代週
刊》，則頗具代表性。揆其因，除該刊發行較久，內容較豐富外；

新雜誌創刊，這些新雜誌有兩項特點：第一，絕大多數雜誌與日治時期的刊物沒有
承接關係；第二，大部分雜誌都在二二八事件前停刊或事件後未再續刊。何義麟，
〈台灣文學期刊史編纂戰後初期（1945-1949）總論〉，《文訊雜誌》第318期（101
年4月），頁82－86。

[4] 1945年9月22日，活躍於日治時期的文學作家楊逵，創辦《一陽週報》，為戰後最
早發行的中日文合併的雜誌。其後，《前鋒》、《政經報》、《新青年》、《台灣
青年》、《夏風》、《台灣公論》、《日月潭週報》、《青年週報》、《台灣藝
術》、《大同》、《新風》、《新新》等刊物亦相繼發行。這其中以左翼論述為主
體的刊物較多，影響力亦較大；相對的，由官方或親官方所辦的刊物則顯的較為寥
落。當時的右翼刊物如《台灣通訊》、《自強旬刊》、《新聲》、《台灣畫報》、
《新台灣畫報》、《台灣警察》、《新台灣週刊》；以及由吳克剛所辦的《現代週
刊》等。見何義麟，〈戰後初期台灣出版事業發展之傳承與移植（1945－1950）
——雜誌目錄初編後之考察〉，《台灣史料研究》10期（1997年12月），頁3－24。

主要還是該刊的言論宗旨，頗能代表國府當時對台灣的「再中國化」政策。戰後初期，國府以台灣被日本殖民50年之久，無論就思想觀念、行為舉止或社會文化等方面，台灣人均有著深深濃厚的東洋日本風。為澈底清除台灣人的「日本化」，光復之初，國府當局即以如何使台灣「再中國化」為當務之急，而輿論的鼓吹和教育是最快速之管道，所以《現代週刊》內容以「再中國化」為主軸即不言而喻了。[5]

基本上，《現代週刊》內容雖極力為政府的政令做宣傳，但難能可貴的是，刊物園地並非全是八股的政策宣導，而是呈現多元之取向。研究戰後初期雜誌文化的學者莊惠惇，在〈戰後初期台灣的雜誌文化（1945.8.15－1947.2.28）〉論文中，列表分析《現代週刊》之內容，其中文藝學術性占26.0%、時事政論性占18.2%、其他占32.4%，宣導性只占23.4%。[6]換言之，《現代週刊》是屬於一種綜合性的刊物，雖然也總攬時事的消息報導，但內容卻是橫跨政治、經濟、教育、歷史、社會與文化等各個面向；並隨時反映報導社會輿論之所趨，這是該刊之所以兼具代表性及全面性的原因。[7]

---

[5] 另外，莊惠惇亦將當時雜誌分為官方／民間、外省／本省兩大類，而民間雜誌又可分為台灣本土文化人所辦、大陸文化人來台創辦；或統治集團的成員以個人身分創辦（親官民辦）等三種型態。第三類雜誌的組織社群是有擔任官職或與統治者保有程度上良好之關係者，如公署參議吳克剛發行的《現代週刊》，在雜誌內容上即相當呼應統治論述。莊惠惇，〈戰後初期台灣的雜誌文化（1945.8.15－1947.2.28）〉，同註2，頁65。

[6] 莊惠惇，〈戰後初期台灣的雜誌文化（1945.8.15－1947.2.28）〉，同上註，頁63。

[7] 何義麟言《現代週刊》就是一份具有代表性刊物，該刊於1945年12月10日創刊，主編是台灣省立圖書館館長吳克剛。這本刊物最大特點是，包括主編與撰稿者，幾乎都是中國大陸來台的教育與文化界人士。由於他們都肩負在台推動祖國化之重任，因此刊物的宗旨當然就是傳播中國新文化、教導中文寫作。雖然，這份刊物的宗旨可謂政策正確，但還是抵擋不了經濟之壓力，隔年12月15日停刊，發行滿一年，共出刊32期。且除了政治相關之論述外，《現代週刊》的文藝欄也不能忽視，例如，該刊第1卷第12期朱梅的〈死鳥〉、第2卷第7、8期合刊出現許天虹譯、小泉八雲著，〈不能克服的困難：西洋文學上的一個「謎」〉；第2卷第9期陳松明之〈詩兩

　　過去學界對戰後初期台灣雜誌的研究，以左翼雜誌報章居多，較著者有何義麟，〈《政經報》與《台灣評論》解題——從兩份刊物看戰後台灣左翼勢力之言論活動〉、〈戰後初期台灣報紙之保存現況與史料價值〉、〈戰後初期台灣出版事業發展之傳承與移植（1945－1950）——雜誌目錄初編後之考察〉、〈《民報》——台灣戰後初期最珍貴的史料〉；李筱峰，〈從民報看戰後初期台灣的政治與社會〉；陳芳明，〈二二八前夜台灣的改革要求——以《民報》社論為中心〉；莊惠惇，〈戰後初期台灣的雜誌文化（1945.8.15－1947.2.28）〉；呂東熹，〈李萬居與新聞自由——公論報在戰後報業發展史的角色〉，及日本學者丸川哲史，〈「去殖民地化」與「祖國化」：從《新生報》「橋」副刊的論爭談其意涵〉和徐秀慧，〈光復初期的左翼言論、民主思潮與二二八事件〉等。

　　至於博碩士論文有：吳純嘉，〈人民導報研究（1946－1947）——兼論其反映出的戰後初期台灣政治、經濟與社會文化變遷〉（中壢：國立中央大學歷史研究所碩士論文，1999年）、呂婉如，〈《公論報》與戰後初期台灣民主憲政之發展（1947－1961）〉（台北：國立台灣師範大學歷史研究所碩士論文，2001年）、莊惠惇，〈文化霸權與抗爭論述——戰後初期台灣的雜誌文化分析〉（桃園：國立中央大學歷史研究所碩士論文，1998年）、黃淑英，〈《民報》與戰後初期的台灣〉，（台北：國立台灣師範大學歷史研究所碩士論文，2003年）等。

　　反觀右翼報章雜誌則付之闕如，乏人研究，是以《現代週刊》雖係親官方的雜誌，但在內容取向上，卻較符合一份獨立雜誌應有

首〉、羅洪，〈文藝的寫作〉，還有章錫琛的〈悼夏丏尊先生〉；及第3卷第5期周學普翻譯的〈海涅詩選〉等。何義麟，〈台灣文學期刊史編纂戰後初期（1945-1949）總論〉，同註3，頁82－86。

的立場，這是值得肯定之處，此或許與其撰述者的學術背景有關。也因如此，筆者選擇《現代週刊》為研究議題，就有其意義和重要性：一則可以探討當時中國知識份子對國府「再中國化」政策的理念為何；再則亦可窺見其論述之盲點為何？及台灣人之所以無法接受的原因。

本論文所使用的資料，除3卷8期完整的《現代週刊》外，也參考了同時期的其他報章雜誌、政府檔案史料以及和本論文主題相關的著作與論文、時人回憶錄或後人所寫之人物傳記等。在研究方法上，除運用史學訓練對史料做考證、分析、歸納、綜合與排比等傳統方法外，也參考新聞學研究上的內容分析法與比較法，以及相關口述歷史資料的採集與整理。尤其是以哈伯瑪斯的「傳播行動理論」為架構，由傳播行為觀點切入，談及當時國府如何以策略性的傳播行動，經由公開的行動，有意識的強行灌輸其理念（操縱性的傳播）；或採取隱藏性的行動，媒體人因無意識的自欺，而被統治者收編作有系統的扭曲傳播。

此種結構型態，誠如西方意識形態理論家阿圖塞（Althusser）在《意識形態與意識形態國家機器》書中所言：「意識形態作為國家機器的『教化』工具，乃是透過大眾傳播媒介的運作，在政治上它合法化了權力的宰制基礎，在經濟及社會層面上則合理化了資本主義體系對社會的操縱。」[8]《現代週刊》充當了國府教化台灣人「再中國化」之工具，為此政策撰述辯護的知識文化人，在不了解台灣人歷史記憶的同時，有意無意的強行灌輸或扭曲傳播，不僅此政策未竟全功，且最終導致其後「228」悲劇的發生。

---

[8]　轉引自馮建三譯，《大眾文化的迷思》（台北：遠流版，1993年），頁124－125。

二、《現代週刊》作者群及戰後國府的對台政策

　　1945年12月10日創辦的《現代週刊》，是以闡揚三民主義，傳播民主思想為宗旨。內容分成論壇、思潮、史談、名人小傳、本國情況、國際現勢、科學叢談、國語國文講話、一週大事、一週輿論、文藝、問題討論、雜記、讀者通訊等十四門類。[9]該刊創辦人為吳克剛先生（1903－1999），吳氏安徽壽州人（舊鳳陽府），法國巴黎大學畢業，留法時與巴金相過從。1930年至福建泉州創辦黎明高中，曾邀張庚、周貽白等左翼文人蒞校演講。1945年隨陳儀到台灣，任行政長官公署參議，1946年6月，「台灣文化協進會」成立，時任台北市長的游彌堅任理事長，吳克剛與范壽康、陳兼善等為理事。[10]8月，吳還擔任私立延平大學籌備會董事，10月，出任台灣省圖書館館長。[11]1947年4月，吳於圖書館內設立兒童閱覽室，開風氣之先。[12]於此同時，尚兼任台灣大學教授。1953

9　〈現代週刊社徵稿簡約〉，《現代週刊》創刊號（民國34年12月10日），頁15。

10　「台灣文化協進會」於1945年11月由台北市長游彌堅負責籌備，1946年6月16日成立於台北，係當時社會層次最高，也是最龐大的一個文化團體，是個半官半民組織，其主要成員幾乎網羅當時全台大陸及本省文化界菁英，如理事長游彌堅；常務理事吳克剛、陳兼善、林呈祿、黃啟瑞；理事林獻堂、林茂生、羅萬俥、范壽康、劉克明、林紫貴、楊雲萍、陳逸松、陳紹馨、連震東、許乃昌、王白淵、蘇新等；監事則有李萬居、黃純青、劉明朝、周延壽、謝娥等。該協會主張擬從文學、美術、演劇、教育、學術等文化層面著手，與政府合作，掃除日本文化之「遺毒」，改造台灣文化。參加者多為政府機關人物及民意代表，負主要責任者為理事兼總幹事許乃昌、理事兼宣傳組主任蘇新、理事兼教育組及服務組主任王白淵，另外理事兼編輯組主任楊雲萍及理事兼研究組主任陳紹馨二人，在戰前文化界亦極活躍。該會之活動包括文化講座、座談會、出版、音樂及展覽會、國語補習班、招待所及調查文化情形等，機關刊物為《台灣文化》。秦賢次，〈《台灣文化》覆刻說明〉，《台灣文化》覆刻本（壹）（台北：傳文文化，1994年）。

11　吳克剛，《一個合作主義者見聞錄》（台北：中國合作學社出版，1999年4月初版），頁153－154。

12　王潔宇，〈台灣省立台北圖書館館史〉，《台灣省立台北圖書館刊》第2期（民國54年9月），頁1－64。

年11月,「中國圖書館學會」第一屆理事會成立,吳與蘇德用、藍乾章、王省吾、潘成義等五人當選常務理事。[13]1955年4月,吳從省立台灣圖書館館長卸任後專職台大迄於退休。吳一生盡瘁圖書館事業,以專業創意拓展閱讀,對台灣圖書館事業貢獻至大;不僅如此,吳也是個經濟學家和社會科學研究者,在合作主義經濟理論及教育方面,均有其重要地位。[14]

《現代週刊》主要作者群除主編吳克剛外,尚有陳兼善(博物館館長)、范壽康(省教育處長兼圖書館館長)、姜琦(教育學家,時任長官公署參議兼台灣省編譯館編譯、台灣省立師範學院教授)、張皋(青年黨籍,時任長官公署參議)、沈雲龍(青年黨籍,時任長官公署宣傳委員會委員兼主任秘書)、游彌堅(台北市長)、丁名楠(陳儀外甥,「228」事件時,曾任台南縣曾文區區長)、夏濤聲(青年黨籍,時任長官公署宣傳委員會主任委員)、廖文毅(時任台北市工務局長,成立《前鋒》雜誌)、魏建功(時任國語推行委員會主任委員)、何容(台灣省國語推行委員會主任委員,後為「國語日報社」社長)、楊乃藩(作家)、李季谷(省立師範學院院長)、許壽裳(省立編譯館館長)等。[15]由這紙名單可看出,陳儀的「福建幫」與當時的「台灣文化協進會」成員,是

[13] 1953年11月25日,「中國圖書館學會」第一屆理事會成立,理事共二十一人,有蘇薌雨、吳克剛(省立圖書館館長)、藍乾章、蘇德用(中國國民黨中央黨部圖書館主任)、方豪(台大教授)、王省吾(革命實踐研究院圖書館,後接吳克剛任省圖書館館長)、潘成義(師範大學)、羅秀貞(農復會)、周傳禮(成大圖書館主任)、賴永祥、王瑞徵、章昌平、富蘭英、韓石爐(台南市立圖書館館長)、曹永和、關伯麟、林逸、張廷槱、劉筠實、蔡殿榮、馮愛群。由其中推選常務理事五人:吳克剛、蘇德用、藍乾章、王省吾、潘成義。《坐擁書城──賴永祥先生訪問紀錄》(台北:遠流版,2007年8月1版),頁159-160。
[14] 〈台灣圖書館史人物故事──吳克剛〉,《台灣百年圖書館史》「數位圖書館先導計畫」(國立政治大學圖書資訊與檔案學研究所),tlh.lias.nccu.。
[15] 上述諸人經歷,俱見劉紹唐主編,《民國人物小傳》(台北:傳記文學雜誌社出版)各冊。

《現代週刊》的主力撰述團隊。

至於在《現代週刊》上，有關所謂「再中國化」議題之探討，則需先了解當時國府的對台治理方針。基本上，戰後國府的治台政策，其實早在1944年即已開始，是年4月17日，為使台灣能順利回歸中國，蔣介石於中央設計局下設置「台灣調查委員會」，開始從事調查台灣實際狀況，作為收復台灣的籌備機構。該委員會由陳儀擔任主任委員，王芃生、沈仲九、錢宗起、夏濤聲、周一鶚、葛敬恩、丘念台、謝南光、黃朝琴、游彌堅等為委員。[16]「台灣調查委員會」針對戰後如何接管台灣，曾草擬一份〈台灣接管計畫綱要〉，其中第四條接管後之文化設施為「應增強民族意識，廓清毒化思想，普及教育機會，提高文化水準。」[17]換言之，即是透過教育的力量，掃除台灣的日本化，強化中華民族意識，以達成「再中國化」之目的。所以說，台灣的文化重建政策，國府在抗戰未結束前即已做好準備。

1945年12月31日，陳儀透過廣播向全島發佈〈民國35年度工作要領〉談到：「心理建設在發揚民族精神，而語言、文字與歷史，是民族精神的要素。台灣既然復歸中華民國，台灣同胞必須通中華民國的語言文字，懂中華民國的歷史。明年度的心理建設工作，我以為要注重於文史教育的實行與普及。我希望於一年內，全省教員學生，大概能說國語，通國文、懂國史。學校既然是中國的學校，應該不要再說日本話、再用日文課本。現在各級學校，暫時應一律以國語、國文、三民主義、歷史四者為主要科目，增加時間，加緊教學。」[18]

[16] 林忠，《台灣光復前後史料概述》（台北：民國72年10月），頁26–30。
[17] 〈台灣接管計畫綱要——34年3月14日侍奉字15493號總裁（卅四）寅元侍代電修正核定〉收入陳鳴鐘、陳興唐主編，《台灣光復和光復后五年省情（上）》（南京：南京出版社，1989年），頁49。
[18] 〈民國三十五年度工作要領——三十四年除夕廣播〉，台灣省行政長官公署宣傳委

　　陳儀之廣播講演，具體地道出當時國府的「心理建設」，乃是向台灣人灌輸中國意識、中國文化，希冀在最短的時間內，達到台灣人快速「中國化」的目的。其後的1946年2月，陳儀又透過《人民導報》更直接的說：「本省過去日本教育方針，旨在推行『皇民化』運動，今後我們就要針對而實施『中國化』運動。」所以，陳儀的所謂「心理建設」，說穿了根本就是「去日本化」與「再中國化」的文化重建政策。[19]不僅如此，在全省中學校校長會議上，陳儀還當場表示：「台胞過去受助日本之奴化教育，其所施之愚民政策不使大眾對政治正確認識，……各位是青年的領導者，應好為指示，認識我國的情況。」[20]

　　重點是，國府在台推動「再中國化」政策本無可厚非，但台灣人憤憤不平，深感痛苦的是，國府官員與官方報紙對台灣人「台人奴化」的指控與汙衊。當時，長官公署機關報《台灣新生報》即不斷透過社論、專論批評台人「奴化」、「缺乏民族文化」之指責。[21]要求台灣人要改正「日化」習慣，「肅清日本思想遺毒」、「發揚民族精神」。[22]此現象，柯旗化在其回憶錄《台灣監獄島》一書也提到親身見聞：「戰後，國民黨認為被日本統治五十年受過

　　員會編，《陳長官治台言論集》第1輯（台北：台灣省行政長官公署宣傳委員會，1946年），頁41－43。
[19]　《人民導報》（1946年2月10日）。
[20]　同上註。
[21]　〈建設台灣新文化〉（社論），《台灣新生報》（民國34年11月6日）。盧冠群，〈台灣文化重建之路〉，《台灣新生報》（民國34年11月23日）。其實早在1944年5月，陳儀與教育部長陳立夫討論台灣收復後教育工作，函件中即直陳：「台灣與各省不同，他被敵人已佔據四十九年。在這四十九年中，敵人用種種心計，不斷地施行奴化教育，……收復以後，頂要緊的是根絕奴化的舊心理，建設革命的心理。」〈陳儀致陳立夫函〉，收於陳鳴鐘、陳興唐主編，《台灣光復和光復后五年省情（上）》（南京：南京出版社，1989年），頁58。
[22]　〈糾正「日化」的習慣用語〉（社論），《台灣新生報》（民國34年12月12日）。〈改正「日化」名詞〉（社論），《台灣新生報》（民國34年12月26日）。〈肅清思想毒素〉（社論），《台灣新生報》（民國34年12月17日）。張兆煥，〈發揚民族精神〉，《台灣新生報》（民國34年12月12日）。

『奴化教育』的台灣人有再教育的必要，把日本人留下的重要職位幾乎全給大陸人和由大陸回來的『半山』，而不起用受過日本教育的台灣人。」[23]面對政府當局一再指控台人「奴化」，台灣文化界人士王白淵，終於受不了而加以反擊。王白淵說：

「日本統治下有『皇民化』三字，使台胞非常頭痛，光復後有『奴化』兩字，不斷地壓迫著我們。台省現在的指導者諸公，開口就說台胞『奴化』，據說政治奴化、經濟奴化、文化奴化、語言文字奴化、連姓名亦奴化，好像不說台胞奴化，就不成台灣的指導者，而似有損及為政者的資格一樣。……『奴化』、『不奴化』是嚴肅的本質問題，若是台胞反對光復，這就可說奴化，因為這是屬於本質問題，一點不能放鬆。但是台胞沒有一個人反對光復，都是個個慶祝光復，何以以『奴化』相欺，而損害台胞的自尊心。」[24]

未幾，王白淵還意猶未盡的在《政經報》發表一篇措詞更強烈的〈告外省人諸公〉，抨擊「許多外省人，開口就說台胞受過日人奴化五十年之久、思想歪曲，似乎以為不能當權之口吻。我們以為這是鬼話，除去別有意圖，完全不對。……台胞雖受五十年之奴化政策，但是台胞並不奴化，可以說一百人中間九十九人絕對沒有奴化。只以為不能操漂亮的國語，不能寫十分流利的國文，就是奴化。那麼，其見解未免太過於淺薄，過於欺人。……外省人諸公，若是以為發奇財而來台，或是以裙帶人事為上策者，當然奴化這個名詞，可以做護身符亦說不定。」[25]王白淵的憤慨，其實代表絕大多數台灣人的憤怒，明明是外省人壟斷所有的政治資源，還要汙衊

[23] 柯旗化，《台灣監獄島——柯旗化回憶錄》（高雄：第一出版社，2008年6月修訂1版），頁41。
[24] 王白淵，〈所謂「奴化」問題〉，《台灣新生報》（民國34年1月8日）。
[25] 王白淵，〈社論——告外省人諸公〉，《政經報》2：2（民國35年1月）（台北：傳文文化公司復刻版），頁1－2。

是台灣人「奴化」故無法參政，這簡直是欺人太甚。

　　戰後初期曾任《民報》記者的吳濁流也認為，台人「奴化」說有明顯的政治意涵，它意味著「本省人受了奴化教育，既然受了奴化教育，便多多少少有奴隸精神，既然有奴隸精神，在精神上難免有缺陷而不能跟祖國人士一般看待，因此在一段時期只好忍耐於被統治者的地位。」[26]總之，誠如學者陳翠蓮指出，這有兩層意涵：表面上是指語言文字、生活習慣的「日本化」；更深層的意義是指台灣人在精神上的「皇民化」、「奴隸化」。[27]

　　既然官方一再強調台灣人「奴化」，那如何去除「奴化」呢？陳儀認為要去除「奴化」，台灣該走的就是「中國化」的道路。1946年10月，陳在「全省縣市級民意機關工作檢討會」致詞時再次指出：「台灣受日本統治五十年，一般人民都習於日本的思想及性格，政府目前最要緊的任務，即為推行心理建設，使台胞首先完全中國化，成為地道的中國人，使台胞盡速了解國語國文，歷史，地理，風土人情及法令規章。」[28]

　　而省教育處長范壽康亦指出，今後教育方針的第一個重點在「中國化」、「祖國化」，其做法包括：1.法規制度；2.言語文字；3.思想，當以三民主義為中心，以寬大和平為精神；4.生活習慣，台胞慣於日人習慣，氣量狹小並且性急，須逐漸改善。[29]易言之，「中國化」的內涵不只在於學習中國的典章制度、思想文化，更在於變換習慣與心性。「中國化」論述的另一重點，在於一再強調中國文化的優越性，以及彰顯三民主義的重要性。國民黨台灣省

---

[26]　吳濁流，〈黎明前的台灣〉，收入吳濁流著、張良澤編，《黎明前的台灣》（台北：遠流版，1980年），頁80－81。

[27]　陳翠蓮，《台灣人的抵抗與認同（1920－1950）》（台北：遠流版，2008年8月1版），頁357。

[28]　陳儀，〈「全省縣市級民意機關工作檢討會」致詞〉，《民報》（民國35年10月16日）。

[29]　《民報》（民國35年10月16日）。

黨部主任委員李翼中即認為，必須使三民主義成為領導台灣文化運動的最高原則，方能使文化運動配合建設三民主義新台灣的偉大任務。[30]

1946年6月16日，「台灣文化協進會」成立，在半山人士主導下，該協會雖標榜是一文化團體，但其實是負有政治任務的，在宣言中，該會明確指出，其成立宗旨為：「建設民主的台灣新文化！建設科學的新台灣！肅清日寇時代的文化遺毒！三民主義文化萬歲」。[31]其中的「肅清日寇文化遺毒」，不就是認同國府對台人「奴化」的指控嗎？是年10月27日，另一個以「半山集團」為主體的「台灣憲政協進會」也跟著宣布問世，該會成立旨趣，亦是強調要喚起民族意識、宣揚民族革命及擁護三民主義思想，並且發動「台灣新生祖國化運動」，推行「新生活運動」。[32]

綜觀「台灣文化協進會」與「台灣憲政協進會」，兩會屬性相似，會員幾乎網羅當時所有的半山新貴，彼輩在台灣位居要津，知名度與影響力皆夠，與國府當局關係良好，自然樂於為國府驅馳效勞。而對於當時的國府政權來說，治理台灣首要之務即為如何在最短的時間內，將已「奴化」、「日本化」甚深的台灣人，教育成為所謂真正的「中國人」，此即意味著台灣在進入「中國化」的同時，台灣人亦需隨之「中國人化」。對此議題研究甚為深入的學者黃英哲即言：「在這段時期內，國府採取的一切文化政策悉以『去日本化』『再中國化』為目的，積極重建台灣的文化，建立以中國文化為中心的新的『文化體制』（cultural institution）。」[33]

---

[30] 李翼中，〈對當前台灣的文化運動的意見〉，《台灣新生報》（民國35年7月28日）。

[31] 《民報》（民國35年6月17日）。

[32] 《台灣新生報》（民國35年10月28日）。

[33] 黃英哲，《「去日本化」「再中國化」——戰後台灣文化重建（1945－1947）》（台北：麥田出版，2007年12月），頁17。

三、《現代週刊》對「再中國化」議題之論述

為配合國府對台「再中國化」之治理方針，當時在台所辦的右翼雜誌，其內容連篇累牘，幾乎都是秉此原則、方向來加以發揮，《現代週刊》自然亦不例外。該刊在〈發刊辭〉上即說到：「現在的台灣，有不少人說日本話語，用日本文字。物質設備如房屋、旅館、飯店、商店，以至器物等等日本式的很多。一般人的待人接物，亦有不少是日本樣子。在曾經到過日本的人，如果到台灣來，特別是台北，將有如在日本之感。如果所謂文化是指一切生活的樣式，那末台灣的文化，幾乎是『日本化』了。台灣既經光復，既經屬於中華民國，這樣的文化，是應該改變的，台灣應該是中國化，台灣的文化，應該是中國的文化。而所謂中國的文化，當然是和世界的文化，不能脫節的。因此，台灣現在應有新的文化，應有新的文化運動。如何產生新的文化、如何發動新的文化運動，又是今日的台灣，所很需要的。左列三種工作我們認為有它的必要性，對於一般認為最重要的政治建設與經濟建設，也是相輔相成的。我們對於這三項工作打算稍稍有所盡力，於是編印這週刊，作為商討工作問題，報導工作情形的相關。」[34]

由上述引文可清楚知道，《現代週刊》創辦宗旨乃是強調，台灣要有新的文化、新的文化運動；而此新的文化運動，應該是屬於中國的文化，因此台灣確實有「再中國化」的迫切需要。基本上，《現代週刊》為國府的「再中國化」政策作宣傳，主要呈現在三個議題上，即台灣人再教育的必要性、「國語運動」推動的迫切性；與三民主義治理台灣的最高性這三個層面，茲略敘如下：

---

[34] 〈發刊辭〉，《現代週刊》創刊號（34-12-10日），頁2。

1.台灣人再教育的必要性

「工欲善其事，必先利其器」，要在台灣具體有效的落實「在中國化」政策，首先宜從教育著手。當時任職於長官公署宣傳委員會的沈雲龍，在《現代週刊》發表〈台灣青年的再教育問題〉一文，強調「要使台灣真正成為中華民國的一省，台胞真正成為中華民國的國民，第一步非先將現在全台青年加以再教育不可。」沈對這問題，還分做治本治標兩方面來說：

（1）治本方面，第一、應迅速對台灣青年推行國語教育，……隨時隨地都應給予台灣青年學習國語的機會與便利，最好，全台公私學校應立即添設台胞國語課程或舉辦台胞補習國語夜校，而每個來台文武公務人員，更應該負起向台灣青年推行國語教育的責任，甚至每個部門均可設法利用公共場所及夜晚時間設立國語補習班。……第二、應立即對台灣青年糾正生活風尚，……凡是過去日本政府對於台灣男女青年使其足以「腐化」「惡化」而頹廢墮落的種種奢侈淫樂的場合，應該加以切實的矯正、切實的取締、把過去日人的放任和不干涉政策，一變而為嚴格的管理和督促，因為今日全台灣的廣大青年群，都是中華民國最親愛的子女，我們決不能不關痛癢地任其放縱而不加以管束！

（2）治標方面，第一、應徹底清除日人在文化思想上所散播的毒素，過去日本人統治台灣同胞，一面施行隔離政策，使其對於祖國觀念模糊甚至歪曲事實，故意污蔑，一面施行同化政策，不惜高唱「日台一體」以完成其「皇民化」的目的。……因此不妨由主管當局組織一大規模的日文圖書雜誌小說電影戲劇的審查會，把凡是污

蔑我國、污辱我國，尊崇日本皇室，頌揚大和民族，鼓吹武士道及軍國主義，暨謳歌獨裁，反對民主的種種書籍，分別加以焚燬、沒收及通令禁止發售，並通告本省人及日本人如藏有上項書籍者，應該立即向主管官所交出，如故違反或以後續有發現，即施以嚴厲的處分！第二、應利用宣傳和學校的力量，使台灣青年充分了解祖國。……全省大中小學應普遍添設中國語文及中國史地課程，規定為必修科目，不斷的啟示，不斷的誘導，一直到能夠國語流暢，國文精通，完全了解中國國情及自動研究中國文化為止，然後台灣青年對於祖國信念才不致動搖，愛國情緒也就不待培養而自然加強了！」[35]

沈之主張，柯旗化在其回憶錄留下親身見聞的歷史紀錄，可與之應證，柯說：「戰後來台的國民黨政府，以掃光日治時代遺毒為名，向圖書館、國民學校、民間團體與個人發出『公學校用的教科書悉予燒毀』的命令。圖書館或學校當然忠實地執行這個命令。由於宣佈違反命令者將予嚴懲，膽小的台灣人把家裡所有的教科書統統燒毀，沒有人敢偷留一本。」[36]柯所言，或有誇大之處，但由此亦可想見，當年國府對台灣的文化控制，在某種程度上，是相當成功的。

與沈文呼應的是夏濤聲的文章，夏在《現代週刊》亦以〈新中國與新台灣〉為題，力倡「在教育方面，台胞知識既非常普及，目前最迫切的補救，就是要做一番思想改造工夫，使他們接受本國的文化，認識本國的國情，了解本國的大地文物，即可以蔚為新中國的新國民。……今後台灣教育，自當根據國家教育政策而加以推

---

[35] 沈雲龍，〈台灣青年的再教育問題〉，《現代週刊》第1卷第2期（民國34年12月17日），頁7。

[36] 柯旗化，《台灣監獄島──柯旗化回憶錄》，同著23，頁43。

進，台灣同胞有強烈的民族意識，有深厚的祖國愛，一定樂於並且容易接受本國文化的洗禮。」[37]

2.「國語運動」推動的迫切性

然台灣剛光復不久，人民大多數不會講國語，欲推行「再中國化」政策，當務之急便是要積極推動「國語教育」。時任長官公署參議兼台灣省編譯館編譯的姜琦，首先在《現代週刊》為文提到：「本省同胞平日所使用之第二種語日本語，不消說是殖民地的語言，就是他們平日所使用之第一種語台灣話，或福老話，也是很有阻礙於全中華民族意識之統一。……因此，今後本省同胞，無論在公務機關、學校或社會教育機關內，都必須逐漸使用國語。大家必須努力學習國語，以期達到國語普及，人人能懂、能寫，及能說的目的。這樣，中國才可以成為一家，中華民族才可以真正團結。」[38]

為全面推展「國語運動」，當時在台灣省教育處下，設置一個「國語推行委員會」，由語言學家魏建功負責。台灣省教育處長范壽康曾有所說明：「台灣同胞都回到了祖國的懷抱，過去所受不平等，不合理的皇民化教育，我們自然應該從速徹底加以推翻，用最經濟最科學的手段，使台灣教育完全中國化，這就是今後台灣教育的方向。關於這個方向，有兩種做法：第一、語文方面，任何國家的國民都應該說本國語，懂本國文，這是很明顯的道理。不會講中國語，不能懂中國文，這種人民就不合乎中國的國民的資格。……現在教育處為使台灣同胞人人會講中國話，寫中國文起見，想先做

---

[37] 夏濤聲，〈新中國與新台灣〉，《現代週刊》第1卷第4期（民國35年1月1日），頁2－3。

[38] 姜琦，〈國語普及與民族主義〉，《現代週刊》創刊號（民國34年12月10日），頁13－15。

下列的幾種工作：

> （一）國語推行委員會——教育處內為推行國語計，設有國語
> 推行委員會，主任委員是魏建功，魏為國內有數的國語
> 專家，已於1946年1月29日抵台，國語推行的工作，今
> 後當可積極展開。
>
> （二）教材編輯委員會——教育處內為編印台灣適用的中小學
> 教科書起見，設有教材編輯委員會，主任委員為朱文
> 叔，目前急需的國語、國文、公民、歷史、地理等教科
> 書及民眾讀本，已陸續完成，正在設法趕印中，不久即
> 可大量供應。」[39]

基本上，這兩個委員會是相輔相成的，它們可以說是職司國
府在台推行「再中國化」政策的火車頭。其中尤以「國語推行委
員會」的功能更顯重要，當時在台推動國語政策，主其事的魏建功
有其自己的主張，魏以語言學家之專業背景，於1946年1月底抵台
後，隨即撰寫一篇〈「國語運動在台灣的意義」申解〉的文章，開
宗明義地告訴台灣人，什麼是「國語」？「中華民國人民共同採用
的一種標準的語言是國語，國語是國家法定的對內對外，公用的語
言系統。……國語包括（1）代表意思的聲音叫『國音』，（2）記
錄聲音的形體叫『國字』，（3）聲音形體排列組合表達出全部的
思想叫『國文』。」[40]

至於談到如何推展國語運動，魏說：「我們要仔仔細細的坦
坦白白的再把敵人攪亂的語言組織方式，一一在全台灣返本還原起
來？……台灣光復了以後，推行國語的唯一的意義是『恢復台灣同

---

[39] 范壽康，〈今後台灣教育的方向〉，《現代週刊》第1卷第12期（民國35年3月31
日），頁4-8。

[40] 魏建功，〈「國語運動在台灣的意義」申解〉，《現代週刊》第1卷第9期（民國35
年3月31日），頁9。

胞應用祖國語言聲音和組織的自由』！……我們要穩穩實實的清清
楚楚的先把國語聲音系統的標準散佈到全台灣。這是在台灣同胞與
祖國隔絕的期間，國語運動的目標，傳習國音——『統一國語』的
基礎。我們在台灣的國語推行工作不僅是『傳習國語』和『認識國
字』兩件事，而最主要的就在『言文一致的標準語說寫』。我用
兩句賅括的話指出國語運動在台灣的意義：文章復原由言文一致做
起；解脫「文啞」從文章復原下手！」[41]

　　魏接著又說：「台灣音說與國語只是聲音上的不同，台灣人只
要注意改用國音，不就一下子便說成了國語嗎？反過來，知道國語
的人如果注重改用台灣音說，台灣人自然也能明白。這就是推行國
語的「統一語言」的意思，要從聲音對照上互相謀統一的語言，這
是件頂要緊之事。」[42]為此「國語運動」的推展，魏還特別寫了一
本小冊子《「國語運動在台灣的意義」申解》，由台灣省國語推行
委員會編輯，「現代週刊社」印行，列為國語問題小叢書第一種，
以利傳播。

　　唯當時倡導「國語運動」，最大的困難是師資與人才的不足，
所以《現代週刊》提到根本的解決之道是，台灣與祖國相關人才和
師資的互動。讓「國內移流大批師資過來，而且必須是第一流人
才，提高教職員待遇，保障教育人員生活與進修以及提高其社會地
位的制度。其次為了加速雙方的相互瞭解，為了台灣的教育能迅速
的走向全國一致性，應該鼓勵台灣青年大量到內地去求學，並鼓勵
內地的青年也到台灣來求學。……教育部可以選擇幾個地點設立大
中學，訂立優待辦法，鼓勵台灣青年回內地讀書。這樣不僅可以從
速收到普遍國語的效果，同時更可以加速消滅五十年間雙方人為的

[41]　魏建功，〈「國語運動在台灣的意義」〉，《人民導報》（35年2月10日）。

[42]　魏建功，〈怎樣從台灣話學習國語〉，《現代週刊》第2卷第7、8期（民國35年7月
　　20日），頁10－14。

疏隔，而為今後台灣社會文化政治經濟諸建設工作奠立下鞏固的基礎。」[43]

3.三民主義治理台灣的最高性

弔詭的是，國府口口聲聲的台灣「再中國化」，但其實包裝的是，台灣的全面「三民主義化」。范壽康在〈今後台灣教育的方向〉文中說到：「我們今後要積極灌輸與培養的乃是現代中國的三民主義的思想，……希望我們台灣全體同胞趕快認真學習國語、國文，澈底了解三民主義，做三民主義新中國主人翁的一份子來共同參加建設新台灣，新中國並改造世界的偉大事業。」[44]而夏濤聲也說：「新台灣的建設是新中國的建設之一部，自然也以三民主義為最高指導原則。……以中國本位或台灣本位的政策，代替過去的日本依存主義或日本本位政策。」[45]連魯迅摯友，時任台灣省編譯館館長的許壽裳，也積極地為國府的三民主義作宣傳。

許在編譯館設立的時候說：「台灣的教育雖稱普及，可是過去所受的是日本本位的教育，對於中國的國語、國文和史地，少有學習的機會，所以我們對於台胞有給予補充教育的義務和責任。」，故「本館的使命，就要供應這種需要的讀物。本館的工作分為學校教材、社會讀物、名著編譯、台灣研究四組。學校教材以我民族之特長、我國歷史上偉大而光榮之事蹟、我國政治思想與制度的優點、有教育意義和價值之一切事物為主。社會讀物編撰以宣揚三民主義，解釋重要法令，提高家庭教育為宗旨；此外，編纂一部人人

[43] 謝奐秋，〈對於台灣教育的一點意見〉，《現代週刊》第2卷第5期（民國35年5月28日），頁9。
[44] 范壽康，〈今後台灣教育的方向〉，《現代週刊》第1卷第12期（民國35年3月31日），頁4－8。
[45] 夏濤聲，〈新中國與新台灣〉，同註37，頁2－3。

必讀的中國通史及中國地理通論也是社會讀物組的重大使命。」[46]

　　許又說：「三民主義，是我國立國的最高指導原則，台灣省行政當局施政的方針，也以建設三民主義的新台灣為理想。不過要求三民主義的實現，必須就政治、經濟、文化、教育、社會等各部門，一致努力趨向共同的標的。尤其是教育工作，是一切建設的張本，要實現三民主義的建設，必先實施三民主義的教育。……必須把三民主義的中心思想，滲透到整個的教育設施中去，使受教者於不知不覺中受到三民主義的教養。」最後，許分別就民族、民權、民生三個宗旨，強調台灣非常適合推行三民主義教育的原因及有利條件以及必要性。」[47]

　　陳兼善在〈日本統治下之台灣教育〉文中曾言，日本對台灣的教育完全是對殖民地侵略的一種工具。[48]基本上，國府在不尊重台灣人的真正意願下，以台灣人「奴化」為由，制定「再中國化」政策，為其治台方針，強行以三民主義教條，灌輸台灣人的思想，以「國語運動」，逼迫台灣人接受，這不也是比日本時代更變本加厲的「再殖民化」過程嗎？

四、結論──「再中國化」政策之失敗與檢討

　　近代以來，資訊傳播與統治政權的關係，可說是十分密切，甚至影響到政權之安危。國、共纏鬥二十餘年，1949年國府之失敗，「槍桿輸給筆桿」亦是其中關鍵因素之一，這點國民黨自己也

---

[46] 許壽裳，〈台灣省編譯館的設立〉，《現代週刊》第2卷第11期（民國35年9月3日），頁3。

[47] 許壽裳，〈新台灣與三民主義的教育〉，《現代週刊》第3卷第5期（民國35年10月30日），頁4－6。

[48] 陳兼善，〈日本統治下之台灣教育〉，《現代週刊》創刊號（民國34年12月10日），頁10。

承認。是以，歷來每個統治政權，無不將對輿論的掌控視為一件大事，特別是獨裁者，對於媒體的控制，更是視為禁臠，不容染指。D.McQuail即指出：「傳媒的力量常被用來指實現既定目標，諸如勸服、動員或提供資訊的效用的問題。」[49]故D.McQuail認為，基本上，傳媒的力量就是統治階級的力量。

　　台灣過去在漫長的被殖民經驗中，意識形態國家機器及文化霸權介入媒介與社會，報章雜誌期刊自不能倖免。統治者充分利用上述媒介，發揮施蘭姆（Wilbur Schramm）在《大眾傳播媒介與國家發展》（Mass Media and National Development）一書中所指陳的「發展中國家的大眾媒介功能」，如「告知」、「決策」、「教育」等三種，它所促成的社會化及其意義構成（fabric of meaning），反應在當時的殖民社會中，對於被傳播的民眾，自然起了啟迪作用。[50]

　　戰後初期的台灣右翼雜誌，首先因為使用中國文字出版的方式從事傳播，語言文字的紛歧，導致台灣知識文化人認同的困難。台灣人於戰後雖努力學習華語漢字，但短時間內仍無法流利辨識，特別是其中的內涵意義。國府「去日本化」與「再中國化」的一再遭到誤解，潛在的認知差異和語言文化傳播的衝突，或許是影響兩個文化（台灣文化與中國文化）間之障礙及成為後來「228」事件爆發的導火線之一。

　　其次，戰後初期台灣的雜誌文化，因特殊的歷史背景，日本殖民統治結束，台灣回歸祖國，所以剛開始在眾多刊物上，不論左翼或右翼，在創辦發行宗旨上，大多以「建設新台灣、新中國」為前

[49]　D. McQuail, "Mass Communication Theory: An Introduction", 1994, P381－382。轉引自呂東熹著，《政媒角力下的台灣報業》（台北：玉山社出版，2010年7月初版），頁41。

[50]　轉引自林淇瀁，《書寫與拼圖──台灣文學傳播現象研究》（台北：麥田出版，2001年10月初版），頁28。

提。[51]因此,當時的雜誌期刊,最常見的是「去日本化」與「再中國化」和「建設台灣新文化」這三個特色。[52]而建設台灣新文化,又必須是以中國文化為本位,中國文化是台灣文化的基本,具體做法就是以三民主義來建設創造台灣的新文化。[53]所以說,戰後初期台灣的雜誌期刊對於統治當局的「再中國化」政策是相當支持與配合的,這或許也是代表台灣的知識文化人對中國「國族認同」的一種表態。

由於統治當局巧妙的將中國化論述移花接木為「國家認同」的外貌,在國民黨強力掌控中國文化詮釋權的情況下,其實已將中國等同於國民黨,所以台灣知識文化人在認同中國化的同時,無形中已被統治政權給收編。[54]就當時治台的國府政權而言,欲「再中國化」政策成功,必須積極的「去日本化」,此即當時諸多雜誌所言的「肅清日寇時代的文化遺毒」。[55]「去日本化」是對過去日本經驗的反省,也是對「日本情結」的解構。但因右翼雜誌如《現代週刊》等,缺乏台灣人經歷的日本記憶,故論述的內容常顯得蒼白空

[51] 莊惠惇,〈戰後初期台灣的雜誌文化(1945.8.15－1947.2.28)〉,同註2,頁66－71。

[52] 如當時親官民辦影響力最大的《台灣文化》,其創辦宗旨即為「新世界需要新文化,用新文化來培養新觀念。三民主義的文化是新生的台灣,迫切所要求的文化,也是新中國所需要的文化,而台灣要作這新文化的苗圃。」游彌堅,〈文協的使命〉,《台灣文化》1卷1期(1946年9月15日),頁1。

[53] 如當時由民間所辦的《台灣英文雜誌》,創辦宗旨為「本刊願在建設新台灣的過程中作文化和輿論的『播種機』,努力播揚三民主義的種子,灌溉民主精神的新苗,同時介紹歐西文明國家的各種情形,來培植我們台灣的新園地。」見莊惠惇,〈戰後初期台灣的雜誌文化(1945.8.15－1947.2.28)〉,同註2,頁69。又參見〈台灣文化協進會成立大會宣言〉,《台灣文化》1卷1期(1946年9月15日),頁23。

[54] 莊惠惇,〈戰後初期台灣的雜誌文化(1945.8.15－1947.2.28)〉,同註2,頁74－75。

[55] 如《民權通訊社》甲種稿,提到該刊宗旨是「把祖國的事物,忠實的介紹給國內的同胞。在台灣迅速展開建設三民主義的文化運動,因為三民主義文化就是中華民族的文化,必須根除『日本本位』的文化,而代之以『中國本位』的文化,本刊願意在這一方面竭智盡慮報導正確的輿論,使新台灣與新中國融為一體。」莊惠惇,〈戰後初期台灣的雜誌文化(1945.8.15－1947.2.28)〉,同上註,頁68。

洞，無法有效打動人心，而當台灣人開始接受國府統治後，昔日的日本經驗與當下的感受對比，巨大的落差令台灣人失望絕望，這或許也是「228」事件爆發的另一導火線！

最後，綜觀戰後初期國府的「再中國化」與「去日本化」政策，國府將此兩大主軸捆綁在一起，即「去日本化」是「再中國化」的先決與必要條件，當時台灣的文化知識人對「再中國化」較無異議；某種程度上甚至是支持的，但對是否一定要以「去日本化」為前提，則較保留與有些許不同的雜音。[56]台灣人能諒解國府急於「再中國化」的用心，但對身受日本五十年殖民統治的台灣人而言，要一夕之間去除日本化談何容易，且日本化一旦不去，常被統治者視為「奴化」、「東洋化」而加以批判撻伐，這對台灣人是非常痛苦與不公的。[57]諷刺的是，當台灣人真切感受到「再中國化」較「日本化」不如時，輕蔑不滿之情乃油然而生，「228」事件爆發前的文化心理衝突，從此角度去觀察，當可提供另一面向的真象。

---

[56] 陳翠蓮，《百年追求：台灣民主運動的故事》（卷一：自治的夢想）（台北：衛城出版，2013年10月初版），頁242－247。

[57] 徐秀慧，〈光復初期的左翼言論、民主思潮與二二八事件〉，黃俊傑編，《光復初期的台灣：思想與文化的轉型》（台北：台大出版中心，1995年），頁109－112。

社會科學類　PF0238　Viewpoint38

文化資產、第三勢力及政治人物
──陳正茂教授杏壇筆耕集

作　　者／陳正茂
責任編輯／杜國維
圖文排版／周妤靜
封面設計／王嵩賀

發 行 人／宋政坤
法律顧問／毛國樑　律師
出版發行／秀威資訊科技股份有限公司
　　　　　114台北市內湖區瑞光路76巷65號1樓
　　　　　電話：+886-2-2796-3638　傳真：+886-2-2796-1377
　　　　　http://www.showwe.com.tw
劃撥帳號／19563868　戶名：秀威資訊科技股份有限公司
　　　　　讀者服務信箱：service@showwe.com.tw
展售門市／國家書店（松江門市）
　　　　　104台北市中山區松江路209號1樓
　　　　　電話：+886-2-2518-0207　傳真：+886-2-2518-0778
網路訂購／秀威網路書店：https://store.showwe.tw
　　　　　國家網路書店：https://www.govbooks.com.tw

2019年1月　BOD一版
定價：430元
版權所有　翻印必究
本書如有缺頁、破損或裝訂錯誤，請寄回更換

國家圖書館出版品預行編目

文化資產、第三勢力及政治人物：陳正茂教授
杏壇筆耕集 / 陳正茂著. -- 一版. -- 臺北市：
秀威資訊科技, 2019.1
　　面；　公分. -- (社會科學類；PF0238)
(Viewpoint ; 38)
　　BOD版
　　ISBN 978-986-326-651-8(平裝)

　　1.文化資產 2.政治 3.文集

541.2707　　　　　　　　　　107021988

讀者回函卡

感謝您購買本書,為提升服務品質,請填妥以下資料,將讀者回函卡直接寄回或傳真本公司,收到您的寶貴意見後,我們會收藏記錄及檢討,謝謝!
如您需要了解本公司最新出版書目、購書優惠或企劃活動,歡迎您上網查詢或下載相關資料:http:// www.showwe.com.tw

您購買的書名:_____

出生日期:_____年_____月_____日

學歷:□高中 (含) 以下　　□大專　　□研究所 (含) 以上

職業:□製造業　□金融業　□資訊業　□軍警　□傳播業　□自由業
　　　□服務業　□公務員　□教職　　□學生　□家管　　□其它_____

購書地點:□網路書店　□實體書店　□書展　□郵購　□贈閱　□其他

您從何得知本書的消息?

　□網路書店　□實體書店　□網路搜尋　□電子報　□書訊　□雜誌

　□傳播媒體　□親友推薦　□網站推薦　□部落格　□其他_____

您對本書的評價:(請填代號　1.非常滿意　2.滿意　3.尚可　4.再改進)

　封面設計____　版面編排____　內容____　文/譯筆____　價格____

讀完書後您覺得:

　□很有收穫　□有收穫　□收穫不多　□沒收穫

對我們的建議:_____

_____

_____

_____

11466
台北市內湖區瑞光路 76 巷 65 號 1 樓

秀威資訊科技股份有限公司　　　收

BOD 數位出版事業部

⋯⋯⋯⋯⋯⋯⋯⋯⋯⋯⋯⋯⋯⋯⋯⋯⋯⋯⋯⋯⋯⋯⋯⋯⋯⋯⋯

（請沿線對折寄回，謝謝！）

姓　　名：＿＿＿＿＿＿＿＿　年齡：＿＿＿　性別：□女　□男

郵遞區號：□□□□□

地　　址：＿＿＿＿＿＿＿＿＿＿＿＿＿＿＿＿＿＿＿＿＿＿＿＿

聯絡電話：(日) ＿＿＿＿＿＿＿＿＿＿　(夜) ＿＿＿＿＿＿＿＿＿＿

E-mail：＿＿＿＿＿＿＿＿＿＿＿＿＿＿＿＿＿＿＿＿＿＿＿＿